新版
病医院経営の実務 Q&A

公認会計士・税理士　公認会計士・税理士　公認会計士・税理士　公認会計士・税理士
中津幸信・田中伸治・伊藤明裕・松下洋之［共著］

清文社

まえがき

　医療環境は、診療報酬改定や消費税の増税等により悪化の傾向にあります。

　これにより医療法人や個人医院の財務内容も影響を受け、その価値が毀損している場合も少なくありません。今後は、相続税の増税が事業承継に大きな影響を与えることになり、人口の減少やＴＰＰなどにより医療環境は年々変化していくことでしょう。

　これらの環境の変化に対しては、医療法人や個人医院として対応していく必要があります。環境の変化により、医師、看護師あるいはスタッフの意識を変えることで、法人等にも大きな変化を生み、成長させることも不可能ではありません。変化に対してどう立ち向かうかを考え続けていく必要があります。

　そのためには、医療環境の変化や医療法人・個人医院の経営内容を分析することから始める必要があります。かつては、医療が絶対的に不足していましたが、現在はあるエリアは不足しているというように偏在しています。また、「最善を尽くす」という医療に対して期待ギャップが生まれつつあります。

　そのエリアの中でどのような需要があり、その需要に対してどのような医療を提供するか、またどこまで提供できるかを明確に整理する必要があります。

　さらに、医療法人等は非営利かつ公益であるため、利益を追求する経営とは相容れないものであるといわれています。確かに経営は、営利を追求し、組織を永続させることを目的としていますが、医療法人等にとって全く相容れないものではなく、利用できるものです。事業を継続させ、質の良い医療を提供し続けるためには、経営に対しても無関心ではいられず、税務、事業承継等の知識を身につける時代に入ってきたのです。

　本書は、「病医院経営の現状と課題」、「病医院経営の自己診断」、「医療

税務」、「相続対策と事業承継」、「組織形態の移行」、「開業準備と手続き」及び「医療法人の設立・運営」の7つのテーマから構成されています。これらのテーマはそれぞれQ＆A方式により記述していますので、どのページから読んでも参考になるようになっています。是非、一冊お手許においていただきたいと思います。

　なお、本書は昭和59年に発刊し、平成10年に改訂した『病医院経営の実務Q＆A』を最新の情報に基づき新版として内容を刷新したものです。

　最後になりましたが、この本の出版に際し尽力をいただいた株式会社清文社代表取締役社長小泉定裕氏、編集第二部部長宇田川真一郎氏及び編集第二部尾形和子氏に心から感謝いたします。

平成26年12月

著者代表

公認会計士
税　理　士　中津 幸信

目　次

第1章　病医院経営の現状と課題

- Q1-1　医療施設の種類と経営母体 　　2
- Q1-2　国民医療費の動向 　　5
- Q1-3　社会保障制度と医療・介護制度改革 　　9
- Q1-4　医療保険制度改革と介護保険制度改革 　　13
- Q1-5　医療法の改正と今後の動向 　　16
- Q1-6　介護保険 　　19
- Q1-7　主な介護サービス 　　26
- Q1-8　ＴＰＰと日本の医療 　　48

第2章　病医院経営の自己診断

- Q2-1　経営分析の必要性 　　52
- Q2-2　決算書類の作成理由 　　53
- Q2-3　貸借対照表・損益計算書 　　54
- Q2-4　経営分析活用法 　　58
- Q2-5　分析比率の種類 　　59
- Q2-6　短期支払能力 　　61
- Q2-7　長期支払能力 　　62
- Q2-8　負債・資本の構成比率 　　63
- Q2-9　資金利用効率 　　65
- Q2-10　在庫投資の適否 　　66
- Q2-11　回収期間・支払期間の妥当性 　　67

Q2-12	総合的判断比率	68
Q2-13	利益割合の妥当性	69
Q2-14	費用項目の適正額	70
Q2-15	支払利息の限度額	72
Q2-16	付加価値割合	73
Q2-17	労働効率	74
Q2-18	病床効率	76
Q2-19	分析比率の基準値	77
Q2-20	診療科目別の経営実態比較	79
Q2-21	収益増加策	80
Q2-22	材料費削減策	83
Q2-23	医薬分業のメリット・デメリット	85
Q2-24	人件費削減策	86
Q2-25	限界利益算出の必要性	87
Q2-26	利益図表の作成法・利用法	88
Q2-27	限界利益図表の作成法・利用法	90
Q2-28	損益分岐点を求める計算公式	91
Q2-29	希望利益額・希望利益率を求める計算公式	92
Q2-30	固定費・変動費の分解方法	94
Q2-31	損益分岐点比率・安全余裕率	95
Q2-32	損益分岐点への影響 ── 診療報酬単価	96
Q2-33	損益分岐点への影響 ── 患者数	98
Q2-34	損益分岐点への影響 ── 材料費	99
Q2-35	損益分岐点への影響 ── 人件費	100
Q2-36	損益分岐点への影響 ── 設備投資	101
Q2-37	損益分岐点分析による経営診断（設備投資）	103
Q2-38	損益と現金収支	105
Q2-39	病医院をめぐる資金の流れ	106
Q2-40	設備投資の留意点	108

Q2-41	設備投資が収益性に与える影響	109
Q2-42	リースの仕組み	111
Q2-43	リースの長所・短所	113
Q2-44	リース・現金購入・銀行借入れの資金効率比較	114
Q2-45	金融機関の病医院評価（①貸出先評価）	118
Q2-46	金融機関の病医院評価（②決算書の見方）	121
Q2-47	医療機関の資金調達	123
Q2-48	診療所開設融資	124
Q2-49	開業シミュレーション	126
Q2-50	医療法人の場合のシミュレーション	128
Q2-51	介護施設（サービス付き高齢者向け住宅）運営の場合のシミュレーション	130
Q2-52	医薬分業シミュレーション	132

第3章　医療税務

第1節　税務全般に関する事項

Q3-1	納税の種類	136
Q3-2	一般事業会社との違い	138
Q3-3	青色申告	139
Q3-4	資本金等の取扱い	140
Q3-5	電子申告	142
Q3-6	決算期	143
Q3-7	税務調査	143

第2節　収入に関する税務

| Q3-8 | 社会保険診療収入と自由診療収入 | 145 |
| Q3-9 | 振込通知書について | 148 |

Q3-10	診療未収入金の計上	153
Q3-11	保険診療収入における請求額と振込額の差額	156
Q3-12	診療報酬の貸倒れ、値引き	157
Q3-13	医業収入以外の収入	159

第3節　経費に関する税務

Q3-14	社会保険診療報酬の概算経費の特例	162
Q3-15	医薬品の仕入れリベート	164
Q3-16	医薬品と診療材料の管理	165
Q3-17	雇用促進税制による税額控除	166
Q3-18	所得拡大促進税制による税額控除	168
Q3-19	固定資産の減価償却費	172
Q3-20	固定資産の金額基準	176
Q3-21	医療機器の特別償却と税額控除	178
Q3-22	高級車の減価償却	185
Q3-23	クレームのついた医療機器を安く購入した場合	186
Q3-24	救急車を無償で譲り受けた場合	187
Q3-25	サービス付き高齢者向け賃貸住宅の建設	189
Q3-26	資本的支出と修繕費	191
Q3-27	ホームページの制作費用	194
Q3-28	ゴルフ会員権の税務	195
Q3-29	医師会の会合費・ロータリークラブの会費	196
Q3-30	リース取引	197
Q3-31	台風等による災害で支払う寄附金	199
Q3-32	救急病院における固定資産税の減免	205
Q3-33	役員報酬の増額手続き（医療法人）	206
Q3-34	不相当に高額な役員報酬（医療法人）	209
Q3-35	不相当に高額な役員退職金（医療法人）	210
Q3-36	交際費制度（医療法人）	211

Q3-37	1人当たり5,000円以下の飲食費（医療法人）	212
Q3-38	相手先を明らかにできない交際費・リベート（医療法人）	213
Q3-39	経営者保険（医療法人）	214
Q3-40	生命保険加入の留意点	215
Q3-41	事業税の取扱い（医療法人）	220
Q3-42	使用人が人身事故を起こしたときの損害賠償金（医療法人）	222
Q3-43	家事関連費と必要経費（個人医院）	223
Q3-44	「生計を一にする」場合の留意点（個人医院）	225
Q3-45	青色事業専従者制度の活用（個人医院）	227
Q3-46	医師年金・生命保険・経営者保険（個人医院）	233
Q3-47	土地と高額医療用機器との買換え（個人医院）	236
Q3-48	個人の所得に対する賦課制限（個人医院）	238
Q3-49	保証債務の履行と譲渡所得（個人医院）	239
Q3-50	友人の病院に対する貸付金の貸倒処理（個人医院）	240
Q3-51	社会保険診療報酬の源泉徴収（個人医院）	244
Q3-52	生命保険の限度額（個人医院）	245
Q3-53	個人事業者の交際費（個人医院）	247
Q3-54	医療機器等を売却したときの税金（個人医院）	248
Q3-55	父親からの事業用土地の賃借（個人医院）	249
Q3-56	損金にならない租税公課（個人医院）	250
Q3-57	医療事故解決のための弁護士費用（個人医院）	251
Q3-58	個人の場合の税金計算、損益通算（個人医院）	252
Q3-59	開業前の経費の税務上の取扱い	258
Q3-60	定期借地権を活用した病院の建設	260
Q3-61	賃借物件で開院する場合の敷金及び改装	261
Q3-62	役員退職金と小規模共済	263
Q3-63	医療法人設立時におけるみなし譲渡所得課税	265

| Q3-64 | 開業医時代の在職期間に対応する退職給与の取扱い | 266 |
| Q3-65 | 設立後の医療法人への財産の贈与における留意点 | 267 |

第4節　消費税に関する税務

Q3-66	消費税の概要	269
Q3-67	消費税の課税売上げ	271
Q3-68	消費税の非課税売上げ	273
Q3-69	消費税の不課税売上げ	276
Q3-70	消費税の納税義務の判定	277
Q3-71	非課税売上げがある場合の仕入税額控除	279
Q3-72	簡易課税適用上の留意事項	280
Q3-73	建物を購入した場合の消費税の還付	282
Q3-74	控除対象外消費税	285
Q3-75	消費税率改正の影響	287

第5節　MS法人をめぐる税務

Q3-76	MS法人の種類と設立手続き	289
Q3-77	MS法人設立によるメリット	290
Q3-78	MS法人（医療設備法人）採用の場合の計算例	292
Q3-79	MS法人からの配当	294
Q3-80	MS法人設立の際の留意点	296
Q3-81	MS法人と医療法人の役員の兼務	298
Q3-82	同族会社の行為計算の否認	299
Q3-83	グループ法人税制	301
Q3-84	グループ法人税制が適用される範囲	303

第6節　源泉所得税に関する税務

| Q3-85 | 非常勤医師の給料を手取支給する場合の源泉徴収 | 305 |
| Q3-86 | 開業医に支払う報酬の源泉徴収 | 308 |

Q3- 87	非常勤医師に支払うタクシー代	309
Q3- 88	医師や従業員の研修会・学会への出席費用	310
Q3- 89	海外旅行費	311
Q3- 90	渡切交際費	312
Q3- 91	従業員に対する無償診療	313
Q3- 92	永年勤続者の記念品と創業記念品	314
Q3- 93	従業員に支給する昼食・夜食	316
Q3- 94	宿直料及び日直料	317
Q3- 95	社宅・寮の適正賃貸料	318
Q3- 96	役員社宅の適正賃貸料	320
Q3- 97	社内貸付制度について	321
Q3- 98	出向者の給与の源泉徴収	323
Q3- 99	パートやアルバイトの源泉徴収	324
Q3-100	従業員の忘年会費用	325
Q3-101	支払給料等に係る源泉所得税等の納期の特例	326

第4章 相続対策と事業承継

Q4- 1	相続対策	328
Q4- 2	事業の承継における税金	330
Q4- 3	相続税と贈与税の比較	331
Q4- 4	持分の定めのない医療法人への移行によるメリット	335
Q4- 5	持分の定めのない医療法人への移行に係る贈与税	337
Q4- 6	みなし贈与税への対策	338
Q4- 7	医療法人の出資の評価	344
Q4- 8	医療法人の定款の変更と出資の評価	350
Q4- 9	小規模宅地等の特例	351
Q4-10	相続税における家族名義の財産	354
Q4-11	低額譲渡と損益通算	355

Q4-12	遺言書を作成した方が望ましいケース	357
Q4-13	遺産分割時の財産間のバランス	362
Q4-14	認定医療法人の創設の経緯	364
Q4-15	持分の定めのない医療法人への移行マニュアル	368
Q4-16	認定医療法人制度の概要	370

第5章 組織形態の移行

Q5-1	組織形態の移行パターン	376
Q5-2	出資額限度法人への移行	377
Q5-3	持分の定めのない社団医療法人への移行	380
Q5-4	基金拠出型医療法人への移行	381
Q5-5	社会医療法人への移行	383
Q5-6	特定医療法人への移行	387
Q5-7	法人化のメリット・デメリット	389
Q5-8	持分の定めのある医療法人の持分	391
Q5-9	持分の定めのある社団医療法人の増資	392
Q5-10	みなし譲渡所得課税	393
Q5-11	医療法人に対する寄附の非課税	394
Q5-12	持分の払戻し価額	396
Q5-13	医療法人を退社したときの出資払戻金の所得の種類	397
Q5-14	持分の定めのある社団医療法人に係る持分の放棄	398
Q5-15	合併の税務	398
Q5-16	事業譲渡	400
Q5-17	持分の譲渡	402

第6章 開業準備と手続き

- Q6-1 「病院・診療所」とは ………………………… 406
- Q6-2 病院の開設許可要件 …………………………… 407
- Q6-3 開業場所の選定 ………………………………… 410
- Q6-4 開業に必要な資金 ……………………………… 411
- Q6-5 開業資金の調達方法 …………………………… 412
- Q6-6 金融機関からの借入れ ………………………… 413
- Q6-7 福祉医療機構よりの借入れ …………………… 415
- Q6-8 人材の確保と報酬 ……………………………… 419
- Q6-9 病医院開業時の届出 …………………………… 422
- Q6-10 都道府県知事への届出 ………………………… 422
- Q6-11 病院開設の許可手続き ………………………… 423
- Q6-12 診療所開設の届出 ……………………………… 429
- Q6-13 労働基準監督署等への届出 …………………… 433
- Q6-14 税務署への届出 ………………………………… 434
- Q6-15 医師会への入会手続き ………………………… 442
- Q6-16 保険医療機関の指定 …………………………… 443
- Q6-17 広告の規制 ……………………………………… 445

第7章 医療法人の設立・運営

- Q7-1 「医療法人」とは ……………………………… 448
- Q7-2 医療法人制度の目的 …………………………… 449
- Q7-3 医療法人設立認可の条件 ……………………… 449
- Q7-4 医療法人の業務の制限 ………………………… 450
- Q7-5 医療法人の種類 ………………………………… 452
- Q7-6 医療法人の運営機関 …………………………… 453
- Q7-7 社団医療法人と持分の概念 …………………… 454

Q7-8	財団医療法人と評議員会の役割	455
Q7-9	医療法人の理事の役割	456
Q7-10	理事長の資格と職務	457
Q7-11	理事会の位置づけと役割	458
Q7-12	監事の資格と職務	459
Q7-13	社員の資格と職務	460
Q7-14	社員総会の位置づけと役割	462
Q7-15	社員総会開催の要領	463
Q7-16	定款と寄附行為とは	464
Q7-17	剰余金の配当禁止と役員賞与の関係	466
Q7-18	基本財産とは	466
Q7-19	医療法人の予算とは	467
Q7-20	社団医療法人の出資の種類	468
Q7-21	医療法人の設立手続き	470
Q7-22	設立認可の届出書類	472
Q7-23	医療法人設立時における資産・負債の引継ぎ	473
Q7-24	医療法人の毎期の手続き	475
Q7-25	都道府県への届出	476
Q7-26	医療法人の登記内容	477
Q7-27	医療法人の会計報告	478
Q7-28	医療法人の決算書類の種類	479
Q7-29	医療法人の予算書の内容	488
Q7-30	医療法人の従うべき会計基準	489
Q7-31	医療法人の解散とは	490
Q7-32	医療法人の合併	491
Q7-33	医療法人の合併の手続き	492
Q7-34	利益相反取引（理事長と法人の土地取引）	494

凡　例

本書で使用する税務関係の法令・通達の略号は次のとおりです。

所法　………　所得税法
所令　………　所得税法施行令
所基通　……　所得税基本通達
法法　………　法人税法
法令　………　法人税法施行令
法基通　……　法人税基本通達
措法　………　租税特別措置法
措令　………　租税特別措置法施行令
措規　………　租税特別措置法施行規則
相法　………　相続税法
相令　………　相続税法施行令
消法　………　消費税法
消基通　……　消費税法基本通達
地法　………　地方税法
耐通　………　耐用年数の適用等に関する取扱通達

【例】所法5⑥Ⅶ　………　所得税法第5条第6項第7号

なお、本書は平成26年11月1日現在の法令・通達によっています。

ブックデザイン：黒見　千鶴

第1章
病医院経営の現状と課題

Q1-1 医療施設の種類と経営母体

■医療施設の種類を教えてください。また、その経営母体にはどのようなものがありますか。

A

1 医療施設の種類

現行の医療法では、病院・診療所・助産所・老人保健施設などが医療施設として規定されており、病院は20床以上の収容施設を持つもの、診療所は19床以下、助産所は9床までで妊婦・産婦・じょく婦を収容するものとなっています。(医療法1の5、2)

病院は、その保有する病床の種別により、精神病床・感染症病床・結核病床・療養病床及び一般病床に区別されます。(医療法7②)

また診療所には、病床（19床以下）を持つ有床診療所と病床を持たない無床診療所があります。

さらに、介護保険法の規定により寝たきりの老人に対して介護を含む医療を提供する施設に介護老人保健施設があげられますが、これについても医療法の中に位置づけられています。(医療法1の6)

2 医療施設の経営母体

医療施設の経営母体としては、国、地方公共団体・厚生連や日赤などの公的機関、社会保険関係団体や医療法人・個人などがあげられます。医療法人も平成19年度から社会医療法人を設立することができるようになっています。また、税制上の恩典を受けることができる特定医療法人も国税庁長官の承認を得て設立することができます。なお、社会福祉法人や株式会社を経営母体として介護関係施設をもつ医療法人グループも存在します。

各種法人の制度間の基本的事項を比較すると次のようになります。

■各種法人制度間の比較（仕組み）

	医療法人	社会医療法人	社会福祉法人	株式会社
根拠法	医療法	医療法	社会福祉法	会社法
目的等	病院、診療所又は介護老人保健施設を開設する法人	病院、診療所又は介護老人保健施設を開設する法人	社会福祉事業を行うことを目的とする法人	営利を目的とする法人
設立規制	都道府県知事の認可（2以上の都道府県の区域に病院等を開設する法人は厚生労働大臣による認可）	都道府県知事の認定（2以上の都道府県の区域に病院等を開設する法人は厚生労働大臣による認定）	所轄庁の認可（所轄庁：都道府県知事、市長、厚生労働大臣（地方厚生局長を含む。））	公証人の定款認証等
役員 理事（取締役）	3人以上（原則）	6人以上	3人以上（通知6人以上）	1人以上（原則）
役員 監事（監査役）	1人以上	2人以上	1人以上（通知2人以上）	任意（原則）
役員 任期	2年以内（再認可）	2年以内（再認可）	2年以内（再認可）	取締役：2年以内（原則） 監査役：4年以内（原則）
資産要件	・病院、診療所又は介護老人保健施設の業務を行うために必要な施設、設備又は資金を有しなければならない。 ・原則、施設又は設備は所有すること。	・病院、診療所又は介護老人保健施設の業務を行うために必要な施設、設備又は資金を有しなければならない。 ・原則、施設又は設備は所有すること。	・原則、社会福祉事業を行うために直接必要な物件について所有権を有していること又は自治体から貸与を受けていること。 ・原則、社会福祉施設を経営しない法人は1億円以上の資産を有していること。	—
資金調達	寄付金・基金・医療機関債等	寄付金・医療機関債・社会医療法人債等	寄付金・補助金等	株式等
出資持分	不可（経過措置型医療法人を除く）	不可	不可	有
残余財産の処分	国、地方公共団体、医療法人（経過措置型医療法人を除く）等	国、地方公共団体、社会医療法人	①社会福祉法人その他社会福祉事業を行う者 ②①によらない場合は国庫に帰属	株主

※厚生労働省福祉基盤課調べ

また、税務上の制度間比較は次のようになります。

■各種法人制度間の比較（税金）

	医療法人	社会医療法人	社会福祉法人	株式会社
法人税	○課税 所得の25.5% （ただし、所得の800万円まで19%（平成24年4月1日から平成27年3月31日までの間に開始する各事業年度の場合は15%）。持分ありの医療法人は資本金が1億円以下の場合に限る。)	○原則非課税 ※医療保険業以外の業務により生じた所得に限り、19%課税（平成24年4月1日から平成27年3月31日までの間に開始する各事業年度の場合は所得の800万円まで15%)	○原則非課税 ※収益事業により生じた所得に限り、19%課税（平成24年4月1日から平成27年3月31日までの間に開始する事業年度の場合は所得の800万円まで15%)	○課税 所得の25.5% （ただし、所得の800万円まで19%（平成24年4月1日から平成27年3月31日までの間に開始する各事業年度の場合は15%）。資本金が1億円以下の場合に限る。)
道府県民税	○課税 ・均等割　2〜80万円 ・法人税割　　法人税の5%	○課税 ・均等割　2万円 ・法人税割　医療保険業以外の業務により生じた所得に限り、法人税の5%	○原則非課税 ※収益事業を行う場合は、 ・均等割　2万円 ・法人税割　　法人税の5% ※ただし、収益の90%以上を社会福祉事業の経営に充てるならば、収益事業としては取り扱われない。	○課税 ・均等割　2〜80万円 ・法人税割　　法人税の5%
市町村民税	○課税 ・均等割　5〜300万円 ・法人税制　　法人税の12.3%	○課税 ・均等割　5万円 ・法人税割　医療保険業以外の業務により生じた所得に限り、法人税の12.3%	○原則非課税 ※収益事業を行う場合は、 ・均等割　5万円 ・法人税割　　法人税の12.3% ※ただし、収益の90%以上を社会福祉事業の経営に充てるならば、収益事業としては取り扱われない。	○課税 ・均等割　5〜300万円 ・法人税割　　法人税の12.3%
事業税	○社会保険診療に係る収入は益金に不算入、経費は損金に不算入となり、非課税 ※社会保険診療以外の業務により生じた所得に限り課税 ・所得のうち 　400万円以下　5% 　400万円超　6.6%	○原則非課税 ※医療保険業以外の業務により生じた所得に限り課税 ・所得のうち 　400万円以下　5% 　400万円超　6.6%	○原則非課税 ※収益事業により生じた所得に限り課税 ・所得のうち 　400万円以下　5% 　400万円超　7.3% 　800万円超　9.6%	○課税 ・所得のうち、 　400万円以下　5% 　400万円以下　7.3% 　800万円超　9.6%
固定資産税	○課税 ※一部の社会福祉事業又は特定医療法人による看護師等医療関係者養成所の用に供する固定資産は非課税	○課税 ※一部の社会福祉事業又は特定医療法人による看護師等医療関係者養成所の用に供する固定資産は非課税 ※救急医療等確保事業に係る業務の用に供する固定資産は非課税	社会福祉事業の用に供する固定資産については原則非課税	○課税 ・税率　1.4%

※厚生労働省福祉基盤課調べ

Q1-2 国民医療費の動向

■国民医療費の増加傾向が言われて久しいですが、最近の動向はどのようなものでしょうか。

A

1 国民医療費の現状

平成26年10月に厚生労働省から「平成24年度 国民医療費の概況」が公表されました。この概況によりますと、平成24年度の国民医療費は39兆2,117億円となり、前年度に比べ6,267億円の増加となっています。国民総生産（GDP）に占める割合は平成23年度に初めて8％を超え、平成24年度には8.3％となりました。これはGDPが減少したことにもよりますが、国民医療費の総額や人口一人当たり国民医療費の3％以上の増加が近年続いていたことが大きな要因です。

次ページの表は、平成26年10月に厚生労働省から公表された「国民医療費・対国内総生産及び国民所得比率の年次推移」です。

2 国民医療費増加の要因

近年の医療費の伸び率を要因分解すると次々ページの表のとおりとなります。

高齢化により1.5％前後の伸び率となっており、その他には医療の高度化、患者負担の見直し等種々の影響が含まれています。

■国民医療費・対国内総生産及び対国民所得比率の年次推移

年次	国民医療費 (億円)	対前年度 増減率 (%)	人口一人 当たり国 民医療費 (千円)	対前年度 増減率 (%)	国内総生産 (GDP) (億円)	対前年度 増減率 (%)	国民所得 (NI) (億円)	対前年度 増減率 (%)	国民医療費の比率	
									国内総生産 に対する 比率 (%)	国民所得 に対する 比率 (%)
昭和29年度	2 152	…	2.4	…	…	…	…	…	…	…
30	2 388	11.0	2.7	12.5	85 979	…	69 733	…	2.78	3.42
40	11 224	19.5	11.4	17.5	337 653	11.1	268 270	11.5	3.32	4.18
50	64 779	20.4	57.9	19.1	1 523 616	10.0	1 239 907	10.2	4.25	5.22
60	160 159	6.1	132.3	5.4	3 303 968	7.2	2 605 599	7.2	4.85	6.15
61	170 690	6.6	140.3	6.0	3 422 664	3.6	2 679 415	2.8	4.99	6.37
62	180 759	5.9	147.8	5.3	3 622 967	5.9	2 810 998	4.9	4.99	6.43
63	187 554	3.8	152.8	3.4	3 876 856	7.0	3 027 101	7.7	4.84	6.20
平成元年度	197 290	5.2	160.1	4.8	4 158 852	7.3	3 208 020	6.0	4.74	6.15
2	206 074	4.5	166.7	4.1	4 516 830	8.6	3 468 929	8.1	4.56	5.94
3	218 260	5.9	176.0	5.6	4 736 076	4.9	3 689 316	6.4	4.61	5.92
4	234 784	7.6	188.7	7.2	4 832 556	2.0	3 660 072	△ 0.8	4.86	6.41
5	243 631	3.8	195.3	3.5	4 826 076	△ 0.1	3 653 760	△ 0.2	5.05	6.67
6	257 908	5.9	206.3	5.6	4 956 122	2.7	3 667 524	0.4	5.20	7.03
7	269 577	4.5	214.7	4.1	5 045 943	1.8	3 707 727	1.1	5.34	7.27
8	284 542	5.6	226.1	5.3	5 159 439	2.2	3 809 122	2.7	5.51	7.47
9	289 149	1.6	229.2	1.4	5 212 954	1.0	3 822 681	0.4	5.55	7.56
10	295 823	2.3	233.9	2.1	5 109 192	△ 2.0	3 693 715	△ 3.4	5.79	8.01
11	307 019	3.8	242.3	3.6	5 065 992	△ 0.8	3 687 817	△ 0.2	6.06	8.33
12	301 418	△ 1.8	237.5	△ 2.0	5 108 347	0.8	3 751 863	1.7	5.90	8.03
13	310 998	3.2	244.3	2.9	5 017 106	△ 1.8	3 667 838	△ 2.2	6.20	8.48
14	309 507	△ 0.5	242.9	△ 0.6	4 980 088	△ 0.7	3 638 901	△ 0.8	6.21	8.51
15	315 375	1.9	247.1	1.7	5 018 891	0.8	3 681 009	1.2	6.28	8.57
16	321 111	1.8	251.5	1.8	5 027 608	0.2	3 701 166	0.5	6.39	8.68
17	331 289	3.2	259.3	3.1	5 053 494	0.5	3 741 251	1.1	6.56	8.86
18	331 276	△ 0.0	259.3	△ 0.0	5 091 063	0.7	3 781 903	1.1	6.51	8.76
19	341 360	3.0	267.2	3.0	5 130 233	0.8	3 812 392	0.8	6.65	8.95
20	348 084	2.0	272.6	2.0	4 895 201	△ 4.6	3 550 380	△ 6.9	7.11	9.80
21	360 067	3.4	282.4	3.6	4 739 339	△ 3.2	3 443 848	△ 3.0	7.60	10.46
22	374 202	3.9	292.2	3.5	4 802 325	1.3	3 527 028	2.4	7.79	10.61
23	385 850	3.1	301.9	3.3	4 736 691	△ 1.4	3 490 563	△ 1.0	8.15	11.05
24	392 117	1.6	307.5	1.9	4 725 965	△ 0.2	3 511 139	0.6	8.30	11.17

注：1）平成12年4月から介護保険制度が開始されたことに伴い、従来国民医療費の対象となっていた費用のうち介護保険の費用に移行したものがあるが、これらは平成12年度以降、国民医療費に含まれていない。
2）国内総生産（GDP）及び国民所得（NI）は、内閣府「国民経済計算」による。なお、平成6年～12年度については、遡及推計が行われた数値を、平成22、23年度については、再推計が行われた数値を使用している。

（出典：厚生労働省「平成24年度国民医療費の概況」）

■医療費の伸び率の要因分解

	平成14年度(2002)	平成15年度(2003)	平成16年度(2004)	平成17年度(2005)	平成18年度(2006)	平成19年度(2007)	平成20年度(2008)	平成21年度(2009)	平成22年度(2010)	平成23年度(2011)	平成24年度(2012)
医療費の伸び率①	−0.5%	1.9%	1.8%	3.2%	−0.0%	3.0%	2.0%	3.4%	3.9%	3.1%	1.7%
診療報酬改定②	−2.7%		−1.0%		−3.16%		−0.82%		0.19%		0.004%
人口増の影響③	0.1%	0.1%	0.1%	0.1%	0.0%	0.0%	−0.1%	−0.1%	0.0%	−0.2%	−0.2%
高齢化の影響④	1.7%	1.6%	1.5%	1.8%	1.3%	1.5%	1.3%	1.4%	1.6%	1.2%	1.4%
その他（①−②−③−④）・医療の高度化・患者負担の見直し 等	0.4%	0.2%	1.2%	1.3%	1.8%	1.5%	1.5%	2.2%	2.1%	2.1%	0.5%
制度改正	H14.10 高齢者1割負担の徹底	H15.4 被用者本人3割負担等			H18.10 現役並み所得高齢者3割負担 等		H20.4 未就学2割負担				

注１：医療費の伸び率は、平成23年度までは国民医療費の伸び率、平成24年度は概算医療費（審査支払機関で審査した医療費）であり、医療保険と公費負担医療の合計である。
　２：平成24年度の高齢化の影響は、平成22年度の年齢階級別（５歳階級）国民医療費と年齢階級別（５歳階級）人口からの推計である。

(出典：厚生労働省資料)

3　国民医療費の範囲

　国民医療費は、医療費等における保険診療の対象となり得る傷病の治療に要した費用を推計したものです。

　この費用には、医科診療や歯科診療にかかる診療費、薬局調剤医療費、入院時食事・生活医療費、訪問看護医療費等が含まれます。保険診療の対象とならない評価療養（先進医療（高度医療を含む）等）、選定療養（入院時室料差額分、歯科差額分等）及び不妊治療における生殖補助医療などに要した費用は含みません。また、傷病の治療費に限っているため、正常な妊娠・分娩に要する費用、健康の維持・増進を目的とした健康診断・予防接種等に要する費用、固定した身体障害のために必要とする義眼や義肢等の費用も含みません。

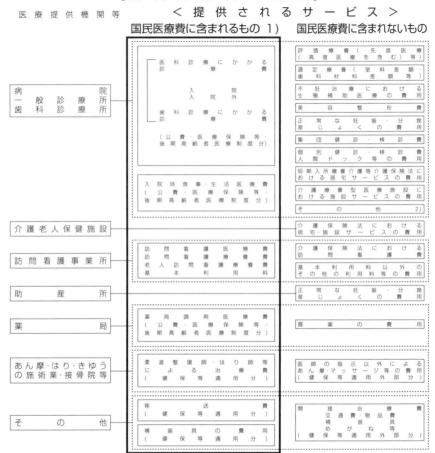

注：1）患者負担を含む。
2）上記の評価療養等以外の保険診療の対象となり得ない医療行為（予防接種など）の費用。

（出典：厚生労働省「平成24年度国民医療費の概況」）

Q1-3 社会保障制度と医療・介護制度改革

■社会保障制度の将来像が不透明な時代になっていると聞いています。社会保障制度の将来像や社会保障と特に関係の深い医療や介護制度の改革の方向性はどのようになるのでしょうか。

A

1　社会保障制度改革

平成25年8月、社会保障制度改革国民会議から「確かな社会保障を将来世代に伝えるための道筋」を示す報告書が公表されました。

そこでは、社会保障制度改革推進法の基本的な考え方として、「自助・共助・公助の最適な組合せ」「社会保障の機能の充実と給付の重点化・効率化、負担の増大の抑制」「社会保険方式の意義、税と社会保険料の役割分担」「給付と負担の両面にわたる世代間の公平」をうたっています。

また、社会保障制度改革の方向性として、「1970年代モデルから21世紀（2025年）日本モデルへ」「すべての世代を対象とし、すべての世代が相互に支え合う仕組み」「女性、若者、高齢者、障害者などすべての人々が働き続けられる社会」「すべての世代の夢や希望につながる子ども・子育て支援の充実」「低所得者・不安定雇用の労働者への対応」「地域づくりとしての医療・介護・福祉・子育て」「国と地方が協働して支える社会保障制度改革」「成熟社会の構築へのチャレンジ」が示されています。

これらの制度改革を、短期と中長期に分けて実現すべきであるとされています。中長期制度改革とは、いわゆる団塊の世代がすべて75歳以上となる2025（平成37）年を念頭において段階的に実施すべき改革とされています。

なお、社会保障改革として、「少子化対策分野」「医療・介護分野」「年金分野」に対する詳細を提言で行っています。このうち、「医療・介護分野」の改革概要は次のとおりです。

2　医療・介護分野の改革
(1)　改革の背景
　日本の医療システムは20世紀半ば過ぎに完成しました。20世紀半ばは平均寿命60歳代の社会で、主に青壮年期の患者を対象とした医療は、救命・延命、治癒、社会復帰を前提とした「病院完結型」の医療でした。しかしながら、平均寿命が男性でも80歳近くとなり、女性では86歳を超えている社会では、慢性疾患による受療が多い、複数の疾病を抱えるなどの特徴を持つ老齢期の患者が中心です。そうした時代の医療ニーズは、病気と共存しながらQOL（Quality of Life）の維持・向上を目指す医療が必要で、患者の住み慣れた地域や自宅での生活のための医療、地域全体で治し支える「地域完結型」の医療となり、医療と介護、さらには住まいや自立した生活の支援までもが切れ目なくつながる医療に変わらざるを得ない環境となっています。

　このような環境変化があっても、現状の医療システムについては、そうした姿に変わっていないことが医療・介護改革が叫ばれる大きな背景です。日本の皆保険制度の良さを変えずに守り通すためには、医療そのものが変わらなければなりません。

(2)　改革の方向性
　わが国では、民間が主体となって医療・介護サービスを担っています。このため、提供体制の改革は、提供者と政策当局との信頼関係こそが基礎になるべきです。日本の提供体制への診療報酬・介護報酬による誘導は、確かにこれまで効き過ぎるとも言えるほどに効いてきた面があり、政策当局は、過去、そうした手段に頼って政策の方向を大きく転換することもありました。このような転換は、医療・介護サービスを経営する側からは梯子を外されるにも似た経験にも見え、経営上の不確実性として記憶に刻まれることになり、政策変更リスクに備えて、例えばいわゆる看護配置基準7対1を満たす急性期病院の位置を確保しておいた方が安全、内部留保を十二分に抱えておかなければ不安、など過度に危機回避的な行動につながり、現在の提供体制の形を歪めている一因ともなっています。政策当局は、

提供者たちとの信頼関係を再構築させるためにも、病床区分を始めとする医療機関の体系を法的に定め直し、それぞれの区分の中で相応の努力をすれば円滑な運営ができるという見通しを明らかにすることが必要です。「地域完結型」の医療に見合った診療報酬・介護報酬に向け体系的に見直すことなどに、速やかに、そして真摯に取り組むべき時機が既にきています。

　また、医療改革は、提供側と利用者側が一体となって実現されるものです。患者のニーズに見合った医療を提供するためには、医療機関に対する資源配分に濃淡をつけざるを得ず、しかし、そこで構築される新しい提供体制は、利用者である患者が大病院、重装備病院への選好を今の形で続けたままでは機能しません。「いつでも、好きなところで」と極めて広く解釈されることもあったフリーアクセスを、今や「必要な時に必要な医療にアクセスできる」という意味に理解していく必要があります。この意味でのフリーアクセスを守るためには、緩やかなゲートキーパー機能を備えた「かかりつけ医」の普及は必須です。

　次に、急性期医療を中心に人的・物的資源を集中投入し、入院期間を減らして早期の家庭復帰・社会復帰を実現するとともに、受け皿となる地域の病床や在宅医療・在宅介護を充実させていく必要があります。川上から川下までの提供者間のネットワーク化は必要不可欠です。

(3) 医療・介護サービスの提供体制改革

　医療保険制度改革と介護保険制度改革は次の項目で述べますので、ここでは報告書の医療・介護サービスの提供体制改革を要約します。

	具体的な改革方向
1	病床機能報告制度の導入と地域医療ビジョンの策定
2	都道府県の役割強化と国民健康保険の保険者の都道府県移行
3	医療法人制度・社会福祉法人制度の見直し
4	医療と介護の連携と地域包括ケアシステムというネットワークの構築
5	医療・介護サービスの提供体制改革の推進のための財政支援
6	医療の在り方
7	改革の推進体制の整備

医療機能に係る情報の都道府県への報告制度（病床機能報告制度）を早急に導入し、この報告制度により把握される地域ごとの医療機能の現状や地域の将来的な医療ニーズの客観的データに基づく見通しを踏まえ、その地域にふさわしいバランスのとれた医療機能ごとの医療の必要量を示す地域医療ビジョンを都道府県が策定しようとしています。

　地域の医療提供体制に係る責任を積極的かつ主体的に果たすことができるよう、都道府県の役割の拡大を具体的に検討しています。国民健康保険に係る財政運営の責任を担う主体（保険者）を都道府県としつつ、国民健康保険の運営に関する業務について、都道府県と市町村が適切に役割分担を行い、保険料収納や医療費適正化のインセンティブを損なうことのない分権的な仕組みを目指すことになっています。

　医療・介護サービスのネットワーク化を図るためには、競争よりも協調が必要であり、医療法人等が容易に再編・統合できるよう制度の見直しを行うことが重要であることから、機能の分化・連携の推進に資するよう、法人間の合併や権利の移転等を速やかに行うことができる道を開くよう制度改正を検討することになっています。

　医療と介護の連携をはかり、医療・介護サービスの提供体制改革の推進のための財政支援をすることを予定しています。

　高齢化に伴い、多様な問題を抱える患者にとっては、総合診療医（かかりつけ医）による診療の方が適切な場合が多く、その養成と国民への周知が重要です。

　改革を実現するエンジンとして、主として医療・介護サービスの提供体制改革を推進するための体制を設け、厚生労働省、都道府県、市町村における改革の実行と連動させようとしています。

Q1-4 医療保険制度改革と介護保険制度改革

■現状の医療保険制度や介護保険制度が将来とも同一の制度を維持できるか不透明な時代です。医療保険制度や介護保険制度はどのように改革されていくのでしょうか。

1　医療保険制度改革

	具体的な改革方向
1	財政基盤の安定化、保険料に係る国民の負担に関する公平の確保
2	医療給付の重点化・効率化（療養の範囲の適正化等）
3	難病対策等の改革

　財政基盤の安定化、保険料に係る国民の負担に関する公平の確保では、現在の市町村国保の赤字の原因や運営上の課題を現場の実態を踏まえつつ分析した上で、国民健康保険が抱える財政的な構造問題や保険者の在り方に関する課題を解決していかなければなりません。国保の保険者の都道府県への移行は、国保の財政の構造問題の解決が図られることが前提条件となっています。また、国保の運営について、都道府県・市町村・被用者保険の関係者が協議する仕組みを構築しておくことも必要だとされています。

　低所得者が多く加入する国保への財政支援の拡充措置と併せて、国保の低所得者に対する保険料軽減措置の拡充を図るべき、国保の保険料の賦課限度額、被用者保険の標準報酬月額上限を引き上げるべき、所得の高い国保組合に対する定率補助について廃止に向けた取組を進める必要などといった次のような具体的施策を実行しようとしています。

　医療給付の重点化・効率化（療養の範囲の適正化等）では、紹介状のない大病院の外来受診について、一定の定額自己負担を求めるような仕組みを検討すること、入院療養における給食給付等の自己負担の在り方につい

て、在宅医療との公平の観点から見直すこと、70～74歳の医療費自己負担について、法律上は2割負担となっており、世代間の公平を図る観点から1割負担となっている特例措置を止めるべきこと、高額療養費の所得区分についてよりきめ細やかな対応が可能となるよう細分化し負担能力に応じた負担となるよう限度額を見直すこと、後発医薬品の使用促進に加え、中長期的に医療保険制度の持続可能性を高める観点から、引き続き給付の重点化・効率化に取り組もうとしています。

2　介護保険制度改革

一定以上の所得のある利用者の負担は引き上げるべき、食費や居住費についての補足給付の支給には資産を勘案すべき、特養は中重度者に重点化を図るとともに、デイサービスは重度化予防に効果がある給付への重点化を図るべき、低所得者の1号保険料について軽減措置を拡充すべきなどが介護サービスの効率化・重点化の方策となっています。

3　医療制度・介護保険制度改革の工程表

厚生労働省・社会保障審議会（平成25年9月25日）の資料によれば、社会保障制度改革のうち医療・介護に係る制度改革の工程表は次のとおりです。

第1章 病医院経営の現状と課題

社会保障制度改革推進法第4条の規定に基づく「法制上の措置」の骨子による社会保障制度改革の工程表（平成29年度まで）

		25年度	26年度	27年度	28年度	29年度
少子化対策		※次世代育成支援対策推進法（26年度末までの時限立法）の延長を検討	・子ども・子育て支援法に基づく子ども・子育て支援給付及び地域子ども・子育て支援事業（含：待機児童解消加速化プラン） ・社会的養護の充実	現行医療計画（〜29年度）		＊30年度〜次期医療計画
医療制度	医療サービス等の提供体制	▲一環として法律案の26年通常国会への提出を目指す 【検討事項】	子ども・子育て支援法に基づく保育緊急確保事業 保育計画（26年度末までの時限立法の延長を検討）	必要な措置を29年度までを目途に順次講ずる	①新たな財政支援制度の創設、診療報酬の見直し等による対応のあり方 ②医療法人制度の見直し、特定入院料の要件に関するあり方 ③地域における医師、看護職員等の確保対策及び医療に係る施策 ④医療職種の業務範囲及び業務実施体制の見直し など	
	医療保険		・医療機能の分化と連携強化及び在宅医療の推進 国民健康保険等の財政上の 構造的な問題の解決のため の方策、医療保険制度等の 財政基盤の安定化、保険料 に係る国民の負担に関する 公平の確保、保険給付の対 象となる療養の範囲の適正 化等を行うこと等により、 順次、必要な改革を実施	法改正から必要な措置を27年通常国会から29年中を目途に順次講ずる 必要な措置を27年度を目途に講ずる	必要な措置を26年度から29年度までを目途に順次講ずる	・保険料に係る国民の負担に関する公平の確保 ・国民健康保険の財政上の構造的な問題の解決のための方策、国保の保険者、運営等のあり方 ・後期高齢者支援金の全面総報酬割の導入 ・所得の高い国保組合に対する国庫補助のあり方 ・保険料の上限引き上げ、低所得者保険料軽減措置の拡充 ・高額療養費制度の見直し ・70〜74歳の一部負担金の取扱い及びそれに伴う高額療養費の見直し ・療養の範囲の適正化等 ・医療提供者の協力を得つつ、医療保険者が行う保健事業として、 負担の観点からの高額療養費の見直し ・療養の範囲の適正化等 など	
	難病対策・小児慢性特定疾患対策		▲法律案の26年通常国会への提出を目指す 難病対策に係る都道府県の超過負担の解消、公平かつ安定的な医療費助成の制度の確立				
介護保険制度		▲法律案の26年通常国会への提出を目指す 【検討事項】	①地域包括ケアシステムの構築に向けた地域支援事業の見直し ・在宅医療・在宅介護・介護予防に関する高齢者支援 ・生活支援等に関する事業 ②地域支援事業の見直しと併せた地域の実情に応じた要支援者への支援の見直し ※介護予防給付の見直しなど上記の検討事項については、介護予防事業との連携も考慮に入れ、必要な検討を行う	必要な措置を27年度を目途に講ずる	第6期介護保険事業計画（〜29年度）	①一定以上の所得を有する者の利用者負担等の見直し ②いわゆる補足給付の給付対象に資産を勘案する等の見直し ③特別養護老人ホームに係る施設の役割・対象者の見直し ④低所得者の一号被保険者の介護保険料の負担軽減 ⑤介護認定に係る負担のあり方 など	
公的年金制度			①マクロ経済スライドに基づく年金給付の額の改定のあり方 ②短時間労働者に対する厚生年金・健康保険の適用範囲の拡大	必要な措置を27年度を目途に講ずる	・年金生活者支援給付金の支給 ・老齢基礎年金の受給資格期間の短縮	③高齢期における職業生活の多様性に応じ、一人ひとりの状況を踏まえた年金受給のあり方 ④高所得者の年金給付のあり方及び公的年金等控除を含めた年金課税のあり方 ⑤③〜④のほか、必要に応じ行う見直し	

※ 本工程表は「社会保障制度改革推進法第4条の規定に基づく『法制上の措置』の骨子について」（平成25年8月21日）関連決定）に示されている関連事項の主な検討項目や実施時期について記載したものである。

（出典：厚生労働省資料）

医療制度改革のうち医療サービス等の提供体制では、現行の医療計画が平成29年度まで定まっており、病床の機能分化・連携及び在宅医療・在宅介護の推進、地域における医師・看護職員等の確保及び勤務環境の改善等に係る施策、医療職種の業務範囲及び業務の実施体制の見直しをめざした法案の提出を目指しています。このように必要な措置を平成29年度末までをめどに順次講ずることになっています。

　医療保険では、医療保険制度の財政基盤の安定化、保険料に係る国民の負担に関する公平の確保、保険給付の対象となる療養の範囲の適正化等をめざし、平成27年国会で法案が提出される予定です。

　介護保険制度では、地域包括ケアシステムの構築に向けた地域支援事業の見直し、地域支援事業の見直しと併せた地域の実情に応じた要支援者への支援の見直し、一定以上の所得を有する者の利用者負担の見直し、いわゆる補足給付の支給の要件に資産を勘案する等の見直し、特別養護老人ホームに係る施設介護サービス費の支給対象の見直し、低所得の第一号被保険者の介護保険料の負担軽減、介護報酬に係る適切な対応の在り方などに関する法案の提出を現在目指し、平成27年度をめどに必要な措置を講ずる予定とされています。

Q1-5　医療法の改正と今後の動向

■現在までの医療法の改正の状況はどのようなものだったのでしょうか。また、今後の医療法はどのような方向に改正されていくのでしょうか。

A　医療法は、昭和23年、医療を提供する体制の確保を図り、もって国民の健康の保持に寄与することを目的として制定されました。これにより、終戦後、医療機関の量的整備が急務とされるなかで、医療水準の確保を図るべく医療機関の施設基準などが定められました。

なお、昭和25年には、医療法人制度が資金の集積や医療機関の永続性を維持するため制定されています。

この後、医療法は6度にわたる改正が行われています。第1次から第5次改正の内容は下表のとおりです。

1　第1次～第5次医療法の改正

改正年	内　容
昭和60年	**第1次医療法改正** ・都道府県に地域医療計画策定の義務付け ・医療圏の設定 ・一人医師医療法人制度の創設
平成4年	**第2次医療法改正** ・医療提供施設の体系化で、特定機能病院と療養型病床群の制度化 ・院内では管理者の氏名などの掲示の義務付け、院外では予約制の有無などの告知が可能 ・医療のめざすべき方向（理念など）の明示 ・業務委託の水準確保として、医療関連サービス活用の促進 ・医療法人の附帯業務として、スポーツクラブなどの運営が可能 ・広告規制の緩和として、院内には管理者の名前などの掲示が義務付け、院外広告では、予約制の有無などの告知が可能
平成9年	**第3次医療法改正** ・地域医療計画の充実を図り、療養型病床群の整備目標の範囲を診療所まで拡大。 ・地域医療支援病院の創設 ・特別医療法人で配食サービスや医薬品販売などの収益事業拡大が可能
平成13年	**第4次医療法改正** ・「その他病床」と呼ばれていた病院病床が一般と療養に区分 ・広告規制緩和として、広告可能な事項の見直し ・医師・歯科医師の臨床研修が努力規定から必修化へ変更
平成19年	**第5次医療法改正** ・入院診療・退院計画書の作成の義務付け ・医療計画制度の見直し等を通じた医療機能の分化・連携の推進 ・地域や診療科による医師不足問題への対応 ・患者安全の確保 ・医療従事者の資質の向上 ・医療法人制度改革として、特別医療法人の廃止、社会医療法人が設置。附帯業務の拡大で、有料老人ホームの設置可能

2 第6次医療法改正

平成26年、第6次医療法改正が行われました。

これは、急速な少子高齢化の進展、人口・所帯構造や疾病構造の変化、医療技術の高度化、国民の医療に対するニーズの変化などの医療を取り巻く環境の変化に対応するため、「社会保障・税一体改革」に基づく病院・病床機能の分化・強化や、在宅医療の充実、チーム医療の推進等により、患者それぞれの状態にふさわしい良質かつ適切な医療を効果的かつ効率的に提供する体制を構築することを目的とするものです。

今回の改正には、次の事項が織り込まれています。

	項 目	内 容
1	病床の機能分化・連携の推進	・各医療機関が、その有する病床の医療機能（急性期、亜急性期、回復期等）を都道府県知事に報告する仕組みを創設。 ・都道府県が、医療計画の一部として、地域の医療需要の将来推計や、医療機関から報告された情報等を活用して、二次医療圏等ごとに各医療機能の必要量等を含む地域の医療提供体制の将来の目指すべき姿（地域医療ビジョン）を策定
2	在宅医療の推進	・医療計画において、在宅医療についても5疾病5事業と同様、達成すべき目標や医療連携体制に関する事項の記載を義務づけ
3	特定機能病院の承認の更新制の導入	・高度の医療の提供等を担う特定機能病院について、その質を継続的に確保するため、更新制を導入
4	医師確保対策（地域医療支援センター（仮称）の設置）	・都道府県に対して、キャリア形成支援と一体となって医師不足病院の医師確保の支援等を行う地域医療支援センター（仮称）の設置の努力義務規定を創設
5	看護職員確保対策	・看護職員の復職を効果的に支援する観点から、看護師免許等の保持者について、都道府県ナースセンターへの届出制度を創設
6	医療機関における勤務環境の改善	・国における指針の策定など医療機関の勤務環境改善のための自主的なマネジメントシステムを創設するとともに、都道府県ごとに、こうした取組を支援する医療勤務環境改善支援センター（仮称）の設置等を規定

7	チーム医療の推進	・診療の補助のうち高い専門知識と技能等が必要となる行為を明確化するとともに、医師又は歯科医師の指示の下、プロトコール（手順書）に基づきその行為を実施する看護師に対する研修の仕組みを創設。（保健師助産師看護師法関係） ・診療放射線技師の業務範囲を拡大（診療放射線技師法関係） ・歯科衛生士の業務実施態勢を見直し（歯科衛生士法関係）
8	医療事故に係る調査の仕組み等の整備	・医療事故の原因究明及び再発防止を図るため、医療機関に対する院内調査の実施を義務付け、各医療機関から報告のあった調査結果の分析や再発防止策に係る普及・啓発を行うとともに、遺族又は医療機関の求めに応じて医療事故に係る調査を行う第三者機関の設置等を規定
9	臨床研究の推進	・日本発の革新的医薬品・医療機器の開発などに必要となる質の高い臨床研究を推進するため、国際水準の臨床研究や医師主導治験の中心的役割を担う病院を臨床研究中核病院（仮称）として位置づける
10	外国医師等の臨床修練制度の見直し	・臨床修練制度について、手続・要件の簡素化を行うとともに、研修目的に加えて、教授・臨床研究目的の場合における診療行為を新たに認める
11	歯科技工士国家試験の見直し	・現在都道府県が行っている試験について、国が実施
12	持分なし医療法人への移行の促進	・持分あり医療法人が持分なし医療法人に移行するための移行計画を策定し、都道府県知事がこれを認定する仕組み等を設ける

Q1-6 介護保険

■介護保険制度が導入されてから15年近くたちますが、介護サービスの種類、要介護（要支援）認定者数等・介護費用・保険料などの現状はどのようになっているのでしょうか。

平成12年に介護保険制度が導入されました。それ以前の老人福祉・老人医療制度による対応には限界があったことによるも

のです。

　高齢化の進展に伴い、要介護高齢者の増加、介護期間の長期化など介護ニーズはますます増大する一方、核家族化の進行、介護する家族の高齢化など要介護者を支えてきた家族をめぐる状況の変化もあり、高齢者の介護を社会全体で支えあう仕組みとして介護保険制度が創設されたわけです。

　介護保険制度は、単に介護を要する高齢者の身の回りの世話をするということを超えて、高齢者の自立を支援することを理念とし、利用者の選択により、多様な主体から保健医療サービス、福祉サービスを総合的に受けられる制度です。

　この制度は民間企業、農協、生協、NPOなど多様な事業者がサービスの提供をすることができ、所得に係らず1割の利用者負担でそのサービスを受けることができるというものです。

1　介護サービスの種類

　介護サービスは、次ページの表のとおり、介護給付を行うサービスと予防給付を行うサービスとに区分され、都道府県・政令市・中核市が指定・監督を行うサービスと市町村が指定・監督を行うサービスに区分されています。

　さらには、居宅サービス、通所サービス、短期通所サービス、居宅介護支援、施設サービス、地域密着サービスに分類されます。

2　要介護（要支援）認定者数等、介護費用・保険料

　厚生労働省によると、要介護（要支援）認定者数は、介護保険導入年の平成12年4月末では218万人でしたが、平成26年7月末では594.5万人と2.7倍以上に増加しています。なお、65歳以上の第1号被保険者は平成26年7月末で3,235万人です。

　サービス受給者は介護保険導入年の平成12年4月の149万人から、平成26年7月の496.3万人となり、約3.3倍となっています。

　介護費用は、導入初年度3.6兆円でしたが、平成25年度は9.4兆円が見込まれ、年々増加しています。平成37年度には18兆円から21兆円に増加すると予想されています。

なお、65歳以上が支払う介護保険料も、全国の月額平均2,911円から4,972円と、2,000円以上の増額となっています。

■介護サービスの種類

市町村が指定・監督を行うサービス	都道府県・政令市・中核市が指定・監督を行うサービス	
◎地域密着型サービス ○定期巡回・随時対応型訪問介護看護 ○夜間対応型訪問介護 ○認知症対応型通所介護 ○小規模多機能型居宅介護 ○認知症対応型共同生活介護（グループホーム） ○地域密着型特定施設入居者生活介護 ○地域密着型介護老人福祉施設入所者生活介護 ○複合型サービス	◎居宅サービス 【訪問サービス】 ○訪問介護（ホームヘルプサービス） ○訪問入浴介護 ○訪問看護 ○訪問リハビリテーション ○居宅療養管理指導 ○特定施設入居者生活介護 ○特定福祉用具販売 【通所サービス】 ○通所介護（デイサービス） ○通所リハビリテーション 【短期入所サービス】 ○短期入所生活介護（ショートステイ） ○短期入所療養介護 ○福祉用具貸与 ◎居宅介護支援　◎施設サービス ○介護老人福祉施設 ○介護老人保健施設 ○介護療養型医療施設	介護給付を行うサービス
◎地域密着介護予防サービス ○介護予防認知症対応型通所介護 ○介護予防小規模多機能型居住介護 ○介護予防認知症対応型共同生活介護（グループホーム） ◎介護予防支援	◎介護予防サービス 【訪問サービス】 ○介護予防訪問介護（ホームヘルプサービス） ○介護予防訪問入浴介護 ○介護予防訪問看護 ○介護予防訪問リハビリテーション ○介護予防居宅療養管理指導 ○介護予防特定施設入居者生活介護 ○特定介護予防福祉用具販売 【通所サービス】 ○介護予防通所介護（デイサービス） ○介護予防通所リハビリテーション 【短期入所サービス】 ○介護予防短期入所生活介護（ショートステイ） ○介護予防短期入所療養介護 ○介護予防福祉用具貸与	予防給付を行うサービス

（参考：厚生労働省資料）

3　サービス種類別に見た受給者数、受給者1人当たり費用額・費用額累計

■介護サービス種類別にみた受給者数

介護サービス　　　　　　　　　　　　　　　　　　　　　　　　　　　　　（単位：千人）

		年間累計受給者数			年間実受給者数		
		平成25年度	平成24年度	対前年度増減数	平成25年度	平成24年度	対前年度増減数
総数		44 727.3	42 979.3	1 748.0	4 553.6	4 385.2	168.4
居宅サービス		31 679.2	30 179.3	1 449.9	3 457.6	3 310.2	147.3
	訪問通所	27 834.1	26 617.7	1 216.4	3 101.1	2 979.9	121.1
	訪問介護	11 245.2	10 827.1	418.0	1 391.9	1 352.0	39.9
	訪問入浴介護	929.7	964.6	△ 34.9	145.1	150.3	△ 5.2
	訪問看護	3 704.4	3 461.9	242.5	493.1	464.5	28.7
	訪問リハビリテーション	868.9	826.4	42.5	116.6	113.8	2.8
	通所介護	14 879.6	13 906.7	972.8	1 747.5	1 646.5	101.1
	通所リハビリテーション	4 928.8	4 805.4	123.4	579.5	566.8	12.7
	福祉用具貸与	16 044.4	14 954.3	1 090.0	1 917.9	1 805.9	112.0
	短期入所	4 390.6	4 267.1	123.5	808.9	787.8	21.0
	短期入所生活介護	3 801.6	3 676.0	125.7	691.7	671.5	20.2
	短期入所療養介護（老健）	599.8	600.7	△ 1.0	145.2	144.8	0.3
	短期入所療養介護（病院等）	36.3	39.7	△ 3.4	8.5	9.3	△ 0.8
	居宅療養管理指導	5 256.9	4 701.2	555.6	675.2	609.1	66.0
	特定施設入居者生活介護（短期利用以外）	1 882.6	1 758.7	123.9	207.6	193.9	13.6
	特定施設入居者生活介護（短期利用）	2.4	1.2	1.2	1.2	0.7	0.5
居宅介護支援		27 968.9	26 716.4	1 252.5	3 153.1	3 032.7	120.4
地域密着型サービス		4 246.1	3 966.5	279.6	468.6	439.9	28.7
	定期巡回・随時対応型訪問介護看護	55.6	11.3	44.2	9.6	2.8	6.9
	夜間対応型訪問介護	96.1	93.9	2.3	13.2	13.3	△ 0.1
	認知症対応型通所介護	707.8	708.6	△ 0.8	88.3	89.3	△ 1.0
	小規模多機能型居宅介護	832.6	746.1	86.4	102.3	93.7	8.6
	認知症対応型共同生活介護（短期利用以外）	2 122.4	2 050.2	72.2	219.6	212.7	6.8
	認知症対応型共同生活介護（短期利用）	3.4	3.1	0.3	1.7	1.6	0.1
	地域密着型特定施設入居者生活介護（短期利用以外）	68.8	59.6	9.3	7.6	6.7	0.9
	地域密着型特定施設入居者生活介護（短期利用）	0.1	0.1	0.0	0.1	0.0	0.1
	地域密着型介護老人福祉施設サービス	353.0	299.2	53.8	37.4	32.3	5.1
	複合型サービス	16.8	4.0	12.8	2.6	0.8	1.8
施設サービス		10 834.0	10 654.7	179.4	1 190.5	1 171.5	18.9
	介護福祉施設サービス	5 832.0	5 671.9	160.1	602.7	587.0	15.8
	介護保健施設サービス	4 198.1	4 124.3	73.8	529.3	520.6	8.7
	介護療養施設サービス	845.6	902.1	△ 56.5	111.5	119.4	△ 7.9

注：1）「年間累計受給者数」は、各年度とも5月から翌年4月の各審査月の介護サービス受給者の合計である。
　　2）「年間実受給者数」は、各年度とも4月から翌年3月の各サービス提供月の介護サービス受給者について名寄せを行ったものであり、当該期間中に被保険者番号の変更があった場合には、別受給者として計上している。
　　3）1年間のうち介護予防サービスと介護サービスの両方を受けた者は、それぞれに計上される。

（出典：厚生労働省「平成25年度介護給付費実態調査の概況」）

■サービス種類別にみた受給者1人当たり費用額及び費用額累計

介護予防サービス

		1人当たり費用額（単位：千円）			平成25年度費用額・累計（単位：百万円）
		平成26年4月審査分	平成25年4月審査分	対前年同月増減額	
総数		40.4	40.2	0.2	502 628
介護予防居宅サービス		36.0	35.8	0.2	441 762
	訪問通所	34.0	33.8	0.2	405 023
	介護予防訪問介護	20.7	20.8	△ 0.1	110 382
	介護予防訪問入浴介護	35.5	34.8	0.7	200
	介護予防訪問看護	30.9	30.6	0.3	13 767
	介護予防訪問リハビリテーション	30.1	29.8	0.3	3 868
	介護予防通所介護	35.5	35.6	△ 0.1	190 466
	介護予防通所リハビリテーション	42.9	43.0	△ 0.0	65 556
	介護予防福祉用具貸与	6.1	6.2	△ 0.1	20 784
	短期入所	36.6	36.5	0.1	4 629
	介護予防短期入所生活介護	36.2	36.0	0.2	4 087
	介護予防短期入所療養介護（老健）	39.9	40.3	△ 0.4	511
	介護予防短期入所療養介護（病院等）	46.3	41.0	5.3	31
	介護予防居宅療養管理指導	10.7	10.6	0.1	3 744
	介護予防特定施設入居者生活介護	99.4	99.0	0.4	28 366
介護予防支援		4.4	4.4	0.0	51 784
介護予防地域密着型サービス		82.6	84.1	△ 1.5	9 083
	介護予防認知症対応型通所介護	45.4	48.7	△ 3.3	520
	介護予防小規模多機能型居宅介護	68.5	68.4	0.1	6 126
	介護予防認知症対応型共同生活介護（短期利用以外）	242.2	241.8	0.4	2 436
	介護予防認知症対応型共同生活介護（短期利用）	59.7	22.7	37.0	1

注： 1）受給者1人当たり費用額＝費用額／受給者数
　　 2）費用額とは審査月に原審査で決定された額であり、保険給付額、公費負担額及び利用者負担額の合計額である。市町村が直接支払う償還払いは含まない。

（出典：厚生労働省「平成25年度介護給付費実態調査の概況」）

4　地域包括ケアシステム

　団塊の世代が75歳以上となる平成37年を目途に、重度な要介護状態となっても住み慣れた地域で自分らしい暮らしを人生の最後まで続けることができるよう、医療・介護・予防・住まい・生活支援が一体的に提供される地域包括ケアシステムの構築を実現しようとしています。今後、認知症高齢者の増加が見込まれることから、認知症高齢者の地域での生活を支えるためにも、地域包括ケアシステムの構築が重要です。

　人口が横ばいで75歳以上の人口が急増する大都市部、75歳以上人口の増加は緩やかだが人口は減少する町村部等、高齢化の進展状況には大きな地域差が生じています。地域包括ケアシステムは、保険者である市町村や都道府県が、地域の自主性や主体性に基づき、地域の特性に応じて作り上げていかなければなりません。

　地域包括ケアシステムは、サービスのネットワークを作り、様々なサービスが日常生活圏域に適切に提供できるような地域全体の体制・仕組みであり、地域における実践が求められるものです。

　かつての「病院完結型」の医療から、患者の住み慣れた地域や自宅での生活のための医療、地域全体で治し、支える「地域完結型」の医療、そして、医療のみならず、医療と介護、さらには住まいや自立した生活の支援までもが切れ目なく、つながる医療に変わることが求められています。

　特に都市部には、回復期・慢性期の受け皿が少ない状況にあり、この点で、在宅医療・介護の必要性が大きくなっています。今後、病院・病床機能の分化・連携が進められる中で、急性期医療から在宅介護までの一連の流れにおいて、"川上"に位置する医療提供体制の改革と合わせて、"川下"に位置する地域包括ケアシステムの更なる充実を進めていくことが必要となっています。

　こうした平成37年の「高齢者像の変化」と「医療・介護サービス提供体制の姿」とを併せ考えれば、住み慣れた地域で自分らしい暮らしを最後まで続けられる社会の構築が必要であるということは論を待ちません。

　特に、都市部は、高齢者は狭い地域に集住していることから、高齢者の

第1章 病医院経営の現状と課題

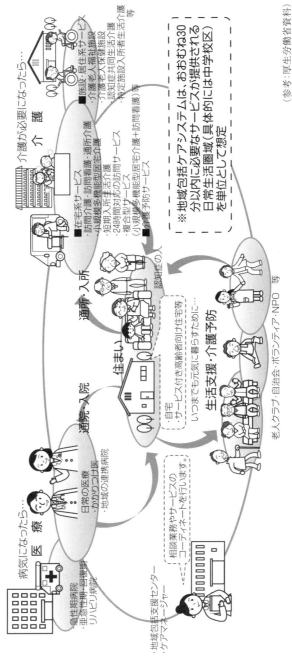

「住まい」に、「介護」・「医療」・「生活支援」・「予防」のサービスを適切に提供し、ケア付きコミュニティを実現することで、施設同様の安心感を確保できると考えられます。つまり、都市部においては、集住、多様な人材、整備された生活インフラ、活発な企業活動等といった都市部の強みを最大限に活かした地域包括ケアシステムを追求すべきです。

このため、「定期巡回・随時対応型訪問介護看護、複合型サービス、小規模多機能型居宅介護、訪問看護といった各サービスの普及」「市区町村が主体となった在宅医療・介護連携」「サービス付き高齢者向け住宅の住所地特例」「空家を活用した低所得者向け住まいの確保・生活支援の推進」「生活支援・介護予防の基盤整備」「施設の整備手法の工夫や整備数の圏域間調整」「中長期な視点に立った介護保険事業(支援)計画の策定」は、法改正、基準等の運用面の見直し、予算の手当といった対応が必要です。

地域包括ケアシステムの構築に"特効薬"はありません。この取りまとめの中でも指摘した様々な課題を一つ一つ着実に克服するとともに、施策・地域資源を総動員して取り組んでいくことが求められています。

Q1-7 主な介護サービス

■介護サービスの種類も多種多様なものになってきています。主な介護サービスの内容はどのようになっているのでしょうか。

　介護サービスは、居宅サービス、地域密着型サービス、施設サービスに分類されています。

平成25年4月審査分の厚生労働省の介護給付費実態調査では、利用者総数のうち、居宅サービスは67%、地域密着サービスは9%の利用者が、施設サービスは24%の利用者がいます。また、介護総費用では、居宅サービスは約46%、地域密着サービスは約12%、施設サービスは約42%を占めています。

各サービスの主なものは次のとおりです。

1 居宅サービス

居宅サービスは訪問サービス（訪問介護、訪問看護など）、通所サービス（通所サービス（デイサービス）など）、短期入所サービス（短期入所生活介護（ショートステイ）など）に分けられます。平成26年4月の介護給付費実態調査では、請求事業所数は、訪問介護約31,656、通所介護約39,196などで全事業所数は約181,588となっています。

居宅サービスの代表的なものは「通所介護」です。平成26年4月現在、通所介護の利用者は約173万人で、介護サービス（介護予防含む）利用者全体（約484万人）の概ね3人に1人が利用しています。

この通所介護とは、利用者を老人デイサービスセンター等に通わせ、当該設備において、入浴・排せつ・食事等の介護、生活等に関する相談および助言・健康状態の確認その他日常生活上の世話、機能訓練を行うものをいいます。通所介護では、介護や機能訓練に重点を置いたもの、レスパイト中心のもの、サービス提供時間の長短、事業所の規模など、様々なサービス提供の実態があります。特に小規模の事業所については、介護報酬単価が高く設定されており、実際に参入事業所数も、小規模事業所の増加が顕著な状況です。

例えば、小規模型事業所は平成18年4月の7,075事業所から平成26年4月には23,914事業所となり、238％の増加率です。なお、通所介護全体では、19,341事業所（平成18年4月）から39,196事業所（平成26年4月）となり、倍以上に増加しました。増加する小規模の通所介護の事業所について、地域との連携や運営の透明性を確保するため市町村が指定・監督する地域密着型サービスへの移行、経営の安定性の確保・サービスの質の向上のため通所介護（大規模型・通常規模型）や小規模多機能型居宅介護のサテライト事業所への移行が検討されています。

2 地域密着型サービス

地域密着型サービスでは、定期巡回・随時対応型訪問介護看護、小規模多機能型居宅介護、認知症対応型共同生活介護（グループホーム）、複合

型サービスなどが提供されています。

　平成26年4月の介護給付費実態調査では、事業所数は、定期巡回・随時対応型訪問介護看護約352、小規模多機能型居宅介護約4,337、認知症対応型共同生活介護約12,289などで請求事業所数は約181,588となっています。

(1)　定期巡回・随時対応サービス

　訪問介護などの在宅サービスが増加しているものの、重度者をはじめとした要介護高齢者の在宅生活を24時間支える仕組みが不足していることに加え、医療ニーズが高い高齢者に対して医療と介護との連携が不足しているとの問題があります。このため、日中・夜間を通じて、訪問介護と訪問看護の両方を提供し、定期巡回と随時の対応を行う「定期巡回・随時対応型訪問介護看護」が平成24年4月に創設されました。

　平成26年度では、定期巡回・随時対応サービスは、9,600人が利用していますが、社会保障・税一体改革の将来推計では、平成37年度に15万人分のサービス確保を前提としています。重度の要介護者、独居や夫婦のみの高齢者世帯、認知症の高齢者が今後増加していくことを踏まえると、そのような者の在宅生活を支えるため、定期巡回・随時対応サービスのさらなる普及促進を図っていく必要があります。

　しかしながら、サービスの普及は徐々には進んでいるものの必ずしも十分ではなく、更にサービスを普及していくためには、市町村、事業者、ケアマネジャー等が、サービスについての理解を深めていくとともに、地域のニーズを正しく把握していくことが重要です。また、看護職員の確保や訪問看護事業所との連携が参入の障壁の一つと言われている現状において、定期巡回・随時対応サービス利用者のうち、訪問看護を利用している人は3分の1程度となっており、今後ますます参入障壁を取り払う努力が必要です。

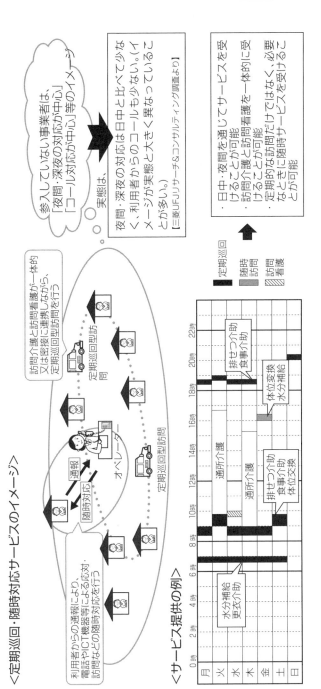
(参考：厚生労働省資料)

(2) 小規模多機能型居宅介護

　平成18年４月、「通い」を中心として、要介護者の様態や希望に応じて、随時「訪問」や「泊まり」を組み合わせてサービスを提供することで、中重度となっても在宅での生活が継続できるよう支援するため、「小規模多機能型居宅介護」が創設されました。

　通いを中心に、訪問や泊まりのサービスを提供する小規模多機能型居宅介護に、介護予防拠点や地域交流施設の併設を義務付け、健康づくり、閉じこもり防止、世代間交流などの介護予防事業を行うとともに、地域の集まり場、茶飲み場を提供し、ボランティアも含めた地域住民同士の交流拠点となっています。

　平成26年度、小規模多機能型居宅介護（介護予防含む）の利用者は約11万人ですが、高齢者が住み慣れた地域で暮らし続けることができるよう、在宅生活の限界点を高めるため、今後もサービスのさらなる普及促進を図っていく必要があります。社会保障・税一体改革の将来推計では、平成37年度に40万人分のサービス確保を前提としています。

　平成18年度のサービス創設以降、登録された利用者に対して「通い」を中心に「訪問」や「泊まり」を提供するサービスとしての役割を担ってきましたが、「訪問」の提供が少なく、「通い」に偏ったサービスとなっています。このように訪問実績が少ない事業所がある一方で、今後在宅において、重度の要介護者、独居や夫婦のみの高齢者世帯、認知症の高齢者が増加していくことを踏まえると、「訪問」を強化する必要が高まっています。

　また、今後は、地域包括ケアシステムを担う中核的なサービス拠点の一つとして、地域に対する役割の拡大が小規模多機能型居宅介護に求められています。

■小規模多機能型居宅介護の概要

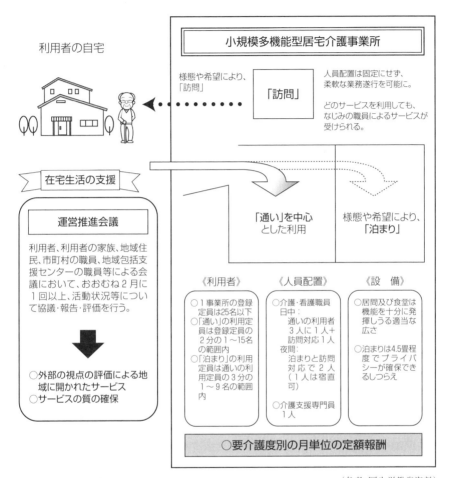

(参考:厚生労働省資料)

■小規模多機能型居宅介護事業所の人員基準

			本体事業所	サテライト型事業所
代表者			認知症対応型サービス事業開設者研修を修了した者	本体の代表者
管理者			認知症対応型サービス事業管理者研修を修了した常勤・専従の者	本体の管理者が兼務可能
小規模多機能型居宅介護従業者	日中	通いサービス	常勤換算方法で3：1以上	常勤換算方法で3：1以上
		訪問サービス	常勤換算方法で1以上（他のサテライト型事業所の利用者に対しサービスを提供することができる。）	1以上（本体事業所又は他のサテライト型事業所の利用者に対しサービスを提供することができる。）
	夜間	夜勤職員	時間帯を通じて1以上（宿泊利用者がいない場合、置かないことができる。）	時間帯を通じて1以上（宿泊利用者がいない場合、置かないことができる。）
		宿直職員	時間帯を通じて1以上	本体事業所から適切な支援を受けられる場合、置かないことができる。
	看護職員		小規模多機能型居宅介護従業者のうち1以上	本体事業所から適切な支援を受けられる場合、置かないことができる。
介護支援専門員			介護支援専門員であって、小規模多機能型サービス等計画作成担当者研修を修了した者　1以上	小規模多機能型サービス等計画作成担当者研修を修了した者　1以上

※　代表者・管理者・看護職員・介護支援専門員・夜間の宿直者（緊急時の訪問対応要員）は、本体との兼務等により、サテライト型事業所に配置しないことができる。

（参考：厚生労働省資料）

■小規模多機能型居宅介護事業所の設備・運営基準

サテライト事業所の 本体となる事業所	・小規模多機能型居宅介護事業所 ・複合型サービス（小規模多機能型居宅介護・訪問看護）事業所		
本体1に対する サテライト事業所の 箇所数	・最大2箇所まで		
本体事業所と サテライト事業所との 距離等	・自動車等による移動に要する時間がおおむね20分未満の近距離		
サテライト事業所の 設備基準等	・サテライト型事業所においても、通い・泊まり・訪問機能は必要 ※ 本体の空床状況や利用者の心身の状況に配慮した上で、サテライト型利用者が本体事業所に宿泊することも可能 ※ 本体の訪問スタッフが、サテライト型利用者に訪問することも可能		
指定	・本体、サテライト型それぞれが受ける		
登録定員等		本体事業所	サテライト型事業所
	登録定員	25人まで	18人まで
	通いの定員	登録定員の 1/2～15人まで	登録定員の 1/2～12人まで
	泊まりの定員	通い定員の 1/3～9人まで	通い定員の 1/3～6人まで
介護報酬	・通常の小規模多機能型居宅介護の介護報酬と同額		

※ サテライト型事業所の本体については、通い・泊まり・訪問機能を有する小規模多機能型居宅介護事業所又は複合型サービス事業所とし、本体との円滑な連携を図る観点から、箇所数及び本体との距離等について一定の要件を課す。
※ サテライト型事業所においても、通い・泊まり・訪問機能を提供することとするが、宿泊サービス・訪問サービスについては、効率的に行うことを可能とする。

(参考：厚生労働省資料)

なお、居宅型サービスの一種として「短期入所生活介護(ショートステイ)」があります。これは、利用者が可能な限りその居宅において、その有する能力に応じ自立した日常生活を営むことができるよう、利用者が老人短期入所施設、特別養護老人ホーム等に短期間入所し、当該施設において入浴、排泄、食事等の介護その他の日常生活上の世話及び機能訓練を行うことにより、利用者の心身の機能の維持並びに利用者の家族の身体的及び精神的負担の軽減を図るものです。

■短期入所生活介護(ショートステイ)の概要

〈短期入所通所介護の基本方針〉

> 「短期入所生活介護」の事業とは、利用者が可能な限りその居宅において、その有する能力に応じ自立した日常生活を営むことができるよう、利用者(要介護者等)が老人短期入所施設、特別養護老人ホーム等に短期間入所し、当該施設において入浴、排泄、食事等の介護その他の日常生活上の世話及び機能訓練を行うことにより、利用者の心身の機能の維持並びに利用者の家族の身体的及び精神的負担の軽減を図るものである。

〈必要となる人員・設備等〉

短期入所生活介護サービスを提供するために必要な職員・設備等は次のとおり
○　人員基準

医師	1以上
生活相談員	利用者100人につき1人以上(常勤換算) ※うち1人は常勤(利用定員が20人未満の併設事業所を除く)
介護職員又は 看護師若しくは 准看護師	利用者3人につき1人以上(常勤換算) ※うち1人は常勤(利用定員が20人未満の併設事業所を除く)
栄養士	1人以上 ※利用定員が40人以下の事業所は、一定の場合は、栄養士を置かないことができる
機能訓練指導員	1以上
調理員その他の従業者	実情に応じた適当数

○　設備基準

利用定員等	20人以上とし、専用の居室を設ける ※ただし、併設事業所の場合は、20人未満とすることができる
居室	4人以下、床面積(1人当たり)10.65㎡以上
食堂及び機能訓練室	合計面積3㎡×利用定員以上
浴室、便所、洗面設備	要介護者が使用するのに適したもの
その他、医務室、静養室、面談室、介護職員室、看護職員室、調理室、洗濯室又は洗濯場、汚物処理室、介護材料室が必要	

(参考:厚生労働省資料)

■短期入所生活介護の介護報酬について

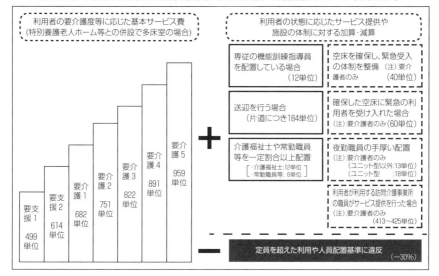

(参考:厚生労働省資料)

(3) 複合型サービス

「複合型サービス」では、主治医と事業所の密接な連携のもとで、医療行為も含めた多様なサービスを24時間365日利用することができます。医療ニーズへの対応が必要で、小規模多機能型居宅介護事業所では登録に至らなかった利用者が、複合型サービス事業所では登録できます。従来から医療ニーズの高い利用者が増加している事業所ではサービス提供が多くなっていますが、看護職員の新規確保が困難な事業所ではサービス提供が難しいと言えるかもしれません。

事業所のケアマネージャーが「通い」、「泊まり」、「訪問看護」、「訪問介護」のサービスを一元的に管理するため、利用者や家族の状態に即応できるサービスを組み合わせることができ、地域の協力医療機関等との連携により、急変時・休日夜間等も対応可能な体制を構築できます。

複合型サービスを利用することによって、退院直後の在宅生活へのスムーズな移行、病状不安定時の在宅生活継続、家族のレスパイトケア・不安の軽減・解消、在宅生活継続の後方支援を実現することが可能です。

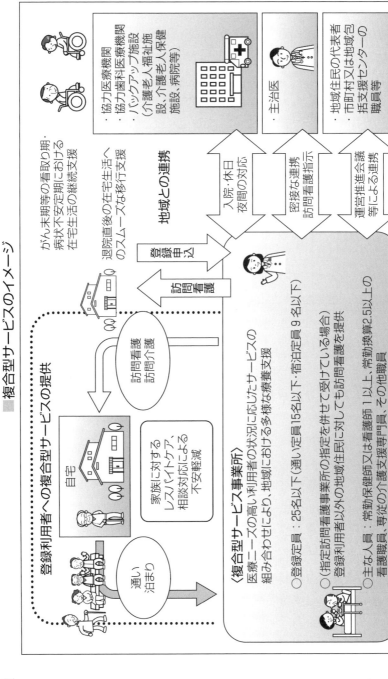

複合型サービス利用者の約7割は要介護3以上の中重度者です。参入事業所からみた複合型サービス開始後の効果としては、看護職員が事業所内にいることで医療ニーズの高い利用者に対しても看護が提供でき、介護職員との連携が促進されたことなどが挙げられます。また、複合型サービス利用者の医療ニーズへの対応状況については、「浣腸・摘便」が最も多く、次いで「胃ろう、腸ろうによる栄養管理」、「吸入・吸引」「じょく瘡の処置」が実施されています。

複合型サービスを利用することによって実現できること

①退院直後の在宅生活へのスムーズな移行
　⇒　インスリン注射やじょく瘡処置等の医療ニーズがある場合は、退院直後の利用者・家族ともに不安が強く病状も不安定な時期のため「泊まり」サービスを利用し、地域へ移行。その後、利用者・家族の状況に合わせて「訪問看護」サービスを利用し、在宅生活へ移行。状況が安定するとともに「通い」サービスを利用する、というような利用者と家族の状況に合わせたサービスの利用によって、地域での在宅生活へ円滑な移行が可能となる。

②病状不安定時にも、在宅生活の継続
　⇒　「通い」を利用していた者の病状が不安定となった場合、入院することなく地域で「泊まり」や「訪問看護」のサービスを利用することで地域での生活を継続できる。

③家族のレスパイトケア、不安の軽減・解消
　⇒　「訪問看護」サービスを利用している者について、「泊まり」のサービスを適宜利用することにより、家族の介護負担が軽減する。

④在宅生活の継続の後方支援
　⇒　利用者・家族ともに不安が強い看取り期（がん・老衰等）に、何かあれば「泊まり」のサービスを利用できることで安心感が得られる。

（参考：厚生労働省資料）

　なお、居宅サービスの一つの「訪問看護」とは、居宅において、看護師等により行われる療養上の世話又は診療の補助（医師の指示が必要）をいいます。

　訪問看護のサービス内容は、医療処置等、療養上の世話（整容・更衣、清潔保持等）ですが、近年、医療ニーズの高い利用者数が増加しており、訪問看護の利用者数、訪問看護ステーション数ともに増加傾向にあります。

　訪問看護ステーションの就業者は、看護職員の就業場所別にみると全看

護職員の2％（約3万人）となり、訪問看護ステーションの1事業所あたりの看護職員数は4.7人で、規模が大きいほどサービス内容は在宅における看取りに対応でき、収支の状況が黒字の傾向にあります。

■訪問看護の仕組み

「訪問看護」とは
　○居宅において、看護師等(保健師・看護師・准看護師・理学療法士・作業療法士・言語聴覚士)により行われる療養上の世話又は診療の補助(医師の指示が必要)
「訪問看護ステーション」とは
　○訪問看護を行う事業所であり、医療法上の届出や許可は不要、名称利用についての規定はない
　○公的保険を適用する場合は介護保険法又は健康保険法上の指定（指定訪問看護ステーションの事業所指定）が必要であり、その場合には、人員及び運営等の基準に基づきサービスが提供される。
【指定訪問看護ステーションの要件】
　・人員配置基準：看護職員（保健師・看護師・准看護師）は常勤換算で2.5人以上
　・管理者：常勤・専従の保健師又は看護師1名
　・設備・備品：必要な広さを有する事務室、指定訪問看護に必要な備品
【訪問看護の対象者】
　・介護保険法：居宅要支援、要介護者
　・健康保険法：上記以外の者で疾病または負傷により居宅において継続して療養を受ける状態にある患者

介護保険	医療保険
要支援・要介護者訪問看護利用者 約32.8万人	左記以外(要支援者・要介護者以外)の訪問看護利用者(小児、精神疾患患者など) 約8.1万人(※1)

訪問看護

指定訪問看護事業所 指定訪問看護ステーション 6,519カ所(H25.4)	指定訪問看護事業所 病院・診療所 1,766カ所(H25.4)
指示書	指示

医　師

(※1)平成23年介護サービス施設・事業所調査(病院・診療所からの訪問看護利用者数は含まない)
(出典：厚生労働省「介護給付費実態調査」(平成25年4月審査分))

3　施設サービス等

(1)　介護保険3施設

　施設型サービスには、介護老人福祉施設、介護老人保健施設、介護療養型医療施設があります。事業所数は介護老人福祉施設約6,600、介護老人

保健施設が約4,000、介護療養型医療施設約1,600の合計約12,200の事業所数となっています。

■介護保険3施設の概要

		特別養護老人ホーム	老人保健施設	介護療養型医療施設
基本的性格		要介護高齢者のための生活施設	要介護高齢者にリハビリ等を提供し在宅復帰を目指す施設	医療の必要な要介護高齢者の長期療養施設
定義		65歳以上の者であって、身体上又は精神上著しい障害があるために常時の介護を必要とし、かつ、居宅においてこれを受けることが困難なものを入所させ、養護することを目的とする施設【老人福祉法第20条の5】	要介護者に対し、施設サービス計画に基づいて、看護、医学的管理の下における介護及び機能訓練その他必要な医療並びに日常生活上の世話を行うことを目的とする施設	療養病床等を有する病院又は診療所であって、当該療養病床等に入院する要介護者に対し、施設サービス計画に基づいて、療養上の管理、看護、医学的管理の下における介護その他の世話及び機能訓練その他必要な医療を行うことを目的とする施設【旧・医療法第7条第2項第4号】
介護保険法上の類型		介護老人福祉施設【介護保険法第8条第26項】	介護老人保健施設【介護保険法第8条第27項】	介護療養型医療施設【旧・介護保険法第8条第26項】
主な設置主体		地方公共団体 社会福祉法人	地方公共団体 医療法人	地方公共団体 医療法人
居室面積・定員数	従来型 面積／人	10.65㎡以上	8㎡以上	6.4㎡以上
	従来型 定員数	原則個室	4人以下	4人以下
	ユニット型 面積／人	10.65㎡以上		
	ユニット型 定員数	原則個室		
医師の配置基準		必要数（非常勤可）	常勤1以上 100：1以上	3以上 48：1以上

(参考：厚生労働省資料)

なお、医療病床と介護保険施設の基本的な違いをを示すと次のとおりです。

医療療養病床・介護保険施設

施設の種類	（参考）一般病床	医療療養病床	介護療養病床	介護療養型老人保健施設	（従来型の）老人保健施設	介護老人福祉施設
ベッド数	約101万床[※4]	約27万床[※4]	約7万床[※4]	約6,000床[※4]（H20.5創設）	約33万床[※6]	約47万床[※7]
1人当たり床面積	6.4㎡以上	6.4㎡以上	6.4㎡以上	8.0㎡以上［大規模改修までは 6.4㎡以上］	8.0㎡以上	10.65㎡以上
平均的な1人当たり費用額[※1]（H24改定後）	（※2）	約53万円[※3]	約39.8万円	・療養型 約36.2万円[※5]・療養強化型 約38.3万円[※5]	約30.5万円	約27.6万円
人員配置（100床当たり）	医師 6.25人看護職員 34人	医師 3人看護職員 20人看護補助者 20人	医師 3人看護職員 18人介護職員 18人	医師 1人看護職員 18人介護職員 18人	医師 1人看護職員 10人介護職員 24人	医師 必要数看護職員 3人介護職員 31人
財源	医療保険	医療保険	介護保険	介護保険	介護保険	介護保険
	病院	病院	病院	施設	施設	施設

※1 介護保険施設：多床室、要介護5の基本施設サービス費について、1月を30.4日と仮定し1月当たりの報酬額を算出。（1単位10円）算定する入院料により異なる。
※2
※3 療養病棟入院基本料1を算定する病棟1人1月当たりの患者1人1月当たりのレセプト請求金額（平成23年度慢性期入院医療の包括評価調査分科会報告書）
※4 平成24年12月現在。介護療養型老人保健施設は、各都道府県より厚生労働省老人保健課へ報告された病床数に基づく。
※5 介護職員を4：1で配置したときの加算を含む。
※6 平成23年度介護サービス施設・事業所調査（平成23年10月現在）
※7 介護給付費実態調査（平成23年10月審査分）、地域密着型を含む。

（参考：厚生労働省資料）

(2) 高齢者向け住まい

　単身や夫婦のみの高齢者世帯の増加が今後も見込まれる中、地域包括ケアシステムの構築に向け、地域生活の最も基本的な基盤である高齢者の住まいの確保はますます重要です。特に、軽度の要介護者も含め、自立した生活を送ることが困難な低所得高齢者が、地域において安心して暮らせるようにするための住まいの確保が喫緊の課題と言われています。

　経済上の理由等で高齢者が入所する「養護老人ホーム」や「軽費老人ホーム」については、施設数が増えておらず、老朽化も進んでおり、特に処遇困難な高齢者の生活を支える当該施設の役割や機能をより一層発揮できるような環境整備が必要です。

　他方、高齢化の進展に伴い、介護も含めて多様化しているニーズに見合った多様な高齢者向けの住まいが提供される中で、その選択肢の一つである「有料老人ホーム」や「サービス付き高齢者向け住宅」は、ニーズの増大等も受け、近年急激に増加しており、住まいに入居する高齢者自身が、自分に見合った住まいの選択を支援するための取組みが必要です。

■高齢者の住まいについて

	①サービス付き高齢者向け住宅	②有料老人ホーム	③養護老人ホーム	④軽費老人ホーム	⑤認知症高齢者グループホーム
根拠法	高齢者住まい法第5条	老人福祉法第29条	老人福祉法第20条の4	社会福祉法第65条 老人福祉法第20条の6	老人福祉法第5条の2 第6項
基本的性格	高齢者のための住居	高齢者のための住居	環境的、経済的に困窮した高齢者の入所施設	低所得高齢者のための住居	認知症高齢者のための共同生活住居
定義	高齢者向けの賃貸住宅又有料老人ホーム、高齢者を入居させ、状況把握サービス、生活相談サービス等の福祉サービスを提供する住宅	老人を入居させ、入浴、排せつ若しくは食事の介護、食事の提供、洗濯、掃除等の家事、健康管理をする事業を行う施設	入居者を養護し、その者が自立した生活を営み、社会的活動に参加するために必要な指導及び訓練その他の援助を行うことを目的とする施設	無料又は低額な料金で、老人を入所させ、食事の提供その他日常生活上必要な便宜を供与することを目的とする施設	入居者について、その共同生活を営むべき住居において、入浴、排せつ、食事等の介護その他の日常生活上の世話及び機能訓練を行うもの
介護保険法上の類型	なし ※外部サービスを活用	特定施設入居者生活介護 ※外部サービスの活用も可			認知症対応型共同生活介護
主な設置主体	限定なし (営利法人中心)	限定なし (営利法人中心)	地方公共団体 社会福祉法人	地方公共団体 社会福祉法人 知事許可を受けた法人	限定なし (営利法人中心)
対象者	次のいずれかに該当する単身・夫婦世帯 ・60歳以上の者 ・要介護/要支援認定を受けている60歳未満の者	老人 ※老人福祉法上、老人に関する定義がないため、解釈においては社会通念による	65歳以上の者であって、環境上及び経済的理由により居宅において養護を受けることが困難な者	身体機能の低下等により自立した生活を営むことについて不安であると認められる者であって、家族による援助を受けることが困難な60歳以上の者	要介護者/要支援者であって認知症である者(その者の認知症の原因となる疾患が急性の状態にある者を除く。)
1人当たり面積	25㎡ など	13㎡ (参考値)	10.65㎡	21.6㎡(単身) 31.9㎡(夫婦) など	7.43㎡

(参考:厚生労働省資料)

第1章 病医院経営の現状と課題

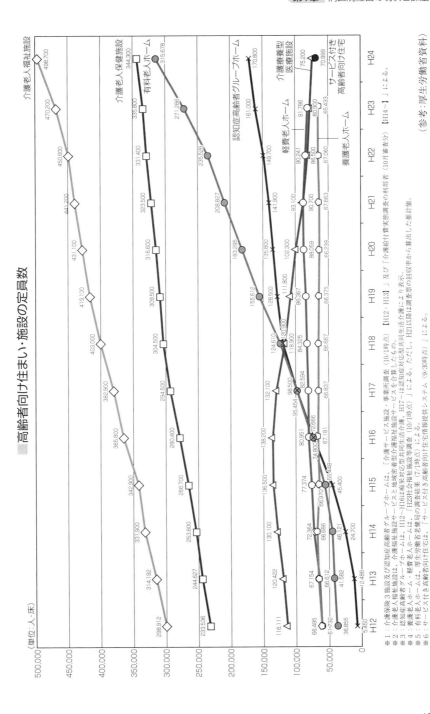

■サービス付き高齢者向け住宅の登録制度の概要

高齢者の居住の安定確保に関する法律(改正法:公布H23.4.28／施行H23.10.20)

登録戸数:122,086戸
(平成25年8月31日現在)

1．登録基準　　　（※有料老人ホームも登録可）

　《ハード》　　・床面積は原則25㎡以上
　　　　　　　・構造・設備が一定の基準を満たすこと
　　　　　　　・バリアフリー(廊下幅、段差解消、手すり設置)
　《サービス》　・サービスを提供すること
　　　　　　　　（少なくとも安否確認・生活相談サービスを提供）
　　　　　　　　［サービスの例:食事の提供、清掃・洗濯等の家事援助 等］
　《契約内容》　・長期入院を理由に事業者から一方的に解約できないなど、
　　　　　　　　居住の安定が図られた契約であること
　　　　　　　・敷金、家賃、サービス対価以外の金銭を徴収しないこと
　　　　　　　・前払金に関して入居者保護が図られていること
　　　　　　　　（初期償却の制限、工事完了前の受領禁止、保全措置・返還ルール
　　　　　　　　の明示の義務付け）

2．登録事業者の義務
　　・契約締結前に、サービス内容や費用について書面を交付して説明すること
　　・登録事項の情報開示
　　・誤解を招くような広告の禁止
　　・契約に従ってサービスを提供すること

3．行政による指導監督
　　・報告徴収、事務所や登録住宅への立入検査
　　・業務に関する是正指示
　　・指示違反、登録基準不適合の場合の登録取消し

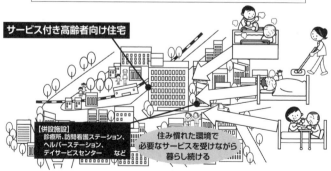

（参考:厚生労働省資料）

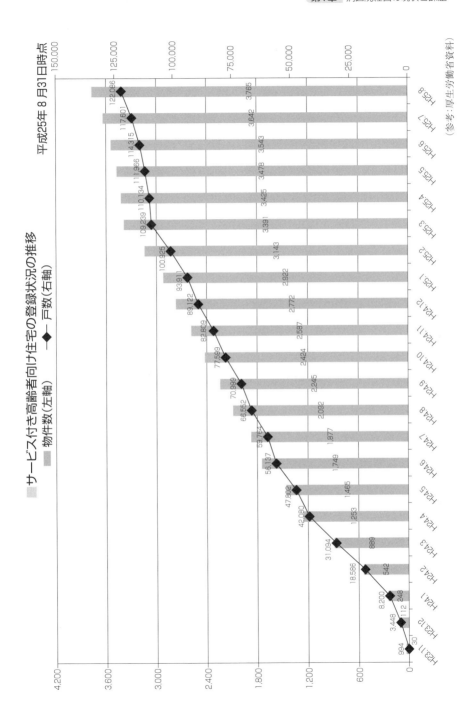

■サービス付き高齢者向け住宅の併設施設(平成24年8月)

○訪問介護事業所など、介護保険サービスの事業所を1つ以上併設している物件は81.7%(診療所・配食サービスは含まない)。

○サービス付き高齢者向け住宅の入居者による介護保険サービスの利用状況については、「居宅介護支援」と「訪問介護」の利用率が特に高い。

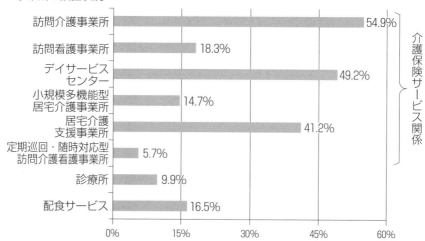

＜事業所の設置状況＞

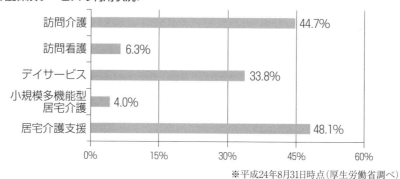

＜介護保険サービスの利用状況＞

※平成24年8月31日時点(厚生労働省調べ)

(出典:厚生労働省資料)

■有料老人ホームの概要

1. 制度の目的
○老人福祉法第29条第1項の規定に基づき、老人の福祉を図るため、その心身の健康保持及び生活の安定のために必要な措置として設けられている制度。
○設置に当たっては都道府県知事等への届出が必要。なお、設置主体は問わない(株式会社、社会福祉法人等)。

2. 有料老人ホームの定義
○老人を入居させ、以下の①〜④のサービスのうち、いずれかのサービス(複数も可)を提供している施設。

①食事の提供　②介護(入浴・排泄・食事)　③洗濯・掃除等の家事　④健康管理

3. 提供する介護保険サービス
○介護保険制度における「特定施設入居者生活介護」として、介護保険の給付対象に位置付けられている。ただし、設置の際の届出とは別に、一定の基準を満たした上で、都道府県知事の指定を受けなければならない。

※法令上の基準はないが、自治体の指導指針の標準モデルである「有料老人ホーム設置運営標準指導指針」では居室面積等の、基準を定めている(例:個室で1人あたり13㎡以上等)

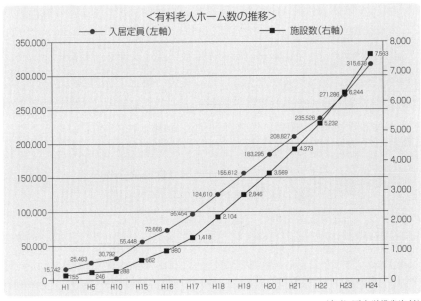

(参考:厚生労働省資料)

Q1-8 TPPと日本の医療

A わが国がTPPに加入した場合、関税撤廃による経済効果が期待される一方で、国民生活への影響が懸念されている分野があり、そのひとつが医療であると言われています。

TPP加入によって医療がプラスの影響やマイナスの影響を受けるとする意見を整理すると次のとおりになります。

TPP反対論者は、TPPへの加入は医療の質の低下を引き起こすのみならず、所得や地域等により受けられるサービス内容に差を生じ、誰もが平等な医療を受けることができる国民皆保険の崩壊をもたらすとして、反対のスタンスをとっています。反対・賛成のどちらの立場に立つとしても、国民の視野に立った取り組みと、海外諸国の立場からみた取り組みの二本建てで行うことが求められ、今回のTPP交渉は、今後わが国の公的医療制度が持続していくための分岐点と位置づけられるでしょう。

1　TPP加入をマイナスと捉える意見

そこで、まず、TPP加入がマイナスの影響を与えるとする意見を整理すると、以下の4点です。

第一は、新薬や新医療機器の価格の上昇です。新薬や新医療機器の開発においてもアメリカ企業が群を抜いています。新薬や新医療機器に関する特許の保護規定が強化されることになれば、特許期間の延長等により後発医薬品や後発医療機器の販売開始が遅れ、安価な薬剤の供給が抑えられます。また、政府による価格決定のプロセス手続きに変化が起こるかもしれません。仮にこのような変化によって、医療費抑制の観点から政策的に薬価を引き下げるわが国の薬価政策は大幅な見直しを余儀なくされ、これらの影響で、新薬や新医療機器の価格はやはり上昇することとなるともいわれています。

第二は、誰もが安心して医療を受けることができる環境の悪化です。例えば、株式会社の病院経営への参加が合意された場合、高収入をもたらす

自由診療に重点を置く医療機関が多数出現し、保険診療の質が全般的に低下する懸念があります。医療機関の利益偏重が強まる結果、不採算の診療科や地域からの撤退が増え、地方の医療提供体制が崩壊する可能性も否定できません。また、民間医療保険会社の公的医療保険制度への参入が認められた場合、健康で高所得の者が加入する民間保険と、民間保険に加入できない者を対象にする公的保険の間で、保険料や給付内容等の面で大きな格差が生じる結果になるかもしれません。

第三は、医師偏在の深刻化です。優秀な医師や医療関係者がアメリカをはじめとする海外に流出する動きが加速する可能性があります。この結果、わが国で優秀な人材が不足し、地域間や診療科間での医師偏在がこれまで以上に悪化することになります。また、介護分野で相互認証が合意された場合には、医師とは逆に海外から外国人介護士が大量に流入し、現在でも低水準といわれる介護従事者の賃金水準をさらに押し下げることも予想されます。

第四は、公的医療保険の役割の縮小です。混合診療が全面解禁された場合、現在は保険外併用療養費制度の下で順次保険適用されている最先端の治療や新薬が保険対象外のまま扱われることになり、公的保険の枠内で受けられる治療内容に制約が生じることになります。所得等の事情により混合診療を選択できない者とできる者の間で、受けられる医療サービスに格差が生じることになるわけです。

2　ＴＰＰ加入をプラスと捉える意見

まず、新薬や新医療機器の価格上昇については、後発医薬品や後発医療機器、診療行為等、その他の価格を下げることによって医療費全体への影響を抑えることができるとの見方があります。

また、新薬や新医療機器の保険適用の手続きが透明化・公平化されれば、2年とも3年ともいわれるドラッグ・ラグやデバイス・ラグの短縮が期待されることになります。

株式会社の病院経営への参入については、株式発行により医療機関の資金調達の選択肢が広がることで投資が活発化すれば、医療の高度化が進展

するかもしれません。

　医師・介護資格の相互認証については、特に慢性的な人手不足といわれる介護の分野で人材の確保が容易になる可能性があります。

　さらに、混合診療の解禁については、医療機関間での競争促進を通じて医療の質が向上すると同時に、国民にとっても先進医療を享受する機会が増えることになります。

第2章

病医院経営の自己診断

Q2-1 経営分析の必要性

■病院の経営分析をしたいと思っているのですが、院長に経営分析がなぜ必要かを説明しなければなりません。どのように説明すればよいのでしょうか。

A 病医院経営の目的は、地域社会において、半永久的に、良質で適量の医療サービスを提供することです。このためには、適正な利益をあげて内部留保につとめ、内部留保を有効に活用していかなければなりません。

従来の成り行きまかせの病医院経営では、収益から費用を差し引いてみなければ、病医院の経営成績をつかむことはできませんでした。

収益－費用＝損益

このような「成り行き経営」であっても、患者数の増加によって自然に収益が増加するという経営環境が背後にあったため、病医院経営の目的も十分に果たすことができ、経営者としての手腕を問われることも少なかったのです。

ところが、病医院の経営環境は非常に厳しくなってきています。国民医療費の伸び率の抑止傾向や、薬価基準の見直し・診療報酬の伸び率抑制・患者一部負担の増加といった医療保障制度の再検討などが経営環境の悪化要因といえます。このように、従来の「成り行き経営」「待ちの経営」では、病医院の維持・存続のために必要な利益をあげていくことが困難になってきています。このような時こそ、病医院経営を近代化するためのまたとないチャンスに巡りあっているといえるでしょう。

今後の経営方式では、まず希望利益を算定しなければなりません。希望利益とは、病医院経営の目的を果たすための必要利益額です。次に、この希望利益をあげるためには、収益をどれくらいあげなければならないのか、費用をいくらに抑えなければならないのかを計画します。

希望利益＝収益－費用

このようにしてできた計画を達成するために、病医院の経営者は、各部署・各担当者を指揮し、計画どおりの利益・収益・費用が実現したかどうかを検討しなければなりません。

経営分析とは、経営計画を達成するための経営改善に役立つ情報を与える方法なのです。

Q2-2　決算書類の作成理由

■病院の理事長・院長に決算の重要性を理解してもらおうと努力しているのですが、なかなかわかってもらえません。どうすれば決算（月次を含みます）に対する理解が得られるでしょうか。

A

1　経営改善のための材料

前問で経営分析が経営改善に役立つ方法すなわち道具であることは説明しましたが、その道具を用いるための材料に当たるものが月次決算書です。決算は税金申告のためだけのもので年1回作成すればよいとか、決算書は経理だけのもので経営者には必要でない、といった極論をいう経営者も少なくありません。

しかし、現代のような外部環境の激しく移り変わる時代において、経営者がこのような考えをしていたのでは、経営のカジ取りがうまくいくはずがありません。病医院の経営においても、利益を上げることによって医療サービスの向上を図らねばならないことはいうまでもありません。したがって経営者は、自己の病医院がどのくらいの利益を上げているのか又はいないのかについて関心を示さなければならないといえます。これを明示してくれるのが決算書です。

決算書によって病医院の現状と過去を的確に把握し、それによって経営状態を改善し、利益を生むように種々の方法を考えることもできるのです。

決算書への理解なくして経営者が社会に良質のサービスを提供するという役割を果たしているとは言い難いのです。

2 経営のサイクル

経営には普通３つのサイクルがあるといえます。つまり、"計画"し、"実施"し、"制御する（コントロール）"ということです。"計画"とは、経営計画を立案することです。この経営計画を目標として病医院経営を行った結果が"実施"であり、これと当初の計画とを比較検討して良いところは評価し、悪いところは改善してより新たな目標への足がかりとすることが"制御"です。このコントロールに用いられるのが決算書です。つまり、月次決算は、改善へのアクションを起こすためのものであり、単に月次決算書なるものを作成したという結果だけで満足するものではありません。この意識を経営者自身が持ち続ければ、病医院経営における難しい局面をも打破することができるといえるでしょう。

Q2-3 貸借対照表・損益計算書

■決算書とは、貸借対照表とか損益計算書ですよ、ということをよく聞きます。貸借対照表や損益計算書からはどのようなことを読み取ることができるのでしょうか。

A 貸借対照表や損益計算書などの決算書を通じて、病医院経営者及び金融機関など債権者や社員・出資者など利害関係者に対し、病医院などの経済活動・経済事象を報告することになります。このことから決算書などの財務情報はビジネスの言語としての役割があるといわれています。

これらの情報は会計基準などの会計ルールに準拠した正しい内容である必要があり、各医療機関は会計ルールに従って情報を開示し、利害関係者などは、会計ルールを共通言語として、その開示された決算書の内容を利

用することになります。

1 貸借対照表の構成

貸借対照表では、一定時点におけるすべての資産、負債及び資本を記載し、株主・債権者その他の利害関係者に提示します。

なお、資産、負債及び資本は、適当な区分、配列、分類及び評価の基準に従って総額で表示します。資産の合計金額は、負債と資本の合計金額に一致しなければなりません。

貸借対照表は、一定時点現在の財政状態を明らかにし、病医院のストック情報をそのメッセージとしています。病院の事業活動に用いられる資金が、どのような源泉から求められ、どのような資産に使われているかを示すもので、病医院の資金調達源泉と資金運用形態がどのような状況になっているかを明らかにします。このような仕組みから病医院の財政状態や資金の動きがわかります。

次ページの貸借対照表の流動資産を見ると、一般事業会社にはない勘定科目として「医業未収入金」があります。これは病医院では国民健康保険（国保）や社会保険（社保）などの診療報酬の振込みが診療月の翌々月（2か月後）に振り込まれるため、事業会社の売掛金に相当する「医業未収入金」が流動資産の中の大きな金額を占めることとなります。もちろん、国保・社保の未収入金だけでなく、自己負担の窓口入金分や損害保険会社に請求する自賠責未収入金なども含まれます。

次に固定資産です。病医院のうち特に病院は装置産業といわれ、固定資産が多額に上ることが多くあります。一般病院では、総資産のうち60％以上が固定資産だという統計も出ています。なお、非営利性を前提とする医療法人では、投機的な株式投資ができないため、投資等（その他固定資産）の金額は少ないのが通常です。

負債は流動負債・固定負債とも一般事業会社の負債とおおむね同じです。

純資産では、剰余金の配当が禁止されているため、毎年利益計上された場合、純資産額が増えていきます。統計ではこの純資産額が総資本のうち25％を超えているようです。

【事例：T医療法人】

貸借対照表
（平成26年3月31日）

（単位：百万円）

科　目	金　額	科　目	金　額
（資産の部）		（負債の部）	
流動資産	(3,251)	流動負債	(3,597)
現金及び預金	438	支払手形	257
医業未収入金	958	買掛金	669
棚卸資産	333	短期借入金	80
その他	1,533	未払金	367
貸倒引当金	△8	未払費用	1,081
固定資産	(10,359)	未払法人税等	448
有形固定資産	(8,057)	預り金	661
建物	347	その他	35
医療機器	2,138	固定負債	(1,093)
車両運搬具	17	長期借入金	340
工具器具備品	69	その他	753
土地	5,411	負債合計	4,690
建設仮勘定	75		
無形固定資産	(40)	（純資産の部）	
ソフトウェア	40	株主資本	
その他		資本金	397
投資その他の資産	(2,262)	資本剰余金	(419)
差入保証金	2,002	資本準備金	419
保険積立金	137	利益剰余金	(8,104)
その他	124	利益準備金	99
		その他利益剰余金	
		別途積立金	6,329
		繰越利益剰余金	1,676
		純資産合計	8,920
資産合計	13,610	負債・純資産合計	13,610

2　損益計算書の構成

　損益計算書は、一定期間に属するすべての収益と対応するすべての費用を記載し、経常利益を表示し、特別損益に属する項目を加減して当期純利益を表示するものです。

　すべての費用及び収益は、支出及び収入に基づいて計上し、その発生した期間に正しく割当て、総額によって記載し、発生源泉に従って明瞭に分

類し、各収益項目とそれに関連する費用項目を対応表示します。これによって、病医院の経営成績を明らかにし、病医院の儲け方の仕組み、将来性がわかります。

【事例：T医療法人】

損益計算書
（自平成25年4月1日　至平成26年3月31日）
（単位：百万円）

科　目		金　額
医業収益		11,042
医業原価		8,637
売上総利益		2,404
販売費及び一般管理費		1,135
営業利益		1,269
営業外収益		
受取利息及び配当金	582	
その他	168	750
営業外費用		
支払利息	8	
その他	172	180
経常利益		1,838
税引前当期純利益		1,838
法人税、住民税及び事業税	422	422
当期純利益		1,417

3　貸借対照表と損益計算書の関係

　損益計算書は、フロー情報として一定期間の経営成績を示します。損益計算書の収益は資産を運用した結果もたらされる純資産の増加分を示し、費用は純資産の減少分を示します。

　このことから損益計算書は貸借対照表で示される純資産の増減原因を示すものであるため、損益会計において貸借対照表の純資産の部と大いに関連があります。

Q2-4 経営分析活用法

■経営分析とはいったいどんなことなのでしようか。またその活用法などを簡単に説明してください。

A

1 経営分析とは

経営分析は、財務分析又は財務諸表分析ともいわれ、病医院の貸借対照表や損益計算書などの財務諸表を分析検討して、その財政状態や経営成績の良否、すなわち病医院の財務健全性や収益力を判断することです。経営分析を行えば、病医院は自己の経営を近代化するための極めて有用な情報を得ることができます。

2 活用法

経営分析を行って算出した病医院の経営比率は、期間比較と平均値比較を通じてその良否を検討することが必要です。

期間比較をすることによって、病医院の過去数年間における経営状態がどのように推移しているかがわかり、その推移の変動要因などについて知ることができます。また、病医院の平均値比較により、病医院の経営成績などの良否を判断することもできます。この場合に用いられる平均値では、病医院の規模の差・診療科目の差などに留意しなければなりません。

3 前提条件

病医院の経営分析を行うためには、病医院の財務上の特殊性を理解するとともに、次の各条件が整備されることが必要です。

(1) 適正な財務諸表の作成

病医院の「健康診断」の基礎資料となる財務諸表は、適正な財政状態と経営成績を示すものでなくてはなりません。不適正な財務諸表では誤った診断結果しか期待できません。

(2) 財務諸表の整備統一の必要性

財務諸表分析は、期間比較を行うとともに他の病医院との数値比較が大

変有効です。このためには、財務諸表作成の基礎となる会計処理基準が公正妥当と認められたものでなければなりません。厳密な統一化には問題がありますが、同じ尺度を前提とする財務諸表の整備統一が必要となります。

Q2-5 分析比率の種類

■経営改善に役立つ道具として、経営分析が有効なものと聞きましたが、経営分析を行う場合の分析比率にはいったいどんなものがあるのでしょうか。

A 分析比率を大きく分けますと、健全性比率・収益性比率・生産性比率の3つに分かれます。

健全性比率とは、その病医院にどのくらいの支払能力があるのかをみるもので、短期にみるものと長期にわたってみるものがあります。また、収益性比率では、その病医院がどの程度の利益を上げているかをみることができます。また、付加価値や労働効率・病床効率等をみる生産性比率も主要な分析比率といえるでしょう。

このように分析比率は、病医院が存続していく上で基本的な事項を、さまざまな側面からみることのできる指標であるといえます。そしてこの指標を活用して、病医院自身が患者になったつもりで健康診断を行うことも、経営改善に役立つことでしょう。このような、病医院の健康診断の道具となる比率には、次に示すようなものがあります。

(1) 健全性比率

 (イ) 短期の支払能力 ──┬── ① 流動比率
          └── ② 当座比率

 (ロ) 長期の支払能力 ──┬── ③ 固定比率
          └── ④ 固定長期適合率

(ハ) 負債又は資本の構成比率 ── ⑤ 自己資本比率
　　　　　　　　　　　　　　　├ ⑥ 借入金比率
　　　　　　　　　　　　　　　└ ⑦ 借入金構成比率
(ニ) 回転期間・回転率 ── ⑧ 総資本回転率
　　　　　　　　　　　├ ⑨ 棚卸資産回転期間
　　　　　　　　　　　├ ⑩ 医業未収金回転期間
　　　　　　　　　　　├ ⑪ 仕入債務回転期間
　　　　　　　　　　　└ ⑫ 有形固定資産回転率

(2) 収益性比率
　(イ) 利益と総資本の関係 ── ⑬ 総資本経常利益率
　(ロ) 利益と医業収益の関係 ── ⑭ 医業利益率
　　　　　　　　　　　　　　└ ⑮ 経常利益率
　(ハ) 費用と医業収益の関係 ── ⑯ 人件費率
　　　　　　　　　　　　　├ ⑰ 材料費率
　　　　　　　　　　　　　├ ⑱ 経費率
　　　　　　　　　　　　　├ ⑲ 金融費用率
　　　　　　　　　　　　　├ ⑳ 支払利息比率
　　　　　　　　　　　　　└ ㉑ 金融収支比率

(3) 生産性比率
　(イ) 付加価値 ── ㉒ 付加価値率
　　　　　　　├ ㉓ 1床当たり付加価値
　　　　　　　└ ㉔ 労働分配率
　(ロ) 労働効率 ── ㉕ 従業員1人当たり医業収益
　　　　　　　├ ㉖ 実働100床当たりの従業員数
　　　　　　　└ ㉗ 患者100人当たりの従業員数
　(ハ) 病床効率 ── ㉘ 実働1床当たりの医業収益
　　　　　　　├ ㉙ 病床利用率
　　　　　　　└ ㉚ 平均在院日数

Q2-6 短期支払能力

■病院の事務長をしていますが、決算書類から簡単に病院の短期の支払能力を判断するにはどうしたらいいでしょうか。

　　　　　　　　流動比率と当座比率から、短期の支払能力を判断できます。
1 流動比率

$$流動比率 = \frac{流動資産}{流動負債} \times 100 \ (\%)$$

この比率が高いほど、病医院の短期支払能力が高いことを示します。1年以内に支払期日が到来する流動負債の支払資金には、1年以内に現金化する流動資産を充当しなければなりません。このため流動負債が流動資産より少ない方が、財政状態の健全性からみれば望ましいといえます。

病医院経営では、流動負債のなかに占める買掛金・未払債務・短期借入金は一般的に少額なので、この比率の基準値は200％以上あることが望まれます。

2 当座比率

$$当座比率 = \frac{当座資産}{流動負債} \times 100 \ (\%)$$

当座比率は当座資産（現金預金・医業未収金）と流動負債の割合を示したもので、病医院の短期支払能力を流動比率よりももっと厳密に検討したものです。

病医院経営の健全性から考慮すれば、少なくとも流動負債と同額の当座資産を持つことが必要ですから、この比率が100％以上なければなりません。

3 比率利用上の留意点

(1) 拘束預金・不良未収金・不良在庫など短期に現金化できない資産が流動資産のなかに含まれているとすれば、これらの比率が基準値以上であっても支払能力が優れているといえない場合があります。

(2) 借換えが継続できる短期借入金は、病医院にとって安全性の高い長期資金として利用されていますから、長期性のものと考えることもできます。

(3) 現金収入の多い病医院の場合は、必ずしも基準値に満たなくても資金繰りに悪い影響はありません。
(4) 比率分析だけでなく、経常的な収入と支出の差額である経常収支も、併せて考える必要があります。

Q2-7 長期支払能力

■2年前に増床し、その資金を大部分借入金に依存したため、かなり利益を圧迫してしまいました。長期資金の調達と返済のバランスを決算書類でみるには、どんな比率を使えばいいのでしょうか。

固定比率と固定長期適合率から、長期資金の調達と返済のバランス、すなわち長期の支払能力を判断できます。

1 固定比率

$$固定比率 = \frac{固定資産}{自己資本} \times 100\ (\%)$$

固定資産に投下された資金は、減価償却又は他への転売によってはじめて資金の回収が可能となります。資金回収は長期化しますから、固定資産へ投下する資金は長期的に安定していなくてはなりません。

長期的に最も安定している資金は自己資本ですから、この比率が100%以下であることが理想的です。

2 固定長期適合率

$$固定長期適合率 = \frac{固定資産}{固定負債 + 自己資本} \times 100\ (\%)$$

固定比率を補う比率が固定長期適合率です。固定資産に投下した資金は、少なくとも短期に返済する必要のない固定負債と自己資本とで調達することが財務上の原則です。長期資金を流動負債で調達することになれば、将来短期負債の支払に必ず支障をきたすことになります。

したがってこの比率は、100%以下であることが必要です。

3 比率利用上の留意点

(1) 同種の病医院比較をする場合、土地建物の不動産が自己所有のときとMS法人所有のとき、設備などが自己資産のときとリース・賃借物件のときとでは、固定資産の額にかなりの差異があります。

(2) 病医院の設立及び設備（特に高額医療機器）の取得から何年経過したかによって、固定資産の額はかなり違ってきます。設立等からの経過年数も考慮しなければなりません。

(3) 普通償却・特別償却などの減価償却費の過不足があれば修正しなければなりません。

Q2-8　負債・資本の構成比率

■病医院の財務健全性をみる場合、自己資本や借入金はどのくらいあればいいのでしょうか。

　自己資本比率・借入金構成比率から、病医院の財務健全性・安全性を判断できます。

1　自己資本比率

自己資本比率 ＝ $\dfrac{\text{自己資本}}{\text{総資本}} \times 100$ （％）

病医院が使用する総資本のうち自己資本の占める割合がどのくらいかを示すものです。

病医院の財務健全性に鑑み、極力利益金の内部蓄積に努め、この比率を50％、すなわち自己資本と負債との割合を1対1にすることが必要です。

従前、医療法人の設立時には20％以上の自己資本比率が必要という設立認可条件がありました。建替えや大きな設備投資がなければ、配当などの社外流出がないため、自己資本が増加する傾向があります。設立から時間が経過して自己資本比率が低い場合、過去の赤字体質や特殊要因での赤字計上が考えられます。

2　借入金構成比率（借入金依存率）

$$借入金構成比率 = \frac{借入金残高}{総資本} \times 100\ (\%)$$

　総資本に対する借入金の割合を示すもので、この比率が高いほど所要資金を調達するのに借入金に依存している度合が高いことを意味しています。所要資金のかなりの部分を借入金に依存すれば、将来借入金の元本返済・金利支払時に資金不足になるおそれが多分にあります。

　したがってこの比率の基準値としては、25％までが適当といえるでしょう。

　なお、借入金比率として借入金と医業収益の割合（借入金÷医業収益）を比較することがあります。この比率が100％を超えると危険水準といわれています。

3　比率利用上の留意点

(1) 医療法人は利益を配当などで外部に拠出できないことから、過去からの利益は原則すべて自己資本（純資産）に残ります。つまり、利益を出している限り自己資本比率は毎年高くなります。このため、自己資本比率が低い場合は、過去に赤字体質があったり、特殊な要因で大幅な赤字を計上したことがあると考えられます。

(2) 収益安定期には、資金調達の方法として借入金に頼りすぎることは病医院の利益をかなり圧迫することになりますが、将来その病医院がかなりの増収を期待できるときには、必ずしも上記の基準値にとらわれることはありません。

(3) 借入金による設備投資は積極的な経営方策として大切なものですが、積極経営のあまり病医院の収益に見合った返済能力を超えてまで借入金を増やすことは厳に慎まなければなりません。

(4) 借入金調達許容額を知る一つの目安として、病医院の1月当たりの平均医業収益と借入金残高の割合を考える場合もあります。この場合、平均月商の3.5か月程度の借入金残高であれば、病医院の財務健全性は妥当なものといえます。

Q2-9 資金利用効率

■資金の利用効率を決算書類から簡単に導くには、どんな比率を利用すればよいでしょうか。

総資本回転率・有形固定資産回転率などの比率によって、資金の利用効率がわかります。

1 総資本回転率

$$総資本回転率 = \frac{医業収益}{総資本} （回）$$

医業収益と総資本の割合を示し、総資本に対して獲得した医業収益が見合っているかどうか、すなわち資金が効率的に利用されているかどうかを示すものです。

病医院経営では、資金投下した設備等を利用（回転）して利益をあげていきます。利益率が同じとすれば回転率をあげたほうが利益総額は増えることになります。この比率の低い病医院は肥満体質の病医院であり、この比率の高い筋肉質の病医院に比べ経営効率が悪いという欠点を持っていることになります。

一般事業会社では1回を超えている企業が多いですが、病医院は土地建物・設備を自己所有している場合、装置産業と同様になり、この回数が1未満のこともあります。

なお、この比率は施設が老朽化するほどいい比率となることがありますから、建築年数とこの比率のバランスを見ることも重要です。

2 有形固定資産回転率

$$有形固定資産回転率 = \frac{医業収益}{有形固定資産} （回）$$

病医院では、総資本に占める固定資産の割合が高いところが多いと考えられますから、総資本回転率を補う意味でこの回転率も考えるべきでしょう。

この回転率も高いほど効率がよく、低いほど効率が悪いといえますし、設備投資の過剰又は設備のうちの不稼動部分や老朽化状況により、判断基

礎がかわります。

この比率の基準値としては、1.5回以上が適当でしょう。

3 比率利用上の留意点

(1) 病医院の実質規模が同一であっても、固定資産が病医院の資産か賃借・リース物件かによって、総資本の額にかなり差異が生じます。

(2) 病医院の資産であっても、固定資産の取得年次によって減価償却の実施状況も違い、有形固定資産の帳簿価額にかなりのバラツキがありますから、病医院比較は単純にはできません。

Q2-10 在庫投資の適否

■医薬品の在庫が近頃かなり増えてきたように思います。在庫の適正水準をみるためには、どんな比率を利用すればわかるのでしょうか。

1 棚卸資産回転期間

$$棚卸資産回転期間 = \frac{棚卸資産}{材料費 \div 365}（日）$$

棚卸資産と1日当たり材料費との割合を示したもので、薬品材料などの棚卸資産の平均在庫日数を表し、在庫投資の適否を判断するものです。この回転期間を利用して、病医院が独自に定めた適正在庫量に比べて実際在庫量が多いか少ないかが吟味できます。例えば、同一薬効であっても、医師それぞれが多種類の薬品を指定するときは在庫量が多くなりがちですから、この比率を用いて材料を抑える必要があります。

病医院の社会性、緊急患者の発生、病気の多様化などを考えると、20日程度の在庫量が適正です。

2 比率利用上の留意点

(1) 薬品卸会社や調剤薬局等を病医院で経営しているケースでは、病医院と当該会社とのトータルで棚卸資産回転期間を考慮しなければ、在庫投資の適否を十分に判断できない場合があります。

(2) 病医院での使用量に応じて薬品仕入先への支払が行われているため、薬品が在庫として計上されていない場合は、単純にこの比率を病医院間で比較することはできません。

Q2-11 回収期間・支払期間の妥当性

■未収金の回収期間や買掛金などの支払期間を標準数値と比較したいのですが、どのようにして求めればいいのでしょうか。

医業未収金回転期間・仕入債務回転期間から、医業未収金の回収や仕入債務の支払に要する日数の長短を判断できます。

1　医業未収金回転期間

$$医業未収金回転期間 = \frac{医業未収金}{医業収益 \div 365} （日）$$

医業未収金と1日当たり医業収益の割合を示すもので、医業未収金の回収に必要な日数を判断できます。

この回転期間は、60日以内でなければなりません。

2　仕入債務回転期間

$$仕入債務回転期間 = \frac{仕入債務}{医業原価 \div 365} （日）$$

支払手形・買掛金の仕入債務と1日当たり医業原価との割合を示したもので、仕入債務の実際支払までの日、数を判断できるものです。

病医院の場合、支払条件はさまざまで一概に基準値を定めることができませんが、一般的には、支払日数として45日程度が妥当といえます。

3　比率利用上の留意点

(1) 医業未収金の決算残高だけでみますと、決算月に急激に収益が上がったときには、計算上回収日数は長くなります。月別の収益の増減が大きい病医院では、月別残高の平均値を医業未収金の額とすることが妥当です。

(2) 仕入債務の回転期間が長いと目先の資金繰りは楽になりますが、病医院経営がうまくいっているとは限りません。支払期間の短縮によって、

購入価格を低く抑えたり、多くのリベートを得たりすることもできます。
(3) 支払手形のなかにリース資産購入に関する手形及び設備購入に関する手形が含まれているときは、それらの金額を仕入債務の額から控除しなければなりません。

Q2-12 総合的判断比率

■分析比率にはいろいろなものがありますが、どの比率が一番大切なものなのでしょうか。また、その比率によってどんなことがわかるのでしょうか。

1 総資本経常利益率

$$総資本経常利益率 = \frac{経常利益}{総資本} \times 100 \, (\%)$$

総資本の利用によってどれだけの経常利益が得られたかをみようとするものです。この比率は、資本効率（総資本回転率）と収益性（経常利益率）を総合的に判断できるもので、一番大切な比率といえます。この比率を高めるには、総資本回転率を上げるか経常利益を高めることが必要です。これは、上記の算式を次のように分解することによって明らかになります。

$$総資本経常利益率 = \frac{医業収益}{総資本} \times \frac{経常利益}{医業収益} \times 100 \, (\%)$$

（総資本回転率）（経常利益率）

この比率の基準値としては、病医院では3％くらいが妥当といえるでしょう。

2 比率利用上の留意点
(1) 病医院では、土地・建物などがリース又は賃借物件のところと自己の資産のみで経営しているところを比較分析する場合、総資本の相違を十分考慮しなければなりません。
(2) 総資本に含まれる資産は、それぞれの取得時点の貨幣価値で評価されていますが、分子の利益のほうは、主としてその決算年度の貨幣価値で

評価されています。したがって、貨幣価値の変動が著しいときには、分母又は分子の数字を物価変動率等によって修正してはじめて、実質的な収益力を判断できることになります。したがって、分析上、設立後の経過年数も考慮する必要があります。

(3) 新規の設備投資がなければ、固定資産の帳簿価額は減価償却費の額だけ小さくなり、これに伴い総資本の額も小さくなります。したがって、同じ設備を持っている病医院であれば、設備が老朽化しているところほど総資本が小さくなり、総資本経常利益率を高める要素になります。このため、病医院の比較では、設備投資の時期を知ることが非常に重要なポイントになります。

Q2-13 利益割合の妥当性

■病医院の利益率を計算するのにいろいろな比率があると思いますが、その比率はどのように計算され、どんな意味を持っているのでしょうか。

病医院の利益率は、医業利益率及び経常利益率で計算します。

1 医業利益率

$$医業利益率 = \frac{医業利益}{医業収益} \times 100 \ (\%)$$

医業収益に対する医業利益の割合を示します。

この比率は高ければ高いほどよく、基準値としては、15％以上必要でしょう。

2 経常利益率

$$経常利益率 = \frac{経常利益}{医業収益} \times 100 \ (\%)$$

医業収益に対する経常利益の割合を示します。病医院は公共性が高く、利益のみを追及することはできない面もありますが、財政状態の健全性を高め、また、新規の設備投資の資金を蓄積するためにも、この比率はできるだけ高いことが望ましいといえます。

この利益率の基準値としては、10％以上が必要でしょう。
3　比率利用上の留意点
　医業収益には、室料差額収入を含めます。また、電気・ガスなど公益費収入が雑収入に計上されていることもありますが、その場合は、当該雑収入分を医業収益に組み替えてから分析することが必要です。

Q2-14　費用項目の適正額

■**病医院の経営をしていく上でさまざまな費用が発生しますが、それぞれの費用が病医院の上げる収益に見合っているかどうかを判断するには、どのような比率を使えばいいでしょうか。**

　人件費率・材料費率・経費率によって、各費用が収益に見合っているかどうかを判断します。

1　人件費率

$$人件費率 = \frac{人件費}{医業収益} \times 100\,(\%)$$

　医業収益に対する人件費の割合で、人件費の負担割合を示します。病医院の業務には人手を要する部分が多く、機械による省力化が難しいとされています。また、職種が多種多様で、かつ、業務が専門化されていますので、職場相互間における職員の移動が極めて乏しいといえます。このため、普段から多くの職員を置く必要があり、専門的技術を持つ者も多いため、平均賃金は他の業種に比べかなり高いと考えられます。
　したがって、人件費率は40％ぐらいであれば、財務上健全といえます。

2　材料費率

$$材料費率 = \frac{材料費}{医業収益} \times 100\,(\%)$$

　医業収益に対する薬品費・医療材料費・給食材料費などの諸材料費の割合を示します。材料費は、医療経営上、人件費に次ぐ大口の支出項目です。したがって、材料費のうちで大きな割合を占める薬品費をいかに抑えるか、

が経営の大きなポイントになります。

この比率の基準値は、30％以下が望ましいといえます。

3　経費率

$$経費率＝\frac{経費}{医業収益}×100（％）$$

医業収益に対する経費の割合を示します。経費とは、人件費・材料費以外の医業に関する費用で、すぐに膨脹しがちです。冗費節約を常に心掛けなければなりません。このため、減価償却費、外注検査費、リース・賃借料、電話料、光熱費、消耗品費などの費目に分けて予算管理をすることが必要です。

この比率は少ないほどいいといえますが、通常15％くらいまでは必要でしょう。

4　比率利用上の留意点

(1) 人件費率は、病医院の人件費総額の負担能力を判断するものです。理事・医師・看護師・事務職など、職種によって給料にかなりの差異があることが考えられますから、職種別の適正人件費率を表しているものではありません。

(2) 薬品材料の購入価格は、その病医院の信用度、支払条件、購入費の多寡、購入担当者の手腕などによって異なります。したがって、この比率を分析するには、これらの要素を加味しなければなりません。

(3) 薬品の購入単価は、問屋などからの仕入条件が同一であっても、その病医院等が薬品の卸会社を経営しているかどうかでかなりの差異があります。したがって病医院間の比較では、こうした仕入形態の違いも考慮しなければなりません。

(4) 病医院が設備法人や検査会社を経営しているかどうかで、減価償却費・賃借料・外注検査料の金額がかなり違うことがありますから、病医院間比較では注意が必要です。

Q2-15 支払利息の限度額

■当病院では、設備投資をした結果かなりの借入れをしました。借入金や支払利息の負担限度を判断するのにどんな比率が必要でしょうか。

　借入金や支払利息の負担限度を判断するには、金融費用率や支払利息率を使用します。

1　金融費用率

$$金融費用率 = \frac{支払利息}{医業収益} \times 100 \;(\%)$$

医業収益に対する支払利息の割合を示します。この比率は、一般に5％までが健全経営の限度と考えられます。この比率が高いことは、医業収益に比べて借入金が過大で、元利金の返済に追われる傾向の強いことを意味します。

2　支払利息率

$$支払利息率 = \frac{支払利息}{借入金残高} \times 100 \;(\%)$$

借入金に対する支払利息の割合を示します。利息の負担率はできるだけ小さい方が望ましいといえます。この比率の基準値は、病医院に対する制度融資が整っていることを考慮して、3～4％が通常です。

3　比率利用上の留意点

(1) 金融費用率が高くても、収益力が十分あって支払利息を負担できるなら問題がないとも考えられます。

(2) 支払利息率の算式の借入金残高を期末残高だけに限定してしまうと、期末近くに借入金が急増したときなど、支払利息率と実際の借入金利率との差異が大きくなることがあります。このため分母の金額は、できる限り毎月末の平均残高を用いるべきでしょう。

(3) 支払利息の計上が期間に応じて処理されている場合と、利払期に一括して処理されている場合とでは、支払利息率を比較するときかなりの差

異が生じる可能性があります。
(4) 公定歩合の変動などにより貸付金利が上下した場合には、同一病医院においても単純に期間比較することはできません。

Q2-16 付加価値割合

■病医院の付加価値がどれくらい上がっているか、また効率的に付加価値を上げているかといったことをみるには、どのような比率を利用すればいいのでしょうか。

付加価値の状況をみるには、付加価値率や1床当たり付加価値額を計算します。

1 付加価値率

$$付加価値率 = \frac{付加価値}{医業収益} \times 100 \ (\%)$$

(注)付加価値＝医業収益－（材料費＋外注加工費）

病医院が外部に対して生み出す価値を付加価値といいます。この比率は、医業収益に対する付加価値の割合を示し、獲得した医業収益にどれだけの付加価値が含まれているかをみて、病医院の生産性を判断する基本的な指標です。この比率が低いときは材料費などの割合の高いことを示し、将来、利益率の低下・採算点の上昇・資金繰りの悪化をまねく兆候があることを警告しています。

したがって、この比率は、最低65％くらい必要と考えられます。

2 1床当たり付加価値額

$$1床当たり付加価値額 = \frac{付加価値額}{実働病床数}$$

実働病床1床当たりどれだけの付加価値を生み出したかをみて、生産性を判断するものです。この比率は大きいほどよいといえます。小さいときには、上記算式は次のように分解できますから、付加価値率及び1床当たり医業収益の2つをチェックして、生産性の向上を図らなければなりませ

ん。

$$\frac{付加価値額}{実働病床数} = \frac{付加価値額}{医業収益} \times \frac{医業収益}{実働病床数}$$

分母の実働病床数には、設備投資に対する実際の利用度をみるため、設備として使用不能な状態にある病床も含めます。

3 比率利用上の留意点

付加価値の算出方法としては、上記以外の方法も考えられますから、他の病医院と付加価値率を比較する場合、算出方法も確かめておく必要があります。

Q2-17 労働効率

■病院ではたくさんの人達が働いていますが、その労働効率を測定する比率としてどんなものがあるのでしようか。

A 労働効率の測定には、労働分配率や従業員1人当たり医業収益・実働100床当たり従業員数・患者100人当たり従業員数が使われます。

1 労働分配率

$$労働分配率 = \frac{人件費}{付加価値額} \times 100 \ (\%)$$

病医院経営の結果生み出した付加価値をどれだけ人件費として分配したかをみて、労働分配の面から経営効率の適否を判断するものです。一般的にはこの比率は小さい方がよいといえますが、低賃金は労働の質及び意欲の低下を招く要素となり得ますので、小さければ小さいほどよいとは限りません。

この比率の基準値として、50％程度は必要といえます。

2 従業員1人当たり医業収益

$$従業員1人当たり医業収益 = \frac{医業収益}{年間平均従業員数}$$

従業員1人当たりの医業収益を示すもので、労働効率の良否を判断する

ものです。上記算式の結果が大きいほど、労働効率がよいといえます。病院の種類・規模などにより、この基準値は一概に決められませんが、最低従業員1人当たり年間平均給与の2倍以上は必要でしょう。

パート・アルバイトについても、時間換算によって人数を計算し、従業員数に含める必要があります。

3 実働100床当たり従業員数

$$\text{実働100床当たり従業員数} = \frac{\text{年間平均従業員数}}{\text{年間平均実働病床数}} \times 100$$

病床数と従業員数の関係に着目して、労働効率を判断するものです。この比率は小さければ小さいほど、労働効率がよいことを表します。病院の種類・規模・設備の高度化の程度・基準看護の有無・その等級などにより従業員数が異なりますので、基準値を設けることは困難ですが、おおむね実働100床当たり100人までが採算上の基準と考えられます。

4 患者100人当たり従業員数

$$\text{患者100人当たり従業員数} = \frac{\text{年間平均従業員数}}{\text{年間平均1日当たり入院患者数} + \left(\text{年間平均1日当たり外来患者数} \div 3\right)} \times 100$$

患者数に対して従業員数が適正であるか否かを判断するものです。入院・外来患者各1人についての業務量を、おおむね3対1の割合として計算した場合には、この方法によるこの基準値は、60～65以下が適当と考えられています。

5 比率利用上の留意点

(1) 労働分配率の場合、病医院の職種別の人件費を考慮する必要があります。

(2) 年間平均従業員数には、病医院に勤務するすべての職員が含まれますから、医療業務に直接従事している医師・看護師などの平均人数を基にして、1人当たり医業収益を計算し、病医院の比較を行うことも必要です。

Q2-18 病床効率

■私どもの病院はかなりの病床を持っていますが、その病床の利用効率を測定するのにどんな比率があるのでしょうか。

 実働1床当たり医業収益や病床利用率・平均在院日数で病床の利用効率を測定します。

1 実働1床当たり医業収益

$$\text{実働1床当たり医業収益} = \frac{\text{年間平均医業収益}}{\text{年間平均実働病床数}}$$

実働1床当たりの医業収益を表し、病床の利用効率を判断するものです。この比率が高ければ高いほど、病床の利用効率がよいと考えられます。この基準値は、1月当たり1,300万円~1,500万円といえるでしょう。

2 病床利用率

$$\text{病床利用率} = \frac{\text{年(月)間延入院患者数}}{\text{年(月)間延実働病床数}} \times 100 (\%)$$

実働病床の稼動率を判断するものです。この比率が高いほど病床利用率はいいと考えられます。この基準値は85%とされており、80%以下では採算面で非常に苦しいといえます。

3 平均在院日数

$$\text{平均在院日数} = \frac{\text{年間延入院患者数}}{(\text{年間新入院患者数} + \text{年間退院患者数}) \div 2}$$

入院患者の平均在院日数を算出するものです。一般に平均在院日数は、ほぼ同一の条件の場合には、短い方が医療経営上効果的といえます。

なお、この日数の算出では、在院期間のごく短い人間ドック受診者については、除外して計算します。

4 比率利用上の留意点

在院日数は、精神病院などでは非常に長くかかります。このため、他の病院と比較する場合、診療科目の違いも考慮する必要があります。

Q2-19 分析比率の基準値

■分析比率によってどんなことがわかり、どんな点に留意したらよいかといったことはわかりましたが、これらの比率の基準値はどのくらいなのか教えてください。

A 本書で説明してきた分析比率については、次の表に一応の目安となる数値を示しています。しかし、経営分析は本来経営管理のための一手段にすぎないのですから、単に数値を算出してランクづけをするだけでは、比率を活用したとはいえません。分析結果を検討して、現状の財務状況を批判するだけにとどまらず、さらに、積極的な経営改善への道を探ることが重要なのです。

また、経営分析には、計数化できない要素も数多くあることを忘れてはいけません。経営者の医業への熱意や信用、職員の資質や協力状況、経済環境、さらには病医院の立地条件など、数値では表すことのできないものも多々あります。これらを加えた総合的な判断が、最終的には必要となるでしょう。

■A・B・Cランクの基準値（健全性）

	比 率 名	A 比率	B 比率	C 比率
1	総資本回転率	1.5回以上	1.5〜0.8回	0.8回以下
2	自己資本比率	60％以上	60〜10％	10％以下
3	流動比率	270％以上	270〜100％	100％以下
4	当座比率	240％以上	240〜80％	80％以下
5	固定比率	150％以上	150〜30％	30％以下
6	固定長期適合率	200％以上	200〜100％	100％以下
7	棚卸資産回転期間	15日以内	15〜45日	45日以上

8	医業未収金回転期間	50日以内	50～65日	65日以上
9	仕入債務回転期間	30日以内	30～180日	180日以上
10	借入金比率	10%以下	10～70%	70%以上
11	借入金構成比率	10%以下	10～60%	60%以上
12	有形固定資産回転率	5回以上	5～1.5回	1.5回以下

■A・B・Cランクの基準値（収益性）

	比率名	A 比率	B 比率	C 比率
1	総資本経常利益率	15%以上	15～0%	0%以下
2	人件費率	40%以下	40～55%	55%以上
3	材料費率	15%以下	15～30%	30%以上
4	経費率	15%以下	15～25%	25%以上
5	金融費用率	1%以下	1～5%	5%以上
6	医業利益率	15%以上	15～1%	1%以下
7	経常利益率	13%以上	13～0%	0%以下
8	支払利息率	2%以下	3～4%	5%以上

■A・B・Cランクの基準値（生産性）

	比率名	A 比率	B 比率	C 比率
1	付加価値率	80%以上	80～60%	60%未満
2	労働分配率	55%以下	55～75%	75%超
3	1床当たり付加価値	8百万円以上	2.5百万～8百万円	2.5百万円以下
4	100床当たり従業員数	40人以下	40～130人	130人以上
5	患者100人当たり従業員数	40人以下	40～100人	100人以上
6	病床利用率	105%以上	105～75%	75%以下

Q2-20 診療科目別の経営実態比較

■診療科目・病院の規模の違いがある場合、経営分析を行う上でどのような留意点があるでしょうか。

A 病医院の財務諸表を、経営分析の手法に基づいて他の病医院の財務諸表と比較することは非常に有用なことですが、個々の病医院の経営実態・内容等をみるには、それぞれの病医院の特徴を理解しておくことが必要です。つまり、診療科目によって診療実態が異なりますから、各科別に決算書に反映される一般的な傾向を理解しておくことが必要です。

1 内科

内科系の病医院では、医療収益の大半が保険診療収入で占められています。また、内科では投薬・注射など医薬品による治療の割合が比較的高いことから、医薬分業でなければ費用構成も薬品材料費が他科よりも高くなっています。

2 外科

外科の医業収益では、自賠責・労災などの収入が多いため、自費診療収入のウエイトが相当高くなっています。また、入院収入に依存する割合の高いことも通例です。この場合、手術・処置など技術に依存する収入が多く、費用構成では、薬品材料費の比重よりも人件費や経費のウエイトが高くなっています。

3 精神科

精神病院の数値は、ほとんどの病院統計でも他科と切り離して集計されているほど、他科と異なっています。保険収入のウエイトが非常に高く、入院診療収入の依存度も高率を示しています。また大規模であっても経営内容の良好な病院がかなり多いことが特徴です。

4　歯科

歯科の場合、診療収入に占める自費診療収入の割合が相当高く、かつ、外来収入が大半を占めるのが通常です。また、他科に比べて投薬が少なく、金属材料を含めても材料費率は低い傾向があります。歯科技工士を雇用していない場合、歯科技工所に対する外注費の支払は多額になります。

5　留意点

病医院は、無床の診療所から500床を超える病医院まで、その規模はさまざまです。したがって、他の病医院と比較するときは、規模の問題も重要なポイントとなります。

Q2-21　収益増加策

■市街地の病院のため、周辺の人口増加があまり期待できず、患者数も減る傾向にあります。このため収益の増加も頭打ちになっています。このようなときの打開策はあるのでしようか。

A　経営改善の第一歩は、まず医業収益を増加させることです。
医業収益つまり診療報酬は、およそ①来院患者数、②患者1人当たりの来院日数、③患者1人当たりの診療点数といった要素で構成されていると考えられます。以下、各要素ごとに考えてみましょう。

1　来院患者数

入院患者数を増やすには、まず外来患者数を増やすことが必要です。そこで、外来患者数を増やすための方法として、次のようなものがあります。

まず、受診率の向上です。有病率が受診率を上回っているという現状は、単一の医療機関の努力で改善できる問題ではありませんが、医療関係者の協力により、できるだけ受診率を高めるような努力が必要でしょう。

次に、病医院の立地の問題があります。病医院は積極的な宣伝広告をすることが規制されていますので、立地条件の良し悪しが来院患者数に大き

な影響を与えるといえます。

　また、いろいろな方法で受診チャンスを造出することが必要です。それには、夜間や休日の診療体制を整備することによって患者の来院を促すことも必要です。

　さらに、再来患者をできるだけ多く確保することも必要です。このためには、以前の診療サービスが満足なものであったということが一番の要因となります。

2　患者1人当たりの来院日数

　患者1人当たりの来院日数については、患者の傷病の種類により大きな差異がありますが、診療や検査が患者にとって必要十分に行われているかどうかを検討してみることが大切です。このためには、病医院ごとに、診療や検査のマニュアルづくりをすることが有効です。医師の個人的な経験にのみ頼っていると、診療や検査に質的なバラツキの生じるおそれがありますので、マニュアルを用いることによって、医師が替わっても患者にとって必要十分な診療や検査の水準を保つことができます。

3　1日当たりの点数

　「平成25年社会医療診療行為別調査の結果」によれば、次のような統計調査結果が出ています。

　自院の医療収益を見るとき、例えば診療所では、1日当たりの患者数と診療日数がわかれば自院のレセプト1件当たりやレセプト1件当たり点数を1件当たり実診療日数で除した1日当たりの点数が算定でき、平均的な結果と比較検討することができます。

	入院		外来	
	1件当たり点数	1日当たり点数	1件当たり点数	1日当たり点数
病院総計	51,140	3,198	2,049	1,275
精神科	36,006	1,265	1,763	905
特定機能	68,745	6,238	2,755	1,947
療養病床	48,757	2,313	1,724	966
一般病院	52,683	4,405	2,098	1,358
有床診療所	18,993	1,918	1,059	633

(参考:厚生労働省「平成25年社会医療診療行為別調査」結果の概要)

　無床診療所における診療科目別の入院外1日当たりの点数は次のとおりです。なお、この数値を利用し、予想患者数と診療に数がわかれば、平均的な医療収益が算定できます。

診療科目別1日当たり点数	
内科	725
精神科	602
小児科	521
外科	632
整形外科	378
皮膚科	390
泌尿器科	840
産婦人科	641
眼科	628
耳鼻いんこう科	410
歯科	635

(参考:厚生労働省「平成25年社会医療診療行為別調査」)

Q2-22 材料費削減策

■最近、私どもの病院では、医薬品の管理が非常に問題となっています。といいますのは、在庫量も種類も多く、資金の負担もかなり大きくなってきたからです。医薬品の有効な管理方法があれば教えてください。

A

1 医薬品在庫の特徴

医薬品費は、病医院経営にとって、人件費に次ぐ大きなコスト要因です。これを抑えることができれば、病医院の経営改善に好影響を及ぼすことができるわけです。ところが病医院は、治療という社会的使命を担っているわけですから、極端に医薬品の購入を抑え込むことはできません。しかし、むやみな医薬品の購入は、医薬品の過剰在庫を生み、病医院の資金繰りに支障をきたすおそれもあります。

2 在庫コスト

医薬品を在庫として保有するのに、どのくらいのコストがかかるかを考えてみましょう。まず第一に調達費用です。調達費用とは、外部に医薬品を発注するための費用であり、具体的には、注文のための電話料、品調べや伝票作成といった発注に関する事務費用等をいいます。

第二の大きな項目としては在庫費用があります。在庫費用のうちで一番大きいものは在庫維持費用であり、これは、在庫に投下された資金の費用をいいます。例えば、借入金を在庫購入に充てた場合の借入金利子がこれに当たります。また、自己資金を充てた場合であっても、もしその資金を他の用途に振り向けたとしたら得られたであろう収益が、在庫購入のために犠牲になったと考えられますので、この失った収益部分が在庫維持にかかった費用とみることができるわけです。また、在庫の医薬品が、陳腐化したり破損したり盗難にあったりすることによる損耗費用が発生することもあります。次に考えられる在庫費用としては、過剰在庫費用があります。

同一効能に対する医薬品を何種類も持っているとき、1種類だけに使用が偏ると他のものはいわゆるデッドストックとなるわけで、これを過剰在庫といいます。

第三に在庫切れ費用です。患者に投薬しようとしても当該医薬品の在庫がない場合には、在庫があったなら当然得られたであろう医業収益が失われたことになります。このように、在庫切れから生じた損害を、在庫切れ費用といいます。

このように、医薬品を一度在庫として保有しますと、種々のコストが発生しますので、できるだけ在庫を抑えることによって資金効率を上げることが、医薬品費を抑えるための一番大きな目標だといえます。

3　在庫抑制策

医薬品の在庫を抑える方法としてどのようなものがあるか、考えてみましょう。

まず挙げられるものとしては、過剰在庫の返品があります。過剰在庫に陥ったとき、これを返品することができ、使用頻度の高い医薬品に交換することを問屋などに要求することができれば、これが最も簡便な方法といえるでしょう。

次に、大きな病院などでは、医薬品の在庫部門が複数あり、どこに何があるかが把握されていない場合がありますが、このようなときには、主として在庫する部署をまず決め、その他の部署には必要最小限の在庫を置くよう指導しなければなりません。これは現場の医師や看護師などの協力がなければ実施できないことはいうまでもありません。

また、医薬品を管理している部門では、使用頻度にしたがってA・B・Cといった3段階に医薬品を分類し、在庫管理に役立てる方法があります。これを「ABC管理」といいます。在庫をみますと、普通購入金額の80％くらいまでは使用医薬品の種類の20％程度の品目で構成されており、残りが種々雑多な品目で構成されている場合が多いといわれています。したがって、このように購入頻度つまり使用頻度の高い医薬品については、購入・使用・在庫といった帳簿記録を正確につけることによって、発注在庫水準

を設け、それに応じて発注が自動的に行われるようなシステムを採ることが必要といえます。

Q2-23 医薬分業のメリット・デメリット

■医薬分業を考えています。患者・医療機関・薬局それぞれについてメリットやデメリットがあると思います。どのようなものでしょうか。

A 医薬分業とは、医師が患者に処方せんを交付し、薬局の薬剤師がその処方せんに基づき調剤を行い、医師と薬剤師がそれぞれの専門分野で業務を分担し国民医療の質的向上を図るもので、医薬分業のメリット・デメリットは、次のとおりです。

医薬分業のメリット・デメリット		
	メリット	デメリット
患　者	・調剤の待ち時間の短縮 ・医薬品に関する十分な説明が受けられる ・適切な服薬指導が受けられる	・薬局へ行く二度手間 ・病院の医薬品でないとという心理的不安
医療機関	・服薬指導の充実等患者サービスの向上 ・医薬品購入費節減 ・院内医薬品在庫の減少とスペースの増加 ・（病院）薬剤師の定員削減による経費削減 ・医薬品購入・請求事務の軽減 ・調剤薬局からの患者の紹介 ・医師の処方薬の範囲の拡大	・薬価差益の減少 ・製薬会社からの医薬品情報の減少
調剤薬局	・専門性を生かした本来業務の推進 ・薬歴管理の徹底による医薬品副作用の未然防止 ・病院との連携	・医薬品在庫の増加

また、医療経営的にみると、次のような減益要因と増益要因が見込まれます。減益要因として、調剤料・調剤技術基本料（常勤薬剤師がいるケース）や薬価差益がなくなります。また、増益要因として、薬剤ロス、薬剤師等省力化人件費や薬袋分包紙代の減少があります。

Q2-24　人件費削減策

■私どもの病院では、人件費の負担が大きく、経営を圧迫する主な原因となっています。人件費の負担を抑え、医療サービスも低下させない方法には、どんなものがあるのでしょうか。

A

1　人件費の二面性

　人件費には、2つの側面があります。一方は経営者側からみて、労働力の対価、つまり経営コストとしての面であり、他方は労働力提供者側からみて、生活の糧となる収入としての面です。

　このように、人件費は2つの相反する側面を持っているため、お互いが十分に満足できる賃金の額を決めることは、ある意味では不可能なことかもしれません。また、いったん上昇した賃金を逆に下げる賃金カットなどは、非常に難しいことです。

　しかし、病医院の経営にとって、人件費の総コストに占める割合は非常に高いものであり、この人件費を収益に見合った金額に抑制することは、経営者の考えなければならない重要な課題です。経営者にとっては、労働者個人個人の賃金を抑制することよりも、収益に見合った人件費であるかどうかが一番大切なことです。したがって、総人件費の抑制ということを念頭におかなければなりません。

2　具体的方法

　例えば、コンピューターを導入することによって事務部門の人件費を減少させることも可能です。

また、医師・看護師・レントゲン技師など専門的技術を持った人員や、事務員などの間接部門に就いている人員も含めて、ある程度定型の業務については、パートタイマーに切り替えることによって、人件費の大幅削減を実現させた例もあります。もっとも、このためには、メディカル機器の導入や事務処理の機械化などといった条件を整えて、医療サービスの質を維持又は向上させるべきことはいうまでもありません。

さらに病医院では、清掃や給食について専門の人員を雇用しているところもありますが、これらを業者に外注して、人件費の削減とサービスの向上を図ることも可能です。また、検査部門でも外注化による人件費の削減が考えられます。

Q2-25 限界利益算出の必要性

■損益分岐点の話を聞いていますと、よく限界利益という言葉がでてきます。限界利益とはどんな意味を持ち、どのような形で利用できるのでしょうか。

A

1 限界利益

費用を、収益の変化に比例して動く変動費と、収益とは無関係に一定額発生する固定費とに分解できたと仮定すれば、次のような損益計算書のフォームを考えることができます。

損益計算書

医業収益	80,000万円	100%
変動費	24,000	30
限界利益	56,000	70
固定費	52,000	65
経常利益	4,000	5

医業費用のうち薬品費2億4,000万円だけを変動費とし、他の医業費用及び医業外損益を固定費5億2,000万円とします。限界利益とは、医業収益から変動費を差し引いたもので、5億6,000万円となり、限界利益率は70％と計算できます。限界利益から固定費を控除すると経常利益となります。

2　限界利益の利用法

この限界利益が、利益計画を作るうえで非常に役立つ情報となります。

（例）　医業収益が10億円のとき経常利益はいくらか。

　収益がいくらになっても変動費率は変わりませんから、限界利益率は70％と一定です。

　　限界利益＝10億円×70％＝7億円

　固定費は5億2,000万円と一定ですから、

　　経常利益＝7億円－5億2,000万円＝1億8,000万円

前問の結果と比較してみましょう。

	前問の方法	上記の方法	差額
医業収益	10億円	10億円	―
経常利益	5,000万円	1億8,000万円	1億3,000万円

この表からわかるように、同じ収益を上げる計画を作っても、利益で1億3,000万円もの差が発生するような結果になってしまいます。病医院経営のように人件費などの固定費が大きい業種においては、限界利益に基づく利益計画の策定が必要なことを明確に表しているといえましょう。

Q2-26　利益図表の作成法・利用法

■損益分岐点を表によって求めたいと思います。利益図表の作成方法やその見方を教えてください。

A 1 利益図表の作成方法

利益図表では、収益の線と費用の線の交点が損益分岐点を示すところから、利益図表を損益分岐図表とも呼びます。

前問の例をとって、次の手順に従って利益図表を作成してみましょう。

① 横軸に収益、縦軸に利益・費用をとります。

② 固定費は5億2,000万円ですから、縦軸に5億2,000万円をとって横軸に平行線を引きます。このFの線が固定費の線となります。

③ 縦軸の5億2,000万円の位置から変動費率30%

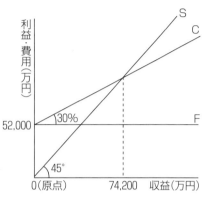

$\left(\dfrac{2億4,000万円}{8億円} \times 100 （\%）\right)$

の勾配のC線を引きます。この線と横軸の間隔がある一定の収益における費用の総額を表し、F線との間が変動費の額を表します。

④ 原点から45°の角度でS線を引きます。横軸と縦軸の目盛りを同じ縮尺にすれば、横軸の収益の長さとSから縦軸までの長さが等しくなり、S線は医業収益を表すことになります。

⑤ このようにして利益図表が完成します。

2 利益図表の見方

S線（医業収益線）とC線（総費用線）の交わる点が損益分岐点であり、その点における医業収益を約7億4,200万円と読むことができます。損益分岐点より左側ではC線の方がS線より上にあり、S線とC線の開きは損失を示します。他方、損益分岐点より右側ではS線とC線の開きは利益を表します。

このように利益図表では、医業収益が増減したときに費用はどれくらいになり、損益がどうなるのかという収益・費用・利益の関係を、一目瞭然に判断することができます。

Q2-27 限界利益図表の作成法・利用法

■利益図表の見方はわかりましたが、限界利益図表でも損益分岐点を説明できると聞きました。限界利益図表とはどんなものなのでしょうか。

A

1 限界利益図表の作成方法

限界利益は、収益から変動費を差し引いたものです。限界利益の視点から損益分岐点を考えますと、限界利益と固定費が一致した収益を損益分岐点の収益と考えることができます。このような限界利益と固定費の関係を表した図表を限界利益図表と呼びます。利益図表と同じ例を基にして、限界利益図表を作成してみましょう。

① 横軸に収益を、縦軸に利益・費用をとります。
② 収益ゼロのとき費用は固定費の5億2,000万円発生していますから、利益はマイナス5億2,000万円となります。マイナス5億2,000万円のところから横軸に平行にF点線を引きます。

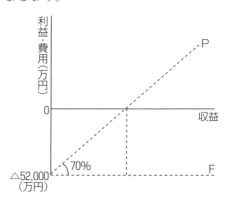

③ 縦軸マイナス5億2,000万円の点から、限界利益率70%（$\frac{5億6,000万円}{8億円}$ ×100（％））の勾配でP点線を引きます。これが限界利益線になります。
④ これで限界利益図表が完成します。

2 限界利益図表の見方

限界利益線と利益ゼロの横軸の交わる点が損益分岐点の収益ということになります。したがって、限界利益線が横軸を上回らないかぎり利益が生まれないことがこの図表によってよくわかります。限界利益率が高ければ

高いほど、つまり限界利益線の勾配が急であればあるほど、限界利益による固定費の回収は早く進み、その病医院の収益力が高いことを示します。

Q2-28 損益分岐点を求める計算公式

■損益分岐点を求める公式はいろいろあると思いますが、限界利益率を使って損益分岐点を求めるには、どのようにすればいいのでしょうか。

前問のような限界利益図表から、損益分岐点における医業収益を求める算式を導き出してみましょう。

固定費は収益の変動に関係なく必ず発生する費用ですから、例えば収益0のとき固定費F（図表では0A）だけマイナスになります。前問でみましたようにAPは限界利益線ですから、この線と収益線の交わるBが損益分岐点における医業収益となります。

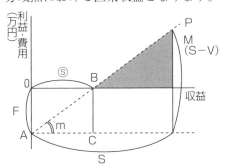

S：医業収益
V：変動費
F：固定費
M：限界利益（＝S－V）
Ⓢ：損益分岐点における医業収益
m：限界利益率

つまり、固定費F（図表では0A）と限界利益（図表ではBC）が等しくなる医業収益Ⓢ（図表では0B）が損益分岐点の収益となります。これを算式で表しますと、次のようになります。

限界利益＝固定費
損益分岐点収益－変動費＝固定費

$$損益分岐点収益 \times (1-変動費率) = 固定費$$
$$損益分岐点収益 = \frac{固定費}{(1-変動費率)}$$
$$ⓈS = \frac{F}{1-\frac{V}{S}}$$

限界利益のうちどの程度固定費にいっているかをみて、限界利益固定費分配率が100％のとき損益分岐点の収益と考えることができます。

このように損益分岐点は非常に簡単に算出することができ、しかも利益計画を策定したり、経営改善の指標として利用したりすることができます。病医院のこれからの経営にとって、損益分岐点は重要な経営管理手法の一つとなるにちがいありません。

Q2-29 希望利益額・希望利益率を求める計算公式

■損益分岐点を求める計算公式を使って、希望利益額をあげるためにはどれくらい収益をあげなければならないか、といったことを計算上求めることが可能と聞きました。どうすればいいのでしょうか。

1 計算公式

① 希望利益額を獲得するために必要な医業収益を求めてみましょう。希望利益額をgとすれば、

$$S = (F+g) \div \left(1 - \frac{V}{S}\right)$$

によって希望利益額に見合う収益を計算できます。

② 次に、希望利益率を得るための医業収益を求めてみましょう。利益率をa％とすれば、

$$S = F \div \left\{ 1 - \left(\frac{V}{S} + \frac{a}{100}\right) \right\}$$

によって必要な医業収益を求めることができます。

2 具体例

A病院では、当期の医業収益・費用などが次のようであったとしましょ

う。
① 医業収益　　　10億円
② 費　　用　　　9億3,000万円
　（固定費）　　（6億3,000万円）
　（変動費）　　（3億円）
③ 利　　益　　　7,000万円

A病院では、変動費率は30％（$\frac{3億円}{10億円} \times 100$（％））となり、限界利益率は70％（＝100％−30％）となります。

(1) A病院の損益分岐点

　Ⓢ＝6億3,000万円÷（1−30％）＝9億円

　9億円の収益のとき変動費として9億円×30％＝2億7,000万円発生し、固定費は6億3,000万円と一定ですから

　9億円−2億7,000万円−6億3,000万円＝0

となり、9億円が損益分岐点になることを確認できました。

(2) 利益を今期の倍（7,000万円×2＝1億4,000万円）にする収益

　S＝（6億3,000万円＋1億4,000万円）÷（1−30％）＝11億円

　11億円のとき、変動費は3億3,000万円（＝11億円×30％）、固定費は6億3,000万円になりますから、利益は1億4,000万円になります。

(3) 利益率を7％から10％にするための収益

　S＝6億3,000万円÷｜1−（30％＋10％）｜＝10億5,000万円

　10億5,000万円の収益をあげれば、変動費3億1,500万円、固定費6億3,000万円となり、利益は1億500万円となりますから、利益率は10％になります。

　上記のように損益分岐点の計算公式を用いると、ある一定の収益のときどのくらいの利益となるのか、また希望利益をあげるにはどの程度の収益が必要かといった、利益計画を作るのに有用な情報を知ることができます。

Q2-30 固定費・変動費の分解方法

■損益分岐点を求めたりする前提として、費用を固定費と変動費に分解しなければなりません。それらの分解方法にはどんな方法があるのでしょうか。

A

1 勘定科目

例えば病医院で発生する費用を、費目によって固定費に属するものと変動費に属するものとに区分しますと、次のようになります。

固定費：役員報酬・医師給・事務員給・福利厚生費・消耗品費・賃借料・
　　　　租税公課・減価償却費等
変動費：薬品費・給食材料費・検査委託費等

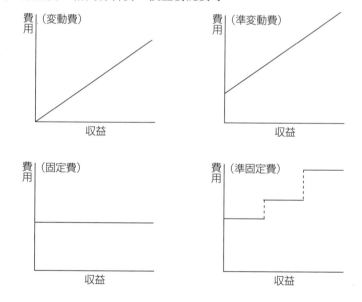

このように個々の費目を、固定費か変動費かに分けることを勘定科目法といいます。

ただし、上記の費目は固定費か変動費かはっきりと区分できますが、費

94

目によっては固定費でもなく変動費でもないといったものもあります。このような費用を準固定費又は準変動費といいます。

2　コスト・ビヘイビァー

収益の変化に応じて費用がどのように反応するかをコスト・ビヘイビァー（cost behavior）といいます。コスト・ビヘイビァーのパターンを図示すれば上図のようになります。

準固定費は、収益幅を決めれば固定費とみることができます。また準変動費については、数学的分解法・スキャッターグラフ法・最小二乗法によって固定費と変動費に分解することができます。しかし一般的には、これらの費用を全額固定費とみなす処理が採用されているといえましょう。

Q2-31　損益分岐点比率・安全余裕率

■当病院の損益分岐点比率は70％だとか、安全余裕率は30％だとかいったことをよく耳にしますが、どのような意味でしょうか。

A

1　損益分岐点比率

損益分岐点比率とは、損益分岐点と達成又は予定医業収益との割合をいい、損益分岐点の位置ともいいます。

$$損益分岐点比率 = \frac{損益分岐点の収益}{達成（予定）医業収益} \times 100\%$$

例えばA医院の損益分岐点の収益と当期の医業収益をそれぞれ9億円、10億円としますと、損益分岐点比率は90％となります。

損益分岐点比率が90％ということは、医業収益が10％減少すると損益がゼロになることを意味します。また損益分岐点比率が150％ということは、収益を現在の1.5倍あげなければ損益トントンにならないことを示します。

2　安全余裕率

病医院が損益分岐点の医業収益で営業することは危険であり、それから離れれば離れるほど安全といえるでしょう。

安全余裕率＝100％－損益分岐点比率（％）

A病院の安全余裕率は10％です。

3　限界利益固定費分配率

損益分岐点比率の算式は、次のように展開できます。損益分岐点の収益は Q2-28 を参照してください。

$$\frac{Ⓢ}{S} = \frac{\frac{F}{1-\frac{V}{S}}}{S} = \frac{F}{S-V} = \frac{F}{M}$$

したがって損益分岐点比率は、収益をあげることにより獲得した限界利益をいくら固定費に分配したかを知ることによっても理解できます。例えばA病院の固定費・限界利益は6億3,000万円・7億円（＝10億円－3億円）です。

損益分岐点比率＝6億3,000万円÷7億円＝90％

限界利益と固定費がわかれば、あと何倍の収益をあげなければ損益ゼロにならないかとか、あと何％収益が減少すれば利益がなくなるかといった利益管理上必要な情報が得られることになります。

Q2-32　損益分岐点への影響——診療報酬単価

■診療報酬単価が改訂され、診療報酬単価が変化した場合、当病院の収益に与える効果はどのくらい期待できるのでしょうか。

A　診療報酬単価の変化が収益に及ぼす影響

病医院経営において、収益・費用に影響を及ぼす要因のうち診療報酬単価だけ増減があると仮定しましょう。この単価を10％増減させると病医院の利益は次のようになることが予想できます。経営活動において予測される医業収益・費用・利益の関係は下表に示したとおりとします。

	単価10％下落	現状	単価10％上昇
延患者数	8万人	8万人	8万人
患者1人当たり診療報酬	9,000円	10,000円	11,000円
医業収益	7億2,000万円	8億円	8億8,000万円
差引：変動費	2億4,000万円	2億4,000万円	2億4,000万円
限界利益	4億8,000万円	5億6,000万円	6億4,000万円
差引：固定費	5億2,000万円	5億2,000万円	5億2,000万円
損益	△4,000万円	4,000万円	1億2,000万円
損益分岐点比率	108.3％	92.9％	81.3％

　患者1人当たり診療報酬に延患者数を乗じたものが医業収益ですから、診療報酬単価が変化すれば延患者数に変化がなくとも医業収益は増減します。ところが変動費の発生額は、患者数が一定であればほとんど変わりませんから、診療報酬単価が変化すれば変動費率が変わり、その結果損益分岐点に影響を及ぼします。

　上記の例では、変動費率は33.3％、30％、27.3％と変化し、限界利益率も66.7％、70％、72.7％となり、損益分岐点の医業収益も約7億8,000万円、約7億4,300万円、約7億1,500万円と、診療報酬単価が上がるに従って少ない収益が採算点となります。診療報酬単価が10％上昇すれば、利益は1億2,000万円となり、延患者数が18.7％以上減少しない限り赤字にはなりません。単価が10％以上下落すれば、延患者数が86,640人（80,000人×108.3％）にならなければ採算がとれないことがわかります。

Q2-33 損益分岐点への影響——患者数

■当院の近くに大規模な団地の建設が予定されています。それができると患者数は増えると思われますが、利益の面ではどのくらい影響を受けるのでしょうか。

A 患者数の変化が利益に及ぼす影響

A病院において、もし他の条件に変化がなく、患者数だけ10％増減すれば、病院の利益は次のようになることを予想することができます。

	患者数10％減	現状	患者数10％増
延患者数	7.2万人	8万人	8.8万人
患者1人当たり診療報酬	10,000円	10,000円	10,000円
医業収益	7億2,000万円	8億円	8億8,000万円
差引：変動費	2億1,600万円	2億4,000万円	2億6,400万円
限界利益	5億400万円	5億6,000万円	6億1,600万円
差引：固定費	5億2,000万円	5億2,000万円	5億2,000万円
損益	△1,600万円	4,000万円	9,600万円
損益分岐点比率	103.2％	92.9％	84.4％

患者数が増加しても変動費率、限界利益率は変わりません。患者数が増えれば、その分だけ薬品などの使用量は増え、患者数が減れば、薬品使用量は減少します。したがって患者数の増減があっても、損益分岐点の収益に変化はありません。変動費率・限界利益率はともに30％・70％となり、損益分岐点の医業収益は約7億4,300万円となります。

患者数が10％増加すれば、診療報酬単価が10％上昇したときと同様、医業収益は10％増えます。しかし診療報酬単価の上昇のときと違い変動費も医業収益と同じ増加率を示します。最終利益は9,600万円となります。

患者数が10％減少すれば、限界利益は5億400万円となり、1,600万円の損失になります。

Q2-34 損益分岐点への影響――材料費

■以前から取引している薬問屋が、どうも他と比べると割高になっているようなので、もっと安く仕入れられる薬問屋に変えようかと思っています。利益等への影響はどの程度あるのでしょうか。

A 変動費率の変化が利益に及ぼす影響

A病院において、他の条件に変化がなく、変動費率だけ10％増減すれば、病院の利益は次ページの表のようになるでしょう。

変動費の変化も、診療報酬単価の変化と同様に、限界利益率に影響を与え損益分岐点に変化を及ぼします。医業収益に対する変動費の割合が増加すれば、限界利益率は低くなり損益分岐点は高くなります。変動費率が低くなれば、減価利益率は高くなり損益分岐点は低くなります。

下記の表は、変動費が10％増加した場合、限界利益率は67％となり、損益分岐点の医業収益は約7億7,600万円（＝5億2,000万円÷67％）となります。また変動費率が10％減少した場合、限界利益率は73％となり、損益分岐点の医業収益は約7億1,200万円（＝5億2,000万円÷73％）となります。

	変動費10％増加	現状	変動費10％節約
延患者数	8万人	8万人	8万人
患者1人当たり診療報酬	10,000円	10,000円	10,000円
医業収益	8億円	8億円	8億円
差引：変動費	2億6,400万円	2億4,000万円	2億1,600万円

限界利益	5億3,600万円 (67%)	5億6,000万円 (70%)	5億8,400万円 (73%)
差引：固定費	5億2,000万円	5億2,000万円	5億2,000万円
損益	1,600万円	4,000万円	6,400万円
損益分岐点比率	97%	92.9%	89%

　病医院経営の場合、変動費はすべて薬品費と考えることができますから、10％薬品購入費を抑えることによって、60％の利益の増加（(6,400万円－4,000万円)÷4,000万円×100％）を見込むことができます。

　したがって、医薬品購入の上手・下手が病医院経営の基盤にかなりの影響を与えることがわかります。

Q2-35　損益分岐点への影響——人件費

■看護師が不足しているので、何人か雇い入れたいと思います。看護師を雇用することによって、病医院経営にどのような影響を及ぼすでしょうか。

A　**固定費が利益に及ぼす影響**
　　A病院において、他の条件に変化がなく、固定費だけ10％増減すれば、病院の利益は次ページの表のようになります。

　固定費の増減は、限界利益率に影響することはありませんが、利益と損益分岐点に影響を及ぼします。固定費が増減すれば、利益はその額だけ減少又は増加し、損益分岐点は増加割合又は減少割合だけ上下します。

　次ページの例では、固定費が10％（＝5,200万円）節約できれば、利益は5,200万円だけ増加し9,200万円となります。また固定費が10％増加すれば、利益は5,200万円だけ減少し1,200万円の損失となります。

　このように、固定費の増減額はただちに利益の増減額に結びつくため、病医院経営のように固定費、とりわけ人件費の多い場合には、人件費など

の固定費の節約が病医院の経営改善の非常に大きな要因となります。固定費の減少は、利益を高め、損益分岐点を低めることになりますので、大幅な医業収益の低下がない限り損失の発生を防ぐことになるでしょう。

	固定費10％増加	現状	固定費10％節約
延患者数	8万人	8万人	8万人
患者1人当たり診療報酬	10,000円	10,000円	10,000円
医業収益	8億円	8億円	8億円
差引：変動費	2億4,000万円	2億4,000万円	2億4,000万円
限界利益	5億6,000万円	5億6,000万円	5億6,000万円
差引：固定費	5億7,200万円	5億2,000万円	4億6,800万円
損益	△1,200万円	4,000万円	9,200万円
損益分岐点比率	102.1％	92.9％	83.6％

Q2-36　損益分岐点への影響——設備投資

■病床数の増加やME機器の導入などを検討中ですが、設備投資をすればどんな費用が増え、どんな費用が減るのか、また、どんな事項を検討すればよいのかを教えてください。

A　1　固定費の増加

設備投資を実施しますと、通常省力化に役立ち、固定費の節約が可能になります。しかし、減価償却費・金利・修繕費・損害保険料・固定資産税などの費用は増加します。これらの費用はすべて固定費ですから、設備投資をするとかなりの固定費増になってしまいます。

設備投資に対する減価償却費は年間平均8％〜15％程度になるでしょうし、金利も年3％程度になり、修繕費が3％程度かかります。したがって高額機器などに設備投資する場合には、当初、設備投資額の20％以上の固

定費が増えるとみるべきでしょう。

2 変動費率の減少

例えば高額機器などを購入しますと、医療の高度化が図られますから、診療報酬単価が上がります。それに対し変動費は薬品費などですからあまり増加しません。このため変動費率が下がることになります。

3 損益分岐点の利用

設備投資の結果、変動費率の低下は好ましいことですが、固定費の増加は病医院の利益を圧迫することになります。特定の設備投資について、変動費率を低める利点と固定費を高める欠点を比較評価するという問題に出合います。したがって、設備投資計画を検討する場合は、次のことを知らなければなりません。

① 損益分岐点の変化状況
② 設備投資後、現在と同じ利益を獲得するために必要な医業収益
③ 設備投資に対し適正な利益を獲得するために必要な医業収益
④ 設備投資後に予想される最大利益

これらの事項を検討したうえで、設備投資を実施すべきかどうかの判断を下すことになります。

Q2-37 損益分岐点分析による経営診断（設備投資）

■設備投資を損益分岐点分析に基づいて評価したいと思います。どのような方法によって実施すればいいのでしょうか。

ある病院における現在の利益計算と今後の設備投資計画は、次のとおりと仮定しましょう。

（利益計算）　　　　　　　（設備投資計画）
医業収益　8億円　　　　　設備投資　　4億円
変動費　　2億4,000万円　　固定費増加　1億1,000万円
固定費　　4億9,000万円　　変動費率　　25％
利益　　　7,000万円

	現状	設備投資後
固定費	4億9,000万円	6億円
限界利益率	70%	75%
損益分岐点	7億円	8億円

① 損益分岐点の医業収益は7億円から8億円に高まっています。次ページの限界利益図表をみるとaからbに損益分岐点が移動しています。
② 現状の利益を獲得するためには約8億9,300万円の医業収益が必要となり、現状より約1億円収益が増加しなければなりません。

$$必要医業収益 = \frac{60,000 + 7,000}{75\%} ≒ 89,300（万円）$$

現状ではbcが利益7,000万円となり、設備投資後ではdeが7,000万円の利益となり、e点が収益8億9,300万円を表します。設備投資後の医業収益が8億9,300万円未満だと従来の利益を食いつぶすことになり、設備投資をした意味がなくなります。したがって8億9,300万円の収益が、設備投資後に最低限必要な収益となります。
③ 設備投資に対し3,000万円増の利益を獲得するための医業収益は約9

億3,300万円となり、現状より約1億3,000万円医業収益を伸ばす必要があります。

必要医業収益 = $\frac{60,000 + 7,000 + 3,000}{75\%}$ ≒ 93,300（万円）

設備投資後1億円の利益fgをあげる収益fは9億3,300万円となります。

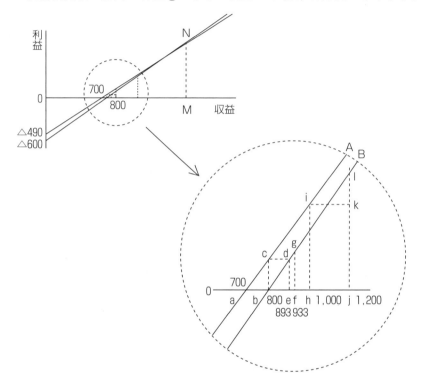

④ 投資した設備をフル稼働し、かつ、12億円の医業収益が見込まれるとすれば、利益は3億円となります。

最大利益 = 12億円 × 0.75 − 6億円 = 3億円

現状の設備での収益が10億円まで可能だとすれば、最大利益は2億1,000万円（= 10億円 × 0.7 − 4億9,000万円）です。したがって、現状と設備投資後では、潜在獲得利益に9,000万円（= 3億円 − 2億1,000万円）の差が生まれます。つまり、設備投資をすれば、最大限9,000万円の利益を増加させることができるわけです。

Q2-38 損益と現金収支

■「勘定合って銭足らず」とか「黒字倒産」などということがよくいわれますが、これはどのような意味なのでしょうか。

A 「勘定が合う」というのは、損益計算の上で、収益が費用を上回り利益が出ている状態をいい、「銭足らず」というのは、利益が出ている割に現金残高が増えず、逆に現金残高が以前より減る状態をいいます。

例えば、医業収益について考えてみましょう。1か月間の診療に対する収益は、その月の収益として月末に計上することになりますが、そのうちの保険請求分については、2か月後でなければ入金になりません。このように、収益の計上と現金の入金との間には時間的な隔たりがあるのです。当月の収益は、当月の現金収入と必ずしも一致しません。前月以前の収益が当月の収入になることもあるでしょうし、翌月以降の収入でも当月の収益になることもあります。つまり、損益と現金収支とは別のものであり、このことは、損益の状況をみるだけでなく、現金収支の状況をみることも重要であることを意味します。

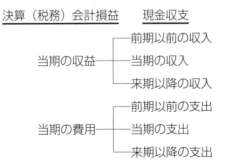

病医院経営の行き詰まりは、つまりは資金の行き詰まりであり、資金の状況を常時検討していくことが重要な経営管理の一つとなります。

Q2-39 病医院をめぐる資金の流れ

■病医院をめぐる取引の流れと資金の流れを簡単に説明すると、どのようになるのでしようか。

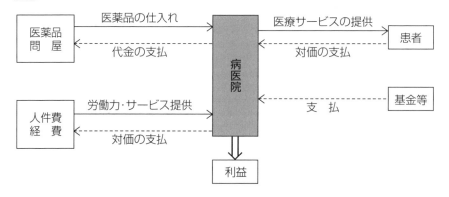

1 病医院の取引概要

　病医院の取引を考えますと、まず、医薬品の購入があり、その代金の決済を行います。そして、医薬品を用いて患者等に医療サービスを提供し、その代金を患者や社会保険支払基金等から回収します。また、人件費や経費の支払もしなければなりません。ここで資金が動くのは、医薬品の代金決済と医療サービスに対する対価の回収、経費等の支払の3つです。

　上図のように、物及びサービスの流れは、病医院を通じて患者に流れますが、資金の流れは、患者や基金から病医院を通じて医薬品問屋等に流れていきます。このように考えれば、医薬品の仕入れから医療サービスの提供に至り、その医療サービスの対価の回収によって仕入代金の支払がなされ、再び医薬品の仕入れが繰り返されるということになります。このようなサイクルの中から、人件費や経費の支払がなされ、さらに利益の蓄積が

なされます。したがって対価の回収の範囲内で仕入代金の支払と経費の支出を行えば、計算上は資金に困るという事態は生じないはずです。

病医院経営においては、対価の回収・代金決済・経費等の関係を注意深く調べてゆくことにより、資金がどのように流れ、どのような状態のときに余ったり不足したりするのかを知ることができます。この結果、資金にだけ追われて病医院経営に目を向けられなくなる、といった傾向も防ぐことができます。

2 簡易な資金状況の算定

簡単な事例で病医院の通常の事業活動によって生じる運転資金が不足する状況を見てみましょう。

病医院の場合、保険診療では診療時に患者の自己負担金が窓口で入金され、残額は、2か月後に国民健康保険や社会保険診療報酬支払基金から振り込まれます。一方、費用のうち人件費は当月中に支払い、支払薬品代等の業者からの支払は当月分の請求を翌月に支払うことが通常です。

例えば、月額の医業収益・人件費・経費が各1億円・5,000万円・4,000万円、自己負担金額を月額2,000万円とし、当月から開業し、毎月々の数値に変化がないとします。この場合、開業月となる当月では、収入は当月診療分に係る自己負担のみの2,000万円となります。翌月も未収となっている保険収入の入金はなく、同額の収入です。翌々月には、当月の診療の未収となっている8,000万円が入金し、1億円の収入となります。一方、費用面では、人件費の支払い5,000万円は毎月発生し、経費の支払い4,000万円が支出されます。当月の支払総額は5,000万円、翌月以降は9,000万円となります。この結果、当月・翌月は3,000万円・7,000万円の不足となり、翌々月以降1,000万円の資金が残ることになります。

(単位：万円)

	収入総額	人件費支払	経費	支払総額	収支差額
当月	2,000	5,000		5,000	△3,000
翌月	2,000	5,000	4,000	9,000	△7,000
翌々月	10,000	5,000	4,000	9,000	1,000

このような収支の不足を、通常、運転資金不足と呼ぶことになります。また、患者数が増加しても収入増の結果に現れるまでにはタイムラグがあり、人件費などが増加していけば運転資金不足になります。

金融機関では、この運転資金を貸借対照表から読み取り、通常、医業未収入金や薬品代等の在庫金額の合計額から買掛金等の支払債務を控除した金額を運転資金と判断しています。

また、賞与資金、納税資金など一時的な資金需要のある資金も運転資金と呼びます。

なお、一般的に、ある程度開設期間から時間の経っている病医院では、少なくとも医業未収入金の1か月以上の余裕現預金を保持することが急な資金ニーズに応える必要な金額であるといわれています。

Q2-40 設備投資の留意点

■将来大きな増床の計画を持っています。設備投資をする場合、どんな点に留意すればいいでしょうか。

増床計画という個別投資計画についても、損益分岐点分析が有効です。

1　重要な意思決定の必要なプロジェクト

損益分岐点分析は、利益計画の作成・利益管理などに役立ち、病医院経営の全社的な経営指針として利用すべきものです。また、このような全体的な意思決定のために利用するだけでなく、個別案件（プロジェクト）についての評価にも利用できます。特に固定資産への投資計画についてそれがいえます。

なお、病医院経営において、重要な意思決定の必要なプロジェクトとして、次のようなものがあります。

```
                ┌─拡張──新設備を建設（又は買入れ）すべきかどうか
        ┌─固定資産─┼─取替──現設備を引続き使用するか、新設備を使用するか
プロジェクト─┤        └─選択─┬─2種以上の設備のうちいずれかにすべきかどうか
        │              └─設備を買い入れるか、賃借するか
        └─固定資産以外─選択──検査業務を外注にすべきかどうか
```

2 設備投資の際の留意点

　設備投資によって診療内容が豊富になり、医業サービスが向上しますと、患者の評判がよくなり患者数が増加することが多いようです。患者数が増えれば収益は増加し、病医院経営が改善されます。これに対して、設備投資をしても診療内容は変わらず、医療サービスも向上しないときは、患者数の急増は望めません。したがって、減価償却費・金利などの固定費が増加し、また借入金の返済に追われ、収益・資金繰りを圧迫し、最悪の場合には金融破綻を招くことにもなります。

　このように、設備投資が病医院経営に重大な影響を及ぼすことになります。

Q2-41　設備投資が収益性に与える影響

■設備投資をしても収益が増大しなければ設備投資をした効果がありません。設備投資計画と収益増加計画との関係をどのように考えればいいでしょうか。

A

1　設備投資の単純評価

　設備投資をすべきか否かは、設備投資後の収益から生まれる利益と、現状のままで収益をあげる場合の利益を比較してみるのが最も簡単な方法です。

　固定費が一定で、収益拡大が可能と仮定します。次の表をみますと、収益が22億円までは現状のままの方が有利となり、設備投資をするのなら22

億円超の収益が見込める場合だけに限ることになります。いったん増加した固定費を回収するには、このように大幅な収益の増加が必要なのです。

(単位：百万円)

医業収益	利　益	
	現　状	設備投資後
1,500	560	525
2,000	910	900
2,200	1,050	1,050
2,500	1,260	1,275
3,000	1,610	1,650

2　設備投資計画と収益増大計画

しかし、固定費の増加、特に医師・看護師などの増員なくして医業収益を拡大することには無理があります。ここに、設備投資の評価をするのに潜在獲得利益と収益増大計画とを比較検討しなければならないわけがあるのです。潜在獲得利益の実現性を、収益増大計画を基にして判断することになります。

例えば、救急病院指定を受けたことによって緊急患者数の増加が可能で、増加したベッドの利用が十分見込めること、近所で住宅開発があったため患者数の増加が可能であること、又は診療科目増による患者数の増加などによって潜在利益の実現可能性が高ければ、設備投資をすることは有利と判断していいでしょう。

Q2-42　リースの仕組み

■今回、ME機器をリースで借りることになりました。契約に先立ち、リース契約の仕組みを知りたいのですが、どんな手順になっているのでしょうか。

A　リース契約は、経済的には、資金をリース会社からユーザーへ供与した形になっていますから、金銭消費貸借と類似した点もありますが、その契約内容は、資産の使用権のみを賃貸することに限定されていますので、法律的には賃貸借契約の一種だと考えられています。そのため、会計的にも、レンタルと同様に賃貸借として処理されます。

リース契約の基本的な手続きは、次ページの図のとおりです。

図について順序を追って説明しますと、次のとおりです。

まずユーザーは、自分で導入したいと思う機械等についてメーカー等と折衝します。そこで、機種・仕様はもちろん、納期・保守並びに価格も決定します。このように、機種・納期・価格を決定したユーザーは、その時点でリース会社とリース条件について折衝し、リース期間・リース料などの契約内容を決めます。

次いで、リース会社は、ユーザーの信用を審査し、リース契約の締結となります。リース会社は、ユーザーがメーカーとの間で決めた条件に基づき、メーカー等へリース物件の発注を行います。リース物件は、メーカー等からユーザーへ直接納入されます。物品納入後、検査期間が終了した時点で、ユーザーは、メーカー等に対し検収証を発行しなければなりません。メーカー等は、ユーザーからの検収証をリース会社へ送付することになります。そして、その検収完了と同時にリース期間が開始し、ユーザーはリース会社にリース料を支払います。

ユーザーとメーカー等においては、いわゆる保守契約が結ばれ、リース物件の使用に際し、支障のないようなアフターサービスが行われることに

なります。また、リース物件に対し、リース会社は、保険会社との間に保険契約を締結しますが、この保険料については、リース料の中に含める場合と、別途に支払う場合とがあります。固定資産税については、リース物件はリース会社の所有に属していますから、リース会社の方で納付することになりますが、この固定資産税等についても、リース料に含める方法と、別途実費を支払う方法とがあります。

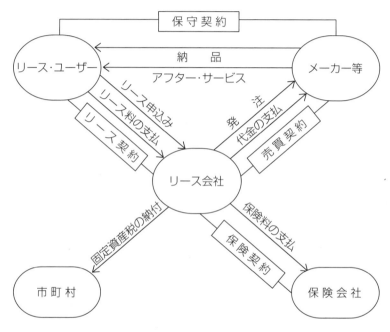

Q2-43 リースの長所・短所

■リースを利用したいのですが、リースのことがよくわかりませんので、ユーザーからみて、リースの長所と短所にはどんな点があるのか教えていただきたいと思います。

　リースの長所と短所を具体的にあげますと、次のようになります。

〔長所1〕 資金に余裕が生まれる

　リースの場合、一時に多額の資金はいりません。つまり、比較的長期間リースを受けることが可能ですので、1回当たりの支払額は少なくてすみます。したがって、病医院の資金繰りも楽になり、多くの資金を留保することもできますから、この留保資金をより生産的な用途に活用することができます。

〔長所2〕 機械設備などの陳腐化が防げる

　技術革新の激しい機械設備などを購入した場合には、法定耐用年数に達しないうちに、経済的寿命が尽きてしまうことがしばしばあります。このような場合、リースでは、機械設備などの経済的寿命に合ったリース期間を選択することができますので、陳腐化した機械設備などを持ち続けることが避けられ、容易に新しい機械設備に転換できます。また、ユーザーの事業規模の拡大のテンポに応じて、適当な機械設備などを利用することができます。

〔長所3〕 事務上の簡素化により、労働力が削減できる

　物品を購入した場合、見積り・発注の手続、購入した物品の管理、減価償却計算、固定資産税の申告納付、保険料の計算納付、除却、中古品としての売却などの事務処理が必要となります。リースの場合には、リース料の支払だけになり、事務処理上大幅な簡素化が可能になります。

〔長所4〕財務比率の悪化を防ぐ

　リースされた物件は、ユーザーの所有物ではないので、バランスシートに計上する必要はありません。そのため、流動比率、固定比率等の財務比率を悪化させることはありません。

〔長所5〕金融機関からの借入枠が残る

　リースで機械設備などを調達すれば、リース会社から融資を受けたことになり、銀行などからの借入枠は残ります。

〈短所1〉コスト高の負担となる

　リースには、金利・税金・保険料・手数料などが含まれますので、通常は割高となっています。

〈短所2〉取替えが禁止されている

　リースは、中途解約が原則として禁止されていますので、リース物件を自由に取り替えることはできません。

〈短所3〉優遇税制が受けられない

　リースによる場合は、自己所有の固定資産とはなりませんから、特別償却や割増償却の対象資産をリースした場合には、これらの税務上の恩典を受けることはできません。ただし、資産によっては、一定の要件のもとにリース費用の総額を基準として税額控除が認められる場合があります。

〈短所4〉担保提供資産に適さない

　リース物件は自己所有の資産ではありませんから、金融機関等からの借入れの担保として提供することはできません。

Q2-44　リース・現金購入・銀行借入れの資金効率比較

■今回、医療機器を導入しようと思っていますが、リース・現金購入・銀行借入れのいずれの方法によって医療機器を導入するのが資金的に有利か、具体的に教えてください。

この問題については、次のような事例を設定して、計数的に検討してみましょう。

【事例】

① 導入物件

　医療機器　　価額5,000万円

② リースの場合の条件

　㋑　リース期間　　5年

　㋺　リース料

　　月額　　　100万円

　　年額　　　1,200万円

③ 法人税（又は所得税）・事業税・住民税の合計概算税　40％とする

④ 減価償却

　耐用年数　　　　6年

　償却方法　　　　定率法

　償却率　　　　　0.417

⑤ 固定資産税　　帳簿価額の1.4％

⑥ 銀行借入れをする場合の条件

　借入金額　　　　　5,000万円

　金　利　　　　　2％（実効金利）

　返　済　　　　　元本均等分割返済

　支払合計額　　　1,000万円／年

⑦ 留保資金の運用益　　年3％

(1) リースを利用した場合の資金効率

　リースを利用した場合、5年間で6,000万円（1,200万円×5年）のリース料を支払うこととなり、この金額が費用に算入されます。したがって、これだけの費用算入によって税金の節約される額、つまり6,000万円×40％の2,400万円を差し引きますと、資金の純流出額は、3,600万円（6,000万円－2,400万円）となります。この結果を年度ごとにまとめますと、**表1**のようになります。

表1 (単位:万円)

項目\年度	①リース料	②税金節約額 (①×40%)	③純資金流出額 (①−②)
1	1,200	480	720
2	1,200	480	720
3	1,200	480	720
4	1,200	480	720
5	1,200	480	720
計	6,000	2,400	3,600

(2) 現金購入による場合の資金効率

　現金購入によって医療機器を取得した場合は、5,000万円の購入代金を支払うことになります。そして、この医療機器に対する減価償却費は、5年間で4,662万円と計算され、これが費用に算入されることによる税金の節約額は固定資産税との合計額4,812万円（4,662万円＋150万円）の40％の1,924万円ですから、資金の純流出額は、現金購入価額と固定資産税との合計額5,150万円から税金節約額1,924万円を差し引いた3,226万円となります。これらをまとめた各年度ごとの内訳は、表2のとおりになります。

表2 (単位:万円)

項目\年度	①購入代金	②減価償却費	③固定資産税	④税金節約額 (②+③)×40%	⑤純資金流出額 (①+③−④)
1	5,000	2,085	30	846	4,184
2		1,215	30	498	△468
3		708	30	295	△265
4		413	30	177	△147
5		241	30	108	△78
計	5,000	4,662	150	1,924	3,226

(注1)　減価償却費の計算は定率法で行います。
(注2)　5年後に資産の買換えなどによって旧資産が不要になれば、5年後の簿価338万円（5,000万円−4,662万円）の40％相当額135万円が税金節約額です。

(3) 銀行借入れによる場合の資金効率

　銀行借入れによって医療機器を購入した場合は、銀行に支払う借入金利息相当額及びその機器に対する減価償却費・固定資産税の合計額が費用に算入されます。つまりこの場合は、支払利息相当額250万円と減価償却費4,662万円及び固定資産税150万円の合計5,062万円が費用に算入され、その40％に相当する2,024万円が税金節約額となります。次に資金の総流出額ですが、銀行借入れの場合は元利合計額と固定資産税額になりますから、この事例では5,400万円（5,000万円＋250万円＋150万円）となります。したがって、資金の純流出額は、資金の総流出額から税金節約額を差し引いた3,376万円といえます。これを年度ごとに示したものが**表3**です。

表3　　　　　　　　　　　　　　　　　　　　　　　　　　　　　　（単位：万円）

項目＼年度	①借入金	②借入金返済	③借入金利息	④減価償却	⑤固定資産税	⑥税金節約額（③＋④＋⑤）×40%	⑦純資金流出額（②＋③＋⑤－⑥）
1	5,000	1,000	90	2,085	30	882	238
2		1,000	70	1,215	30	526	574
3		1,000	50	708	30	315	765
4		1,000	30	413	30	189	871
5		1,000	10	241	30	112	928
計	5,000	5,000	250	4,662	150	2,024	3,376

（注1）　借入金利息は年度平均借入金残高に2％を乗じて計算します。
（注2）　表2の（注2）と同じく5年後に除却等をすれば、135万円が税金節約額となります。

〔比較結果〕

　各表の累計純資金流出額を比べますと、リース・現金購入・銀行借入れの場合、それぞれ3,600万円・3,226万円・3,376万円となります。5年でみると、現金購入の場合が最も純資金流出額が少なくなります。

Q2-45　金融機関の病医院評価（①貸出先評価）

■金融機関から見た貸出先などの評価はどのようにするのでしょうか。

A　金融機関の監督官庁である金融庁では、金融機関に対し、経営陣との対話の充実、経営上の重要事項をリスク・フォーカス的に抽出・分析し、重点的・機動的な検査を実施することとしています。なお、この検査は、金融機関の規模・特性等に配慮し、検査を受ける金融機関の事務負担の軽減を図っています。

その検査では、経営管理態勢の整備、リスク管理態勢の整備、顧客保護・利用者利便の向上等の事項について、深度のある検査を行うことになっています。このうち、特に「信用リスク管理態勢の整備・確立の状況」が資金の借り手である病医院や一般事業会社に大きく関係するところです。

また、この検査を実施するために金融庁では、「金融検査マニュアル」を整備しており、金融機関の信用リスク管理態勢をチェックするものとして、資産査定（自己査定）の定義や償却・引当の重要性を記載した「資産査定管理態勢の確認検査用チェックリスト」があります。これに基づいて貸出先など各債務者区分と各分類区分が定められています。

1　債務者区分

金融庁の債務者区分とは、債務者の財務状況、資金繰り、収益力等により、返済能力を判定して、その状況等により債務者を正常先、要注意先、破綻懸念先、実質破綻先及び破綻先に区分することをいいます。なお、「金融機能の再生のための緊急措置に関する法律」（金融再生法）の関係で要注意先債権を要管理債権とその他債権に区分します。このため、一般的には、「正常先債権」「その他要注意先債権」「要管理債権」「破綻懸念先債権」「実質破綻先債権」「破綻先債権」と6区分に債権を分けています。

金融検査マニュアルでは、要注意先・破綻懸念先・実質破綻先・破綻先の区分基準は下記表のとおりです。

■債務者区分基準

区　分	会社の状況
要注意先	金利減免・棚上げを行っているなど貸出条件に問題のある債務者、元本返済若しくは利息支払いが事実上延滞しているなど履行状況に問題がある債務者のほか、業況が低調ないしは不安定な債務者又は財務内容に問題がある債務者など今後の管理に注意を要する債務者をいう。 また、要注意先となる債務者については、要管理先である債務者とそれ以外の債務者とを分けて管理している。
破綻懸念先	現状、経営破綻の状況にはないが、経営難の状態にあり、経営改善計画等の進捗状況が芳しくなく、今後、経営破綻に陥る可能性が大きいと認められる債務者（金融機関等の支援継続中の債務者を含む）をいう。 具体的には、現状、事業を継続しているが、実質債務超過の状態に陥っており、業況が著しく低調で貸出金が延滞状態にあるなど元本及び利息の最終の回収について重大な懸念があり、従って損失の発生の可能性が高い状況で、今後、経営破綻に陥る可能性が大きいと認められる債務者をいう。
実質破綻先	法的・形式的な経営破綻の事実は発生していないものの、深刻な経営難の状態にあり、再建の見通しがない状況にあると認められるなど実質的に経営破綻に陥っている債務者をいう。 具体的には、事業を形式的には継続しているが、財務内容において多額の不良資産を内包し、あるいは債務者の返済能力に比して明らかに過大な借入金が残存し、実質的に大幅な債務超過の状態に相当期間陥っており、事業好転の見通しがない状況、天災、事故、経済情勢の急変等により多大な損失を被り（あるいは、これらに類する事由が生じており）、再建の見通しがない状況で、元金又は利息について実質的に長期間延滞している債務者をいう。
破綻先	法的・形式的な経営破綻の事実が発生している債務者をいい、例えば、破産、清算、会社整理、会社更生、民事再生、手形交換所の取引停止処分等の事由により経営破綻に陥っている債務者をいう。

2　分類区分

　分類とは、自己査定において、回収の危険性又は価値の毀損の危険性の度合いに応じて資産を「Ⅱ」「Ⅲ」「Ⅳ」分類に分けることをいいます。なお、「Ⅰ」分類を非分類といいます。分類は債務者ではなく、個々の資産の状況に着目して、資金使途や担保・保証の状況等に基づき、資産を回収可能性の度合いに応じて4つに区分します。

分類区分は下表のとおりです。

例えば、破綻先債権であっても、同一債権中にⅠ分類からⅣ分類までの異なる分類債権が混在することもあります。優良担保分は「Ⅰ」分類・非分類です。一般担保の処分可能見込額と認められる部分は「Ⅱ」分類となり、保全のない部分は「Ⅲ」分類となります。

■分類区分基準

分類区分	内　　容
Ⅰ	回収の危険性または価値の毀損の危険性について問題のない資産
Ⅱ	債権確保上の諸条件が満足に充たされないため、あるいは、信用上疑義が存する等の理由により、その回収について通常の度合いを超える危険を含むと認められる債権等の資産
Ⅲ	最終の回収又は価値について重大な懸念が存し、従って、損失の可能性が高いが、その損失額について合理的な推計が困難な資産
Ⅳ	回収不可能又は無価値と判定される資産

Q2-46 金融機関の病医院評価（②決算書の見方）

■金融機関は病医院から入手した決算書を修正することがあると聞きました。どのような部分を修正するのでしょうか。また病医院の収益性についてどのように考えているのでしょうか。

A

1 貸借対照表の修正

前問の債務者区分をする場合、決算書上の数値に基づいて金融機関サイドで病医院の決算書を修正することがあります。これは自己査定の債務者区分をより正確にするため、例えば資産の回収可能性などを金融機関独自で評価しているためです。

次のような点の修正が多くあります。

(1) 土地の時価との乖離額

病医院が土地を所有しており、土地の取得価額に比べ実勢価格が下がっている場合、その差異を純資産（自己資本）から控除後の数値で債務者区分を判定することになります。

(2) 減価償却不足額

過去及び現状の建物・医療機器の減価償却状況を検討し、減価償却費の不足額があれば、純資産を減少させます。

(3) 回収不能未収入金

病医院では医業未収入金の金額が大きくなることから、社会保険診療報酬・国民健康保険の未収額（2か月分）を大幅に超える未収入金については他の未収入金（労災保険・自賠責保険など）の金額を調査し、長期間回収不能になっている医業未収入金の有無を検討します。

(4) 過大現金

時々、現金残高が異常に多い決算書を見かけます。これは大抵、会計処理が未処理であったり、不明な会計処理であるため、金融機関の自己査定では修正事項の一つとなります。

(5) 貸付金

医療法人では、通常貸付金が職員に対するものを除き発生しません。理事長への貸付けであれば、医療法人の資金を私物化していると、金融機関に判断されることもあります。

(6) 不明勘定科目（仮払金等）

仮払金などの勘定科目残高が多い場合も、いい決算書とは見られず、純資産の修正事項となることがあります。会計処理未処理のものがこれらの勘定科目に含まれていることが多いからです。

2　収益性の検討

病医院融資の場合、今後の方向性を地域ニーズに合致した観点から検討・判断すべきとなっています。まず、このような病医院の今後の運営方針が重要となってきます。

次に収益構造の状況を検討することになります。

収入を検討する場合、入院収入の状況をまず検討します。一般的な入院単価は〔Q2-21　収益増加策〕の「3　1日当たりの点数」のとおりとなっています。この数値に基づいて現状の病院の入院収入の状況を判断します。なお、この入院収入は看護配置によって大きな影響を受けるため、病院の地域特性や患者特性を考えて看護配置がなされているかが大きなポイントです。この看護配置によって人件費の構造に大きく影響を与えることは言うまでもありません。

また、入院患者数だけでなく、外来患者数の動向も重要です。急性期病院では1日当たりの平均外来患者数は入院患者数の2倍弱といわれています。外来は入院患者の確保に重要であり、地域での病院の人気度や必要度を表すものともいえます。

Q2-47 医療機関の資金調達

■医療機関が考える資金調達についての基本的考え方はどのようなものでしょうか。

A 資金調達のポイントは一般的には次のとおり、資金の使途が「運転資金」か「設備資金」かを明確にし、その使途に応じて返済金額などを決めることです。

1 運転資金

運転資金は、経常運転資金とその他運転資金に分けて考えることがあります。

経常運転資金とは、病医院では通常、貸借対照表上の「医業未収入金」と「在庫」の合計額から買掛金や未払費用の「支払債務」を控除した金額です。この資金調達は長期間で融資を受けるケースであり、できれば反復融資か恒常的な調達ができるようにしておくことが肝要です。

その他運転資金とは、賞与資金・納税資金をいい、半年ごとに資金が必要なため、6か月程度の短期融資となる場合が多いようです。また、赤字資金や在庫積み増し資金もその他運転資金に該当し、この資金調達の返済原資は利益となるため、長期での融資が一般的となります。

2 設備資金

病院や介護福祉施設を新築・増築するための土地購入資金や建物建設資金、新医療機器の購入資金などを設備資金と呼んでいます。この設備資金の融資では、資金使途（土地購入・建設資金・医療機器購入）によって得られる利益が返済額と対応していることが大原則となります。

設備では、税法上の耐用年数が最長の返済期間となります。耐用年数（償却期間）が終われば、財務上の価値がなくなると考えているためです。

土地の購入や建物の新築の融資では、その返済期間が税法上の耐用年数より短いことが多くあります。土地は耐用年数の定めがありませんし、建

物の耐用年数は40年近くあります。このような土地・建物の融資では金融機関は15年から25年程度の融資期間が通常で、その返済原資は、税引後の利益に減価償却費などの非資金性費用を加算した金額である留保利益となり、利益返済の比重が大きくなります。このため、利益が目標を下回った場合でも、十分返済可能な金額を定めることが重要です。

　このように余裕ある返済額の設定ができなければ、長期資金の返済に運転資金名目の融資が必要になることがあり、金融機関との対応に相当時間をとられることにもなります。

3　債務償還年数

　借入金総額から経常運転資金（売上債権－支払債務＋在庫資金）を控除した借入金を要償還債務と呼び、留保利益と非資金支出である減価償却費の合計額であるキャッシュフローが返済原資となります。要償還債務をこのキャッシュフローで除した年数を債務償還年数と呼びます。

　借入残存期間がこの要償還年数を超えていれば、返済額の見直しはあまり必要ありません。ただ、借入残存期間が要償還年数より短ければ、返済期間の延長など借入期間や返済額の見直しが必要になってくることがあります。

Q2-48　診療所開設融資

■診療所・クリニックを新規開業する場合、金融機関はどのような点に注意して融資を考えるのでしょうか。

A　　診療所経営では、開業資金、開業後の追加運転資金や医療機器の購入資金、建物等の老朽化に対応する修繕資金などの融資があります。

1　開業資金

　診療所の開業資金は、通常、個人向け融資と位置づけられます。これは

開業当初からの法人開設は行政が許可しないことが多いためです。個人向け融資ですから、キャッシュフローで見た返済力と返済後の余剰資金が融資の判断基準となります。この判断をするため、金融機関は診療圏調査と損益・収支計画の提出を求めることが多くなっています。

なお、院長の人柄や性格、個人資産、年齢など事業所の数値以外の点も考慮されます。

(1) 診療圏調査

診療圏調査では、開業する診療所の予想患者数を推定します。予想患者数は次の算式で計算します。

予想患者数＝対象地域人口×受療率÷競合診療所数

対象地域人口は診療圏の設定・人口動態調査で予測し、受療率は開業する診療科目の医療統計上の平均率を調べ、競合する医療施設の分析を経て、予想患者数の割り出しを行います。ただし、診療圏の範囲は客観的な設定が難しいといえます。地理的要因である道路・線路・河川などや商業圏、学区などが患者数に大きく影響を与えることがあります。このため、開業融資では、予想患者数を厳しく見ることが多いようです。

開業資金では、内装工事資金・入居保証金・医療機器等の設備資金や運転資金などがあります。戸建てでの開業の場合には、建築資金などがあり賃貸ビルに入居して開業するケースに比べ大きな開業資金となります。なお、運転資金には黒字化するまでの創業赤字資金と経営安定後の経常運転資金があります。

(2) 損益計画

損益計画では、予想患者数、診療単価、人件費・家賃・設備費などが重要な項目になります。特に、医療収益予測の大きな要素である予想患者数が重要です。開業前の診療圏調査による予想患者数や開業後の患者数の伸び率をどう見積もっていくかが、損益予測をする上でのポイントとなります。

診療科目別による患者一人当たり1日の診療単価は、〔**Q2-21** 収益増加策〕の「3　1日当たりの点数」に記載しています。参考にしてくださ

い。

(3) 収支計画

収支計画の作成では、損益計画による利益が重要な要素の一つとなり、減価償却費を加算した事業キャッシュフローで判断することになります。ただし、診療所の開業資金は個人向け融資となるため、事業キャッシュフローから事業以外の債務の返済(例えば、住宅ローンの返済元利金)や生活費・子供の教育資金を控除してキャッシュフローを算出します。

2 追加運転資金

患者数が増加してくると医業収益は増加していきますが、収益の入金時期と人件費や経費の支払い時期とのずれからキャッシュフローがマイナスになることがあります。このようなタイミングで資金繰りを改善するための融資が追加運転資金の融資です。

Q2-49 開業シミュレーション

■この度賃貸物件を借りて診療所を開設しようと思っていますが、開業時にどの程度の資金が必要で、開業後どのような損益の状況になるのかイメージができません。おおまかな開業後の経営状況をシミュレーションしてください。

　　　以下のような前提で5年間の損益シミュレーションをしてみます。

【前提条件】

内科の無床診療所で、1日当たりの患者数が以下のように推移するとします。

1年目	2年目	3年目	4年目	5年目
15人	25人	30人	35人	40人

- 1人1日当たりの保険収入は8,000円（参考）で、年間診療日数は250日
  （参考） 厚生労働省「平成25年度医療費の動向」より、平成25年度の内科の1日当たり医療費（入院外）は8,188円。
- 医療機器・システム等は総額3,000万円（うち借入金で購入が2,000万円、残り1,000万円はリース）
- 駅に近いビル2階に40坪を賃貸（坪単価15,000円／月）し、月家賃60万円
- 借入金は上記の資産購入で2,000万円、運転資金1,000万円の計3,000万円を返済期間10年、金利2％で調達
- 事務員1名、看護師2～3名
- 薬品、委託料は変動費で、収益に対して一定の割合

【シミュレーション結果】

（単位：万円）

		1年目	2年目	3年目	4年目	5年目
収 益		3,000	5,000	6,000	7,000	8,000
費 用						
	薬品等	210	350	420	490	560
	委託料	90	150	180	210	240
	人件費	700	800	1,000	1,050	1,100
	減価償却費	200	200	200	200	200
	賃料	720	720	720	720	720
	リース料	200	200	200	200	200
	支払利息	60	54	48	42	36
	その他	200	250	300	350	400
	費用計	2,380	2,724	3,068	3,262	3,456
所 得		620	2,276	2,932	3,738	4,544

　この所得から所得税等を引いた残りが手取りとなりますが、そこから借入金の返済を行う必要があります。

Q2-50 医療法人の場合のシミュレーション

■個人病院では利益が増えれば税率が高くなり、ほとんど手元に残らない状態です。設立にはいろいろ難しい問題もあると思いますが、医療法人にした場合、どれくらい税金が少なくなるのか、具体的に教えてください。

A 総収入10億円（社会保険診療収入9億円、自由診療収入等1億円）、経費8億円の個人病院が医療法人化し、院長役員報酬を2,000万円とした場合を考えてみます。

【具体例】

個人経営

病院
- 利益　2億円
- 内　社会保険　1億8,000万円
- 　　自由診療　　　2,000万円

経費　8億円　←　総収入　10億円（社保9億円、自由1億円）

病院本体　所得税　　2億円×40.84％－285.5万円＝7,882.5万円
　　　　　住民税　　2億円×10％＝2,000万円
　　　　　事業税　　総収入中の社会保険収入割合＝9億円÷10億円
　　　　　　　　　　　　　　　　　　　　　　　　＝90％
　　　　　　　　　　課税所得＝1億8,000万円×（1－90％）
　　　　　　　　　　　　　　＝1,800万円
　　　　　　　　　　1,800万円×5％＝90万円
　　　　　合計　　　7,882.5万円＋2,000万円＋90万円＝9,972.5万円

医療法人

```
                    医療法人
         ┌─────────────────────────────────┐
         │ 利益   1億8,000万円              │
←────────│  内  社会保険   1億6,200万円    │←────────
 経　費  │      自由診療      1,800万円    │ 総収入  10億円
8億2,000万円└─────────────────────────────────┘(社保9億円、自由1億円)
┌────────────┐
│院長役員報酬│
│2,000万円含む│
└────────────┘
```

医療法人　法人税　　800万円×15％＝120万円

　　　　　　　　　　（1億8,000万円－800万円）×25.5％＝4,386万円

　　　　　　　　　　計　4,506万円

　　　　地方法人税　4,506万円×4.4％＝198.3万円

　　　　住民税　　　4,506万円×16.3％＝734.5万円

　　　　事業税　　　総収入中の社会保険収入割合＝9億円÷10億円

　　　　　　　　　　　　　　　　　　　　　　　　＝90％

　　　　　　　　　　課税所得＝1億8,000万円×（1－90％）

　　　　　　　　　　　　　　＝1,800万円

　　　　　　　　　　400万円×3.65％＝14.6万円

　　　　　　　　　　（1,800万円－400万円）×4.93％＝69万円

　　　　　　　　　　計　83.6万円

　　　　合計　　　　4,506万円＋198.3万円＋734.5万円＋83.6万円

　　　　　　　　　　＝5,522.4万円

院長給与　給与所得　2,000万円－245万円（給与所得控除）＝1,755万円

　　　　　所得税　　1,755万円×33.693％－156.8万円＝434.5万円

　　　　　住民税　　1,755万円×10％＝175.5万円

　　　　　合計　　　434.5万円＋175.5万円＝610万円

総計　　　　　　　　5,522.4万円＋610万円＝6,132.4万円

（注1）医療法人の出資金は3,000万円で、東京都23区内に事業所を1か所もつとします。
（注2）所得税、住民税の各所得控除は考慮していません。
（注3）留保金課税や住民税の均等割、復興特別法人税は考慮していません。

　以上のように、医療法人化することにより3,840.1万円（＝9,972.5万円－6,132.4万円）の節税になります。

Q2-51 介護施設（サービス付き高齢者向け住宅）運営の場合のシミュレーション

■サービス付き高齢者向け住宅（サ高住）を建設して運営しようと考えています。事業計画を策定しようと考えているのですが、具体的にどのようにすればよいでしょうか。

A　【前提条件】

・自己所有の土地にサービス付き高齢者向け住宅を建設して運営。
・建物建設費は48,000万円とし、総戸数は80戸（1戸あたりの建設費は600万円）でいずれも賃貸借方式での入居とする。なお、建設費の10％（4,800万円）を補助金でまかなう。建物以外の器具備品等は、6,000万円とする。以上より、初期投資額は49,200万円とする。
・建設費のうち30,000万円は銀行借入（20年返済、年利2.0％）とする。
・賃借料は月20万円／戸（年240万円／戸）とする。なお、課税売上割合は5％とし、控除対象外消費税（1年目8％、2年目以降10％）は、租税公課として固定資産に係るものは5年償却、費用に係るものは費用処理を行う。
・管理者は常勤3名とし、年間人件費を各400万円、計1,200万円とする。なお、2年目までは2名（年間計800万円）とする。
・調理師等は非常勤4名とし、年間人件費を各200万円、計800万円とする。なお、2年目までは3名（年間計600万円）とする。
・建物の耐用年数は40年とし、補助金考慮後の建設費43,200万円について、定額法により年1,080万円を減価償却費として計上する。なお、優遇税制である割増償却は適用していない。
・器具備品等の耐用年数は8年とし、25.0％による定率法により減価償却を行う。
・水道光熱費は年18万円／戸（月1.5万円／戸、共益部分を含む）とする。

- 食材費は年72万円／戸（月6万円／戸）とする。
- その他の経費は、賃借料収入の3.0％とする。
- 税金は、繰越欠損金を控除後の利益について36％とする。なお、繰越欠損金は簡便的に利益の全額について控除できるものとする。

(単位：万円)

	1年目	2年目	3年目	4年目	5年目
年平均入居率	30％	50％	70％	90％	100％
賃借料収入	5,760	9,600	13,440	17,280	19,200
管理者人件費	800	800	1,200	1,200	1,200
調理師等人件費	600	600	800	800	800
減価償却費(建物)	1,080	1,080	1,080	1,080	1,080
減価償却費(器具備品)	1,500	1,125	844	633	475
水道光熱費	432	720	1,008	1,296	1,440
食材費	1,728	2,880	4,032	5,184	5,760
租税公課	998	1,190	1,338	1,486	1,559
その他の経費	173	288	403	518	576
借入利息	600	570	540	510	480
税引前利益	−2,151	347	2,195	4,573	5,830
税金（36％）	0	0	141	1,646	2,099
税引後利益	−2,151	347	2,054	2,927	3,731
返済前キャッシュ・フロー	−2,854	3,373	4,799	5,461	6,106
借入金返済	−1,500	−1,500	−1,500	−1,500	−1,500
返済後キャッシュ・フロー	−4,354	1,873	3,299	3,961	4,606
借入残	28,500	27,000	25,500	24,000	22,500

（※）　年間利益＋減価償却費

　年平均入居率が上記のように推移した場合、2年目で年間利益が黒字となり、借入金返済後のキャッシュ・フローも2年目でプラスに転換することが見込まれます。

　なお、6年目以降も同じ条件で、かつ年平均入居率が100％で推移した

場合、借入金を完済する20年後には借入金返済後のキャッシュ・フローの累計が74,302万円となり、当初投資額49,200万円を年間利回り約2.1％で20年間運用した場合とほぼ同じ運用成績となります。

Q2-52　医薬分業シミュレーション

■院内処方と院外処方とどちらの方が、経済的なメリットがあるのでしょうか。簡単なシミュレーションで説明してください。

A　病院の中で調剤し、病院で薬を持ち帰れるのが院内処方であり、病院で処方箋を発行してもらい、調剤薬局で薬をもらうのが院外処方です。どちらを選択しても良いので、それぞれのメリット、デメリットを検討してどちらかを採用する、あるいは両方採用することも可能です。

ここでは、そのうち経済的なメリットがどちらにあるかシミュレーションしました。一例をあげてみます。

【前提条件】　来院数　　1,265人
　　　　　　　薬剤料　　650万円
　　　　　　　実質薬価差益　9％
　　　　　　　薬剤ロス　　3％
　　　　　　　薬袋分包紙代　2万円

■院内処方の場合

項　目		回数	点数	算定額 (10円／点)	合計 (円)
処方料	6種類以下の内服薬	1,250	42	420	525,000
	7種類以下の内服薬	15	29	290	4,350
	乳幼児（3歳未満）加算	120	3	30	3,600
	特定疾患処方管理加算	210	18	180	37,800
	特定疾患処方管理加算 （処方期間28日以上）	700	65	650	455,000
調剤技術基本料		1,265	8	80	101,200
調剤料	内服薬	1,230	9	90	110,700
	外用薬	700	6	60	42,000
医学管理等	薬剤情報提供料	850	10	100	85,000
	小児科外来診療料（初診時）	45	670	6,700	301,500
	小児科外来診療料（再診時）	90	490	4,900	441,000
実質薬価差益（薬剤ロス、容器代含む）					387,550
人件費					△400,000
				院内処方による利益	2,094,700

(注)　実質薬価差益（薬剤ロス、容器代含む）の計算
　　　6,500,000円（薬材料）×9％（実質薬価差益）　　　　　　　＝　　　585,000円
　　　薬剤ロス　6,500,000円×（100％-9％)×3％（薬剤ロス）＝　△177,450円
　　　薬袋分包紙代　　　　　　　　　　　　　　　　　　　　　　　△20,000円
　　　　　　　　　　　　　　　　　　　　　　　　　　　　　　　　387,550円

■院外処方の場合

項　目		回数	点数	算定額 (10円／点)	合計（円）
処方箋料	6種類以下の内服薬	1,250	68	680	850,000
	7種類以下の内服薬	15	40	400	6,000
	乳幼児（3歳未満）加算	120	3	30	3,600
	特定疾患処方管理加算	210	18	180	37,800
	特定疾患処方管理加算 （処方期間28日以上）	700	65	650	455,000
医学管理等	小児科外来診療料（初診時）	45	560	5,600	252,000
	小児科外来診療料（再診時）	90	380	3,800	342,000
				院外処方による利益	1,946,400

　今回のシミュレーションでは、差額が148,300円であり院内処方でも院外処方でもほとんど変わらないことがわかります。このようなシミュレーションを行い、経済的なメリットを算定する他、種々の要素のメリット・デメリットを考慮し、医薬分業にするか否か検討する必要があります。

第3章

医療税務

第1節　税務全般に関する事項

Q3-1　納税の種類

■税務申告書には、いろいろあって、いつも税金を支払っている気がします。税務申告は一体どうなっているのでしょうか。一度整理してください。

A 医療法人が払う税金には、主なものとして法人税、法人住民税（法人道府県民税・法人市町村民税）、地方法人税、法人事業税、地方法人特別税、消費税、固定資産税、償却資産税、源泉所得税、個人市町村民税及び事業所税があります。

それぞれの申告時期等は以下のようになっています。ただし、以下の表については、原則的な方法のみを記載しています。

	提出先	課税計算	確定申告書提出時期と納税時期	中間申告書提出時期
法人税	税務署	所得×税率	事業年度終了の日より2か月以内（注1）	事業年度が6か月を超える場合には6か月を経過した日から2か月以内（注2）
法人道府県民税	道府県税事務所	法人税額×税率＋均等割額	同上	同上
法人市町村民税	市町村民役場	同上	同上	同上
地方法人税（注3）	税務署	法人税額×税率	同上	同上

法人事業税	道府県税事務所	所得×税率	同上	同上
地方法人特別税	道府県税事務所	基準法人所得割額又は基準法人収入割額（注4）×税率	同上	同上
消費税	税務署	資産の取引額×税率	事業年度終了の日より2か月以内（注5）	（注8）
固定資産税（償却資産税を除く）	市町村民役場（ただし、賦課課税方式）	土地及び家屋×税率	賦課課税方式（注6）	該当なし
償却資産	市町村民役場	償却資産×税率	1月31日（注7）	該当なし
源泉所得税	税務署	役員報酬・従業員給与・顧問税理士報酬等×税率	給与等支払時の翌月10日。ただし、納期の特例あり。	該当なし
個人住民税	市町村民役場	役員報酬・従業員給与×税率＋均等割額	特別徴収税額決定通知書に基づき、従業員から預かり毎月10日に納付	該当なし
事業所税	市町村民役場	資産割…事業所床面積×税率 従業員割…従業員給与総額×税率	事業年度終了の日から2か月以内にその事業年度分を申告納付	該当なし

（注1） 税務署長に延長申請書を提出し、申告書の提出期限を1か月延長することができます。ただし、納税は延長できませんので、見込み税額を納付します。
（注2） 中間申告には、予定申告と仮決算による中間申告の2通りの方法があります。
（注3） 地方法人税は、平成26年10月1日以後に開始する事業年度から適用されます。
（注4） 基準法人所得割額又は基準法人収入割額とは、標準税率により計算した法人事業税の所得割額又は収入割額のことです。
（注5） 消費税の確定申告では、申告期限の延長の制度はありませんので注意が必要です。
（注6） 賦課課税方式とは、市町村民役場等が税額を決定して納税者に通知する方法です。
（注7） 市町村民役場から送付された納税通知書により、4月、7月、12月、2月の4回に分けて納税します。なお、実際の納期限は、市町村の条例により定められます。
（注8） 消費税等の中間申告は、直前の課税期間の確定消費税額（地方消費税額を含まない年税額）によって、年1回、年3回あるいは年11回となります。

Q3-2　一般事業会社との違い

■医療法人について、法人税率が低く抑えられているようです。普通法人と比べてどのくらい法人税率が低いのでしょうか。

A

1　法人税率

医療法人には、持分の定めのある社団医療法人、基金拠出型法人、社会医療法人、特定医療法人など種々の形態があります。

このうち、持分の定めのある医療法人及び基金拠出型法人については医療法人ですが、普通法人として取り扱われますので、法人税率に限れば、普通法人と変わりはありません。

一方、社会医療法人は、公益法人等として扱われ普通法人とは異なり、医療保険業は法人税が非課税となり、収益事業を行う場合に限り軽減税率で課税されます。また、特定医療法人については、全所得が課税対象となりますが、軽減税率により課税されます。

■医療法人の種類による法人税率区分

医療法人の種類		法人税率
出資金1億円以下の医療法人（注1）	年800万円までの所得金額	19％（15％）
	年800万円を超える所得金額	25.5％
出資金1億円を超える医療法人（注1）		25.5％
社会医療法人（収益事業）	年800万円までの所得金額	19％（15％）
	年800万円を超える所得金額	19％
特定医療法人	年800万円までの所得金額	19％（15％）
	年800万円を超える所得金額	19％

（注1）　「社会医療法人及び特定医療法人」以外の医療法人です。
（注2）　括弧内の15％の税率は、平成24年4月1日から平成27年3月31日までの間に開始する事業年度に適用されます。
（注3）　事業年度終了時において、資本金の額または出資金額の額が5億円以上である法人等との間に完全支配関係がある普通法人には、年800万円以下の金額に対する法人税の軽減税率の適用はありません。

2　留保金課税

特定同族会社については、事業年度の利益のうち、配当せずに法人内部に留保した金額に対して、特別税率による税金がかかります。これを、留保金課税といいます。

しかし、医療法人は会社ではないため留保金課税の適用はありません。

Q3-3　青色申告

■現在青色申告で申告書を提出している医療法人ですが、白色申告の方が記帳も簡便であるとアドバイスを受け青色申告を取り消すか否か悩んでいます。白色申告の方がよいのでしょうか。また、個人医院の場合どうでしょうか。

A　単刀直入に申しますと青色申告の方がよいと思います。その理由としては、青色申告を選択すると税務上いろいろな特典が受けられるからです。

税務上の特典は、以下のようなものがあります。個人医院については、①〜⑥の他⑦もあります。

① 欠損金の繰越制度（注1）
② 所得拡大促進税制の税額控除（Q3-18 参照）
③ 雇用促進税制の税額控除（Q3-17 参照）
④ 少額減価償却資産（Q3-20 参照）
⑤ 医療機器の特別償却（Q3-21 参照）
⑥ 医療機器の税額控除（Q3-21 参照）
⑦ 青色専従者給与（個人医院のみ）他（注2）

（注1）　欠損金の繰越制度
　　　欠損金の繰越制度とは欠損金が生じたとき、その欠損金額を一定の条件のもとに、以後の事業年度で生ずる所得から控除できる制度です。平成23年度の税制改正により、平成20年4月1日以後に開始した事業年度において生じた欠損金額から、従来の7年間から2年延長され、9年間繰越控除ができるようになりました。一方で、中小法人等以外の法人については、欠損金等の控除

限度額が制限されました。すなわち、これらの法人については、控除限度額について、繰越控除をする事業年度の控除前所得金額の$\frac{80}{100}$相当額とされています。
(注2) 青色専従者給与
　　生計を一にしている配偶者その他の親族が納税者の経営する事業に従事している場合、納税者がこれらの人に給与を支払うことがあります。これらの給与は原則として必要経費にはなりませんが、青色申告者の場合、一定の要件の下に実際に支払った給与の額を必要経費とする青色事業専従者給与の特例が認められています。
　(1) 青色申告者の場合
　　　以下の要件を満たすことが必要です。
　　① 青色事業専従者とは、次の要件のいずれにも該当する人をいいます。
　　　・青色申告者と生計を一にする配偶者その他の親族であること。
　　　・その年の12月31日現在で年齢が15歳以上であること。
　　　・その年を通じて6月を超える期間（一定の場合には事業に従事することができる期間の$\frac{1}{2}$を超える期間）、その青色申告者の営む事業に専ら従事していること。
　　② 「青色事業専従者給与に関する届出書」を納税地の所轄税務署長に提出していること。
　　③ 届出書に記載されている方法により支払われ、しかもその記載されている金額の範囲内で支払われたものであること。
　　④ 青色事業専従者給与の額は、労務の対価として相当であると認められる金額であること。なお、過大とされる部分は必要経費とはなりません。
　(2) 青色申告者ではない場合
　　　白色申告の場合には一定の要件の下に事業専従者控除の特例となり、以下のように金額に上限が設けられます。事業専従者控除額は、次の①又は②の金額のどちらか低い金額となります。
　　① 事業専従者が事業主の配偶者であれば86万円、配偶者でなければ専従者一人につき50万円
　　② この控除をする前の事業所得等の金額を専従者の数に1を足した数で割った金額
　(注) 青色申告者の事業専従者として給与の支払を受ける人又は白色申告者の事業専従者である人は、控除対象配偶者や扶養親族にはなれません。

Q3-4　資本金等の取扱い

■**持分の定めのない医療法人を経営しております。法人税法の中には、資本金が基準となる規定がありますが、どのように取り扱ったらよろしいでしょうか。**

A　持分の定めのある社団医療法人については、出資者から出資された金額は出資金として計上することになりますので、この出資金額が、法人税法上の資本金等の額になります。（法令8①一）

　持分の定めのない社団医療法人や、財団医療法人などの持分の定めのない医療法人には資本金等の額はないことになります。したがって、資本金が基準となるものには、別途規定が設けられています。

〔資本金が基準となる規定〕
1　交際費課税

当該事業年度終了の日における貸借対照表（確定した決算に基づくものに限ります。）に計上されている総資産の帳簿価額から当該貸借対照表に計上されている総負債の帳簿価額を控除した金額（当該貸借対照表に、当該事業年度に係る利益の額が計上されているときは、その額を控除した金額とし、当該事業年度に係る欠損金の額が計上されているときは、その額を加算した金額とします。）の$\frac{60}{100}$に相当する金額を計算します。この金額を資本金等とみなして、資本金等1億円の判定をします。

$\{総資産の帳簿価額－（総負債の帳簿価額－当事業年度の利益金額）\} \times \frac{60}{100}$

の金額を資本金として判断します。

2　寄附金課税

資本金基準及び所得基準のうち所得基準のみで判定することになります。一般寄附金の所得基準は、当該事業年度の所得の金額の$\frac{1.25}{100}$に相当する金額となり、公益社団法人又は公益財団法人への寄附金の所得基準は、当該事業年度の所得の金額の$\frac{6.25}{100}$に相当する金額となります。(法令73①、同77の2①)

3　法人住民税の均等割

法人住民税の均等割は、資本金がないため資本金の額又は出資金の額がない法人に該当します。

Q3-5 電子申告

■電子申告という制度を、顧問税理士が勧めてきます。私としては、自分で署名捺印することで、正式な税務申告書と考えるのですが、間違っているのでしょうか。

A 電子申告とは、インターネットを用いて、申告書の提出や、異動届出書の提出が電子的にできるシステムです。最近では、会計システム等が電子申告に対応してきており更に便利になってきています。簡単に法人税確定申告書等が提出できるため、逆に不安になることもあろうかと思いますが、顧問税理士が代理送信するためには、申告を行うことを予め納税者として合意していることはもちろんのこと、文書として「電子申告に係る利用者識別番号等の利用同意書」を納税者から入手することを心がけており、顧問税理士が勝手に提出するということは考えられません。

電子申告であっても顧問税理士からは、充分な決算書や税務申告書の説明を受けることは従来通り必要です。

また、金融機関等の対応も電子申告で提出しても何も変わることがありません。

Q3-6 決算期

■決算期は、自由に決められると聞いていますが、何か決めるルールがあるのでしょうか。

A 医療法人の会計年度は、定款又は寄附行為で別段の定めができるため、決算期をいつに設定しても構いません。そのため、設立時期の1年後を決算期に設定することが多いと思われます。納税を考えると、決算時期には、収益が上がる時期は避けることが良いと思われます。なぜなら、決算月に収益が高い場合には、見込みがぶれる可能性があり、法人税等の納税額をシミュレーションするのが難しくなるためです。したがって、収益が高くなる時期を会計年度の初めに設定することが良いと思われます。また、決算作業についても閑散期の方が通常の事務作業が少なく、作業がスムーズに進められます。

Q3-7 税務調査

■税務調査が入ることになりました。私としては、顧問税理士に任せきっちりやっているつもりなのですが、何か落ち着きません。何かアドバイスはありませんか。

A 税務申告を顧問税理士に任せているということですが、まず重要なのは、納税の責任は納税者にありますので、あなたが申告の内容を把握しておく必要があるということです。

次に、税務調査についてですが、税務調査には、主なものとして、強制調査と任意調査があります。強制調査は、租税犯としての容疑があり、それを解明する必要がある場合の調査です。いわゆる査察と呼ばれ国税局査

察部によって行われます。マルサとも呼ばれることがあります。強制調査は、裁判所の許可を得て、臨検、捜査又は差し押さえをすることもできます。一方、任意調査は、一般的な調査で納税者の協力を前提としており、納税者の承諾を得た上で、帳簿等を閲覧し、質問し、証拠書類を検討します。任意調査では、充分な調査を行えないときには、場合によっては、国税局資料調査課が行う、いわゆる料調の調査が行われることがあります。任意調査ですが、非常に厳しい調査といわれています。

　調査は、通常、事業の概況等に関する質問から始まり、事業内容を把握することで、売上げの計上漏れ、あるいは事務所に自動販売機があれば手数料が収入として計上されているかなどの本業以外の収入の計上漏れや、従業員の構成や主な購買先を把握し、架空の費用の計上の可能性を考えていきます。

　次に、帳簿の調査が始まりますが、最初に売上、次に仕入及び在庫、販売費及び一般管理費の順番で調査していくことが一般的です。最後に、源泉所得税・印紙税を見ていきます。

　最終的には、何もなければ税務署長から是認通知がきますが、何かあれば（非違があれば）、税務署から修正申告書を提出してもらいたいと求められます。これを「修正申告のしょうよう」といいます。修正申告書は、納税者自らが申告をすることになりますので、その修正が不服であったとしても、以後の反論はできなくなります。したがって、安易に修正申告には応じず、顧問税理士と相談する必要があります。また、修正する金額が思った金額より少ない場合にも、安易に応じてしまう可能性がありますが、内容についてじっくり確認することが大事です。

第2節　収入に関する税務

Q3-8　社会保険診療収入と自由診療収入

■社会保険診療収入にはどのようなものがありますか。労災保険収入、室料差額収入、公務員災害収入及び自動車事故診療収入は自由診療収入ですか。

A

1　社会保険診療収入とは

社会保険診療収入とは、次に示した法律に基づく給付又は医療、介護、助産若しくはサービスによる収入をいいます。(措法26②)

① 健康保険法、国民健康保険法、高齢者の医療の確保に関する法律、船員保険法、国家公務員共済組合法（防衛省の職員の給与等に関する法律を含みます。）、地方公務員等共済組合法、私立学校教職員共済法、戦傷病者特別援護法、母子保健法、児童福祉法、原子爆弾被爆者に対する援護に関する法律に基づく療養の給付、更生医療の給付、養育医療の給付、療育の給付又は医療の給付

② 生活保護法の規定に基づく医療扶助のための医療、介護扶助のための介護（居宅介護のうち訪問看護、訪問リハビリテーション、居宅療養管理指導、通所リハビリテーション若しくは短期入所療養介護、介護予防のうち介護予防訪問看護、介護予防訪問リハビリテーション、介護予防居宅療養管理指導、介護予防通所リハビリテーション若しくは介護予防短期入所療養介護又は施設介護のうち介護保健施設サービスに限ります。）若しくは出産扶助のための助産等

③ 精神保健及び精神障害者福祉に関する法律、麻薬及び向精神薬取締法、感染症の予防及び感染症の患者に対する医療に関する法律又は心神喪失

等の状態で重大な他害行為を行った者の医療及び観察等に関する法律の規定に基づく医療

④ 介護保険法の規定によって居宅介護サービス費を支給することとされる被保険者に係る指定居宅サービス（訪問看護、訪問リハビリテーション、居宅療養管理指導、通所リハビリテーション又は短期入所療養介護に限ります。）のうち当該居宅介護サービス費の額の算定に係る当該指定居宅サービスに要する費用の額として同法の規定により定める金額に相当する部分、同法の規定によって介護予防サービス費を支給することとされる被保険者に係る指定介護予防サービス（介護予防訪問看護、介護予防訪問リハビリテーション、介護予防居宅療養管理指導、介護予防通所リハビリテーション又は介護予防短期入所療養介護に限ります。）のうち当該介護予防サービス費の額の算定に係る当該指定介護予防サービスに要する費用の額として同法の規定により定める金額に相当する部分若しくは同法の規定によって施設介護サービス費を支給することとされる被保険者に係る介護保健施設サービスのうち当該施設介護サービス費の額の算定に係る当該介護保健施設サービスに要する費用の額として同法の規定により定める金額に相当する部分等

⑤ 障害者の日常生活及び社会生活を総合的に支援するための法律の規定によって自立支援医療費を支給することとされる支給認定に係る障害者等に係る指定自立支援医療のうち当該自立支援医療費の額の算定に係る当該指定自立支援医療に要する費用の額として同法の規定により定める金額に相当する部分若しくは同法の規定によって療養介護医療費を支給することとされる支給決定に係る障害者に係る指定療養介護医療（療養介護に係る指定障害福祉サービス事業者等から提供を受ける療養介護医療をいいます。）のうち当該療養介護医療費の額の算定に係る当該指定療養介護医療に要する費用の額として同法の規定により定める金額に相当する部分等

社会保険診療報酬支払基金等の報酬支払期間から支払われる金額のほか、窓口入金である一部負担金、家族療養の報酬なども含まれます。

（注）　難病の患者に対する医療等に関する法律（難病新法）が原則として、平成27年1月1日より施行されます。難病新法に基づく特定難病の療養の給付も社会保険診療です。

2　自由診療収入とは

　労災保険収入、室料差額収入、公務員災害収入及び加害者が負担する自動車事故診療収入は、自由診療収入です。

〈自由診療収入の範囲〉

　法定の社会保険診療報酬以外のすべての診療報酬が、自由診療収入になります。

　自由診療収入となる主な診療報酬には、次のものがあります。

(1)　診療報酬

　①自費診療報酬、②保険制限外診療報酬、③室料差額収入、④正常妊娠助産報酬、⑤美容整形報酬、⑥通常近眼手術報酬、⑦保険外歯科補てつ報酬、⑧優生手術報酬、⑨予防接種料、⑩健康診断料、⑪医療相談料、⑫診断書作成料、⑬往診車代、⑭歯科の差額収入

(2)　法律による診療報酬

　①労働者災害補償保険法、②国家公務員災害補償法、③母体保護法、④性病予防法、⑤自動車損害賠償保障法等による診療報酬

(3)　その他

　保険証を持参しない場合の診療報酬等

Q3-9 振込通知書について

■診療報酬が振り込まれる際、当座口振込通知書が送られてきますが、どのように利用したらよいのでしょうか。

　　　　　　当座口振込通知書には次の2種類があります。
　　① 社会保険診療報酬支払基金からのもの
　　② 国民健康保険団体連合会からのもの

　社会保険診療報酬支払基金は、健康保険制度等の被保険者に係る、また国民健康保険団体連合会は、国民健康保険制度等の被保険者に係る審査支払事務を委託されています。

　なお、②の国民健康保険団体連合会の振込通知書は、都道府県によって様式が異なっていますが、内容としては大きな差異はありません。

　ここでは、「社会保険診療報酬支払基金」のホームページと「大阪府国民健康保険団体連合会」のホームページから、それぞれの当座口振込通知書を呈示します。

1 「社会保険診療報酬支払基金」の当座口振込通知書

1 当座口振込通知書 (平成25年1月診療(3月支払分)〜)

当座口振込通知書は、医療機関等から請求された診療報酬等について、審査等の結果、お支払いする金額及び内訳を表示しています。

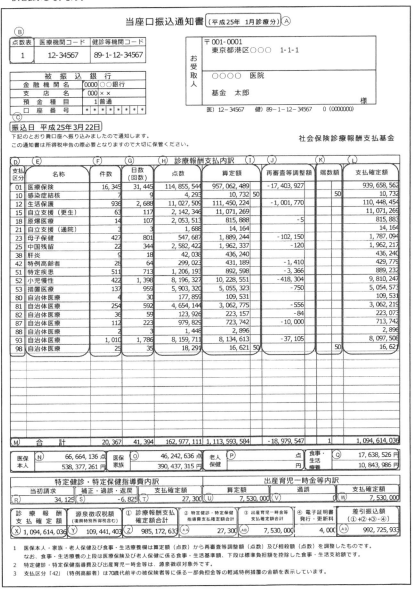

■ 表示内容

Ⓐ 「平成〇〇年〇〇月診療分」欄
　　診療（調剤）年月分を表示しています。（特定健診・特定保健指導費は実施月、出産育児一時金等は出産月分を表示）

Ⓑ 「点数表」欄
　　点数表（1：医科（健診等を行う医療機関を含む）、2：特定健診・特定保健指導（健診等専門機関）、3：歯科、4：調剤、6：訪問）
　　を表示しています。

Ⓒ 「振込日」欄
　　保険医療機関等への診療報酬等の振込日を表示しています。

Ⓓ 診療報酬支払内訳の「支払区分」欄
　　01（医療保険）、12（生活保護）などの医療制度の法別番号等を表示しています。

Ⓔ 診療報酬支払内訳の「名称」欄
　　支払区分に係る名称を表示しています。

Ⓕ 診療報酬支払内訳の「件数」欄
　　診療報酬等明細書の件数から返戻となった診療報酬等明細書の件数を差し引いた件数を表示しています。

Ⓖ 診療報酬支払内訳の「日数（回数）」欄
　　診療報酬等明細書の診療実日数（受付回数）から返戻となった診療報酬等明細書の診療実日数（受付回数）を差し引いた
　　診療実日数（受付回数）を表示しています。

Ⓗ 診療報酬支払内訳の「点数」欄
　　診療報酬等の請求点数から査定、返戻となった診療報酬等の点数を差し引いた点数を表示しています。

Ⓘ 診療報酬支払内訳の「算定額」欄
　　診療報酬等の請求金額（食事・生活療養含む。）から査定、返戻となった診療報酬等の金額を差し引いた金額を表示しています。

Ⓙ 診療報酬支払内訳の「再審査等調整額」欄
　　再審査等の結果、査定、返戻となった診療報酬等の金額を表示しています。

Ⓚ 診療報酬支払内訳の「端数額」欄
　　「算定額」から「再審査等調整額」を差し引いた金額の1円未満の金額を表示しています。

Ⓛ 診療報酬支払内訳の「支払確定額」欄
　　診療報酬等の「算定額」から「再審査等調整額」と「端数額」を差し引いた金額を表示しています。（Ⓛ＝Ⓘ－Ⓙ－Ⓚ）

Ⓜ 診療報酬支払内訳の「合計」欄
　　診療報酬支払内訳の各項目の合計を表示しています。

Ⓝ 「医保本人」欄
　　・上段は、請求点数から査定、返戻、再審査等の調整となった点数を差し引いた医療保険・本人の点数を表示しています。
　　・下段は、「算定額」から「再審査等調整額」と「端数額」を差し引いた医療保険・本人の金額を表示しています。
　　　（高齢者は、医保本人に含みます。）

Ⓞ 「医保家族」欄
　　・上段は、請求点数から査定、返戻、再審査等の調整となった点数を差し引いた医療保険・家族の点数を表示しています。
　　・下段は、「算定額」から「再審査等調整額」と「端数額」を差し引いた医療保険・家族の金額を表示しています。
　　　（6歳未満は、医保家族に含みます。）

Ⓟ 「老人保健」欄
　　・上段は、請求点数から査定、返戻、再審査等の調整となった点数を差し引いた老人保健の点数を表示しています。
　　・下段は、「算定額」から「再審査等調整額」と「端数額」を差し引いた老人保健の金額を表示しています。

Ⓠ 「食事・生活療養」欄
　　上段は医療保険及び老人保健に係る食事・生活基準額、下段は「食事・生活基準額」から「標準負担額」を控除した金額を
　　表示しています。

Ⓡ 特定健診・特定保健指導費内訳の「当初請求」欄
　　特定健診・特定保健指導費の請求金額を表示しています。

Ⓢ 特定健診・特定保健指導費内訳の「補正・過誤・返戻」欄
　　事務点検の結果、補正（差分）及び返戻となった額、並びに保険者から申し出のあった過誤・返戻の額の合計金額を表示しています。

Ⓣ 特定健診・特定保健指導費内訳の「支払確定額」欄
　　特定健診・特定保健指導費の「当初請求」額から「補正・過誤・返戻」の額を差し引いた金額を表示しています。（Ⓣ＝Ⓡ－Ⓢ）

Ⓤ 出産育児一時金等内訳の「算定額」欄
　　出産育児一時金等の請求金額を表示しています。

Ⓥ 出産育児一時金等内訳の「過誤」欄
　　保険者における資格確認等により請求誤りと判明した場合や保険医療機関等からの請求取下げなどによる過誤調整の金額を
　　表示しています。

Ⓦ 出産育児一時金等内訳の「支払確定額」欄
　　出産育児一時金等の「算定額」から「過誤額」を差し引いた金額を表示しています。（Ⓦ＝Ⓤ－Ⓥ）

150

Ⓧ 「診療報酬支払確定額」欄
　診療報酬等の支払確定額を表示しています。（Ⓧ＝Ⓛ）

Ⓨ 「源泉徴収税額（復興特別所得税含む）」欄
　支払基金より源泉徴収を行う保険医療機関等について、診療報酬支払確定額が20万円を超える場合、診療報酬支払確定額から20万円を控除した残額に100分の10の税率を乗じて算出した源泉徴収税額を表示しています。
　（所得税法第204条、第205条、所得税法施行令第322条）
　なお、平成25年1月1日から平成49年12月31日までの間は、源泉所得税を徴収する際に復興特別所得税を併せて徴収しています。源泉徴収税額の算出方法は、診療報酬支払確定額が20万円を超える場合、診療報酬支払確定額から20万円を控除した残額に100分の10.21の税率を乗じて算出した源泉徴収税額を表示しています。
　（平成23年法律第117号：東日本大震災からの復興のための施策を実施するために必要な財源の確保に関する特別措置法）
　※　特定健診・特定保健指導費及び出産育児一時金等は源泉徴収義務者からの源泉徴収の規定の対象外となります。

Ⓩ 「診療報酬支払確定額合計」欄
　「診療報酬支払確定額」から「源泉徴収税額」を差し引いた金額を表示しています。（Ⓩ＝Ⓧ－Ⓨ）

Ⓥ 「特定健診・特定保健指導費支払確定額合計」欄
　特定健診・特定保健指導費の支払確定額を表示しています。（Ⓥ＝Ⓣ）

Ⓦ 「出産育児一時金等支払確定額合計」欄
　出産育児一時金等の支払確定額を表示しています。（Ⓦ＝Ⓦ）

Ⓔ 「電子証明書発行・更新料」欄
　電子証明書発行・更新料の請求金額を表示しています。

Ⓖ 「差引振込額」欄
　保険医療機関等への振込金額を表示しています。（Ⓖ＝Ⓩ＋Ⓥ＋Ⓦ－Ⓔ）

【備考】
　「医療保険と公費負担医療（併用明細書）」の者については、１枚の診療報酬等明細書により請求が行われるため、「件数」、「日数（回数）」及び「点数」欄の内訳は、医療保険（支払区分：01）と公費負担医療（支払区分：10～99）の双方に件数、日数（回数）及び点数が計上されます。また、「公費負担医療と公費負担医療（併用明細書）」についても同様となります。

2 「大阪府国民健康保険団体連合会」の当座口振込通知書

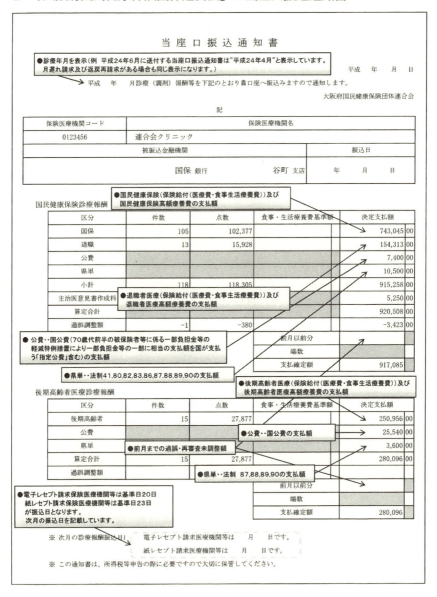

Q3-10 診療未収入金の計上

■社会保険診療報酬の振込みが2か月後なので、それまで未収入金の金額がわからず、月次決算がどうしても2か月遅れになってしまいます。何かよい方法はありませんか。

A

1 概算診療報酬で計上

社会保険診療報酬は、その月の診療点数を翌月10日までに請求すれば、翌々月の20日前後に振り込まれることになっています。翌月10日に請求する際、総点数により2か月後振り込まれる金額を算出することができます。

これにより概算で未収診療報酬を計上し、2か月後に確定した金額との差額を保険増減差額という科目を設けて修正します。

保険増減差額については、どのような原因によるものかチェックし、実態に合わせて修正する必要があります。

2 具体的仕訳例

X1年8月分の保険請求の仕訳は以下のようになります。

〈X1年8月 概算計上〉

借　　方		貸　　方	
保険未収入金	1,000万円	保険請求収入	1,000万円

〈X1年10月　8月分入金〉

借　　方		貸　　方	
当座預金	980万円	保険未収入金	1,000万円
保険増減差額	20万円		

3 保険未収入金集計表

保険未収入金の概算額を集計するものとして、電算処理システムが充実

しており、導入することにより簡単に行うことが可能です。エクセルや紙面で行うとすれば、以下のような社会保険未収入金集計表、国民健康保険未収入金集計表で集計すればわかりやすいでしょう。

社会保険未収入金集計表
＿＿月度

（社会保険）		点数	①点数	②薬剤負担金及び一部負担金	③(①×10円-②)請求金額	入院	外来
老人保健	老人と公費の併用 ㊄㊤						
	老人単独 ㊄㊤						
	小　　計A						
社会保険	社保と公費の併用 ㊄㊤						
	被保健者　本人 ㊄㊤						
	被扶養者　家族 ㊄㊤						
	小　　計B						
公費負担	公費と公費の併用 ㊄㊤						
	公費単独 ㊄㊤						
	小　　計C						
合（A+B+C）計							

国民健康保険未収入金集計表

___月度

保険者名	給付割合 ① (也)	② (患)	③ (患)点数	一般分 ④ (非)点数	①×③=⑤ 請求金額	②×④=⑥ 請求金額	⑦ 点数	老人保健 ⑧ 一部負担金	⑦×⑧=⑨ 請求金額	その他 併用 ⑩ 点数	⑪ 一部負担金	⑩×⑪=⑫ 請求金額	⑤+⑥+⑨+⑫ 請求金額合計	入院	外来
1. (入)(外)															
2. (入)(外)															
3. (入)(外)															
4. (入)(外)															
6. (入)(外)															
7. (入)(外)															
8. (入)(外)															
9. (入)(外)															
10. (入)(外)															
11. (入)(外)															
12. (入)(外)															
13. (入)(外)															
14. (入)(外)															
15. (入)(外)															
合計 (入)(外)															

Q3-11 保険診療収入における請求額と振込額の差額

■私どもの病院では、支払基金等へ請求した時点で保険診療収入を計上していますが、支払基金等から振込額と請求金額の相違についてはどう処理すればよいのですか。

A

1　差額の原因

支払基金等からの振込通知書には「保険診療収入」として計上するべき金額が、点数又は金額で表示されています。この金額（点数の場合は、点数×10円）と請求額との不一致については、次のような原因が考えられます。

① 減少の原因

基金等、審査支払機関又は保険者による減点

② 増加の原因

審査支払機関への再審査請求による復活

2　処理の方法

その処理についてですが、窓口収入と支払基金等からの振込金額の合計額が、支払基金等で計算された金額に一致するように修正するのが理想的です。

また再審査を要求する場合でも、一度修正しておき、再審査による復活のあった時点で再修正するのがいいでしょう。また、増減を生じた場合、それに伴い患者の窓口における負担金に過不足が生じます。これは、原則として患者へ返金するか、不足分を徴収します。

所得金額の算出において実額計算を用いる場合は、返金できないものについては「自由診療・その他収入」、徴収できないものについては「診療値引又は貸倒損失」で処理し、必要経費とします。

3 「社会保険診療報酬の概算経費の特例」により申告する場合の収入金額
(Q3-14 参照)

窓口で徴収すべき金額について10円未満の切上げ・切捨てがある場合は、必ずしも窓口収入と支払基金等からの振込金額の合計金額と、支払基金等で計算された金額が合いません。実額計算で申告する場合は、窓口収入の差異分について修正は必要ありませんが、「社会保険診療報酬の概算経費の特例」により申告する場合は、収入金額は支払基金等で計算された金額によります。(措法26)

Q3-12 診療報酬の貸倒れ、値引き

■保険診療収入は、法によって診療収入の金額が定められていますが、本人負担分の値引きや貸倒れなどについては、税法上どうなっているのでしょうか。

A

1 診療値引きの取扱い

社会保険診療の一部負担金については、値引きはできませんが、自由診療については、値引きが可能です。その場合、診療値引きは必要経費になります。

医療法人においては、売上高の控除科目として損金となり、個人病院の場合は必要経費となります。(所令141)

2 貸倒損失の取扱い

回収すべく努力したにもかかわらず回収できない未収金については、貸倒損失にできる場合があります。しかし、回収努力をしないで放棄した未収入金は寄附金とみなされ、個人病院では経費にならないことがあります。

3 貸倒損失の判定について

(1) 患者の支払能力からみて全額の回収不能が明確になった場合、その時点で貸倒損失となります。(所基通51-12、法基通9-6-2)

(2) 相当期間、継続的に債務超過の状態にあり返済不能と認められる場合で、書面により債務免除を通知した場合は、その通知をした時点でその全額が貸倒損失となります。(所基通51-11(4)、法基通9-6-1(4))
(3) 継続的な取引を行っていた債務者について取引の停止をした時（最後の弁済期又は最後の弁済の時が当該停止をした時より後である場合には、これらのうち最も遅い時）以後1年以上を経過した場合、その未収入金の額から備忘価額を控除した残額が貸倒損失となります。（当該未収入金について担保物のある場合を除きます。）(所基通51-13(1)、法基通9-6-3(1))

具体的な診療収入に係る未収入金の貸倒れについては、次のようなケースが考えられます。
① 生活困窮者に対するもの
　　生活保護法、また行き倒れに関しては地方公共団体が行旅病人及行旅死亡人取扱法により負担を引き受けることになりますので、法律上の代払いがない場合には上記の(1)にあたり貸倒損失としてよいでしょう。
② 突然のかけ込み診療
　　この場合の未収入金については、当然回収の努力をすべきであり、努力をしないで債務免除をした場合は、貸倒損失とならないことがあります。ただし、その場かぎりの患者を除いて、治療終了後新たな疾病により治療に来ないため、少額の未収入金について回収できないなどの場合は、「一定期間の取引停止後、弁済がない場合の貸倒れ」に該当し、貸倒損失とすることができます。この場合、上記の(3)にあたり備忘価額を控除し、残額を貸倒損失とします。
　　なお、この規定には、「継続的な取引」が要件になりますので、駆け込み診療は該当しないとも考えられますが、継続・反復して診療することを期待してその顧客情報を管理している場合には、結果として実際の取引が1回限りであったとしても適用することが可能となります。

Q3-13 医業収入以外の収入

■個人病院の所得金額の計算上、雑収入の取扱いの特色について教えてください。

A

1 雑収入の種類

雑収入とは、医業活動とは無関係な収入をいいますが、法や通達には定められていません。したがって、その範囲は明確になっていませんが、例えば、貸与寝具・貸与テレビ・洗濯代、治療器具等の販売収入、患者からの謝礼金、薬品会社等からのリベート及び自動販売機の設置による手数料等があります。

2 所得金額の計算上の留意点

(1) 社会保険診療収入、自由診療収入、その他収入ともに実額計算を行う場合

　特に注意すべき点はありません。

(2) 社会保険診療収入は「社会保険診療報酬の概算経費の特例」により、自由診療収入・その他収入については実額計算を用いる場合で、必要経費の配分に収入金額比を用いるとき

　個人医院を例にとって、「所得税青色申告決算書（一般用）付表〈医師及び歯科医師用〉」を記載すると次ページのようになります。この計算を見ていただければわかりますが、雑収入については考慮されていませんので注意が必要です。雑収入については、実額で、必要経費を控除することになります。

平成　　年分所得税青色申告決算書（一般用）付表《医師及び歯科医師用》

整理番号　　　　　氏名　　　　　眼科　住所

1. 収入金額の内訳

診療科目	診療件数	診療実日数	決定点数	収入金額（診療報酬当込額）	金額（診療報酬収入金額）
社会保険診療報酬	①基金支払基金 ・一般社会保険 ・生活保護法 ・労災保険法 ・精神保険福祉法 ・その他	件	日	500,000 点	3,500,000 円
	小　計				
	②国民健康保険法 ・国民健康保険 ・高齢者医療確保法			700,000	4,900,000
	小　計				
	③介護報酬				
	④その他				
	小　計				
	計 ①+②+③+④				Ⓐ 8,400,000　Ⓒ 3,600,000
自由診療収入等	⑤一般の自由診療 ・労働者災害補償保険診療 ・公害健康被害補償診療 ・自動車損害賠償責任保険診療 ・高齢者医療確保法	件			1,500,000 円
	小　計				
	⑥計				Ⓓ 1,500,000
雑収入（雑収入は下の欄に書きます。）					80,000 円

2. 自由診療割合の計算

この計算は、租税特別措置法第26条の規定の適用に当たり、自由診療収入に係る所得計算を行う際に、自由診療と社会保険診療のいずれに係る経費であるか明らかではない経費を合理的に区分するために自由診療割合を算出するものです。

自由診療割合は、次の(1)又は(2)のいずれかの方法により算出してください。

(1) 診療実日数による割合

自由診療実日数（Ⓑ）
─────────────────── × 100 ＝ ㋐　　　　　%
総診療実日数（Ⓐ＋Ⓑ）　　（日）／（日）

(2) 収入による割合

自由診療収入（Ⓒ）　　　　　1,500,000 (円)
─────────────────── × 100 × 80 ＝ ⑧ 8.89 %
総診療収入（Ⓒ＋Ⓓ＋Ⓔ）　13,500,000 (円)　　調整率

（小数点以下第3位四捨五入）

調整率
眼科・外科・整形外科：80%
産婦人科・歯科：75%
上記以外（美容整形を除く）：85%

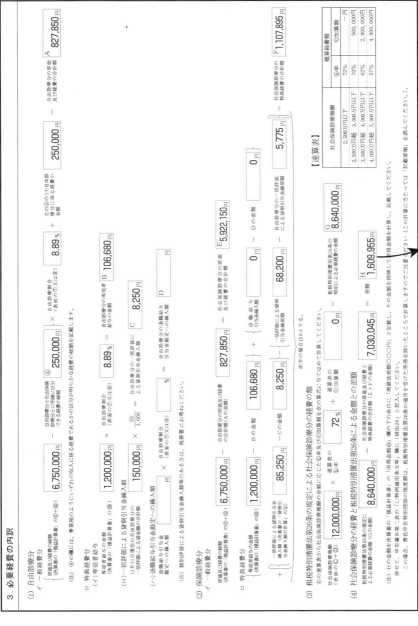

第3節　経費に関する税務

Q3-14　社会保険診療報酬の概算経費の特例

■社会保険診療報酬の経費を概算で計算すれば、簡便かつ、経費が増える可能性があると聞きました。どういうことでしょうか。

A　社会保険診療報酬が5,000万円以下である医業若しくは歯科医業を営む個人又は医療法人については、「社会保険診療報酬の概算経費の特例」を選択することができます。ただし、総収入金額（その医療法人の営む医業又は歯科医業に係る金額に限ります。）が7,000万円を超える医療法人及び個人医院は適用除外です。したがって、社会保険診療報酬が5,000万円以下であったとしても、自由診療収入等を含めた総収入金額が7,000万円を超える医療法人及び個人医院は特例の適用が受けられませんので注意が必要です。（措法26、67）

概算経費額は以下のように計算します。

例えば、総収入金額が3,500万円（うち社会保険診療報酬に係る収入金額3,000万円）、経費の額2,100万円（同経費1,800万円）とすると、別表10(7)で次ページのように計算され、350万円が減算され、所得が減少します。

■概算経費率の速算表

社会保険診療報酬	概算経費額
2,500万円以下	（社会保険診療）収入金額×72%
2,500万円超 3,000万円以下	（社会保険診療）収入金額×70％＋50万円
3,000万円超 4,000万円以下	（社会保険診療）収入金額×62％＋290万円
4,000万円超 5,000万円以下	（社会保険診療）収入金額×57％＋490万円

第3章 第3節 ● 経費に関する税務

社会保険診療報酬に係る損金算入、農業生産法人の肉用牛の売却に係る所得又は連結所得の特別控除及び特定の基金に対する負担金等の損金算入に関する明細書 | 事業年度又は連結事業年度 | ・ ・ | 法人名 | ( ) | 別表十(七)

Ⅰ　社会保険診療報酬に係る損金算入に関する明細書

医業又は歯科医業に係る総収入金額	1	35,000,000円	医業又は歯科医業に係る経費の額　4	21,000,000円
同上のうち社会保険診療報酬に係る収入金額	2	30,000,000	同上のうち社会保険診療報酬に係る経費の額　5	18,000,000
損金算入限度額 (16) ((1)の金額が7,000万円超である場合は0)	3	21,500,000	損金算入額 (3) − (5)　6	3,500,000

損金算入限度額の計算

社会保険診療報酬に係る収入金額			法定経費率による経費の額		
2,500万円以下の金額	7	25,000,000円	(7) × 72/100	12	18,000,000円
2,500万円を超え3,000万円以下の金額	8	5,000,000	(8) × 70/100	13	3,500,000
3,000万円を超え4,000万円以下の金額	9		(9) × 62/100	14	
4,000万円を超え5,000万円以下の金額	10		(10) × 57/100	15	
計 (2) (7)+(8)+(9)+(10)	11	30,000,000	計 (12)+(13)+(14)+(15)	16	21,500,000

Ⅱ　農業生産法人の肉用牛の売却に係る所得又は連結所得の特別控除に関する明細書

譲渡原価の額の計算	肉用牛の売却に係る原価の額	17	円	特別控除額の計算	肉用牛の売却に係る収益の額	20	円
	肉用牛の売却に係る経費の額	18			譲渡原価の額 (19)	21	
	譲渡原価の額 (17)+(18)	19			特別控除額 (20)−(21)	22	

Ⅲ　特定の基金に対する負担金等の損金算入に関する明細書

基金に係る法人名	23							
基金の名称	24							
告示番号	25	平 ・ ・ 第　号	平 ・ ・ 第　号		平 ・ ・ 第　号	平 ・ ・ 第　号		平 ・ ・ 第　号
当期に支出した負担金等の額	26	円	円		円	円		円
同上のうち損金の額に算入した金額	27							

Q3-15 医薬品の仕入れリベート

■医薬品の仕入れに対し、後日、現金10万円を受け取りました。この場合は、仕入値引きとしていいですか。
また、現品添付は、仕入値引きをして仕入れから控除しますか。雑収入に計上しますか。

A

1 仕入れリベートの税務上の取扱い

仕入れリベートは社会保険診療報酬にかかる所得金額の計算上、雑収入として総収入金額又は益金の額に算入することになります。

2 リベートの性格

リベートとは、一定期間に多額又は多量の取引をした相手先に対する仕入代金の返戻額をいいます。また、仕入価格修正、値引き、手数料の性格もあります。

3 概算経費の特例の場合の税務上の取扱い

医業若しくは歯科医業を営む個人又は医療法人が社会保険診療報酬の概算経費の特例の規定の適用を受けて所得を計算する場合に、これらの者が使用医薬品などの仕入割戻し（金銭によるもののほか、現物によるものも含みます。）の支払を受けているときは、社会保険診療報酬にかかる事業所得の金額又は所得の金額の計算に関係なく、総収入金額に算入するように取り扱われています。(昭42直審(所)19、直審(法)33)

4 現品添付とは

仕入れに際して薬品などが添付されることを現品添付といいます。現品添付は当初の仕入価額は一定で仕入数量が増加しただけですから、数量当たりの単価が、現品添付がないときよりも低くなるだけです。これは、単なる仕入単価の修正であり、したがって、雑収入で処理すべきではありません。

5 現品添付は添付品を含めて仕入計上

例えば、甲薬品200本を単価100円、合計20,000円で仕入れ、20本の添付がある場合、甲薬品220本を仕入価額20,000円で仕入れたことになります。

Q3-16 医薬品と診療材料の管理

■医薬品や診療材料が決算において残っています。どのような管理をしたらよいでしょうか。また、会計上何かしなければならないのでしょうか。

A

1 医薬品と診療材料の管理

医薬品や診療材料については、使用していない以上資産であり、物品管理を行うことが必要です。在庫管理をすることによって、余分な在庫をかかえたり、使用期限切れのための廃棄をするなどの無駄なコストが発生することを防ぐことができます。このためには、管理責任者を決定し、その責任者の下、管理方法を決定し確実に運用していくことが必要です。

2 税務上の注意点

医薬品や診療材料については、使用しない限り資産として計上する必要があります。

消耗品については、事務用消耗品、作業用消耗品、その他これらに準ずる棚卸資産（事業年度ごとにおおむね一定数量を取得し、かつ、経常的に消費するものに限ります。）の取得に要した費用の額を継続してその取得をした日の属する事業年度の損金の額に算入している場合は、これが認められる規定があります。（法基通2-2-15、所基通37-30の3）医薬品や診療材料が作業用消耗品等に当たるかを検討する必要があります。

作業用消耗品は、例えば、手袋、タオル、ブラシ、潤滑油作業服、作業靴、懐中電灯、試験研究用ガラス器具その他その消耗状況からみて一般的

に消耗品として認識されている物品が含まれるといわれています。

医薬品や診療材料については、これに該当しないと思いますので、資産計上する必要があります。ただし、重要性のないものは損金算入できるでしょう。

Q3-17　雇用促進税制による税額控除

■決算が確定し、かなりの所得が出ることがわかりました。雇用促進税制という制度があるとのことですが、当事業年度においては、多数の従業員を採用しましたので、この制度を利用したいと思います。まだ間に合うのでしょうか。

A

1　制度の内容

平成25年4月1日から平成28年3月31日までの期間内に開始する各事業年度（個人事業主の場合は、平成25年1月1日から平成28年12月31日までの各年）において、雇用者増加数5人以上（中小企業者等は2人以上）、かつ、雇用増加割合10％以上等の要件を満たす企業は、適用年度における法人税の額（個人事業主の場合は、所得税の額）から雇用者増加数1人当たり40万円の控除が受けられる制度です。

ただし、控除できる税額は、その適用年度における法人税の額（個人事業主の場合は、所得税の額）の10％（中小企業者等の場合は、20％）が限度となります。（措法10の5、42の12）

2　対象となる法人等

対象となるのは青色申告書を提出する法人等です。また、そのうち中小企業者等とは、資本金の額若しくは出資金の額が1億円以下の法人のうち次の(1)又は(2)の法人以外の法人、資本若しくは出資を有しない法人のうち常時使用する従業員の数が1,000人以下の法人、又は農業協同組合等をいいます。（措令27の4⑩）

(1) 発行済株式又は出資の総数又は総額の2分の1以上が同一の大規模法人（資本金の額若しくは出資金の額が1億円を超える法人又は資本若しくは出資を有しない法人のうち常時使用する従業員の数が1,000人を超える法人をいい、中小企業投資育成株式会社を除きます。）の所有に属している法人
(2) 上記(1)のほか、発行済株式又は出資の総数又は総額の3分の2以上が大規模法人の所有に属している法人

また、個人事業主の場合は、常時使用する従業員が1,000人以下のものとなります。(措令5の3⑥)

3　適用要件

この制度の適用を受けるためには、次の①から⑤までの要件をすべて満たしている必要があります。

なお、適用年度開始の日の前日における雇用者数が零である場合には、③の要件は不要となります。

① 前期及び当期に事業主都合による離職をした雇用者及び高年齢雇用者がいないこと

　　(注) 前期とは、当期開始の日前1年以内に開始した各事業年度をいいます。

② 基準雇用者数が5人以上（中小企業者等については2人以上）であること

　　(注) 基準雇用者数は、当期末の雇用者の数から適用年度開始の日の前日の雇用者（当期末において高年齢雇用者に該当する者を除きます。）の数を引いた数です。

③ 基準雇用者割合が10％以上であること

　　(注) 基準雇用者割合は、基準雇用者数を適用年度開始の日の前日雇用者（当期末において高年齢雇用者に該当する者を除きます。）の数で除した数です。

④ 給与等支給額が比較給与等支給額以上であること

　　(注) 給与等支給額とは、雇用者に対して支給する俸給、給料、賃金、歳費及び賞与並びにこれらの性格を有した給与の額をいいます。したがって、役員の特殊関係者や使用人兼務役員に対して支給する給与や、退職手当は除かれます。
　　　　また、比較給与等支給額とは、適用年度の前事業年度における給与等支給額に、その給与等支給額に雇用増加割合を乗じた金額の30％に相当する金額を加算した金額をいいます。

⑤ 雇用保険法第5条第1項に規定する適用事業を行っていること

4　提出書類

① 雇用促進計画……適用年度開始後2か月以内に本社・本店を管轄するハローワークに提出
② 雇用促進計画の達成状況の確認……適用年度終了後2か月以内に、本社・本店を管轄するハローワークに雇用促進計画の達成状況の確認をし、法人税の申告書に添付

上記の雇用促進計画は、適用年度開始後2か月以内に提出する必要がありますので、今回の質問ですと未提出と考えられますので、適用はできません。

Q3-18　所得拡大促進税制による税額控除

■雇用に関係する税制として、雇用促進税制の他にも所得拡大促進税制があると聞きました。雇用促進税制については、前期にこちらの都合により退職させた従業員がいたため要件が当てはまらなかったのですが、所得拡大促進税制であれば、適用可能かもしれません。内容を教えてください。

A　所得拡大促進税制とは、個人の所得水準を底上げする観点から、国内雇用者に対する給与等支給額を増加させた場合、当該支給増加額について、10％の税額控除を認めるものです。(個人事業主の場合は、所得税の額の10％（中小企業者等の場合は、20％）が限度となります。）これを適用するには、以下の2の要件を満たす必要があります。国内雇用者とは、法人の使用人（法人の役員の特殊関係者を除きます。）のうち国内事業所に勤務する雇用者をいいます。（措法10の5の4、42の12の4）

この制度は、雇用促進税制とは異なり、事業主都合による離職者がいる年度（①人員整理、事業の休廃止による解雇、②事業主の勧奨等による任意退職があった場合等）においても、適用可能ですので、他の要件を満た

していれば、適用は可能と思われます。

　なお、雇用促進税制とは選択適用になりますので、翌年度は、どちらが有利になるか、検討する必要があります。

1　対象となる法人等

　対象となるのは、青色申告書を提出する法人等です。なお、中小企業者等については、〔 Q3-17 　雇用促進税制による税額控除〕をご参照ください。

2　適用要件

① 　給与等支給額が基準事業年度の給与等支給額と比較して次のように増加していること

■給与支給増加率

年　度	平成25年度	平成26年度	平成27年度	平成28年度	平成29年度
増加率	2％	2％	3％	5％	5％

② 　給与等支給額が前事業年度の給与等支給額を下回らないこと

③ 　平均給与等支給額が前事業年度の平均給与等支給額を上回ること

（注1）　給与等支給額とは、各事業年度の所得の金額の計算上損金の額に算入される国内雇用者に対する給与等の支給額をいいます。
（注2）　国内雇用者とは、法人又は個人事業主の使用人のうち法人又は個人事業主の有する国内の事業所に勤務する雇用者（国内に所在する事業所につき作成された賃金台帳に記載された者）をいい、雇用者一般被保険者でない者も含みます。

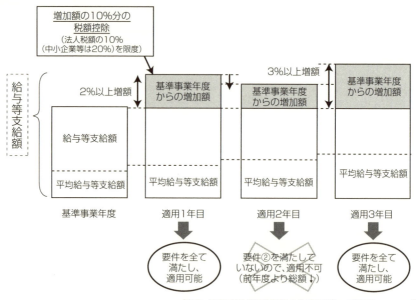

(出典：経済産業省「所得拡大促進税制のご活用について」)

3 基準事業年度

　基準事業年度とは、平成25年4月1日以後に開始する各事業年度のうち最も古い事業年度の直前の事業年度をいいます。例えば、平成25年4月1日より前に事業を行っている法人の場合には、平成25年3月31日が決算日となる事業年度となります。また、個人事業主の場合は、平成25年となります。

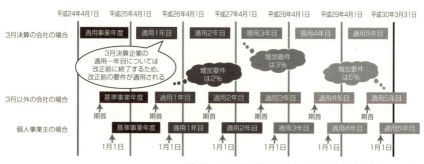

(参考：経済産業省「所得拡大促進税制のご活用について」)

4　平均給与等支給額

　平均給与等支給額とは、雇用者給与等支給額のうち継続雇用者に係る金額を、適用事業年度における給与等の月別支給対象者（当該適用事業年度に含まれる各月ごとの給与等の支給の対象となる継続雇用者）の数を合計した金額で除して計算した金額をいいます。また平均給与等支給額を計算するための給与等支給額は、継続雇用者に対する給与等になります。

　継続雇用者とは、適用年度及びその前事業年度において給与等の支給を受けた国内雇用者です。したがって、適用年度に新規で採用した者や、前事業年度で退職した者に対して支払った給与等については、計算には入れません。ただし、雇用保険法に規定する一般被保険者に限ります。高年齢者等の雇用の安定に関する法律に規定する継続雇用制度の対象である者として財務省令で定める者に対して支給したものを除きます。

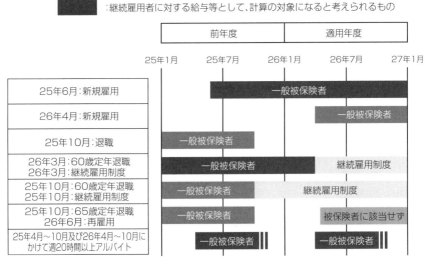

（出典：経済産業省「所得拡大促進税制のご活用について」）

5　適用期限

　法人の場合は、平成30年3月31日までの間に開始する事業年度です。また、個人事業主の場合は、平成30年までの各年です。

Q3-19 固定資産の減価償却費

■医療法人の理事ですが、固定資産を購入すると減価償却費が費用として計上されるということは知っていますが、詳しくわかっていません。基本的なことで今更聞けませんので教えてもらえませんか。

A

1 減価償却費の概要

医療機器などの固定資産を取得しますと1年で消費されるものは別にして、その効用は長期にわたり、利益を獲得するために貢献することになります。したがって、その期間にわたって費用配分することが企業会計上望ましいため、取得価額をその期間にわたって減価償却していく必要があります。

2 償却方法

償却方法には、主なものとして定率法と定額法があります。他にも生産高比例法、リース期間定額法などがありますが、ここでは主な償却方法を説明します。償却方法は選択できますので、有利な方法を採用することができます。

	定額法	定率法
特徴	償却費の額が原則として毎年同額となる償却方法 　個人医院では定率法を選択しない限り、定額法が採用されます。	償却費の額は初めの年ほど多く、年とともに減少する償却方法 　ただし、定率法の償却率により計算した償却額が「償却保証額」に満たなくなった年分以後は、毎年同額となります。 　医療法人では、定額法を選択しない限り、定率法が採用されます。ただし、建物については、平成10年4月1日以後に取得した場合には定額法を採用する必要があります。
計算方法	取得価額×定額法の償却率	未償却残高×定率法の償却率（以下「調整前償却額」といいます。） 　ただし、上記の金額が償却保証額に満たなくなった年分以後は次の算式によります。 　改定取得価額×改定償却率

(注1) 資産を年の中途で取得又は取壊しをした場合には、上記の金額を12で除しその年分において事業に使用していた月数を乗じて計算した金額になります。
(注2) 償却保証額とは、資産の取得価額に当該資産の耐用年数に応じた保証率を乗じて計算した金額をいいます。
(注3) 改定取得価額とは、調整前償却額が初めて償却保証額に満たないこととなる年の期首未償却残高をいいます。
(注4) 改定償却率とは、改定取得価額に対しその償却費の額がその後同一となるように当該資産の耐用年数に応じた償却率をいいます。

3　耐用年数

耐用年数とは、減価償却資産を利用することが可能な年数であり、減価償却資産の耐用年数等に関する省令に定められています。

医療用機器の耐用年数は、以下のような細目別に決められています。(減価償却資産の耐用年数等に関する省令別表第一「器具及び備品」8「医療機器」)

■医療機器の耐用年数

構造・用途	細目	耐用年数
医療機器	消毒殺菌用機器	4
	手術機器	5
	血液透析又は血しょう交換用機器	7
	ハバードタンクその他の作動部分を有する機能回復訓練機器	6
	調剤機器	6
	歯科診療用ユニット	7
	光学検査機器	
	ファイバースコープ	6
	その他のもの	8
	その他のもの	
	レントゲンその他の電子装置を使用する機器	
	移動式のもの、救急医療用のもの、自動血液分析器	4
	その他のもの	6
	その他のもの	
	陶磁器製・ガラス製のもの	3
	主として金属製のもの	10
	その他のもの	5

(1) 耐用年数の選択の特例

　病院、診療所等における診療用又は治療用の器具及び備品は、すべて別表第一の「器具及び備品」の「8 医療機器」に含まれたとしても、同表の「器具及び備品」の他の区分に特掲されているものについては、当該特掲されているものの耐用年数によることができます。（耐通2－7－13）これによれば、例えば、電気冷蔵庫であれば、「8 医療機器」であれば10年となりますが、「器具及び備品」の「1 家具、電気・ガス機器、家庭用品」の「電気冷蔵庫」であれば6年となりますので、より短い耐用年数を選択でき、償却を早期にすることが可能です。

(2) 耐用年数選択の留意点

　「8 医療機器」に含まれるものについての当該「8 医療機器」の区分の判定について、次のものについては規定されています。（耐通2－7－13）

　① ポータブル式のように携帯することができる構造の診断用（歯科用のものを含む。）のレントゲン装置は、「レントゲンその他の電子装置を使用する機器」の「移動式のもの」に該当します。

　　（注）レントゲン車に積載しているレントゲンは、レントゲン車に含めてその耐用年数を適用します。

　② 治療用、断層撮影用等のレントゲン装置に附属する電圧調整装置、寝台等は「レントゲンその他の電子装置を使用する機器」の「その他のもの」に含まれます。

　③ 歯科診療用椅子は、「歯科診療用ユニット」に含まれます。

　④ 医療用蒸留水製造器、太陽灯及びレントゲンフィルムの現像装置は、「その他のもの」に含まれます。

(3) 中古耐用年数について

　取得した資産が、中古資産にあたる場合には、中古資産の耐用年数、すなわち取得時点以降の見積耐用年数によって減価償却を行うことができます。しかし、残存耐用年数の見積りが困難なときは、以下のような方法で見積耐用年数を計算することができます。

① 耐用年数の全部を経過した資産の場合

見積耐用年数＝法定耐用年数×20％

② 耐用年数の一部を経過した資産の場合

見積耐用年数＝（法定耐用年数－経過年数）＋（経過年数×20％）

なお、この場合、計算上1年未満の端数は切捨てとし、2年に満たないときは2年となります。

例えば、簡便法で計算する場合、医療機械が中古資産であったとすると、当初購入した医療法人が事業の用に供した時からどのぐらい経っているかを把握する必要があります。経過年数が、4年3か月で、通常の耐用年数が8年の場合には、以下のとおりになります。

見積耐用年数：（8年－4.25（$\frac{4年と3か月}{12か月}$）年）＋4.25年×20％

　　　　　　＝4.6年　⇒　4年

4　償却費の計算

上記の2において償却方法を決定し、3において耐用年数を決定することで、減価償却の計算ができます。

例えば、取得価額1,000万円の機械で、償却方法は定率法、耐用年数が10年とすると、「減価償却費の償却率表」において、償却率が0.2と決定されます。なお、減価償却費は、事業の用に供した時点から決算日までの間で償却しますので、例えば3月決算で、6月に事業に使用した場合には10か月となり、$\frac{10}{12}$となります。ここでは、事業年度の最初の月に事業で使用したこととします。

計算式：1,000万円×0.2×$\frac{12}{12}$＝200万円

■医療機械取得時

借　　方		貸　　方	
機械装置	1,000万円	現金預金	1,000万円

■決算時における減価償却費

（事業年度の最初の月で取得、耐用年数は10年、定率法0.2）

借　方		貸　方	
減価償却費	200万円	機械装置 （減価償却累計額）	200万円

Q3-20　固定資産の金額基準

■応接用のソファーとテーブルのセットを購入しました。購入した応接セットの内容は以下のとおりです。すべて、30万円未満ですので、全額損金とできるでしょうか。

資産リスト	単　価	個　数
テーブル	250,000円	1
ソファー　3人掛け	150,000円	1
ソファー　1人掛け	100,000円	2

A

1　減価償却資産

　　固定資産のうち取得価額が10万円以上で耐用年数が1年以上のものを減価償却資産といいます。減価償却資産については、建物などの固定資産として貸借対照表上に計上する必要があります。

2　一括償却資産

　一括償却資産とは、取得価額が10万円以上20万円未満の減価償却資産が該当します。一括償却資産は、固定資産として計上することもできますが、3年間で均等額を損金算入することが可能です。また、一括償却資産は、事業年度の中途で取得し事業の用に供したとしても、固定資産の減価償却費の計算のように月割計算を行う必要がありません。

　例えば、12万円の一括償却資産を期の途中で取得し事業の用に供した場合には、当該事業年度の損金は4万円となります。

　この制度の適用となる法人等は、白色申告書を提出していても対象となります。（法令133の2、所令139）

3　少額減価償却資産

　少額減価償却資産とは、取得価額が30万円未満である減価償却資産で、少額減価償却資産を平成28年3月31日までに取得などして事業の用に供した場合には、一定の要件のもとに、その取得価額に相当する金額を損金の額に算入することができます。ただし、この特例の対象となる法人は、青色申告法人である中小企業者又は農業協同組合等に限られます。(措法67の5)　また、個人事業主も、青色申告書を提出し、かつ中小企業者であれば対象となります。(措法28の2)

〈一定の要件〉

　適用を受ける事業年度における少額減価償却資産の取得価額の合計額が300万円（事業年度が1年に満たない場合には300万円を12で除し、これにその事業年度の月数を掛けた金額。月数は、暦に従って計算し、1月に満たない端数を生じたときは、これを1月とします。）を超えるときは、その取得価額の合計額のうち300万円に達するまでの少額減価償却資産の取得価額の合計額が限度となります。

　あなたの医療法人が中小企業者にあたるのであれば、30万円未満のものは合計300万円までは損金算入できることになり、今回の応接セットはすべて損金算入できることになるように思えますが、応接セットは、テーブルだけあるいはソファーだけでは機能を果たせず、1セットで初めて効用を果たすものですので、合計65万円で判定する必要があります。したがって、全額固定資産として計上する必要があります。

Q3-21 医療機器の特別償却と税額控除

■医療機器を購入しました。特別償却や税額控除を適用すれば、節税になると聞いたのですが、どのような制度でしょうか。

A 特別償却とは、通常の減価償却である普通償却とは別に、措税特別措置法に基づいて政策上の目的から減価償却を加算して行うというものです。これにより、損金の額に算入する時期を早めることができます。一方、税額控除とは、課税所得金額に税率を乗じて算出した所得税額から、一定の金額を控除するものであり、特別償却とは異なり、税金の累計額が削減されます。

〈特別償却について〉

特別償却の適用要件はおおむね次のようになっています。
① 対象は、青色申告書を提出する法人あるいは個人医院
② 指定期間内に特別償却等の対象となる資産を取得等し、事業の用に供していること
③ 償却限度額の明細書及び付表を確定申告書等に添付すること
なお特別償却不足額は、1年間繰り越すことができます。

1 医療用機器等の特別償却

青色申告書を提出する法人で医療保健業を営むものが、平成27年3月31日までに、(1)医療用の機械及び装置並びに器具及び備品（政令で定める規模のものに限ります。）のうち、高度な医療の提供に資するもの又は先進的なものとして政令で定める減価償却資産、(2)医療の安全の確保に資する機械及び装置並びに器具及び備品のうち政令で定める減価償却資産（「医療用機器等」）でその製作の後事業の用に供されたことのないものを取得し、又は医療用機器等を製作して、これを当該法人の営む医療保健業の用に供した場合（所有権移転外リース取引により取得した当該医療用機器等をその用に供した場合を除きます。）には、その用に供した日を含む事業

年度の当該医療用機器等の償却限度額は、当該医療用機器等の普通償却限度額と特別償却限度額との合計額となります。(措法45の２①、措令28の10①) なお、青色申告書を提出する個人医院も適用を受けることが可能です。(措法12の２、措令６の４)

特別償却限度額は、(1)についてはその取得価額の$\frac{12}{100}$に相当する金額、(2)についてはその取得価額の$\frac{16}{100}$に相当する金額となります。

(1) 高度な医療の提供に資する医療機器又は先進的なものとして政令で定める医療機器（措令６の４②、28の10②） ① 高度な医療の提供に資するものとして厚生労働大臣が財務大臣と協議して指定するもの ② 薬事法に規定する高度管理医療機器、管理医療機器又は一般医療機器で、厚生労働大臣が指定した日の翌日から２年を経過していないもの（①に掲げるものは除きます。）
(2) 医療の安全の確保に資する機械及び装置並びに器具及び備品で政令で定める減価償却資産（措令６の４③、28の10③） 医療に係る事故を防止する機能を有する人工呼吸器その他の医療の安全の確保に著しく資する機械及び装置並びに器具及び備品として厚生労働大臣が財務大臣と協議して指定するものとする。

なお、(1)については、１台又は１基（通常１組又は１式をもって取引の単位とされるものにあっては、１組又は１式とします。）の取得価額が500万円以上の医療用の機械及び装置並びに器具及び備品が対象となります。(措令６の４①、28の10①)

(計算例)

当期中に他の医療機器を取得しなかったものとして計算します。

・高度な医療の提供に資する医療用機器

取得価額500万円、耐用年数８年、定率法（0.25）、事業年度の７か月目で取得

普通償却　　　500万円 × 0.25 × $\frac{6}{12}$ ＝ 62.5万円
特別償却　　　500万円 × $\frac{12}{100}$　　　　＝ 60万円
　　　　　　　　　　　　　　　　　　計　122.5万円

2　生産性向上設備投資促進税制

　事業者の生産性の向上を図る等のため平成26年度税制改正により生産性向上設備投資促進税制が創設されました。(措法10の5の5、42の12の5)

　この制度は、青色申告をしている法人及び個人が対象となり、対象となる業種に制限はありません。したがって、医療法人も個人医院も対象となります。

　対象となる資産は、A類型である「先端設備」又はB類型である「生産ラインやオペレーションの改善に資する設備」であり、以下のように整理されます。

① 　先端設備（A類型）

減価償却資産の種類	対象となるものの用途又は細目
機械及び装置	全て
工具	ロール
器具及び備品（⑥については、中小企業者等の場合に限ります。(注)）	①試験又は測定機器 ②陳列棚及び陳列ケースのうち、冷凍機付又は冷蔵機付のもの ③冷房用又は暖房用機器 ④電気冷蔵庫、電気洗濯機その他これらに類する電気又はガス機器 ⑤氷冷蔵庫及び冷蔵ストッカー（電気式のものを除く。） ⑥サーバー用の電子計算機（電子計算機の記憶装置にサーバー用のオペレーティングシステム（OS）が書き込まれたもの及びOSと同時に取得又は製作をされるものに限る。）
建物	断熱材及び断熱窓
建物附属設備	①電気設備（照明設備を含み、蓄電池電源設備を除きます。） ②冷房、暖房、通風又はボイラー設備 ③昇降機設備 ④アーケード又は日よけ設備（ブラインドに限る。） ⑤日射調整フィルム
ソフトウエア（中小企業者等の場合に限ります。）	設備の稼働状況等に係る情報収集機能及び分析・指示機能を有するもの

(注)　情報通信業のうち自己の電子計算機の情報処理機能の全部又は一部の提供を行う事業を行う法人は除きます。

　A類型である「先端設備」は、以下のイ及びロの要件のいずれにも該当

する設備です。（経済産業省関係産業競争力強化法施行規則5①）

　　イ　最新モデル要件（設備等ごとに販売開始年度内で最新モデル又は販売開始年度が取得等年度若しくはその前年度であるモデルであること）

　　ロ　生産性向上要件（旧モデル比で生産性指標（生産効率、エネルギー効率、精度等をいいます。）が年平均1％以上向上していること）

②　生産ラインやオペレーションの改善に資する設備（B類型）

設備種類	用途又は細目
機械装置	全て
工具	全て
器具備品	全て（注）
建物	全て
建物附属設備	全て
構築物	全て
ソフトウエア	全て

（注）　器具備品のうち、サーバー用の電子計算機については、情報通信業のうち自己の電子計算機の情報処理機能の全部又は一部の提供を行う事業を行う法人が取得又は製作するものを除きます。

　B類型である「生産ラインやオペレーションの改善に資する設備」は、事業者が策定した投資計画（投資利益率が15％以上（中小企業者等は5％以上）となることが見込まれるものであることにつき経済産業大臣（経済産業局）の確認を受けたものに限ります。）に記載された投資の目的を達成するために必要不可欠な設備です。（経済産業省関係産業競争力強化法施行規則5②）また、経済産業大臣の確認を受ける前に、その投資計画案の確認を公認会計士又は税理士に依頼し、事前確認書を発行してもらいます。これらは、全て購入前の事前の計画段階で行う必要があります。

　上記のA類型又はB類型のうち、対象となる設備は、次の「取得価額要件」を満たす設備です。これらのいずれかひとつ以上を新品の生産設備として取得した場合で、本社のみ機能を有する建物、寄宿舎・福利厚生等施設、

事務用器具備品等ではないことが条件です。

なお、A類型は、「設備の種類」「用途又は細目」のレベルまで限定されており、医療用機器については、器具備品に該当するものがありませんので適用できません。一方、B類型は、設備の内容は、「設備の種類」のレベルまでですので、器具備品のすべてが対象品目となることから、適用の可能性があります。

■取得価額要件

	取得価額要件（①又は②のいずれかを満たしているものであること）	
	①1台若しくは1基又は一の取得価額	②1台若しくは1基又は一の取得価額及び一事業年度における取得価額の合計額
機械及び装置	1台又は1基の取得価額が160万円以上のもの	—
工具	1台又は1基の取得価額が120万円以上のもの	1台又は1基の取得価額が30万円以上で、かつ、一事業年度における取得価額の合計額が120万円以上のもの
器具及び備品	同　　上	同　　上
建物	一の取得価額が120万円以上のもの	—
建物附属設備	同　　上	一の取得価額が60万円以上で、かつ、一事業年度における取得価額の合計額が120万円以上のもの
構築物	同　　上	—
ソフトウェア	一の取得価額が70万円以上のもの	一の取得価額が30万円以上で、かつ、一事業年度における取得価額の合計額が70万円以上のもの

対象設備に該当した場合には、平成26年1月20日から平成29年3月31日までに取得等（貸付けを除きます。）をし、かつ、事業の用に供した場合について、その事業の用に供した日を含む事業年度（平成26年1月20日から平成26年3月31日の間に終了する事業年度内に取得等した場合は除きます。）において以下の表の特別償却又は税額控除の適用を受けることがで

きます。

(平成26年1月20日から平成28年3月31日まで)

	建物及び構築物	建物及び構築物以外
特別償却	即時償却	即時償却
税額控除	取得価額の3％相当額	取得価額の5％相当額

(平成28年4月1日から平成29年3月31日まで)

	建物及び構築物	建物及び構築物以外
特別償却	取得価額の25％相当額	取得価額の50％相当額
税額控除	取得価額の2％相当額	取得価額の4％相当額

3　特別償却を受ける場合の留意点

　例えば3月31日決算の法人が特別償却対象資産を購入し、その事業年度において損金経理を行い確定申告した場合で、その資産の請求書は3月31日付であったが実際に納品されたのは翌事業年度の4月1日だったとします。その後、翌々事業年度の税務調査により、事業供用日は実際に納品された翌事業年度であることが判明しますと、この特別償却は否認されます。このように、決算間近に特別償却の対象資産を取得した場合には、事業供用日を証明するような資料を整備しておくことも重要です。例えば、測定装置関係の医療機器でしたら、その機器での測定結果を示したグラフ、表などで作成日付の確認できるものなどです。

　また、受けようとする特別償却等と提出する別表が一致しているかの確認も必要です。

　さらに、医療用機器等の特別償却と生産性向上設備投資促進税制の併用はできません。

　なお、特別償却等が適用できるか否かは、購入に際してメーカーなどに確認しておきましょう。

〈税額控除について〉
 1　中小企業投資促進税制
　中小企業投資促進税制の税額控除を受けるためには、青色申告書を提出する従業員1,000人以下かつ資本金の額若しくは出資金の額が3,000万円以下の法人又は農業協同組合等法人であることが必要です。また、青色申告書を提出する個人医院も適用を受けることが可能ですが、中小企業者に限られます。

　また、対象設備も限定されており、以下のようになっています。

■対象設備一覧（医療法人に関係のある設備）（措法42の6、措令27の6、措規20の3）

機械及び装置	1台又は1基の取得価額で160万円以上（注）
工具器具及び備品	事務処理の能率化、製品の品質管理の向上等に資する次に掲げるいずれかのもので、1台又は1基の取得価額で120万円以上（注） ・測定工具及び検査工具 ・電子計算機 ・インターネットに接続されたデジタル複合機 ・試験又は測定機器
ソフトウェア	ソフトウェア（複写して販売するための原本、開発研究用のもの又はサーバー用のオペレーティングシステムのうち一定のものなどは除きます。以下同じです。）で次に掲げるいずれかのもの ・一のソフトウェアの取得価額が70万円以上のもの ・その事業年度において事業の用に供したソフトウェアの取得価額の合計額が70万円以上のもの

（注）　通常1組又は1式をもって取引の単位とされるものにあっては、1組又は1式とされます。

 2　要件の検討
　例えばMRIは、非常に高価なものですが、減価償却資産の耐用年数等に関する省令別表第一「器具及び備品」の「8　医療機器」にあたります。したがって、上記の表で工具器具及び備品となり、該当するものはありませんので、残念ながら中小企業投資促進税制による税額控除は受けることができません。しかしながら特別償却を行うことは可能です。なお、〈**特別償却について**〉で記述した「**2　生産性向上設備促進税制**」による税額控除を受けることは可能です。

Q3-22 高級車の減価償却

■診療所を営んでいます。往診を目的に高級車を購入したのですが、その減価償却費は経費として認められますか。また医療法人の場合はどうでしょうか。

A　1　個人病院、診療所の場合

　　往診に高価な外車が必要かどうかということになりますと難しい問題ですが、ただ単に往診だけでなく、学会、研修会、その他の行事などに行く場合、高級車の方が、乗り心地がよく体も疲れないので、その後の診療に差し支えないなどの理由がつく場合は、減価償却費として認めてもらえることもあります。

2　医療法人の場合

　病院と関係ない普通の株式会社などでは、高級車を会社の資産として計上して、重役などが業務に使用することが、より能率的な場合があります。病院でも同じように考えていいと思われます。

　ただし、院長、理事長が私用で使う時などは、それ相当な使用料を法人に支払うなどする方が望ましいでしょう。

Q3-23 クレームのついた医療機器を安く購入した場合

■知人が経営している業者から、一度他に販売した医療機械で一度も使用せずにクレームのついたものがあり、定価の半値以下で売ってくれるという話がありました。この場合の取得価額や耐用年数は、どうしたらいいのでしょうか。

1 取得価額

ご質問の場合の取得価額は、次のように取り扱われます。

何の原因もなく定価の半値以下で購入したのであれば、個人の場合は贈与、法人の場合は受贈益という問題がありますが、ご質問の場合は、業者側が、クレームがあったことにより、定価の半値以下の金額が時価であると判断したことになりますので、「購入価額＝取得価額」と処理しても問題はないでしょう。

2 耐用年数

耐用年数は、この機械の現状をみてクレームがついたものでも、新品に変わりなく、新品の耐用年数を使う必要があるでしょう。ただし、一度使用した後のクレームであれば、中古資産としての耐用年数を使うことができます。

Q3-24 救急車を無償で譲り受けた場合

■この度、救急病院を開きましたが、友人が経営している病院で1台救急車が余っているので使わないかという申し出を受けました。無償で譲り受ける場合と無償で借りる場合の処理を教えてください。

A　1　無償で譲り受ける場合

この場合、ご質問者が個人病院か医療法人かで取扱いが違いますので、具体的に仕訳で説明します。

中古自動車の再調達価格は130万円とします。（簿価150万円）

個人病院の場合

【当方の処理】

130万円の自動車を贈与されたとみなしますので贈与税がかかります。

（1,300,000円 − 1,100,000円（基礎控除））× 10％ = 20,000円

・会計処理

車両　1,300,000円／事業主借　1,300,000円

減価償却費　217,100円／車両　217,100円

車両については、時価で資産に計上し、原則として定額法で償却します。

上記は、1月に取得したものとしています。（耐用年数6年、償却率0.167）

【相手方の処理】

・個人の場合

事業主貸　1,500,000円／車両　1,500,000円

・医療法人の場合

寄附金　1,300,000円／車両　1,500,000円
譲渡損　200,000円／

（寄附金損金不算入の限度額の計算が必要）

187

医療法人の場合

【当方の処理】

130万円の自動車を受贈しましたので、次の仕訳になります。

車両　1,300,000円／受贈益　1,300,000円

減価償却費　432,900円／車両　432,900円

車両については、時価で資産に計上し、原則として定率法で償却します。

上記は、期首に取得したものとしています。（耐用年数6年、償却率0.333）

【相手方の処理】

・個人の場合　個人病院の場合と同じ

・医療法人の場合　個人病院の場合と同じ

2　無償で借りる場合

1年間の通常レンタル料は40万円／年、3年6か月間借りるとします。

個人病院の場合

【当方の処理】

毎年40万円の贈与となりますが、初年度に全額を贈与したとみなされます。

（1,400,000円 − 1,100,000円（基礎控除））× 10％ ＝ 30,000円

【相手方の処理】

・個人の場合　税務上問題なし

・医療法人の場合

　寄附金　400,000円／雑収入　400,000円

　（寄附金損金不算入の限度額の計算が必要）

医療法人の場合

【当方の処理】

賃借料　400,000円／雑収入　400,000円

【相手方の処理】
・個人の場合　税務上問題なし
・医療法人の場合
　寄附金　400,000円／雑収入　400,000円
　（寄附金損金不算入の限度額の計算が必要）

Q3-25　サービス付き高齢者向け賃貸住宅の建設

■最近、同業者がサービス付き高齢者向け賃貸住宅の運営を始めているという話を聞きますが、サービス付き高齢者向け賃貸住宅とはどのようなものでしょうか。

A

1　サービス付き高齢者向け賃貸住宅

サービス付き高齢者向け賃貸住宅とは、高齢者の居住の安定を確保することを目的として、バリアフリー構造等を有し、介護・医療と連携し高齢者を支援するサービスを提供する高齢者向け住宅のことです。

高齢化が急速に進む中で、高齢の単身者や夫婦のみの世帯が増加しており、介護・医療と連携して高齢者を支援するサービスを提供する住宅を確保することが極めて重要である一方、これらのサービス付きの住宅の供給が欧米各国に比べて立ち後れています。

これらのサービス付き住宅の供給促進のため、建設費の補助や税制優遇措置等が設けられています。

2　サービス付き高齢者向け賃貸住宅の建設費補助

サービス付き高齢者向け賃貸住宅の供給促進のため、住宅・施設の建設・改修費に対して、国が民間事業者・医療法人・社会福祉法人・NPO等に直接補助を行います。

補助額	建設費の$\frac{1}{10}$、改修費の$\frac{1}{3}$（上限1戸あたり100万円）
主な要件	・サービス付き高齢者向け住宅に10年以上登録すること ・入居者の家賃が近傍同種の住宅の家賃とバランスがとれていること ・家賃等の徴収方法は前払方式に限定されていないこと ・事業に要する資金の調達が確実であること

3　サービス付き高齢者向け賃貸住宅に係る税制優遇

　平成27年3月31日まで（所得税・法人税については平成28年3月31日まで）の間に、サービス付き高齢者向け賃貸住宅を新築又は取得した場合、所得税・法人税の割増償却、固定資産税の減額、不動産取得税の軽減措置が適用されます。

		所得税・法人税	固定資産税	不動産取得税
内容		5年間割増償却40%（耐用年数35年未満のものは28%） ※ただし、平成27年4月1日から平成28年3月31日までの間に取得等したものの割増償却率は半分	5年間税額を$\frac{2}{3}$軽減（土地は含みません）	家屋：課税標準から1,200万円控除／戸 土地：家屋の床面積の2倍にあたる土地面積相当分の価額等を減額
主な要件	床面積	25㎡以上／戸（専用部分のみ）	30㎡以上／戸（共用部分含む）	30㎡以上／戸（共用部分含む）
	戸数	10戸以上	5戸以上	5戸以上
	構造	―	主要構造部が耐火構造又は準耐火構造であること　等	主要構造部が耐火構造又は準耐火構造であること　等
	その他	―	国又は地方公共団体から建設費補助を受けていること	国又は地方公共団体から建設費補助を受けていること

4　建設費の融資

　「サービス付き高齢者向け住宅」としての登録を受ける賃貸住宅の建設に必要な資金、当該賃貸住宅に係る改良に必要な資金又は当該賃貸住宅とすることを目的とする中古住宅の購入に必要な資金については、住宅金融支援機構から融資を受けることができます。

5　サービス付き高齢者向け住宅の登録

　上記の建設費補助や優遇税制の適用、住宅金融支援機構からの融資を受けるためには、サービス付き高齢者向け住宅について、都道府県・政令市・中核市の住宅部局や福祉部局、又は指定された登録機関で登録手続きを行っておく必要があります。

　申請するには、インターネットにてあらかじめ「サービス付き高齢者向け住宅情報提供システム」にアクセスして登録事項を入力し、プリントアウトした申請書を持参して各自治体の登録窓口に申請することになります。

（参　考）
サービス付き高齢者向け住宅情報提供システム（http://www.satsuki-jutaku.jp）

Q3-26　資本的支出と修繕費

■決算で利益が出そうなため病院の修繕をしようと考えています。全額修繕費にしようと思いますが、問題ないでしょうか。修繕の内容は、①屋根の修理50万円、②外壁の修理及び防水加工（防水加工については、最新のもので、修繕前の防水能力を超えています。）300万円となっています。

A

1　資本的支出・修繕費判定フローチャート

　資本的支出と修繕費の区分は、法人税基本通達の7－8－1から7－8－6までにご質問にある金額による判定方法が示されています。これらの規定を資本的支出・修繕費判定フローチャートとして反映すると次ページのフローチャートとなります。また、個人医院の場合は、所得税基本通達37－10から37－14までに規定されています。

資本的支出・修繕費判定フローチャート

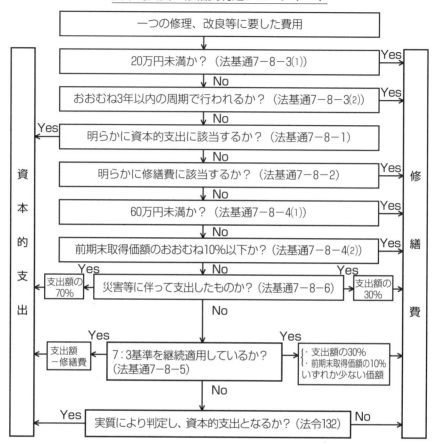

(注) 7:3基準とは、法人が、継続してその金額の30％相当額とその修理、改良等をした固定資産の前期末における取得価額の10％相当額とのいずれか少ない金額を修繕費とし、残額を資本的支出とする経理をしているときは、これを認めるという基準です。

2 判定

ご質問の①の屋根の修理は、明らかに修繕費であれば修繕費となりますが、明らかでない場合でも金額が50万円ですので、修繕費での計上が可能です。また、②の外壁の修理及び防水加工については、修繕費と資本的支出の部分が混在していると思われます。金額を300万円と60万円を超えていますので、前期末取得価額により判定し10％を超え、また7:3基準を

継続して行わないのであれば、資本的支出に該当することになります。

3 個人事業主

個人事業主についても、基本通達により同様な資本的支出・修繕費判定フローチャートを作成することができます。

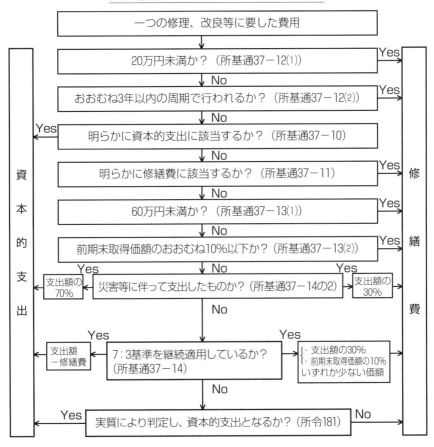

資本的支出・修繕費判定フローチャート

Q3-27 ホームページの制作費用

■病院のPRのためにホームページを制作しようと考えています。ホームページの作成業者に依頼したところ50万円程度の費用がかかるとのことでした。このホームページの制作費用は、ソフトウェアに計上すればいいのでしょうか。

A 通常、ホームページは企業や新製品のPRのために制作されるものであり、その内容は頻繁に更新されるため、開設の際の制作費用の支出の効果が1年以上には及ばないと考えられますので、原則として、その支出時の費用として、損金の額に算入することができます。したがって、ホームページの内容が更新されないまま使用期間が1年を超える予定である場合には、その制作費用は、使用期間に応じて均等償却することになります。

ただし、制作費用の中にプログラムの作成費用（例えば、データベースとアクセスできる機能や病院の予約機能など）が含まれるようなホームページについては、その制作費用のうちプログラムの作成費用に相当する金額は無形減価償却資産（ソフトウェア）として耐用年数「5年」を適用して償却することとなります。したがって、業者からの見積りや請求のときに、ホームページそのものの制作費用とプログラム制作費用の金額を明確に分けてもらった方がよいでしょう。

Q3-28 ゴルフ会員権の税務

■業務上利用するためゴルフ会員権を法人会員として購入しました。購入費として610万円ほど支払いましたが、その内容は、預託金200万円、入会金300万円、年会費10万円及び名義書換料が100万円でした。これらは、どのように会計処理したらよいのでしょうか。

A 業務上利用するということですので、それを前提に説明します。もし、業務上ではないならば、すべて個人に対する現物給与になります。

まず、預託金については、退会時に返還されますので、資産計上する必要があります。次に、入会金についても、返還はされませんが当期の費用にはできませんので、資産計上する必要があります。年会費については交際費として取り扱われます。最後に名義書換料ですが、入会時には、資産計上する必要があります。ただし、医療法人内で理事の退任などでゴルフ会員権を使用する方を変更する場合にも名義を書き替えることになりますが、その場合には交際費で処理することになります。

業務上利用する場合の会計上の仕訳は以下のようになります。

内 容	借 方		貸 方	
預 託 金	ゴルフ会員権（資産）	200万円	現金預金	200万円
入 会 金	ゴルフ会員権（資産）	300万円	現金預金	300万円
年 会 費	交際費	10万円	現金預金	10万円
名義書換料	ゴルフ会員権（資産）	100万円	現金預金	100万円

なお、個人事業主についても業務上利用するのであれば、年会費については交際費として費用処理します。

Q3-29 医師会の会合費・ロータリークラブの会費

■所属医師会の会合費や他の医師との交際費、ロータリークラブの会費などは、税務上、医療法人の必要経費になりますか。

A

1 税務上必要経費となるもの

税務上必要経費になるか否かは、その支出が業務遂行上必要か否かで判断され、必要であれば交際費として必要経費となります。

ただし、ロータリークラブについては結果的に事業に関連することになったとしても、通常は、業務上必要とはいえませんので、必要経費にならない可能性が高いといえます。なお、個人医院についても業務上必要な支出かどうかが判断基準になります。

具体的に業務上必要になるのは、

① 医師の紹介を受けるための大学医局との交際費
② 医師会の会議後の懇談会等の費用
③ 他の医師との医療知識・技術・情報等の交換のための飲食費
④ ゴルフクラブの年会費・プレーフィーのうち、業務上必要と認められるもの

などがあります。

2 税務上必要経費とならないもの

次のようなものは個人支出であり、必要経費とはされません。

① 単なる出身大学医局との交際費用
② 業務上必要のないゴルフクラブの入会金
③ 業務上必要のないゴルフクラブの年会費・プレーフィーなど
④ 業務上必要のないロータリークラブ等の入会金・経常会費など

その他、法人において渡切交際費等(精算しないもの)はその本人に対する給与となります。

Q3-30 リース取引

■今回購入するCTスキャンは大変高額のため、リース（ファイナンス・リース）を利用しようと考えています。税務上は、どのような処理になりますか。

A 税務上、リース取引については、賃貸人から賃借人へリース資産を引き渡す時にリース資産の売買があったものとして、各事業年度若しくは各年分の所得の金額を計算します。（法法64の2①、所法67の2①）減価償却方法については、所有権移転ファイナンス・リースであれば、定額法、定率法等の他の減価償却資産と同様な減価償却方法になります。所有権移転外ファイナンス・リースであれば、リース期間定額法によることになります。

1 リース取引の種類

税務上、リース取引とは、資産の賃貸借（所有権が移転しない土地の賃貸借その他の政令で定めるものを除きます。）で、次に掲げる要件に該当するものをいいます。（法法64の2③、所法67の2③）なお、これは、会計上のファイナンス・リース取引に当たります。

① 当該賃貸借に係る契約が、賃貸借期間の中途においてその解除をすることができないものであること又はこれに準ずるものであること。
② 当該賃貸借に係る賃借人が当該賃貸借に係る資産からもたらされる経済的な利益を実質的に享受することができ、かつ、当該資産の使用に伴って生ずる費用を実質的に負担すべきこととされているものであること。

また、税務上のリースには、所有権移転リースと所有権移転外リースがあります。所有権移転外取引リースとは、以下のいずれかに該当するもの（これらに準ずるものを含みます。）以外のものです。（法令48の2、所令120の2）
① リース期間終了の時又はリース期間の中途において、当該リース取引

に係る契約において定められている当該リース取引の目的とされている資産(以下「目的資産」といいます。)が無償又は名目的な対価の額で当該リース取引に係る賃借人に譲渡されるものであること。
② 当該リース取引に係る賃借人に対し、リース期間終了の時又はリース期間の中途において目的資産を著しく有利な価額で買い取る権利が与えられているものであること。
③ 目的資産の種類、用途、設置の状況等に照らし、当該目的資産がその使用可能期間中当該リース取引に係る賃借人によってのみ使用されると見込まれるものであること又は当該目的資産の識別が困難であると認められるものであること。
④ リース期間が目的資産の法人税法施行令第56条若しくは所得税法施行令第129条(減価償却資産の耐用年数、償却率等)に規定する財務省令で定める耐用年数に比して相当短いもの(当該リース取引に係る賃借人の法人税若しくは所得税の負担を著しく軽減することになると認められるものに限ります。)であること。

なお、税務上のリース取引とは、ファイナンス・リース取引のみですので、オペレーティング・リース取引は、税務上のリース取引には含まれていません。

2 所有権移転外ファイナンス・リース

ファイナンス・リースは、売買処理となりますので、借り手側では資産計上され減価償却費として経理処理され費用化されることになります。したがって、原則としては、定額法や定率法など他の減価償却資産と同様の減価償却方法によることになります。ただし、所有権移転外ファイナンス・リース取引については、リース期間定額法により減価償却することになります。(法令48の2①Ⅵ、所令120の2①Ⅵ) リース期間定額法を採用することによって、おおむね、賃貸借処理と変わらない仕組みとなっています。リース期間定額法は、当該リース資産の取得価額を当該リース資産のリース期間の月数で除して計算した金額に当該事業年度における当該リース期間の月数を乗じて計算した金額を各事業年度若しくは各年分の償却限度額として

償却する方法をいいます。ただし、医療法人がリース料を賃借料等として損金経理した場合には、その金額は償却費として損金経理した金額に含まれます。(法令131の2③) 個人医院の場合、所得税には同様な規定はありませんが、実際、賃借料がリース期間定額法で計算した金額と原則的に同額となり、減価償却費は経理の仕方にかかわらず必要経費に算入されるため賃借料として計上しても、減価償却費として必要経費になります。

Q3-31 台風等による災害で支払う寄附金

■8月の台風による地盤崩れで、病院に所在する町が被害を受けました。そこで当病院からも、一日も早く町が元通りになるように町へ寄附しようと思っています。その寄附金は費用として認めてもらえますか。

1　所得税・法人税での寄附金の取扱い

　所得税・法人税での寄附金の取扱いをまとめると以下のとおりです。

寄附金の区分	国・地方公共団体に対する寄附金	指定寄附金	特定公益増進法人に対する寄附金	認定特定非営利活動法人等に対する寄附金	一般寄附金
	〈例〉 ・公立高校 ・公立図書館 など	公益を目的とする事業を行う法人等に対する寄附金で公益の増進に寄与し緊急を要する特定の事業に充てられるもの 〈例〉 ・国宝の修復 ・オリンピックの開催 ・赤い羽根の募金 ・私立学校の教育研究等 ・国立大学法人の教育研究 など	特定公益増進法人に対する寄附金で法人の主たる目的である業務に関連するもの 【特定公益増進法人】 ・独立行政法人 ・一定の地方独立行政法人 ・日本赤十字社 など ・公益社団・財団法人 ・学校法人 ・社会福祉法人 ・更生保護法人	ただし、特定非営利活動に係る事業に関連するものに限る	

所得税	所得控除	控除限度額：寄附金※－2千円　※総所得の40%を限度				なし。ただし、特定寄附金については同左
	税額控除	なし			控除限度額： (寄附金※－2千円)×40% (ただし、所得税額の25%を限度) ※総所得の40%を限度 (注1)	なし。ただし、政党等寄附金等については同左
法人税		全額損金算入			以下を限度として損金算入 (資本金等の額の0.375%＋所得金額の6.25%)×$\frac{1}{2}$ (注2)	以下を限度として損金算入 (資本金等の額の0.25%＋所得金額の2.5%)×$\frac{1}{4}$

(注1) 特定公益増進法人の中で所得税の税額控除の対象となるのは、公益社団・財団法人、学校法人、社会福祉法人、更生保護法人のうち、一定の要件(パブリック・サポート・テストや情報公開の要件)を満たすものに限られます。
(注2) 特定公益増進法人及び認定特定非営利活動法人等に対して法人が支出した寄附金のうち損金算入されなかった部分については、一般寄附金とあわせて(資本金等の額の0.25%＋所得金額の2.5%)×$\frac{1}{4}$を限度として損金算入されます。
(注3) 事業年度は1年とします。
(注4) 学校の入学に関するもの、その寄附をした者が、その寄附によって設けられた設備を専属的に利用することその他特別の利益がその寄附をした者に及ぶと認められるものについては寄附金控除の対象外となります。

(参考:財務省ホームページ)

医療法人の場合は、持分の定めのある医療法人と持分の定めのない医療法人(社団医療法人、財団医療法人、特定医療法人等)の損金算入額(損金算入限度額)の計算が異なりますので、注意が必要です。

■持分の定めのある医療法人

国、地方公共団体への寄附金、指定寄附金の金額	全額損金算入
特定公益増進法人等に対する寄附金	① 寄附金額 ② (資本金等の額×$\frac{月数}{12}$×0.375%＋当期の所得金額の6.25%)×$\frac{1}{2}$ ①と②で低い方の金額を損金算入限度額として損金算入
一般寄附金	(資本金等の額×$\frac{月数}{12}$×0.25%＋当期の所得金額の2.5%)×$\frac{1}{4}$ で計算された金額を損金算入限度額として損金算入

(注) 当期の所得金額＝別表四仮計(別表四22欄①)＋支出寄附金の全額(法令77の2②③)

■持分の定めのない医療法人(社団医療法人、財団医療法人、特定医療法人等)

国、地方公共団体への寄付金、指定寄附金の金額	全額損金算入
特定公益増進法人等に対する寄附金	当期の所得金額の6.25% 上記の金額を損金算入限度額として損金算入
一般寄附金	当期の所得金額の1.25% 上記の金額を損金算入限度額として損金算入

(注) 当期の所得金額＝別表四仮計(別表四22欄①)＋支出寄附金の全額(法令77の2②③)

■社会医療法人(社団医療法人、財団医療法人、特定医療法人等)

国、地方公共団体への寄付金、指定寄附金の金額	全額損金算入
特定公益増進法人等に対する寄附金	当期の所得金額の6.25% 上記の金額を損金算入限度額として損金算入
一般寄附金	① 当期の所得金額の50% ② 年200万円 ①と②で多い方の金額を損金算入限度額として損金算入

(注) 当期の所得金額=別表四仮計(別表四22欄①) + 支出寄附金の全額(法令77の2②③)

2 地方公共団体に対する寄附金

病院の所在する町の復旧のための寄附金ですが、第一に地方公共団体へ寄附することが考えられます。

ただし、この場合、地方公共団体の方では、一般会計の歳入に受け入れることとなり、どの地区の災害復旧に使用してほしいという要望は通らなくなります。

(1) 個人病院における税法上の取扱い

個人病院では、この寄附金は特定寄附金に該当します。

支出した寄附金の額が200万円、総所得が2,000万円としますと、

　A　200万円

　B　$2,000万円 \times \frac{40}{100} = 800万円$

　A、Bのうちいずれか少ない額→200万円

200万円-0.2万円=199.8万円が所得控除になります。

(2) 医療法人における税法上の取扱い

医療法人では、この寄附金は国又は地方公共団体への寄附金に該当します。

支出した寄附金が200万円としますと、その全額が損金算入となります。これは、持分のある医療法人でも持分のない医療法人でも同一です。

3 被災した町内会などへの寄附

地方公共団体に対して寄附するほかに、災害のあった町の町内会や復興

に力を貸している団体などに寄附することが考えられます。

この場合、寄附の趣旨に沿った活用をしてもらえる反面、税務上の取扱いは厳しくなります。

(1) 個人病院における税法上の取扱い

この寄附金は特定寄附金には該当しないため、寄附金控除は受けられません。所得税法では、個人においては経費性の寄附金はまれであるという考え方のもと、特に法令などでは定めていません。例えば、所属している商店街の祭りなどのための寄附は、事業の遂行上必要ということで、必要経費として認められるでしょう。しかし、お尋ねのような場合、その経営されている病院と地域の結びつきという説明で、この災害復興のための寄附金が経費性の寄附金と認められるのは、極めて難しいでしょう。

したがって、このような寄附の場合、個人病院では、必要経費の寄附金にも寄附金控除の対象たる寄附金にもならないことも考えられますので、注意が必要です。

（特定寄附金の範囲）

① 国又は地方公共団体に対する寄附金
② 指定寄附金（財務大臣の指定した寄附金）
③ 特定公益増進法人に対する寄附金
④ 特定公益信託の信託財産とするために支出した金銭
⑤ 認定NPO法人等に対する寄附金
⑥ 政治活動に関する寄附金　等

(2) 医療法人における税法上の取扱い

一般の寄附金となり、損金算入限度額を計算することになります。したがって限度を超える金額は経費となりません。

① 資本金（出資金）を有する持分の定めのある医療法人の場合

資本金2,000万円、所得金額5,000万円、支出した寄附金の額200万円で、他に寄付金がないとします。

A　$(5,000万円 + 200万円) \times \dfrac{2.5}{100} = 130万円$

B　2,000万円 × $\frac{12}{12}$か月 × $\frac{2.5}{1,000}$ ＝ 5万円

　A、Bの合計の $\frac{1}{4}$ ＝ 33.75万円

　33.75万円が損金算入限度額となり、超過額の166.25万円は損金とはなりません。

② 持分の定めのない医療法人など資本金を有しない医療法人の場合

　所得金額が5,000万円、支出した寄附金の額が200万円で、他に寄附金がないとします。

　（5,000万円＋200万円）× $\frac{1.25}{100}$ ＝ 65万円

　65万円が損金算入限度額となり、超過額の135万円は損金とはなりません。

4　その他医療法人における寄附金の注意点

(1) 未払金に計上した寄附金は実際に支出した年度の寄附金として取り扱います。

(2) 仮払金と経理している寄附金も、その実際に支出した年度の寄附金として取り扱います。

Q3-32 救急病院における固定資産税の減免

■医療用機器にも固定資産税が課されると聞きました。当病院は救急指定になっているのですが、課税の減免はないのでしょうか。

A

1 固定資産税の概要

固定資産税は、土地・家屋のほかに、事業の用に供することができる資産（その減価償却額あるいは減価償却費が法人税法上又は所得税法上必要経費に算入されるもの）に対しても課税されます。その年の1月1日現在の所有者に対し、原則として市町村から課税されます。

2 納税義務者

原則として、毎年1月1日現在、登記簿又は固定資産台帳に所有者として登記又は登録されている者に課税されます。

3 税率

標準税率は1.4％ですが、財政上その他の必要がある場合は、各市町村が条例で定める超過税率で課税することができます。

4 免税点

同一の市町村で所有する資産について、土地は30万円、家屋は20万円、償却資産では150万円に満たない場合、固定資産税はかかりません。

また、いわゆる少額減価償却資産で、取得価額が一時に損金又は必要経費に算入されるものは、原則として課税対象とはなりません。

5 課税の特例

社会医療法人が直接、救急医療等確保事業(注)に係る業務の用に供する固定資産について、固定資産税及び都市計画税は非課税とされています。
（地法348②ⅪのⅤ）

ただし、社会医療法人が経営する病院及び診療所であっても救急医療等確保事業に係る業務を実施していない病院及び診療所は非課税措置の対象とはならず、同業務を実施する病院及び診療所における固定資産であって

も、有料駐車施設、飲食店、喫茶店及び物品販売施設は非課税措置の対象とはなりません。また、健康管理センター等についても直接救急医療等確保事業に係る業務の用に供していないことが明らかである場合には非課税措置の対象とならないため、注意が必要です。

(注) 救急医療等確保事業に係る業務は、次の基準に適合する必要があります。

救急医療	時間外等加算割合が20％以上、救急車等搬送件数が750件以上　等
災害医療	災害派遣医療チームを保有、救急車等搬送件数が600件以上　等
へき地医療	医師派遣又は巡回診療が年53日以上、診療日が年209日以上　等
周産期医療	分娩実施件数が年500件以上、母胎搬送件数が年10件以上　等
小児救急医療	小児救急体制、乳幼児の時間外等加算割合が20％以上　等

Q3-33　役員報酬の増額手続き（医療法人）

■医療法人を経営していますが、この度、業績も上がってきて順調に増収増益の傾向になってきました。そこで、理事等の役員報酬を増額したいと思っております。何か注意することはありますか。

A　役員報酬は、定期同額給与等、一定の場合に限り損金に算入できます。したがって、これらの条件に合わない限り、損金不算入になる可能性があります。

1　定期同額給与

定期同額給与とは、支給時期が１月以下の一定の期間ごとである給与で各支給時期における支給額が同額であるものです。（法法34①一）定期同額給与の場合、事業年度内における各支給時期における役員報酬の支給額は同額でなければなりませんが、事業年度開始の日の属する会計期間開始の日から３月を経過する日までに、社員総会等の役員報酬の改定があったときには、改定があった日以後の役員報酬の支給額が同額であれば、定期同額給与として法人税法上損金の額に算入することができます。

2　定期同額給与で、期の途中で役員報酬を増額した場合

　定期同額給与で、期の途中で役員報酬を増額した場合には、増額した金額が損金不算入とされます。例えば、以下の表であれば、9月から増額改定され、3月までの7か月間が10万円増額されていますので、7か月×10万円で70万円が損金不算入額となります。

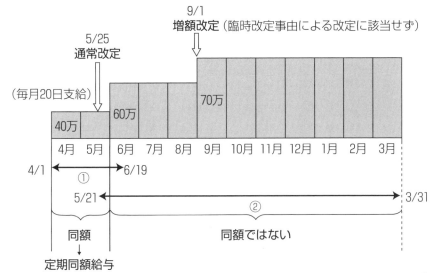

（出典：国税庁「役員給与に関するQ&A」）

3　定期同額給与で、期の途中で役員報酬を減額した場合

　定期同額給与で、期の途中で役員報酬を、臨時改定事由や業績悪化改定事由による改定に該当しない減額改定をした場合には、減額した金額をさかのぼって損金不算入とされます。ただし、以下の場合であれば認められます。(法令69①)

① 　役員の職制上の地位の変更、その役員の職務の重大な変更その他これらに類するやむを得ない事情により減額された場合

② 　法人の経営状況が著しく悪化したことその他の理由により減額された場合

　例えば、以下の表であれば、12月から減額改定されていますので、4月から11月までは、40万円の定期同額給与に10万円上乗せして支払っていた

とみることができます。ただし、通常、役員給与の額の改定を5月に開催する定時株主総会において決議することとしているのであれば、4月及び5月は、定期同額給与に該当するものと取り扱って差し支えありません。

したがって、損金不算入額は、6月から11月までの6か月間で、60万円となります。

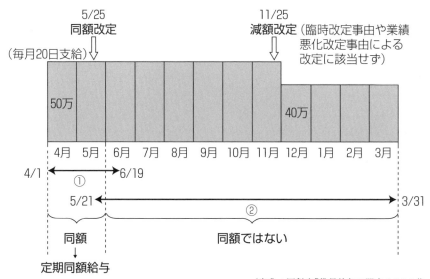

（出典：国税庁「役員給与に関するQ&A」）

4　事前確定届出給与

事前確定届出給与とは、所定の時期に支給する旨の定めに基づいて支給する給与で、その提出期限までに納税地の所轄税務署長に所定の事項を記載した「事前確定届出給与に関する届出書」を提出する場合は、役員に対する給与等を損金に算入することができます。(法法34①Ⅱ)「事前確定届出給与に関する届出書」の提出期限は、社員総会等の決議につき「所定の時期に確定額を支給する旨の定め」をした場合において、その決議した日から1月を経過する日となります。ただし、その決議をした日が、その役員の職務を開始する日より後である場合には、職務を開始した日から1月を経過する日までとなります。

Q3-34 不相当に高額な役員報酬（医療法人）

■医療法人の理事長です。いただいている役員報酬について、任されている業務から考えると、さほど高額ではないと思いますが、一般的なサラリーマンから考えるとかなり高い金額です。不相当に高額な役員報酬は、否認される可能性があると聞きました。何か基準があるのでしょうか。

A 役員に対して支給する報酬のうち、定期同額給与の要検討の支給要件を満たしていても、不相当に高額な金額は過大役員給与として損金の額に算入することができません。過大役員給与か否かは①実質基準と②形式基準で判定します。

① 実質基準

当該役員の職務の内容、その内国法人の収益及びその使用人に対する給与の支給の状況、その内国法人と同種の事業を営む法人でその事業規模が類似するものの役員に対する給与の支給の状況等に照らし、当該役員の職務に対する対価として相当であると認められる金額を超える場合におけるその超える部分の金額は不相当に高額な役員報酬として損金の額に算入されません。（法令70Ⅰイ）

② 形式基準

定款の規定又は社員総会若しくはこれらに準ずるものの決議により役員に対する給与として支給することができる金銭の額の限度額等の内容を定めている法人が、各事業年度においてその役員に対して支給した給与の額の合計額が当該事業年度に係る当該限度額等を超える場合におけるその超える部分の金額は不相当に高額な役員報酬として損金の額に算入されません。（法令70Ⅰロ）

Q3-35 不相当に高額な役員退職金(医療法人)

■役員を退任するときに役員退職金を払うための役員退職慰労金規程を策定しています。何か気をつけることはありますか。

A

1 不相当に高額な退職金

医療法人がその役員に対して支給する退職金の額のうち不相当に高額な部分の金額は、損金の額に算入することはできません。不相当に高額な金額とは、各事業年度においてその退職した役員に対して支給した退職給与の額が、①役員のその内国法人の業務に従事した期間、②退職の事情、③その法人と同種の事業を営む法人でその事業規模が類似するものの役員に対する退職給与の支給の状況等に照らし、その退職した役員に対する退職給与として相当であると認められる金額を超える場合におけるその超える部分の金額をいいます。(法令70Ⅱ)

したがって、これらを考慮して役員退職慰労金規程を策定する必要があります。

2 実務での取扱い

実務上よくとられる方法に功績倍率法による算定方法があります。

「功績倍率法」とは、役員の最終報酬月額に勤続年数を乗じ、功績倍率を掛け合わせて算定します。

　　退職給与の金額＝最終報酬月額×勤続年数×功績倍率

功績倍率法により算定する場合、最終報酬月額は退職時の報酬月額で決定されるため、報酬月額により大きく金額が変動する可能性があります。したがって、事業年度ごとに退職金額を確定し、毎年、積み上げていく方法の方が変動する幅が小さくなります。

Q3-36 交際費制度（医療法人）

■交際費の制度が改正されたと聞きました。どのように改正されたのでしょうか。

A

1 中小法人の交際費制度

平成28年3月31日までに開始する事業年度においては、中小法人（資本金1億円以下の法人）について800万円以下の交際費の全額が損金として認められます。(措法61の4②)

2 計算例

1,000万円の交際費を支出した場合について、計算例を図で表すと以下のとおりとなります。

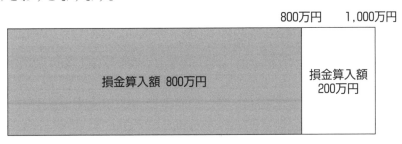

損金不算入額は、200万円となります。

また、平成26年度税制改正において期末の資本金の額又は出資金の額が1億円超である等の法人についても飲食のために支出する費用（社内接待費を除きます。）の額の50％を損金の額に算入することが可能となりました。適用時期は、平成28年3月31日までに開始する事業年度となります。それ以外の法人は定額控除限度額（800万円）との選択適用となります。(措法61の4①)

Q3-37　1人当たり5,000円以下の飲食費（医療法人）

■1人当たり5,000円以下の飲食費については、交際費の損金不算入の対象外になるとのことですが、どのようなことに気をつける必要がありますか。

A

1　飲食費の取扱い

交際費等のうち「1人当たり5,000円以下の飲食費（社内飲食費を除きます。）」が一定の要件の下で除外されています。（措法61の4④二、措令37の5①）

（注）「社内飲食費」とは、専ら当該法人の役員若しくは従業員又はこれらの親族に対する接待等のために支出する飲食費をいいます。

2　飲食費1人当たり5,000円の計算

$$\frac{飲食に要する費用として支出する金額}{参加人数} \leqq 5,000円$$

3　損金経理の要件

会計帳簿等への記載事項は以下のようになります。（措規21の18の4）

① 当該飲食費に係る飲食等のあった年月日
② 当該飲食費に係る飲食等に参加した得意先、仕入先その他事業に関係のある者等の氏名又は名称及びその関係
③ 当該飲食費に係る飲食等に参加した者の数
④ 当該飲食費の額並びにその飲食店、料理店等の名称（店舗を有しないことその他の理由により当該名称が明らかでないときは、領収書等に記載された支払先の氏名又は名称）及びその所在地（店舗を有しないことその他の理由により当該所在地が明らかでないときは、領収書等に記載された支払先の住所若しくは居所又は本店若しくは主たる事務所の所在地）
⑤ その他飲食費であることを明らかにするために必要な事項

Q3-38 相手先を明らかにできない交際費・リベート（医療法人）

■支払先や相手先の名前を出せないリベートや交際費は税務上どのように取り扱われますか。

A

1　使途不明金

支払内容や支払目的を明らかにできない費用のことを使途不明金といいます。

支払内容や支払目的を明らかにできないということは、その支出が業務の遂行上必要な費用であるかどうかの判断ができないことになりますので、必要経費として認められません。

2　経費性の明確化

病院が他の医師を接待した費用や金品を贈った費用などは、業務遂行により生じた費用と考えられていますが、しかしそれは、その相手が業務上日頃世話になっている大学の医局の先生であることなどや、業務上支払った金額などを明確に記録することによって、はじめてその支出が業務の遂行上必要な費用として認められるわけです。

しかし、支払内容も支払目的も明らかにできないということであれば、その支出自体の事実確認もできません。

医療法人が交際費、機密費、接待費等の名義をもって支出した金銭で、その費途が明らかでないものは、損金の額に算入することはできません。(法基通9－7－20) また、役員に対して機密費、接待費、交際費、旅費等の名義で支給したもののうち、法人の業務のため使用したことが明らかでないものは、役員賞与又は報酬とされます。(法基通9－2－9(9))

3　使途秘匿金課税

使途秘匿金は、支払相手先がわかっているものの支払内容や支払目的がわからない使途不明金とは異なり、支払内容や支払目的が不明な上、支払相手先も秘匿するような経費支出であり、違法ないし不当な支出につなが

りやすく、公正な取引を阻害することにもなりかねないため政策的に追加的な税負担を求めています。法人の使途秘匿金の額の40％の金額が通常の法人税に加算されます。(措法62、措令38)

使途秘匿金として追加的な税負担を避けるためにもその支出明細や記録などを整備することが大切です。

Q3-39　経営者保険（医療法人）

■**経営者保険の扱いについて教えてください。**

A　経営者保険は、被保険者を法人の役員とし、受取人を法人とする保険など、企業の防衛面に活用されています。これらの経営者保険は、次のように取り扱われます。

経営者保険には、定期保険、養老保険、長期逓増保険あるいは長期平準保険などがありますが、2つのグループに分かれます。

① 定期保険など掛け捨て保険

死亡保険金の金額が所得となります。また、保険料は全額経費となります。

② 養老保険など資産性がある保険

養老保険、長期逓増保険あるいは、長期平準保険など積立部分がある保険は、積立金部分を控除した残りの配当金等が所得となります。また、保険料については積立部分を保険積立金として資産計上し、残りが経費となります。

万一事故が生じて保険金を受け取った場合、法人は収入に計上しなければなりません。この財源により役員退職金などの支払を実施する形をとることが多いようです。経営者保険加入の理事会議事録を作成しておくのがよいでしょう。

第3章 第3節●経費に関する税務

Q3-40 生命保険加入の留意点

■医療法人で生命保険に加入したいのですが、種類が多くて迷っています。それぞれの保険を詳しく教えてください。

A 　生命保険には、定期保険、終身保険、養老保険など種々の保険があります。その内容と法人税上の取扱いを確認して、最適なものを選択することが必要です。生命保険の目的には、死亡・高度障害となったときの保証、病気のときの保証、節税対策、退職金の資金等があります。

1　定期保険

定期保険とは、保障期間が定められており、その期間内に被保険者が死亡あるいは高度障害になった場合に保険金が支払われる生命保険です。死亡等がなく、満期を迎えた場合には、満期保険金を受け取ることはないため、いわゆる掛け捨て保険といわれています。保険料が安くすむことがメリットですが、途中解約しても、基本的には返戻金はありません。

法人が定期保険の保険料を払った場合、税務上は、全額損金に算入できます。また、災害・疾病関係の特約を付加されている場合は、これらの保険料も含めて損金に算入できます。

2　長期平準定期保険・逓増定期保険

上記の定期保険は、満期保険金のない生命保険ですが、その支払う保険料が平準化されているため、理屈としては保険期間の前半において支払う保険料の中に前払保険料が含まれていることになります。

特に保険期間が長期にわたる定期保険や保険期間中に保険金額が逓増する定期保険は、当該保険の保険期間の前半において支払う保険料の中に相当多額の前払保険料が含まれていることから、その支払保険料の損金算入時期等に関する取扱いの適正化を図ることにしています。（昭62直法2－2「法人が支払う長期平準定期保険等の保険料の取扱いについて」〔最終改正：平20課法2－3〕）

215

〈長期平準定期保険〉

　長期平準定期保険の保険期間は非常に長く、「95歳満期」等の長期にわたる保険期間となります。そのため、保険期間の当初には、年齢も若く死亡の可能性も低いため前払保険料として相当の金額が発生し、途中解約の解約返戻金の金額も大きくなります。ただし、満期保険金はありません。

〈逓増定期保険〉

　逓増定期保険とは、ご契約後、保険期間満了までに保険金額が契約当初の金額から5倍まで増加する定期保険をいいます。

　満期保険金がない掛け捨ての保険ですが、解約返戻金の金額も長期平準定期保険と同様高いのが特徴です。

　長期平準定期保険と逓増定期保険（以下「長期平準定期保険等」）の法人税の税務上の取扱いは、以下のとおりとなります。

(1) 長期平準定期保険等の範囲

　対象とする定期保険は、法人が、自己を契約者とし、役員又は使用人（これらの者の親族を含みます。）を被保険者として加入した定期保険（一定期間内における被保険者の死亡を保険事故とする生命保険をいい、障害特約等の特約の付されているものを含みます。以下同様です。）のうち、次に掲げる長期平準定期保険及び逓増定期保険とします。

① 長期平準定期保険（その保険期間満了の時における被保険者の年齢が70歳を超え、かつ、当該保険に加入した時における被保険者の年齢に保険期間の2倍に相当する数を加えた数が105を超えるものをいい、②に該当するものを除きます。）

② 逓増定期保険（保険期間の経過により保険金額が5倍までの範囲で増加する定期保険のうち、その保険期間満了の時における被保険者の年齢が45歳を超えるものをいいます。）

　　(注)　「保険に加入した時における被保険者の年齢」とは、保険契約証書に記載されている契約年齢をいい、「保険期間満了の時における被保険者の年齢」とは、契約年齢に保険期間の年数を加えた数に相当する年齢をいいます。

(2) 長期平準定期保険等に係る保険料の損金算入時期

　法人が長期平準定期保険や逓増定期保険に加入してその保険料を支払った場合（役員又は部課長その他特定の使用人（これらの者の親族を含みます。）のみを被保険者とし、死亡保険金の受取人を被保険者の遺族としているため、その保険料の額が当該役員又は使用人に対する給与となる場合を除きます。）には、次により取り扱うことになります。

① 次の表に定める区分に応じて、それぞれ次の表に定める前払期間を経過するまでの期間にあっては、各年の支払保険料の額のうち次表に定める資産計上額を前払金等として資産に計上し、残額については、一般の定期保険の保険料の取扱いの例により損金の額に算入します。

■前払期間、資産計上額等

	区　分	前払期間	資産計上額
長期平準定期保険	保険期間満了の時における被保険者の年齢が70歳を超え、かつ、当該保険に加入した時における被保険者の年齢に保険期間の2倍に相当する数を加えた数が105を超えるもの	保険期間の開始の時から当該保険期間の60％に相当する期間	支払保険料の$\frac{1}{2}$に相当する金額
逓増定期保険	(イ) 保険期間満了の時における被保険者の年齢が45歳を超えるもの（(ロ)又は(ハ)に該当するものを除く。）	保険期間の開始の時から当該保険期間の60％に相当する期間	支払保険料の$\frac{1}{2}$に相当する金額
	(ロ) 保険期間満了の時における被保険者の年齢が70歳を超え、かつ、当該保険に加入した時における被保険者の年齢に保険期間の2倍に相当する数を加えた数が95を超えるもの（(ハ)に該当するものを除く。）	同　上	支払保険料の$\frac{2}{3}$に相当する金額
	(ハ) 保険期間満了の時における被保険者の年齢が80歳を超え、かつ、当該保険に加入した時における被保険者の年齢に保険期間の2倍に相当する数を加えた数が120を超えるもの	同　上	支払保険料の$\frac{3}{4}$に相当する金額

(注)　前払期間に1年未満の端数がある場合には、その端数を切り捨てた期間を前払期間とする。

②　保険期間のうち前払期間を経過した後の期間にあっては、各年の支払保険料の額を一般の定期保険の保険料の取扱いと同様に損金の額に算入するとともに、①により資産に計上した前払金等の累積額をその期間の経過に応じ取り崩して損金の額に算入します。

(注1)　保険期間の全部又はその数年分の保険料をまとめて支払った場合には、いったんその保険料の全部を前払金として資産に計上し、その支払の対象となった期間（全保険期間分の保険料の合計額をその全保険期間を下回る一定の期間に分割して支払う場合には、その全保険期間とします。）の経過に応ずる経過期間分の保険料について、①又は②の処理を行うことになります。
(注2)　養老保険等に付された長期平準定期保険等特約（特約の内容が長期平準定期保険等と同様のものをいいます。）に係る保険料が主契約たる当該養老保険等に係る保険料と区分されている場合には、当該特約に係る保険料についてこの通達「法人が支払う長期平準定期保険等の保険料の取扱いについて」（昭62直法2－2〔最終改正：平22課法2－3他〕）に定める取扱いの適用があります。

3　養老保険

　養老保険とは、保障期間が定められており、被保険者が死亡した時、又は満期時に、死亡保険金又は満期保険金が支払われる生命保険をいいます。

　法人が養老保険の保険料を支払ったときの税務上の取扱いは、法人が契約者となり、役員又は使用人を被保険者とする養老保険に加入して支払った保険料は、保険金の受取人に応じて次のとおり取り扱われます。

　　イ　死亡保険金及び生存保険金の受取人が法人の場合

　　　支払った保険料の額は、保険事故の発生又は保険契約の解除、若しくは失効によりその保険契約が終了する時まで損金の額に算入されず、資産に計上する必要があります。

　　ロ　死亡保険金及び生存保険金の受取人が被保険者又はその遺族の場合

　　　支払った保険料の額は、その役員又は使用人に対する給与となります。したがって、給与に対しては、源泉所得税や社会保険料等がかかります。なお、給与とされた保険料は、その役員又は使用人の生命保険料控除の対象となります。

　　ハ　死亡保険金の受取人が被保険者の遺族で、生存保険金の受取人が法人の場合

　　　支払った保険料の額のうち、その $\frac{1}{2}$ に相当する金額はイにより資産に計上し、残額は損金の額に算入します。

ただし、役員又は部課長その他特定の使用人のみを被保険者としている場合には、その残額はそれぞれその役員又は使用人に対する給与になります（給与とされた保険料の取扱いについては上記ロと同様となります。）。

(注1) 傷害特約などの特約がある場合は、その特約部分の保険料の額を期間の経過に応じて損金の額に算入することができます。ただし、役員又は部課長その他特定の使用人のみを傷害特約等に係る給付金の受取人としている場合には、その特約部分の保険料の額は、その役員又は使用人に対する給与となります。
(注2) 役員に対する給与とされる保険料の額で法人が経常的に負担するものは、定期同額給与となります。

㊂　死亡保険金の受取りが法人で、生存保険金の受取人が被保険者の場合

受取人が㊇と逆になるタイプで逆養老保険ともいわれます。支払った保険料の額のうち、その$\frac{1}{2}$に相当する金額を支払保険料として損金の額に計上し、残額は役員又は使用人に対する給与となります。したがって全額損金に計上されます。ただし、給与部分についてはロと同様、源泉所得税等について留意が必要です。

なお、保険を満期解約した場合には、保険金が被保険者の一時所得となりますので、税務的なメリットが生じる可能性が高くなります。

4　終身保険

終身保険とは、保険期間に定めのない一生涯の保障が確保されているため必ず保険金をご遺族に残すことが可能な生命保険です。

法人が終身保険の保険料を支払ったときの税務上の取扱いは、以下のとおりです。

㋑　死亡保険金の受取人が法人の場合

支払った保険金は、全額資産計上します。

ロ　死亡保険金及び生存保険金の受取人が役員従業員の遺族の場合

支払った保険金は、役員・従業員の報酬・給与の上積みとして損金に算入できます。なお、役員に対する給与とされる保険料の額で法人が経常的に負担するものは、定期同額給与となります。

Q3-41 事業税の取扱い（医療法人）

■ある地方公共団体のホームページを見ていたところ、事業税については、医療法人は特別法人にあたりいろいろな特典があるようです。税金で知っておくべきことがあれば教えてください。

A

1 医療法人に対する法人事業税の税率

医療法人は、地方税法で定める特別法人にあたります。（地法72の24の7⑤X）したがって、普通法人より税率が優遇されています。しかし平成26年度税制改正に伴い、平成26年10月1日以後に開始する事業所年度については法人事業税の税率の引上げが行われています。軽減税率適用法人であれば、法人事業税の課税対象となる収入に対しては、その所得の金額が年400万円以下の金額には普通法人と同様に税率3.4％が適用されます。所得の金額が年400万円超の金額に対する税率は一律4.6％であり、普通法人より低い税率が適用されます。なお、税率は標準税率を記載していますが、各都道府県は条例により制限税率（標準税率の1.2倍）を上限として標準課税以外の税率を定めることができます。（地法72の24の7⑦）

■医療法人と普通法人に対する法人事業税の標準税率

事業税の対象となる課税所得	医療法人（％）	普通法人（％）
年400万円以下の金額	3.4	3.4
年400万円超　800万円以下の金額	4.6	5.1
年800万円超の金額	4.6	6.7

2 社会保険診療報酬等にかかる所得の課税除外

医療法人において、法人事業税を計算する際、社会保険診療報酬等にかかる所得については、課税除外（非課税）とされています。なお、社会保険診療報酬等に係る経費も計算から除外されるため注意が必要です。（地法72の23①、②）

〈社会保険診療報酬等の対象となる報酬内容〉
① 健康保険法、国民健康保険法、高齢者の医療の確保に関する法律、船員保険法、国家公務員共済組合法等の規定による入院時食事療養費、入院時生活療養費、保険外併用療養費、家族療養費若しくは特別療養費等
② 生活保護法の規定に基づく医療扶助のための医療、介護扶助のための介護若しくは出産扶助等に基づく医療支援給付のための医療等
③ 精神保健及び精神障害者福祉に関する法律の規定に基づく医療
④ 介護保険法の規定によって居宅介護サービス費を支給することとされる被保険者に係る指定居宅サービス（訪問看護、訪問リハビリテーション、居宅療養管理指導、通所リハビリテーション又は短期入所療養介護に限ります。）のうち当該居宅介護サービス費の額の算定に係る当該指定居宅サービスに要する費用の額として同法の規定により定める金額に相当する部分等
⑤ 障害者の日常生活及び社会生活を総合的に支援するための法律の規定によって自立支援医療費を支給することとされる支給認定に係る障害者等に係る指定自立支援医療のうち当該自立支援医療費の額の算定に係る当該指定自立支援医療に要する費用の額として同法の規定により定める金額に相当する部分等

3　外形標準課税

外形標準課税は、開始事業年度において、資本金１億円超の法人に対して、所得割、付加価値割及び資本割の合計額により法人事業税を課税する方法です。しかし、医療法人の場合は、外形標準課税の対象外となります。

4　中間申告

医療法人は、前事業年度の確定申告による事業税額の多寡に関係なく、事業税の予定申告納付又は仮決算による中間申告納付の必要はありません。

Q3-42 使用人が人身事故を起こしたときの損害賠償金（医療法人）

■医療法人において、使用人が勤務中、自動車による人身事故を起こしました（重過失ではありません）。内払金50万円は損金となりますか。

1 故意又は重過失のない場合は、法人の支出した損害賠償金は損金

法人の役員又は使用人がした行為等によって他人に与えた損害につき、法人がその損害賠償金を支出した場合は次によります。(法基通9－7－16)

(1) その損害賠償金の対象となった行為等が法人業務の遂行に関連するものであり、かつ、故意又は重過失に基づかないものである場合は、その支出した損害賠償金の額は給与以外の損金の額に算入します。

(2) その損害賠償金の対象となった行為等が法人の業務の遂行に関連するものであるが、故意又は重過失に基づくものである場合又は法人の業務の遂行に関連しないものである場合には、その支出した損害賠償金に相当する金額は、その役員又は使用人に対する債権とします。

　なお、その役員又は使用人に対する債権としたときで、その役員又は使用人の支払能力などからみて求償できない事情にあるため、その全部又は一部に相当する金額を貸倒れとして損金経理した場合には、それが認められます。貸倒れとして損金経理する以外にも、損害賠償金相当額を債権として計上しないで損金の額に算入した場合も同様に認められます。ただし、その貸倒れ等とした金額のうちその役員又は使用人の支払能力などからみて回収が確実であると認められる部分の金額については、その役員又は使用人に対する給与となります。(法基通9－7－17)

2 自動車による人身事故に係る内払の損害賠償金

　自動車による人身事故とは、死亡又は傷害事故をいいます。人身事故に伴い、上記(2)を除く損害賠償金として支出した金額は、示談の成立などに

よる確定前においても、その支出の日の属する事業年度の損金の額に算入することができます。この場合、その損金の額に算入した損害賠償金に相当する金額の保険金は、益金の額に算入します。その人身事故について既に益金の額に算入した保険金がある場合には、その累積額をその人身事故に係る保険金見積額から控除した残額を限度として、益金の額に算入しなければなりません。(法基通9-7-18)

なお、保険金見積額とは、その法人が自動車損害賠償責任保険契約又は任意保険契約を締結した保険会社に対して保険金の支払を請求しようとする額をいいます。

Q3-43　家事関連費と必要経費（個人医院）

■私は個人開業医ですが、家事関連費と事業上の必要経費のどちらにもなると思われる支出をした場合、その区分方法はどのようにすればよいでしょうか。

必要経費とされない家事関連費とは、次に掲げる経費以外の経費となっています。

「その経費の支出が業務の遂行上必要であり、かつ、その必要である部分を明らかに区分することができる場合におけるその明らかな部分の金額」(所令96①)

この場合、業務の遂行上必要であるか否かは、その必要な部分が50％を超えるかどうかによりますが、50％以下であっても業務遂行上必要な部分が明らかな場合は、必要経費に算入できます。(所基通45-2)

具体的には個々の支出を、支出の目的、支出の対象となった資産の利用状況など、金額、事業との関連性を社会常識に従って客観的、合理的に判断することになります。

いずれにしても、必要経費に算入した又は必要経費に算入していない証

拠書類として、領収書等の整備、保存をしておくことが必要でしょう。
(具体例)
① 神仏等を信仰するための支出をした場合
　信仰はあくまで個人的なものであり、事業とは直接関係ない支出といえますから、必要経費に算入できません。
② 車両に係る経費
　事業用と家事用の両方に同一の車両を使用するような場合は、それぞれに係るガソリン代、税金、修繕費、減価償却費については、走行距離によって区分するのが合理的でしょう。
③ 1階が診療所、2階が居宅の場合
　固定資産税、修繕費等の支出をした場合、資産の利用状況等を考慮して合理的に区分します。この場合、床面積等による按分が合理的といえます。
④ ロータリークラブ、ライオンズクラブの会費
　次の理由により必要経費として認められていません。
(イ) 家事関連経費が必要経費として控除されるには、業務との関連性だけでなく、業務上の必要性及びその部分の客観的認識ができなくてはならない。
(ロ) ロータリークラブ等への参加が、主として業務上の必要性に基づくものであると客観的に認めることはできない。
(ハ) 仮に業務とある程度の関連性があり、業務上の必要性があっても、その部分が明らかでない。

Q3-44 「生計を一にする」場合の留意点（個人医院）

■個人開業医として独立予定ですが、親族から労務提供や敷地賃借等で支援してもらうこととなっており、その対価として給与や地代等の支払を行う予定です。親族に対する給与や地代等の支払について、税務上留意すべき点はありますか。

A

1 「生計を一にする」者

所得税法上、親族に対して支払う給与賃金や地代等の経費について、一定の規制が設けられており、原則として経費とすることはできません。

このような規制を受ける親族を、特に所得税では「生計を一にする」者といいます。

「生計を一にする」とは、主に生計を共にしている配偶者や子、親などをいいます。所得税法等の関係法令において直接定義しているものはありませんが、以下のように定められています。(所基通2-47)

「生計を一にする」とは、必ずしも同一の家屋に起居していることをいうものではないから、次のような場合には、それぞれ次による。

(1) 勤務、修学、療養等の都合上他の親族と日常の起居を共にしていない親族がいる場合であっても、次に掲げる場合に該当するときは、これらの親族は生計を一にするものとする。

① 当該他の親族と日常の起居を共にしていない親族が、勤務、修学等の余暇には当該他の親族のもとで起居を共にすることを常例としている場合

② これらの親族間において、常に生活費、学資金、療養費等の送金が行われている場合

(2) 親族が同一の家屋に起居している場合には、明らかに互いに独立した生活を営んでいると認められる場合を除き、これらの親族は生計を一に

するものとする。

2　「生計を一にする」者に対する経費

「生計を一にする」者への支払った経費のうち、例えば以下のようなものは経費として認められません。

(1)　生計を一にする配偶者その他の親族に支払う地代家賃などは必要経費になりません。これは、土地や家屋に限らずその他の資産を借りた場合も同様です。

ただし、例えば子が生計を一にする父から業務のために借りた土地・建物に課される固定資産税等の費用は、子が営む業務の必要経費になります。

(2)　生計を一にする配偶者その他の親族に支払う給与賃金は必要経費になりません。

ただし、所得税の申告を青色申告又は白色申告のいずれで行っているかにより、これらの者に対する給与賃金を経費とできる特例が認められています。

青色申告の場合は、配偶者等に対する給与賃金のうち、青色事業専従者給与(注)として認められる部分について、必要経費とすることができます。(所法57①)　また、白色申告の場合は、事業専従者控除額として認められ、次の①と②の金額のどちらか低い金額となります。(所法57③)

①　事業専従者が事業主の配偶者であれば86万円、配偶者でなければ専従者一人につき50万円

②　この控除をする前の事業所得等の金額を専従者の数に1を足した数で割った金額

(注)　青色事業専従者給与とは、以下のすべてを満たす給与をいいます。
(1)　青色事業専従者に支払われた給与であること。
　　青色事業専従者とは、次の要件のいずれにも該当する人をいいます。なお、青色申告者でない人についての事業専従者控除の金額が、必要経費とみなされます。
　①　青色申告者と生計を一にする配偶者その他の親族であること。
　②　その年の12月31日現在で年齢が15歳以上であること。
　③　その年を通じて6月を超える期間（一定の場合には事業に従事することができる期間の2分の1を超える期間）、その青色申告者の営む事業に専ら従事していること。
(2)　「青色事業専従者給与に関する届出書」を納税地の所轄税務署長に提出していること。
　　提出期限は、青色事業専従者給与額を算入しようとする年の3月15日（その年の1月16日以後、

新たに事業を開始した場合や新たに専従者がいることとなった場合には、その開始した日や専従者がいることとなった日から2か月以内）までです。
　この届出書には、青色事業専従者の氏名、職務の内容、給与の金額、支給期などを記載することになっています。
(3)　届出書に記載されている方法により支払われ、しかもその記載されている金額の範囲内で支払われたものであること。
(4)　青色事業専従者給与の額は、労務の対価として相当であると認められる金額であること。過大とされる部分は必要経費とはなりません。

Q3-45　青色事業専従者制度の活用（個人医院）

■青色事業専従者給与をとれば、税務上必ず有利ですか。概算経費の特例との関係を含めて教えてください。

A

1　概算経費の特例

〔Q3-14　社会保険診療報酬の概算経費の特例〕に記載のとおり、社会保険診療報酬が5,000万円以下の場合、経費が収入に一定率を乗じた金額まで認められます。すなわち、たとえ実際の経費がその額までかかっていなくても、一定額までを経費として計上することができます。

これを概算経費の特例といい、この経費額の算定には、所得税で定められている計算式を使用します。

概算経費の特例の使い方によっては、院長先生の所得税のみではなく、専従者の所得税も節税できる場合があります。

2　概算経費の特例と青色事業専従者給与の関係

概算経費の特例を適用する場合、青色事業専従者給与をとれば必ず有利になるとは限りません。それぞれの場合について考えてみましょう。

(1)　実際経費が「概算経費の特例」経費を上回っている場合

実際経費が「概算経費の特例」による経費を上回るときは、青色事業専従者給与をとれば必ず有利になります。

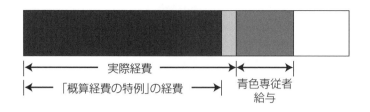

(2) 実際経費と青色事業専従者給与を合計してはじめて「概算経費の特例」経費を上回っている場合

この場合はどちらともいえません。実際に双方を計算し、有利になる方を選択するとよいでしょう。

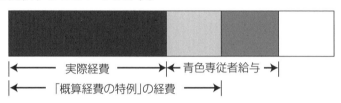

ただ、実額計算による税額と「概算経費の特例」による税額にあまり差異がなければ、税務調査などのことを考えますと、「概算経費の特例」により申告しておく方がいいかもしれません。

(3) 実際経費と青色事業専従者給与を合計しても「概算経費の特例」経費を下回る場合

この場合、青色事業専従者給与に対する税額が上乗せとなり必ず不利になります。

その他注意すべきことですが、確定申告において青色事業専従者給与を支給した方が有利であったと判明しても、さかのぼって支給はできないということです。また、青色事業専従者給与をとる場合には、その給与の額

が業務に照らして適正であることが前提となります。

〈青色事業専従者給与制度を採用した場合の計算例〉
【計算例1】
　青色事業専従者給与を支給する前の実額計算による経費金額が、「概算経費の特例」による経費金額以上の場合は、必ず青色事業専従者給与を支給した方が有利になります。

　保険料収入金額　4,000万円
　実額計算による経費全額　2,770万円
　「概算経費の特例」の経費　2,770万円
　青色事業専従者給与　500万円

（単位:万円）

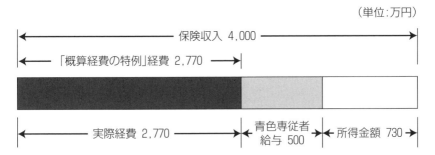

・青色専従者給与を支給する場合（0.1万円未満の端数は四捨五入）
（医師の税額計算）
① 事業所得金額
　4,000万円－2,770万円－500万円－65万円（青色控除）＝665万円
② 所得税額
　(イ) 課税所得金額
　　665万円－38万円（基礎控除）＝627万円
　(ロ) 所得税額
　　627万円×20.42％－43.6万円（税額控除）＝84.4万円
③ 住民税額
　(イ) 課税所得金額

665万円－33万円（基礎控除）＝632万円
　（ロ）　住民税額
　　　632万円×10％＝63.2万円
④　医師の税額計
　　84.4万円＋63.2万円＝147.6万円
（専従者の税額計算）
①　給与所得金額
　　500万円×80％－54万円＝346万円
②　所得税額
　（イ）　課税所得金額
　　　346万円－38万円（基礎控除）＝308万円
　（ロ）　所得税額
　　　308万円×10.21％－10万円（税額控除）＝21.4万円
③　住民税額
　（イ）　課税所得金額
　　　346万円－33万円（基礎控除）＝313万円
　（ロ）　住民税額
　　　313万円×10％＝31.3万円
④　専従者の税額計
　　21.4万円＋31.3万円＝52.7万円
（税額合計）　147.6万円＋52.7万円＝200.3万円

・青色専従者給与を支給しない場合（0.1万円未満の端数は四捨五入）
（医師の税額計算）
①　事業所得金額
　　4,000万円－2,770万円－65万円（青色控除）＝1,165万円
②　所得税額
　（イ）　課税所得金額
　　　1,165万円－38万円（基礎控除）＝1,127万円

(ロ) 所得税額

1,127万円×33.693％－156.8万円（税額控除）＝222.9万円

③ 住民税額

(イ) 課税所得金額

1,165万円－33万円（基礎控除）＝1,132万円

(ロ) 住民税額

1,132万円×10％＝113.2万円

④ 医師の税額計

222.9万円＋113.2万円＝336.1万円

〔結論〕

青色事業専従者給与を支給した方が135.8万円（＝336.1万円－200.3万円）有利です。

【計算例２】

青色事業専従者給与を支給する前の実額計算による経費金額が、「概算経費の特例」の経費金額より小さい場合も、その差が少ない場合は、青色事業専従者給与を支給した方が有利となります。

保険料収入金額　4,000万円

実額計算による経費全額　2,670万円

「概算経費の特例」の経費　2,770万円

青色事業専従者給与　500万円

(単位:万円)

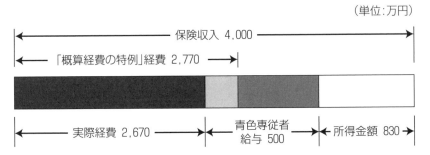

・**青色専従者給与を支給する場合**（0.1万円未満の端数は四捨五入）

（医師の税額計算）

① 事業所得金額

　4,000万円 − 2,670万円 − 500万円 − 65万円（青色控除）＝ 765万円

② 所得税額

　(イ) 課税所得金額

　　765万円 − 38万円（基礎控除）＝ 727万円

　(ロ) 所得税額

　　727万円 × 23.483% − 64.9万円（税額控除）＝ 105.8万円

③ 住民税額

　(イ) 課税所得金額

　　765万円 − 33万円（基礎控除）＝ 732万円

　(ロ) 住民税額

　　732万円 × 10% = 73.2万円

④ 医師の税額計

　105.8万円 + 73.2万円 = 179万円

（専従者の税額計算）

【計算例1】に同じ、52.7万円

（税額合計）　179万円 + 52.7万円 = 231.7万円

・**青色専従者給与を支給しない場合**（0.1万円未満の端数は四捨五入）

① 事業所得金額

　4,000万円 − 2,670万円 − 65万円（青色控除）＝ 1,265万円

② 所得税額

　(イ) 課税所得金額

　　1,265万円 − 38万円（基礎控除）＝ 1,227万円

　(ロ) 所得税額

　　1,227万円 × 33.693% − 156.8万円（税額控除）＝ 256.6万円

③　住民税額
　(イ)　課税所得金額
　　　1,265万円－33万円（基礎控除）＝1,232万円
　(ロ)　住民税額
　　　1,232万円×10％＝123.2万円
④　医師の税額計
　　256.6万円＋123.2万円＝379.8万円

〔結論〕
　青色事業専従者給与を支給した方が148.1万円（＝379.8万円－231.7万円）有利です。

Q3-46　医師年金・生命保険・経営者保険（個人医院）

■医師年金・生命保険・経営者保険の扱いについて教えてください。

A

1　医師年金

　医師年金とは、医師の老後と遺族の生活安定を目的として、日本医師会があっせんし、会員からの加入の申込みにより、その掛金を基金として運用している年金です。

　会員が65歳になった場合に受け取る養老年金、子弟の教育資金としての育英年金、会員が傷病により診療に従事できないときに受け取る傷病保険、会員の死亡による遺族年金（又は遺族一時金）を受給できます。

　課税区分は次のようになっています。

(1)　支払時は、社会保険料控除・生命保険料控除等の所得控除の対象になりません。
(2)　養老年金、傷病年金、育英年金の受給時には、雑所得になります。
(3)　遺族年金については、遺族年金の受給権が「みなし相続財産」として相続税の課税対象となります。年金受給権は相続財産として相続税の課

税対象となります。相続財産の評価は以下のうち、いずれか多い金額となります。

・遺族一時金を選択できる場合、その遺族一時金額
・1年当たりの給付額に残存期間及び予定利率による複利年金現価率を乗じた金額

なお、その後毎年受ける年金については雑所得となります。

受け取る年金に係る雑所得の金額について、毎年支払を受ける年金に係る所得税は、年金支給初年は全額非課税、2年目以降は課税部分が階段状に増加していく方法により計算します。これについては実際に相続税や贈与税の納税額が生じなかった場合も、この方法で計算します。

また、遺族の方が年金を受け取る場合の雑所得金額は以下のように計算できます。

〈算式〉

| 課税部分
1課税単位当たりの金額 | ＝課税部分（注1）÷課税単位数（注2） |

| 各年分の総収入金額
（課税部分） | ＝1課税単位当たりの金額×経過年数 |

(注1) 課税部分の金額＝支払金額×課税割合
課税割合は、相続税評価割合に応じ、それぞれ次のとおりです。
相続税評価割合＝相続税評価額÷年金の支払総額又は支払総額見込額

相続税評価割合	課税割合	相続税評価割合	課税割合	相続税評価割合	課税割合
50%超 55%以下	45%	75%超 80%以下	20%	92%超 95%以下	5%
55%超 60%以下	40%	80%超 83%以下	17%	95%超 98%以下	2%
60%超 65%以下	35%	83%超 86%以下	14%	98%超	0
65%超 70%以下	30%	86%超 89%以下	11%	―	―
70%超 75%以下	25%	89%超 92%以下	8%	―	―

(注2) 課税単位数＝残存期間年数×（残存期間年数－1年）÷2

【計算例】

支払期間10年の確定年金（新相続税法対象年金）を相続した方の支払年

数5年目（年金の支払いは6回目）の所得金額の計算

・相続税評価額　800万円

・年金の支払総額　1,000万円

・保険料総額　500万円

① 相続税評価割合：800万円（相続税評価額）÷1,000万円（支払総額）＝80%　⇒　課税割合は20%

② 課税部分の合計額：1,000万円（支払総額）×20%＝200万円

③ 課税単位数：10年×（10年－1年）÷2＝45単位

④ 1課税単位あたりの金額：200万円÷45単位＝4.4万円

⑤ 課税部分の年金収入額：4.4万円×5＝22万円

⑥ 必要経費額：22万円×（500万円（保険料総額）÷1,000万円（支払総額））＝11万円

⑦ 課税部分に係る所得金額：22万円－11万円＝11万円

2　生命保険

契約者（保険料負担者）と受取人が異なる場合がよくありますが、ここでは同一人の場合で説明します。

(1) 満期保険金、解約返戻金は支払を受けた年度の一時所得となります。

受け取った保険金額が1,000万円、支払保険料総額が500万円、契約者配当金が60万円としますと、

1,000万円－（500万円－60万円）－50万円（特別控除額）＝510万円

となり、510万円が一時所得の金額ですが、総所得金額にはこの2分の1の255万円が算入されます。

(2) 災害（入院）給付金は非課税です。

(3) 死亡保険金は相続税の課税対象となります。

(4) 生命保険約款に基づく年金は、本人が受け取るものについては雑所得、遺族については、年金の受給権が相続財産となり、毎年受け取る年金は雑所得となります。

また、支払った保険料は経費にはなりませんが、生命保険料控除の対象となります。

3　経営者保険

個人事業主の場合は、前述の生命保険と同じ扱いになります。

Q3-47 土地と高額医療用機器との買換え（個人医院）

■平成元年から所有している土地（現在は駐車場として使用）を売却し、その代金で病院の医療用機器を購入したいと思います。この場合、所得税の事業用資産の買換えの特例は受けられるでしょうか。また、新たに購入した医療用機器は、特別償却の適用を受けられるのでしょうか。

A　1　事業用資産の買換えの特例

個人が、事業の用に供している特定の地域内にある土地建物等を譲渡して、一定期間内に特定の地域内にある土地建物等の特定の資産を取得し、その取得の日から1年以内に買換資産を事業の用に供したときは、一定の要件のもと、譲渡益の一部に対する課税を将来に繰り延べることができます（譲渡益が非課税となるわけではありません）。これを、事業用資産の買換えの特例といいます。(措法37)

この特例を受けるためには様々な要件を満たしている必要があります。ご質問のように、土地を譲渡して医療用機器（機械装置）を取得する場合は、例えば以下の要件を満たしている必要があります。

(1) 買換えのために売る資産（譲渡資産）と買う資産（買換資産）は、共に事業の用に供していること
(2) 譲渡資産と買換資産とが、一定の組合せに当てはまるものであること。この組み合わせの主なものとして、以下の①②があります。

　① 東京都の23区、大阪市などの既成市街地等内にある事務所や事業所として使用されている建物又はその敷地用の土地で、その譲渡の日の属する年の1月1日において所有期間が10年を超えるものを譲渡して、既成市街地等でない地域（国内に限ります。）にある事業用の土地等や建物、構築物又は機械装置を取得すること

② 譲渡の日の属する年の１月１日において所有期間が10年を超える国内にある事業用の土地等や建物又は構築物を譲渡して、国内にある事業用の土地等、建物、構築物又は機械装置を取得する場合
(3) 原則として資産を譲渡した年か、その前年中、あるいは譲渡した年の翌年中に買換資産を取得すること
(4) 買換資産を取得した日から１年以内に事業に使うこと
(5) 土地等の譲渡については、原則として、譲渡した年の１月１日現在の所有期間が５年を超えていること（平成29年３月31日までにした土地等の譲渡については、この要件は停止されています。）（上記(2)①②を除きます。）

これらの要件を満たしている場合には、当該特例を適用することができます。

2　医療用機器の特別償却

事業用資産の買換えの特例の適用と、医療用の機器の特別償却の両方を適用することはできません。(措法37の３②)

したがって、ご質問の新たに購入した医療用の機器について、特別償却を適用することはできません。

事業用資産の買換えの特例の適用を受けるか、医療用機器の特別償却の特例の適用を受けるか、どちらが有利になるかは各々のケースによって判断すべきであり、一概にどちらが有利になるとはいえませんので、専門家にご相談することをお勧めします。

Q3-48 個人の所得に対する賦課制限（個人医院）

■個人の所得に対しては、所得税と住民税が賦課されますが、上限は決められているのでしょうか。

A

1　所得税、住民税の課税方針

所得税及び住民税は応能負担という考え方から、所得金額の多い人に高額の税負担を求める累進課税となっています。

2　所得税、住民税の最高税率（上積税率）

所得税の最高税率は40％（課税所得1,800万円超）です。住民税10％（標準税率）及び復興特別所得税（所得税の2.1％。平成49年度まで）を含めると、最高税率は以下の計算により50.84％となります。

40％×（1＋2.1％）＋10％＝50.84％

このように最高税率の定めはありますが、税額の上限については決められていませんので、所得が大きくなるほど税額も大きくなっていきます。

なお、平成25年税制改正により、平成27年度分の所得税からは課税所得4,000万円超の方に対し最高税率45％が課せられることになっています。この場合、最高税率は以下の計算により55.945％となります。

45％×（1＋2.1％）＋10％＝55.945％

Q3-49 保証債務の履行と譲渡所得（個人医院）

■開業医ですが、友人の医師が開業する際に、銀行借入れの保証人となっていました。しかし友人の病院は経営がうまくいかず、借入金の返済が不能となったため、保証人として、所有の土地を売却してその返済をしました。この場合、土地の譲渡益には税金がかかるのでしょうか。

A

1　保証債務の履行のため資産を譲渡した場合の特例

保証人として、その保証債務の履行のために自己の所有している資産を譲渡した場合で、その履行に伴う求償権の行使ができない時、その行使できない部分については、譲渡がなかったものとみなされ、課税されません。(所法64)

しかし、その債務を保証する時点で、主たる債務者がその債務の返済資力を既に喪失していた時には、形式的には債務を保証していても、実質的には債務の引受けや贈与とみなされ、この特例の適用はありません。

2　履行に伴う求償権の行使ができない場合の判定

保証債務の履行に伴う求償権の行使ができなくなったかどうかは、求償すべき友人の医師の資産状況、支払能力などを総合判断して、弁済を受けられる見込みがないかどうかにより判定します。

3　借入金で保証債務を履行し、その後資産を譲渡した場合

前項の特例を受けるための要件は、「保証債務を履行するため」の資産譲渡となっています。したがって、資産の譲渡前に保証債務があることが条件です。しかし、借入金によって保証債務を履行し、その後その借入金を返済するために資産を譲渡した場合でも、その資産の譲渡が保証債務履行の日からおおむね1年以内であれば、その資産の譲渡が実質的には保証債務を履行するための譲渡とされ、この特例が適用できます。(所基通64-5)

4　預金で保証債務を履行し、その後資産を譲渡した場合

　保証債務を履行するために資産を譲渡した場合の課税の特例は、原則的には、保証債務を履行するために、直接資産を譲渡した場合に適用されます。

　また、借入金により保証債務を履行した場合には、借入時期と資産譲渡の時期の関係及び因果関係を考慮に入れ、実質的に保証債務の履行のために資産の譲渡があったものとみなされます。

　しかし、預金で保証債務を履行すれば、それにより保証債務はなくなります。これは借入金で履行した場合と同一とは考えられません。したがってこの場合は、特例は適用されませんので注意が必要です。

Q3-50　友人の病院に対する貸付金の貸倒処理（個人医院）

■開業医ですが、友人の医師が開業するとき、開業資金の貸付けを行いました。しかし友人の病院は経営がうまくいかず、貸付金の回収が不能となってしまいましたが、回収不能となった貸付金は費用処理できますか。

A

1　回収不能となった貸付金の処理

　回収不能となった貸付金は、貸倒損失か貸倒引当金といった方法で、必要経費に算入することができます。ただし、ご友人への開業時の貸付金が、あなたの業務上の貸付けであることが必要ですので、単なる友達としての貸付けということでは、費用処理することができません。ここでは、事業の遂行上生じた貸付金という前提で見ていきましょう。

　なお、事業の遂行上生じた貸付金とは、自己の製品の販売強化、企業合理化等のため、特約店、下請先等に貸付けている貸付金や使用人に対する貸付金等をいいます。(所基通51-10)

　事業の遂行上生じた貸付金として回収不能になった場合、必要経費に算

入するには厳しい要件が課せられており、これらの要件を満たすか否か、特に本当に回収不能といえるか否か、慎重に検討する必要があります。

2　貸倒損失

　事業上の債権（貸付金や売掛金など）に貸倒れが発生した場合、一定の基準を満たせば、貸倒れによる損失を必要経費に算入することができます。

　必要経費に算入するための認定基準と損失額は、以下のとおりです。

(1)　貸付金等の全部又は一部の切捨てをした場合の貸倒れ (所基通51－11)

　　　貸付金等について、次に掲げる事実が発生した場合には、その貸付金等の額のうちそれぞれ次に掲げる金額は、貸倒れになったものとして、必要経費に算入できます。

　①　更生計画認可の決定又は再生計画認可の決定があったこと
　　　これらの決定により切り捨てられることとなった部分の金額
　②　特別清算に係る協定の認可の決定があったこと
　　　この決定により切り捨てられることとなった部分の金額
　③　法令の規定による整理手続によらない関係者の協議決定で、次に掲げるものにより切り捨てられたこと
　　　その切り捨てられることとなった部分の金額
　　　(イ)　債権者集会の協議決定で合理的な基準により債権者の負債整理を定めているもの
　　　(ロ)　行政機関又は金融機関その他の第三者のあっせんによる当事者間の協議により締結された契約でその内容が(イ)に準ずるもの
　④　債務者の債務超過の状態が相当期間継続し、その貸付金等の弁済を受けることができないと認められる場合において、その債務者に対し債務免除額を書面により通知したこと
　　　その通知した債務免除額

(2)　回収不能の貸付金等の貸倒れ (所基通51－12)

　　　貸付金等につき、その債務者の資産状況、支払能力等からみてその全額が回収できないことが明らかになった場合には、当該債務者に対して有する貸付金等の全額について、貸倒れになったものとして必要経費に

算入します。

(3) 一定期間取引停止後弁済がない場合等の貸倒れ (所基通51-13)

債務者について、次に掲げる事実が発生した場合には、その一定額を必要経費に算入することができます。なお、この規定は売掛債権（売掛金、未収請負金その他これらに準ずる債権）のみに適用され、貸付金等には適用できません。

① 債務者との取引の停止をしたとき（最後の弁済期又は最後の弁済の時が当該停止をしたときより後である場合には、これらのうち最も遅いとき）以後1年以上を経過したこと（当該売掛債権について担保物のある場合を除く。）。

② 同一地域の債務者について有する売掛債権の総額がその取立てのために要する旅費その他の費用に満たない場合において、当該債務者に対し支払を督促したにもかかわらず弁済がないこと。

ご質問の場合では、ご友人への病院への貸付金が業務上必要であったものとして検討しますと、民事再生や金融機関の私的整理といった公的な倒産手続きをとられている場合は、(1)に記載した方法で貸倒損失を必要経費に算入することが可能です。

公的な倒産手続きをとられていない場合は、(2)に記載した方法で貸倒損失を計上することが考えられますが、この場合はご友人の病院の資産状況、支払能力等からみて貸付金の全額（一部ではありません。）が返済不能と認められる必要があり、ご友人の病院の決算書等、返済不能と判断した根拠も残しておく必要があります。また、担保や債務保証がある場合は、これらを処分・履行した後でなければなりません。このように、(2)に記載した方法で貸倒損失を計上するには、厳しい要件が求められます。

(1)④では、書面による債務免除を通知した場合に貸倒損失が認められることとなりますが、この場合も単に債務免除を通知すればよいだけでなく、ご友人の病院が相当期間、継続的に債務超過の状態にあり、貸付金の回収が不能と認められる場合でなければなりません。

3　貸倒引当金

　貸倒損失のように法的に倒産している、又は資産状況等から全額が回収不能である等の要件を満たしていなくても、一定の事由が生じている場合、将来の貸倒れによる損失に備えるため、年末の貸付金残高の一定額を貸倒引当金勘定として繰入れることにより、必要経費とすることができます。
　貸倒引当金として必要経費に算入するための主な認定基準と損失額は、以下のとおりです。

(1)　弁済猶予等があった場合（所令144①）

　　貸付金等について、次に掲げる事実が発生した場合には、その貸付金等の額のうち、翌年から5年間に弁済されることとなっている金額以外の金額について、貸倒引当金として必要経費に算入できます。

①　更生計画認可の決定
②　再生計画認可の決定
③　特別清算に係る協定の認可の決定
④　これらに準ずるものとして財務省令で定める事由

(2)　一部取立て等の見込みがない場合（所令144②）

　　貸付金等につき、その債務者が債務超過の状態が相当期間継続し、かつ、その営む事業に好転の見通しがないこと等により、貸付金の一部が回収不能と認められる場合は、その回収不能と認められる部分の金額について、貸倒引当金として必要経費に算入できます。

(3)　形式基準による場合（所令144③）

　　貸付金等について、次に掲げる事実が発生した場合には、その貸付金等の額の$\frac{50}{100}$について、貸倒引当金として必要経費に算入できます。

①　更生手続開始の申立て
②　再生手続開始の申立て
③　破産手続開始の申立て
④　特別清算開始の申立て
⑤　これらに準ずるものとして財務省令で定める事由

　ご友人の病院が民事再生や金融機関の私的整理といった公的な倒産手続

きをとられている場合は、(1)又は(3)に記載した方法で貸倒引当金を必要経費に算入することが可能です。

　公的な倒産手続きをとられていない場合は、(2)に記載した方法で貸倒引当金を計上することが考えられますが、この場合はご友人の病院の資産状況、支払能力等からみて貸付金の一部が返済不能と認められる必要があり、ご友人の病院の決算書等、返済不能と判断した根拠も残しておく必要があります。また、担保や債務保証がある場合は、これらによる回収見込額を控除した全額となります。このように、(2)に記載した方法で貸倒引当金を計上するには、厳しい要件が求められます。

Q3-51 社会保険診療報酬の源泉徴収（個人医院）

■個人で病院を経営しています。社会保険診療報酬支払基金より受ける報酬額から源泉徴収されていますが、その対象報酬と計算方法はどのようになっていますか。

A

1　社会保険診療報酬の源泉徴収の税率は10.21％

　社会保険診療報酬基金法の規定により支払われる診療報酬に対しては、源泉所得税が徴収されることになっています。同一人に対しその月分として支払われる診療報酬から20万円を控除した金額に10％を乗じたものが所得税の源泉徴収額となります。（所法204①Ⅲ、205Ⅱ、所令322）

　なお、平成49年までは所得税の額の2.1％が復興特別所得税として併せて源泉徴収されますので、同年までの源泉徴収の税率は10.21％（＝10％×（1＋2.1％））となります。

2　診療報酬の意義

　社会保険診療報酬支払基金法の規定により支払われる診療報酬とは、社会保険診療報酬支払基金が支払う診療報酬をいい、基金が支払う診療報酬である限り、社会保険診療報酬支払基金法第15条第2項（業務）の規定に

より委託を受けて支払うものもこれに該当します。

ただし、いわゆる社会保険制度に基づく診療報酬であっても、健康保険組合、国民健康保険を行う市町村又は国民健康保険組合が直接支払う診療報酬は、これに該当しないため（所基通204－19）、源泉徴収は行われません。

Q3-52 生命保険の限度額（個人医院）

■万が一の場合に備えて生命保険に加入しようと考えているのですが、支払った生命保険料は必要経費になりますか。

1 生命保険料控除

個人事業主の場合、生命保険料を必要経費とすることはできません。

代わりに、生命保険料控除という制度が設けられており、一定の生命保険料、介護医療保険料及び個人年金保険料を支払った場合は、年間最大12万円まで所得から差し引くことができます。

2 生命保険料控除額の計算

生命保険料控除額の計算は、平成23年以前に契約したものと、平成24年以後に契約したものに分けて行います。

■平成24年以後に契約したもの（新契約）

年間の支払保険料等（注1）	控除額
20,000円以下	支払保険料等の全額
20,000円超　40,000円以下	支払保険料等×$\frac{1}{2}$＋10,000円
40,000円超　80,000円以下	支払保険料等×$\frac{1}{4}$＋20,000円
80,000円超	一律40,000円

■平成23年以前に契約したもの（旧契約）

年間の支払保険料等（注1）（注2）	控除額
25,000円以下	支払保険料等の全額
25,000円超　50,000円以下	支払保険料等×$\frac{1}{2}$＋12,500円
50,000円超　100,000円以下	支払保険料等×$\frac{1}{4}$＋25,000円
100,000円超	一律50,000円

（注1）　支払保険料等とは、その年に支払った金額から、その年に受けた剰余金や割戻金を差し引いた残りの金額をいいます。
（注2）　いわゆる第三分野とされる保険（医療保険や介護保険）の保険料も、旧生命保険料となります。
（注3）　新契約と旧契約の双方について生命保険料控除を適用する場合は、それぞれの表に基づき算定した新契約及び旧契約の控除額の合計額とします。（最高4万円）

　生命保険料控除を受ける場合には、確定申告書の生命保険料控除の欄に記入するほか、支払金額や控除を受けられることを証明する書類を確定申告書に添付するか又は確定申告書を提出する際に提示する必要がありますので、ご留意ください。

Q3-53 個人事業者の交際費（個人医院）

■個人事業者の交際費について、税務上の制限はありますか。

A 個人事業主については、所得税法等において交際費等の定義はなく、支出した費用が事業上必要な経費であると認められれば、事業所得の計算上、必要経費に算入することができます。

　所得税法における必要経費とは、売上原価又はその所得を得るために直接要した費用の額及び販売管理費の額とされています。すなわち、病院間の競争も激しい中、所得を得るために必要な活動として支払った飲食代や贈答品代、ゴルフプレー代などは、特に制限なく必要経費として認められることとなります。(所法45①Ⅰ、所令96)

　ただし、無条件に必要経費として認められるのではなく、会計帳簿や領収証等に相手先の名前及び支出目的を記載して整理保存しておくことは必要ですので、ご留意ください。

Q3-54 医療機器等を売却したときの税金（個人医院）

■医療機器を友人の病院に売却することとなりましたが、売却代金に対して税金はかかりますか。

A

1　資産を売却（譲渡）した時の税金

所得税においては、資産を売却（譲渡）したときに発生する所得を譲渡所得とし、土地・建物等及び有価証券等の譲渡等分離課税になるものを除いて、その他の事業所得や給与所得とあわせて税額を計算する総合課税となります。(所法33①③)

2　譲渡所得の計算

譲渡所得の計算に際しては、まず譲渡益を計算します。譲渡益は、資産を売った金額から取得費と譲渡費用を差し引いて計算します。

譲渡益＝譲渡代金－（取得費＋譲渡費用）

取得費……購入代金。購入手数料や設備費、改良費なども含みます。減価償却を行っている場合は、これを控除した後の金額。

譲渡費用……資産を売るために直接かかった費用。

次に、譲渡益から特別控除を差し引きます。特別控除の額は、その年の長期の譲渡益と短期の譲渡益の合計額に対して50万円です。(所法33④)　その年に短期と長期の譲渡益があるときは、先に短期の譲渡益から特別控除の50万円を差し引きます。なお、これらの譲渡益が50万円以下のときは、その金額までしか控除できません。

(注)　譲渡所得は、取得したときから売ったときまでの所有期間によって長期と短期の２つに分かれます。
　　　長期譲渡所得：所有期間が５年を超えている場合
　　　短期譲渡所得：所有期間が５年以内の場合

この特別控除の額を差し引いた後の金額が、譲渡所得の金額になります。

短期譲渡所得の金額は全額が税金計算の対象になりますが、長期譲渡所得の金額はその$\frac{1}{2}$が税金計算の対象になります。(所法22②)

【計算例】

5年超保有している医療機器（簿価100万円）を、200万円で売却した。

譲渡益＝200万円－100万円＝100万円（長期譲渡所得）

譲渡所得＝（100万円－50万円（特別控除））×$\frac{1}{2}$＝25万円

この譲渡所得25万円と、事業所得や給与所得を合計し、年間の所得税額等が計算されます。

3　事業用資産の買換え特例

〔Q3-47　土地と高額医療用機器との買換え〕に記載しているとおり、事業用資産を譲渡して、代わりに事業用資産を取得した場合は、一定の条件のもと、事業用資産の買換え特例を受けることができます。

Q3-55　父親からの事業用土地の賃借（個人医院）

■このたび個人開業医として開業することになりました。病院については父親が所有する土地を賃借して診療所を建設する予定ですが、父親からの土地の賃借について留意すべき点があれば教えてください。

A　1　親族間の土地賃貸借

親族間で土地の賃貸借を行う場合、その親族（ご質問の場合は父親とご本人）が「生計を一にしている」か否かにより、税務上の扱いが異なります。

(1)　父親と「生計を一にしている」場合

通常、土地の貸付けによる受取賃貸料は、所得税の計算上、不動産所得に算入されます。

しかし、父親と生計が同一である場合は、父親が受け取る賃料はこの不動産所得には算入されないため、この賃料に対する所得税はかかりません。その代わり、賃借しているご本人が父親に支払う賃借料が事業所得の計算

上、必要経費になりません。

　この場合でも、診療所の土地・建物に係る固定資産税・減価償却費・火災保険料等の経費は、ご本人の事業所得の計算上、必要経費に算入されます。

　なお、「生計を一にしている」ことの定義については、〔Q3-44 「生計を一にする」場合の留意点〕を参照してください。

(2) 父親と生計が別である場合

　父親と生計が別である場合は、父親が受け取る賃料は不動産所得の計算に算入されるとともに、土地・建物にかかる固定資産税や減価償却費等も、父親の不動産所得の計算上、必要経費に算入されます。

　一方、ご本人が父親に支払う賃料は、ご本人の事業所得の計算上、必要経費に算入されます。

2　小規模宅地の特例

　父親とご本人が生計を共にされている場合、一定の要件を満たせば、当該土地の相続が発生した際に小規模宅地の特例を適用することができます。

　詳しくは、〔Q4-9 小規模宅地等の特例〕を参照してください。

Q3-56　損金にならない租税公課（個人医院）

■個人病院での租税公課で、損金になるものと損金にならないものの区別を教えてください。

A
1　租税公課のうち損金にならないもの（所法45）

　①　所得税、住民税、贈与税、相続税、延滞税、延滞金（税金の支払が遅れた場合に支払う税金）

　ただし、延納に係る利子税、延滞金は費用になります。

　なお、社会保険料の支払期限に遅れたときに支払う延滞金は費用になります。

② 罰金的要素のある税金

　無申告加算税、過少申告加算税、重加算税、不納付加算税
③ 交通違反等により支払う罰金、科料
④ 従業員より預かっている源泉所得税
⑤ 社会保険支払基金より振り込まれる際に差し引かれる源泉所得税

2　租税公課のうち損金になるもの

① 事業税
② 固定資産税
③ 事業所税
④ 印紙税
⑤ 税込処理を採用した場合の消費税等
⑥ 自動車税等

Q3-57　医療事故解決のための弁護士費用（個人医院）

■診療中の事故で患者を死亡させてしまい、患者側から訴えられています。そのために支出した弁護士費用は経費として認めてもらえますか。

A

1　民事事件に係る弁護士費用

　事業遂行上生じた紛争を解決するために支出した弁護士費用は必要経費となります。(所基通37-25)

　事業を営んでいる人が、その事業を遂行していくことで生じた紛争や、その事業に使用されている資産について生じた紛争を解決するために支出する弁護士報酬その他費用については、以下のような場合を除き、支出した年度分の必要経費となります。

〈必要経費とならないもの〉

① 取得時すでに紛争の生じている資産に係る紛争や、取得後紛争の生ず

ると予想される資産について生じた紛争に係るもの（資産の取得原価とされます。）
② 山林所得、譲渡所得の基因となる資産の譲渡に関する紛争に係るもの
③ 必要経費に算入されない租税公課（例えば所得税、法人税）に関する紛争のもの
④ 他人の権利を侵害したことによる損害賠償金（慰謝料、見舞金などを含みます。）で、故意又は重大な過失により必要経費に算入されないものに関する紛争に係るもの

　ご質問の場合、現在紛争中であるため過失の有無についての判決が下っていませんが、もし故意又は重大の過失がなければ、その紛争に係る費用は必要経費に算入できますが、故意又は重大な過失があったとされた場合は、必要経費には算入されません。

２　刑事事件に係る弁護士費用
　事業の遂行上、その行為に関して刑罰法令違反の嫌疑で刑事事件となり、その解決のために支出した弁護士費用については、その違反がないものとされ、若しくはその違反に対する処分を受けないこととなり、又は無罪の判決が確定した場合に限って必要経費に算入することができます。(所基通37-26)したがって無罪が確定するなど、必要経費に算入することのできることが明らかになるまで、仮払金などの科目で処理しておくべきでしょう。

Q3-58　個人の場合の税金計算、損益通算（個人医院）

■個人事業主にかかる所得税の計算の仕組みを教えてください。

所得税の計算は、大きく以下のステップに分けられます。
　ステップ１　各種所得金額の計算
　ステップ２　損益通算
　ステップ３　課税所得の計算

ステップ4　税額の計算

【ステップ1】各種所得金額の計算

所得税の計算では、まず所得を大きく以下の10種類に分類します。

利子所得	預貯金や公社債の利子並びに合同運用信託、公社債投資信託及び公募公社債等運用投資信託の収益の分配に係る所得をいいます。
配当所得	株主や出資者が法人から受ける配当や、投資信託（公社債投資信託及び公募公社債等運用投資信託以外のもの）及び特定受益証券発行信託の収益の分配などに係る所得をいいます。
不動産所得	土地や建物などの不動産、不動産の上に存する権利、船舶又は航空機の貸付け（地上権又は永小作権の設定その他、他人に不動産等を使用させることを含みます。）による所得（事業所得又は譲渡所得に該当するものを除きます。）をいいます。
事業所得	農業、漁業、製造業、卸売業、小売業、サービス業その他の事業から生ずる所得をいいます。ただし、不動産の貸付けや山林の譲渡による所得は事業所得ではなく、原則として不動産所得や山林所得になります。
給与所得	勤務先から受ける給料、賞与などの所得をいいます。
退職所得	退職により勤務先から受ける退職手当や加入員の退職に基因して支払われる厚生年金保険法に基づく一時金などの所得をいいます。
山林所得	山林を伐採して譲渡したり、立木のままで譲渡することによって生ずる所得をいいます。ただし、山林を取得してから5年以内に伐採又は譲渡した場合には、山林所得ではなく、事業所得又は雑所得になります。
譲渡所得	土地、建物、ゴルフ会員権などの資産を譲渡することによって生ずる所得、建物などの所有を目的とする地上権などの設定による所得で一定のものをいいます。ただし、事業用の商品などの棚卸資産、山林、減価償却資産のうち一定のものなどを譲渡することによって生ずる所得は、譲渡所得となりません。
一時所得	上記のいずれの所得にも該当しないもので、営利を目的とする継続的行為から生じた所得以外のものであって、労務その他の役務の対価としての性質や資産の譲渡による対価としての性質を有しない一時の所得をいいます。 例えば、懸賞や福引の賞金品、競馬や競輪の払戻金、生命保険の一時金や損害保険の満期返戻金、法人から贈与された金品などが該当します。
雑所得	雑所得とは、上記のいずれの所得にも該当しない所得をいいます。 例えば、公的年金等、非営業用貸金の利子、著述家や作家以外の人が受ける原稿料や印税などが該当します。

病医院経営から生じる所得は事業所得、病医院から受け取る給与・賞与は給与所得となります。

【ステップ２】損益通算

　損益通算とは、【ステップ１】の各種所得金額の計算上生じた損失のうち、不動産所得、事業所得、譲渡所得、山林所得の４つの所得について、一定の順序にしたがって、総所得金額等を計算する際に他の各種所得の金額から控除（相殺）することをいいます。

　なお、４つの所得以外の所得（雑所得など）から生じた損失については、原則として他の所得からは控除できません。

　個人事業主の場合は、主に病医院の経営で事業所得に赤字が生じたとき、病医院から受け取った給与・賞与による給与所得から控除（相殺）することができます。

　損益通算の主な順序は、以下のとおりです。

(1) 第１次通算

　① 経常グループ内での損益通算

　　不動産所得の金額、又は事業所得の金額の計算上生じた損失の金額があるときは、これをまず他の利子所得の金額、配当所得の金額、不動産所得の金額、事業所得の金額、給与所得の金額、雑所得の金額から控除します。

　② 臨時グループ内での損益通算

　　譲渡所得の金額の計算上生じた損失の金額があるときは、これをまず一時所得の金額から控除します。

(2) 第２次通算

　① 経常グループ内での損益通算で赤字になった場合

　　(1)①によってもなお控除しきれない損失の金額があるときは、これを臨時グループの金額（(1)②の控除後の金額）から順次控除します。この場合において、譲渡所得の金額のうちに、短期譲渡所得と長期譲渡所得とがあるときは、短期譲渡所得の金額からまず控除します。

　② 臨時グループ内での損益通算で赤字になった場合

(1)②によってもなお控除しきれない損失の金額があるときは、これを経常グループ（(1)①の控除後の金額）から控除します。
(3) 第3次通算

(2)によってもなお控除しきれない損失の金額があるときは、これをまず山林所得の金額から控除し、なお控除しきれない損失の金額があるときは、退職所得の金額から控除します。

(4) 損失の繰越し

上記(1)〜(3)の損益通算を行ってもなお損失が残る場合は、損失の繰越控除か、損失の繰戻還付を選択することができます。ただし、いずれも青色申告を行っている場合に限ります。

① 損失の繰越控除

残った損失を翌年以後3年間、繰り越すことができ、翌年以降に生じた所得から控除することができます。

② 損失の繰戻還付

残った損失を前年分の所得金額から控除し、前年分の税額計算をやり直し、その差額について還付を受けることができます。

【ステップ3】課税所得の計算

【ステップ2】で損益通算をした後、各種の所得控除を行い、課税所得を計算します。

主な所得控除には、以下のものがあります。

(1) 基礎控除

所得税を申告する方すべてに適用され、所得金額から38万円を控除できます。

(2) 配偶者控除

以下の要件を満たす控除対象配偶者がいる場合に、所得金額から38万円（配偶者が70歳以上であれば48万円）を控除できます。

① 民法の規定による配偶者であること（内縁関係の人は該当しません）。
② 納税者と生計を一にしていること。
③ 年間の合計所得金額が38万円以下であること。

④ 青色申告者の事業専従者としてその年を通じて一度も給与の支払を受けていないこと又は白色申告者の事業専従者でないこと。

(3) 配偶者特別控除

以下の要件を満たす配偶者がいる場合に、所得金額から最高38万円を控除できます。

① 控除を受ける人のその年における合計所得金額が1,000万円以下であること。

② 配偶者が、次の5つのすべてに当てはまること。

(イ) 民法の規定による配偶者であること（内縁関係の人は該当しません）。

(ロ) 納税者と生計を一にしていること。

(ハ) 青色申告者の事業専従者としてその年を通じ一度も給与の支払を受けていないこと又は白色申告者の事業専従者でないこと。

(ニ) ほかの人の扶養親族となっていないこと。

(ホ) 年間の合計所得金額が38万円超76万円未満であること。

(4) 扶養控除

以下の要件を満たす親族（控除対象扶養親族）がいる場合には、以下の一定の金額を控除できます。

① 配偶者以外の親族（6親等内の血族及び3親等内の姻族）であること。

② 納税者と生計を一にしていること。

③ 年間の合計所得金額が38万円以下であること。

④ 青色申告者の事業専従者としてその年を通じて一度も給与の支払を受けていないこと又は白色申告者の事業専従者でないこと。

(5) 社会保険料控除

納税者が自己又は生計を一にする配偶者やその他の親族の負担すべき社会保険料を支払った場合などに受けられる所得控除です。

社会保険料控除の対象となる社会保険料は、健康保険、国民年金、厚生年金保険、介護保険、雇用保険、国民年金基金や厚生年金基金の保険料等で、その年に実際支払ったものです。

(6) 小規模企業共済等掛金控除

小規模共済の掛金、確定拠出年金の掛金、個人型年金の掛金を控除できます。

(7) 寄附金控除

納税者が国や地方公共団体、特定公益増進法人などに対し、「特定寄附金」を支出した場合には、一定の算式により計算した金額を控除できます。

(8) 生命保険料控除

一定の生命保険料、介護医療保険料及び個人年金保険料を支払った場合には、一定の金額を控除できます。詳しくは〔Q3-52 生命保険の限度額〕を参照してください。

【ステップ4】税額の計算

【ステップ3】で各種の所得控除をした後、税率を乗じて所得税額を算出し、各種の税額控除を差し引いて年間の所得税額を計算します。

(1) 所得税の税率(復興特別所得税を含む、平成49年分まで)

課税総所得金額等		税率	控除額
超	以下		
―	1,950,000円	5.105%	0円
1,950,000円	3,300,000円	10.210%	99,548円
3,300,000円	6,950,000円	20.420%	436,478円
6,950,000円	9,000,000円	23.483%	649,356円
9,000,000円	18,000,000円	33.693%	1,568,256円
18,000,000円	(40,000,000円)	40.840%	2,854,716円
(40,000,000円)	―	(45.945%)	(4,896,716円)

( )は、平成27年分にかかる所得税から適用されます。

(2) 税額控除

① 配当控除

総合課税の配当所得がある場合に、原則として、配当所得の金額の10％又は5％に相当する金額を控除できます。

なお、出資持分の払戻しの際、その評価額が出資額を超過していたた

め、出資額を超えて払戻しを受けた場合には、その超過部分は配当所得となり、この配当控除を適用することができます。

② 政党等寄附金特別控除

政党又は政治資金団体に対して政治活動に関する一定の寄附金を支払った場合に、寄附金控除（所得控除）の適用を受ける場合を除き、一定額を控除できます。

③ 住宅ローン控除

一定の要件を満たす住宅の新築、取得又は増改築等をした場合に、その取得等に係る住宅ローン等の年末残高の合計額を基として計算した金額を一定期間控除できます。

④ バリアフリー改修工事控除

一定の要件を満たすバリアフリー改修工事又は省エネ改修工事をした場合に、平成29年12月31日までに居住の用に供したときに、一定の金額を控除できます（上記③との選択適用）。

Q3-59 開業前の経費の税務上の取扱い

■この度診療所を開業しようと思っていますが、開業に関して税務上どのようなことに注意すればよろしいでしょうか。

A

1 青色申告の届け出

開業時には多額の経費がかかりますが、それに見合う収入がなく、赤字になりがちです。青色申告の場合、この赤字を3年間繰り越すことができます。つまり初年度に500万円の赤字が発生し、次年度に400万円の所得があった場合、次年度は課税されませんから、申告することによって、支払基金からの報酬のうち源泉徴収された税金の多くが還付されます。

2　開業資金の借入れ

　開業に際し多額の資金を要しますが、全額自己資金でまかなえる場合は少ないでしょう。そこで問題になるのが、父、兄など親族からの借入れです。

　親族間の金銭の貸借は、その実態が贈与か真実の借入れか、第三者（税務当局）が判断しにくいので、借入金であることを明らかにするため、契約書を作成して、返済期間、毎月の返済金額、金利等を明記すべきです。そして返済や金利の支払等は銀行等を通じて行い、これらが定期的に行われていることを証明できるようにしておく必要があります。

3　開業費

　開業前に支出した費用は、開業費（繰延資産）として資産に計上し、任意の年数で償却した金額を必要経費にすることができます。

　開業費としては次のようなものがあります。

①　医師会の入会金

②　開業時までの借入金の利息、保証料（注）

③　開院祝賀会、開院挨拶状に要した費用

④　開業までの家賃、旅費交通費、印刷費、交際費、広告宣伝費

⑤　その他開院の日までに使った経費

　（注）このうち、固定資産（土地、建物等）の取得にあてたものは、資産の取得価額に含めます。
　　　その他、土地・建物の取得価額に含めるべきものに、次のものがあります。
　　　⑴　仲介手数料
　　　⑵　土地の取得に関する地元への謝礼
　　　⑶　上下水道を引くことに関する費用

Q3-60　定期借地権を活用した病院の建設

■土地を新たに取得して病院を建設するには大きな投資が必要ですが、定期借地権を設定して土地を借り、そこに病院を建設すれば投資額がかなり少なくてすみます。地主さんの合意もほぼ得られ、定期借地権を設定した土地に病院を建設することを計画していますが、注意すべき点について教えてください。

A　病院の存続期間を考慮しますと、賃借期間が50年以上の一般定期借地権が適しているでしょう。また、個人病院の場合は特に問題はないでしょうが、医療法人の場合は、病院の土地・建物を医療法人が所有することが原則となっていますので、監督官庁に確認してください。

1　定期借地権の特徴

定期借地権は、借地借家法により規定された借地権です。契約期限が到来したときに契約の更新がなく、建物を取り壊して更地にして地主に返還する必要があります。契約期間は延長できず、立退料を請求することもできません。

借地借家法では、次の3種類の定期借地権について規定しています。

タイプ	一般定期借地権	建物譲渡特約付借地権	事業用定期借地権	
存続期間	50年以上	30年以上	10年以上30年未満	30年以上50年未満
使用目的	制限なし	制限なし	事業用の建物の所有に限る	
契約方法	特約は公正証書等の書面に限る	書面でなくてもよい(実務上は書面)	公正証書による書面に限る	
特約内容	①借地期間の更新ができないこと ②建物の買取り請求ができないこと	①借地期間の更新ができないこと ②30年以上経過後に地主が建物を時価で譲り受けること	―	①借地期間の更新ができないこと ②建物の買取り請求ができないこと

事業用定期借地権は、以前は借地期間が20年以下と短く、大規模な建物を使用する事業には適していませんでしたが、平成20年の借地借家法の改正により借地期間が10年以上50年未満に延長され、50年未満の場合は事業用定期借地権、50年以上の場合は一般定期借地権と使い分けが可能となり、実質的には事業用使途では期間の上限が撤廃されました。

2 病院建設に適した定期借地権

定期借地権を設定して土地を賃借して病院を建設する場合、上記の3種類の定期借地権のうち一般定期借地権により土地を賃借することが最も適していると考えられます。

建物譲渡特約付借地権は、将来病院として建てた建物を地主が買い取ることになりますが、病院の建物は他の用途に転用しにくいため、地主が難色を示す可能性があります。

事業用定期借地権についても、50年が経過するまでに土地を返還することが合理的に見込める場合は適しているとも考えられますが、このようなケースは極めて稀であると考えられます。

Q3-61 賃借物件で開院する場合の敷金及び改装

■このたび医療法人を設立し、開業独立する運びとなりました。最初は賃借物件を改装して医院を開業しようと考えていますが、賃借物件に係る敷金や改装工事について留意すべき点はありますか。

1 賃借物件に係る敷金や保証金

(1) 敷金や保証金のうち、退去時に返還を受ける部分

家主に対する「預け金」の性格を有しているため、必要経費とすることはできません。

また、消費税は不課税となります。

(2) 敷金や保証金のうち、退去時に返還を受けない部分

支払った年から5年にわたって必要経費に算入します。また、事業用建物の賃借については、敷引は消費税の対象となるため、支払い時に一括して仕入税額控除を行います。

例えば、敷金が100万円で、うち敷引が30万円とした場合、敷引のうち27.8万円（30万円÷1.08）は5年にわたって必要経費に算入し、差額の2.2万円は仕入税額控除の対象となります。

(3) 礼金

礼金の金額が20万円未満の場合は、支払い時に必要経費とすることができます。

礼金の金額が20万円以上の場合は、5年間（賃借期間が5年未満の場合は賃借期間）にわたって必要経費に算入します。

なお、事業用建物の賃借に係る礼金も、敷引と同様に消費税の対象となるため、支払い時に一括して仕入税額控除を行います。

2　賃借物件に係る改装

賃借物件に対して改装工事を行って医院を開業する場合、改装工事に係る支出は必要経費として一括計上することはできず、固定資産として法定の年数にわたって減価償却し、必要経費に算入することとなります。

法人税法においては、建物等に関する支出を必要経費として一括計上するには厳しい制限が課せられており、賃借物件の改装等については、「用途変更のための模様替え等改造又は改装に直接要した費用の額」を固定資産として減価償却する必要がある、と定められています。（法基通7-8-1）

Q3-62 役員退職金と小規模共済

■個人事業主として開業医をしていますが、退職後の生活のことも考え、退職金の積立を行おうと考えています。知合いの医師からは小規模共済をすすめられましたが、どのような制度でしょうか。

A

1　小規模企業共済制度

小規模共済とは、正式には「小規模企業共済制度」といい、独立行政法人中小企業基盤整備機構が提供している共済制度です。

個人事業主から中小企業の経営者まで、幅広い方が退職後の生活や事業再建を図るための資金を準備する手段として利用しています。

2　加入資格

常時使用する従業員が20人以下（商業とサービス業は5人以下）の個人事業主やその共同経営者、会社等の役員が対象となっています。

開業医の場合は、診療所等で常時使用する従業員が5人以下であれば加入できます。

なお、医療法人の役員は加入できません。

3　掛金

掛金月額は1,000円から7万円までの範囲で、500円刻みで自由に設定可能です。

支払った掛金は、その全額が「小規模企業共済等掛金控除」としてその年の所得から控除されます。

4　共済金の受取り

共済金を受け取ることができる場合は、以下のとおりです。

(1)	共済金A	個人事業を廃業した場合、配偶者・子以外に事業全部を譲渡した場合、金銭出資により法人成りした場合など
(2)	共済金B	老齢給付（65歳以上で180か月以上掛金を払い込んだ方）
(3)	準共済金	配偶者・子に事業全部を譲渡した場合、法人成りして

その役員にならなかった場合など

(4) 解約手当金　任意解約、法人成りしてその役員になった場合、掛金を12か月以上滞納した場合など

一定の条件のもと、一括受取、分割受取またはこれらの併用を選択することができます。

5　共済金の金額

受け取る共済金は、基本共済金と付加共済金の合計となっています。

基本共済金とは、掛金月額と納付月数で決定されます。

付加共済金とは、毎年度の制度の運用収入等に応じ、経済産業大臣が定める率により算定されます。平成16年4月以降は1.0％となっています。

6　加入によるメリット

掛金の全額が「小規模企業共済等掛金控除」により所得から控除できるため、大きな節税となります。節税額や将来の受取額の試算を、小規模共済のホームページにて行うことができます。(http://www.smrj.go.jp/skyosai/simulation/index.html)

例えば、所得1,000万円の加入者が平成27年1月から15年間、毎月7万円の掛金を支払い、平成42年12月に共済金Bとして一括受取する場合、下記のように577.1万円の節税となります。

	収支
掛金の支払　　7万円×12か月×15年間	△1,260.0万円
掛金支払に係る節税額（所得税及び住民税） 36.7万円（注2）×15年間	+550.5万円
共済金Bの一括受取り（注2）	+1,358.3万円
共済金Bに係る所得税（退職所得申告書に基づく源泉徴収） ・退職所得　（1,358.3万円－40万円×15年）× $\frac{1}{2}$ ＝379.2万円 ・所得税額　379.2万円×20.42％－43.6万円＝33.8万円	△33.8万円
同住民税　　379.2万円×10％＝37.9万円	△37.9万円
総収支	577.1万円

(注1)　0.1万円未満の端数は四捨五入
(注2)　小規模共済ホームページにおける試算結果です。

途中解約の場合はトータルで損となる場合もありますが、上記の試算のとおり節税効果が大きいため、多くの個人事業主や会社役員の方が加入されています。

Q3-63 医療法人設立時におけるみなし譲渡所得課税

■基金拠出型医療法人や財団医療法人を設立する場合に、出資者側にみなし譲渡所得課税が生じることがあると聞きましたが、これについて説明してください。

A みなし譲渡所得課税とは、次に掲げる事由により、譲渡所得の基因となる資産の移転等があった場合に、移転時の時価で譲渡があったものとみなし、その資産の簿価（取得価額）と時価の差額について課税を行うというものです。(所法59)

① 法人に対する贈与又は限定承認に係る相続若しくは遺贈（法人に対するもの及び個人に対する包括遺贈のうち限定承認に係るものに限ります。）
② 著しく低い価額による譲渡（法人に対するものに限ります。）

ご質問のケースでは、基金拠出型医療法人等の設立に際し、個人医師が土地建物等の資産を医療法人に現物拠出した場合、その資産を拠出時の時価で医療法人に譲渡したとみなされ、当該資産の簿価（取得価額）と時価の差額について課税される可能性があります。

【計算例】（特別控除は無視）

医師個人が所有する土地（取得価額1,000万円、5年超保有）を、医療法人の設立に際して現物拠出した。当該土地の拠出時の時価は3,000万円であった。

1,000万円の土地を譲渡し、3,000万円相当の医療法人出資持分を取得したとみなされます。

譲渡所得　　3,000万円 − 1,000万円 ＝ 2,000万円

みなし譲渡所得税額

2,000万円×20.315%（所得税15.315%＋住民税5％）＝406.3万円

Q3-64 開業医時代の在職期間に対応する退職給与の取扱い

■昨年医療法人を設立し、私が理事長を務めています。今年、開業医時代からの従業員が退職し、退職金を支給しましたが、この退職金は全額、医療法人の費用として差し支えありませんでしょうか。なお、法人成りの際は当該従業員に退職金を支払っておりません。

A

1　法人成り後、相当期間を経過している場合

開業医時代からの従業員が、法人成り後も引続き従業員として勤務して退職した場合で、退職が法人成り後「相当期間」経過後であった場合は、開業医時代の勤務期間を含め、退職金の全額を医療法人の損金とすることができます。(法基通9-2-39)

ただし、ご質問の場合は法人成りの翌年に退職されており、「相当期間」が経過しているとは認められないため、退職金の全額を医療法人の損金とすることはできません。

2　法人成り後、相当期間を経過していない場合

「相当期間」を経過していない場合は、支払った退職金を以下の2つに分けて処理します。

① 個人事業時代の勤務期間に対応する金額
② 法人成り後の勤務期間に対応する金額

このうち②は医療法人の損金となりますが、①は個人事業時代の事業主が負担することとなります。すなわち、①の金額は個人事業を廃業した年又はその前年の所得税確定申告について再計算（更正の請求）を行い、個人事業時代に支払った所得税の一部について還付を受けることになります。

(所基通63-1、所法63)

ご質問の場合は、法人成りの翌年に退職されていることから、「相当期間」が経過しているとは認められないため、退職金の処理はこの方法により処理することとなります。

3 「相当期間」について

この「相当期間」が何年であるかについては明文規定がないため、個別の事情を加味して総合的に判断することとされています。この「相当期間」も3～5年とする考え方もあるようですが、税法上明文化されているわけではありませんので、所轄の税務署にご確認ください。

Q3-65 設立後の医療法人への財産の贈与における留意点

■すでに設立された次の医療法人に対して、理事長が金銭を贈与した場合の課税関係はどうなりますか。
① 持分の定めのある社団医療法人の場合
② 持分の定めのない社団医療法人又は財団医療法人の場合
また、土地を贈与した場合はどのように課税されますか。

1 金銭の贈与
(1) 理事長に対する課税

ご質問の①、②のいずれの場合も、理事長に対しては課税されません。

(2) 法人に対する課税

法人に対する課税は、次のようになります。

(イ) ①の場合、金銭の受贈益に対して法人税が課税されます。
(ロ) ②の場合、その贈与により、贈与者である理事長の親族その他これらの者と特別の関係にある者の贈与税が不当に減少する結果となると認められるときは、贈与を受けた社団医療法人や財団医療法人を個人とみなして贈与税が課せられます。（相法66④、 Q5-3 持分の定めのない社団医療法人への移行〕参照）

ただし、一定の要件を満たしており、贈与税が不当に減少しないと認められる場合は、このみなし贈与税は課税されません。(昭39直審(資)24(10)、直資77、〔Q4-6 みなし贈与税への対策〕参照)

2　土地の贈与

(1)　理事長に対する課税

ご質問の①、②の場合とも、みなし譲渡所得として課税されます。(〔Q5-10 みなし譲渡所得課税〕参照)

ただし、②の法人に対して贈与する場合は、租税特別措置法第40条の規定により、国税庁長官の承認を受けたときは、みなし譲渡所得として課税されません。(〔Q5-11 医療法人に対する寄附の非課税〕参照)

(2)　法人に対する課税

法人に対する課税は、次のようになります。

(イ)　①の場合、土地の時価で受贈益を計上し、法人税が課税されます。

(ロ)　②の場合、金銭の贈与と同様、医療法人に対して贈与税が課せられる可能性があります。

第4節　消費税に関する税務

Q3-66　消費税の概要

■消費税の概要について説明してください。

　　消費税は、資産の販売・貸付け及びサービスの提供といった、事業者の売上げに対してかかる税金です。

1　課税の対象

取引に着目した税であることから、個人・法人の違いや所得（利益）の有無にかかわらず、すべての売上げに対して広く薄く課税されるのが特徴となっています。（〔Q3-67　消費税の課税売上げ〕参照）

2　非課税

事業者が行う売上げであっても、一定のものについては非課税とされています。

現在、条文上では13項目の非課税取引が掲げられていますが、そのうち医業で頻出するものは、おおむね次のとおりです。（消法6、〔Q3-68　消費税の非課税売上げ〕参照）

①　土地の譲渡及び貸付けによる収入
②　有価証券の譲渡による収入
③　受取利息や貸付金等の利子
④　住宅や社宅など、居住用家屋の貸付けによる収入
⑤　社会保険診療収入
⑥　介護保険法に基づく居宅介護、施設介護等に係る収入
⑦　医師や助産婦が行う助産に係る収入

3　納税義務者

上記2で述べた非課税取引以外の売上げを課税売上げといい、これを行った事業者に消費税の納税義務が生ずることとなります。（国税6.3％、地方税1.7％）（消法5、〔Q3-75〕消費税率改正の影響〕参照）

消費税法では、当期の納税義務の判定をおおむね2期前（基準期間）の課税売上高で判定することとされています。基準期間における課税売上高の正確な定義は、以下のとおりです。

(1) 基準期間

　　個人　　前々年

　　法人　　前々事業年度

(2) 基準期間における課税売上高

上記基準期間の課税売上げ（税抜）を合計した金額です。この場合、基準期間が1年でなければ、売上高を年換算して算出します。

この金額が1,000万円を超える場合は課税事業者となり、消費税の納税義務が発生します。これに対し、1,000万円以下である場合は免税事業者となり、消費税の納税義務が免除されます。ただし、平成25年1月1日以後に開始する年又は事業年度については、基準期間の課税売上高が1,000万円以下であっても、特定期間(注)の課税売上高が1,000万円を超えた場合、当課税期間から課税事業者となります。

(注)　特定期間とは、個人事業者の場合は、その年の前年の1月1日から6月30日までの期間をいい、法人の場合は、原則として、その事業年度の前事業年度開始の日以後6か月の期間をいいます。
　　また、特定期間に係る判定に際しては、課税売上高に代えて、特定期間の給与等支払額により判定することもできます。課税売上高が1,000万円を超えていても、給与等支払額が1,000万円を超えていなければ、給与等支払額により免税事業者と判定することができます。

(3) 基準期間がない法人の特例

法人の場合、設立当初2年間は基準期間がありません。このようなときは、事業年度開始日における資本又は出資の金額が1,000万円以上であれば課税事業者となります。

なお個人事業者にこのような規定はなく、開業当初2年間は免税事業者となります。

4 納付税額の計算

売上げに対する消費税額から、仕入れに係る消費税額を差し引いて納付します。

仕入れ税額の計算方法には、実額を算出する方法（本則計算）のほか、一定要件のもとに概算による方法（簡易課税）も認められています。

（〔Q3-72〕簡易課税適用上の留意事項〕参照）

5 課税期間、申告納付

消費税の課税期間は、原則として、法人が事業年度、個人が暦年です。

これにより、納税義務のある事業者（「課税事業者」といいます。）は、課税期間ごとに消費税を計算し、確定申告をしなければなりません。

確定申告の期限については、法人が課税期間終了後2か月以内、個人は翌年3月31日までとなっています。また前期の納税額が一定以上であれば、期中に1回、3回ないし11回の中間申告をすることとなります。

Q3-67 消費税の課税売上げ

■消費税のかかる売上げとはどのようなものですか。詳しく教えてください。

A 消費税法では、「国内において事業者が事業として対価を得て行う資産の譲渡等」に消費税を課すこととしています。この文章の意味合いは次のとおりです。

1 売上げの場所及び事業を行う者

(1) 国内の売上げであること

消費税は国内の取引に対して課税する税金ですから、海外での売上げについてはかかりません。

(2) 事業者が事業として行った売上げであること

消費税は事業者が納める税金であり、事業者が事業行為の中で行った売

上げにしかかかりません。そのため、例えば事業者以外の者（サラリーマンなど）が車等の自己資産を売った場合には、消費税はかかりません。

また、消費に負担を求める税としての性格から課税の対象としてなじまないものや社会政策的配慮から、課税しない取引が定められています（非課税取引）。

2　課税売上げの定義

(1)　対価を得て行うものであること

「対価を得て」とは、売上げの代金（お金のほか、物等でも構いません。）をもらうということです。このことから、資産の贈与や無償の貸付けなど代金をもらわないものは、ここから除かれることとなります。

ただし、個人事業者の自家消費等は、例外的に対価を得て行ったものとみなされます。

(2)　資産の譲渡、貸付け及び役務の提供を伴うこと

なんらかの収入があっても、「資産の譲渡、貸付け及び役務の提供」を伴ったものでない限り売上げとはなりません。したがって次のような取引は、課税の対象となりません。

① 　寄附金や保険金をもらった場合
② 　受取配当金を収受した場合
③ 　人身事故等に基づく損害賠償金を受け取った場合
④ 　租税や保険料の還付金を受け取った場合

この他の取引について主な取扱いをまとめますと、次表のようになります。

取引項目	課税売上げ	根拠等
資産の廃棄、盗難、滅失	×	上記①、②に該当しない
法人が行う資産の自社使用	×	①、②に該当しない
祝金、見舞金	×	②に該当しない
補助金、奨励金、助成金等	×	②に該当しない

同業者団体等の通常会費、入会金収入	×	②に該当しない
ゴルフクラブ等の年会費、入会金収入（契約終了時に返還しないもの）	○	施設利用の対価に該当する

Q3-68　消費税の非課税売上げ

■医業を行う上で想定される非課税売上げについて、詳しく教えてください。

　消費税では、必要最低限の医療を受ける患者の立場に配慮し、社会保険診療報酬などについて非課税としています。

1　社会保険診療報酬

消費税が非課税となる社会保険診療報酬の範囲には、いわゆる社会保険医療のほか、老人保健施設療養、公費負担医療（一定のものを除きます。）、公害補償、労働者災害補償保険、自動車損害賠償補償に係る医療などが含まれます。

したがって、上記以外の自由診療に係る売上げが課税売上げということになります。なお、課税と非課税の区別について留意すべき点は、次のとおりです。

(1)　入院時食事療養、特定療養並びに施設療養

入院時食事療養、特定療養並びに施設療養については、健康保険法その他の法律が定める基準により算出された部分のみが非課税となります。

したがって、これを超える以下の部分については課税売上げとなりますので、注意してください。

■医業に関係する課税売上げ

①	差額ベッド代
②	歯科差額部分
③	入院時の食事療養代のうち保険算定額を超える部分
④	予約診療代、時間外診療代で、保険算定額を超える部分
⑤	病床数が200以上の病院における、初診に係る特別の料金（紹介があった場合及び緊急やむを得ない場合におけるものを除きます。）
⑥	金属床総義歯の特定医療費で、保険算定額を超える部分
⑦	検査、画像診断、投薬及び注射に係る診察料で、保険算定額を超える部分
⑧	老人保健施設におけるサービスのうち、老人保健施設療養費と食費等の合計額を超える部分
⑨	美容整形、人工妊娠中絶、予防接種、歯科矯正、近視矯正手術などの自由診療
⑩	柔道整復師、鍼灸師、マッサージ師の行う施術のうち、療養費の支給の対象とならない部分

(2) 健康診断などの検診

公費負担であっても、医療法人が行う健康診断などの検診は課税売上げとなります。また予防接種についても、破傷風など特定のもの以外は課税売上げとされています。

(3) 処方箋に基づく投薬

薬局が医師の処方箋に基づいて患者に投薬する場合、その医療行為が健康保険法等の療養の給付に該当するものであれば、非課税となります。

2 助産に係る売上げ

医師、助産師その他医療に関する施設の開設者が行う助産に係る収入は、非課税となります。具体的には、例えば次のような行為が非課税取引に該当します。

① 妊娠しているか否かの検査（検査の結果は問いません。）
② 妊娠判明以降の検診、入院
③ 分娩の介助
④ 出産後2月以内に行われる母体の回復検診

⑤ 新生児に係る検診及び入院

　助産に係る収入は、社会保険診療等であるかどうかを問わずに非課税となります。したがって、上記１の(1)に掲げた差額ベッド代や自由診療などであっても、助産に係るものであれば全額が非課税売上げです。

　なお、妊娠検査薬の販売は、医師や助産師が行うものでないため、課税となります。

3　介護サービスに係る売上げ

　介護保険法に基づくサービス売上げのうち主なものについて、課税・非課税の区分は原則として下表のようになります。

サービスの種類	非課税	課税
居宅介護サービス	訪問介護、訪問入浴介護、訪問看護、訪問リハビリテーション、居宅療養管理指導、通所介護、通所リハビリテーション、短期入所生活介護、短期入所療養介護、特定施設入所者生活介護（有料老人ホームを含む）	福祉用具貸与（ただし、身体障害者用物品に係るものは非課税）、住宅改修、福祉用具購入。有料老人ホームで、介護保険の要介護者等に該当しない入居者に対して行なわれるサービス
施設介護サービス	介護老人福祉施設（特別養護老人ホーム）、介護老人保健施設、介護療養型医療施設等	特別の食事等・特別の居室等の自己選択サービス
地域密着型介護サービス	夜間対応型訪問介護、認知症対応型通所介護、小規模多機能型居宅介護、認知症対応型共同生活介護等	居宅要介護者の選定による交通費部分
介護予防サービス	介護予防訪問介護、介護予防訪問入浴介護、介護予防訪問看護、介護予防訪問リハビリテーション、介護予防居宅療養管理指導、介護予防通所介護、介護予防通所リハビリテーション等	要支援者の選定による交通費部分、特別な浴槽水等の提供、送迎、特別な居室の提供、特別な療養室等の提供、特別な食事の提供等

　居宅介護サービス及び施設介護サービスにおいては、通常、本人負担額（１割）も非課税となります。

　また、日常生活に要する費用（通所先又は入所先において、看護・介護

の提供と同時にサービス事業者側から提供されることが一般に想定されるサービスに係る費用）についても非課税となります。（消基通6－7－2）

4　その他

　消費に負担を求める税としての性格から課税の対象としてなじまないものや社会政策的配慮から、課税しない非課税取引が定められています。
（〔 Q3-67 　消費税の課税売上げ〕参照）

Q3-69　消費税の不課税売上げ

■不課税売上げと非課税売上げは、どちらも消費税がかかりませんが、どこが違うのですか。また、これらを区分する必要はあるのでしょうか。

1　相違点

　両者の違いは以下のとおりです。

	消費税法上の扱い	具体的な取扱い
不課税売上げ	消費税法上の売上げとならない	税額計算に関係させない
非課税売上げ	消費税法上の売上げである	課税売上割合の分母に算入される（〔 Q3-71 　非課税売上げがある場合の仕入税額控除〕参照）

　消費税は、国内において事業者が事業として対価を得て行う資産の譲渡や、輸入取引などを対象に課税されます。

　そのため、これにあたらない取引、例えば寄付や単なる贈与、出資に対する配当は「対価を得て行う」ものではないため、消費税はかかりません。これを一般的に不課税取引といいます。

　不課税取引には、例えば以下のようなものがあります。

①　剰余金の配当（株主としての地位に基づいて受けるものであり、対

価を得て行われるものに該当しない）
② 寄附金、祝金、見舞金等（対価を得て行われるものに該当しない）
③ 保険金、共済金等（同上）
④ 補助金、奨励金、助成金等（同上）
⑤ 給与の受取り（事業として行うものに該当しない）

2　区分の必要性

　課税売上割合は、本則計算で仕入税額控除を行う場合に算出するものです。したがって本則課税の場合、不課税売上げと非課税売上げを区別する必要があります。

　なお簡易課税の適用を受ける場合は、両者の区分は不要です。

Q3-70　消費税の納税義務の判定

■消費税の納税義務は、2年前の売上げで判定すると聞きましたが、具体的な判定方法を説明してください。

A　消費税法では、当期の納税義務の判定をおおむね2期前（基準期間）の課税売上高で判定することとされています。基準期間における課税売上高の定義は、以下のとおりです。

(1) 基準期間
　　個人　　前々年
　　法人　　前々事業年度

(2) 基準期間における課税売上高

　上記基準期間の課税売上げ（税抜）を合計した金額です。この場合、基準期間が1年でなければ、売上高を年換算して算出します。

　この金額が1,000万円以下であれば免税事業者となり、消費税の納税義務が免除されます。ただし、平成25年1月1日以後に開始する年又は事業年度については、特定期間の課税売上高等による課税事業者の判定が追加

されましたので、注意してください。（〔 Q3-66 〕消費税の概要〕参照）

(3) 課税事業者の選択

　免税事業者であっても届出書を提出することにより、課税事業者となることができます。大きな設備投資をして消費税の還付を受けたいとき等には、この方法によることとなります。適用を受けるにあたっての注意点は、以下のとおりです。

① 届出書の提出時期

　課税事業者になろうとする課税期間が始まるまでに提出しなければなりません。納税申告書と違い、たとえ提出期限当日が休日であっても、その翌日に提出することは認められませんので、注意してください。設立（開業）第1期目から適用を受けたいときは、第1期中に提出すればよいこととされています。

　なお、この規定の適用をやめたいときは、その旨の届出を、適用をやめる期間が始まるまでに行うこととなります。

② 制限事項

　いったん課税事業者となった場合、最低2年は課税事業者を続けなければなりません。

　また、その2年の間に調整対象固定資産(注)を購入して消費税の確定申告を一般課税で行った場合は、その固定資産を購入した期を含めて3年間は、免税事業者となることはできず、簡易課税制度を適用することもできません。

(注)　調整対象固定資産とは、棚卸資産以外の資産で、建物及びその附属設備、構築物、機械装置、船舶、航空機、車両運搬具、工具器具備品、無形固定資産その他の資産で、消費税を除いた金額が100万円以上のものをいいます。

Q3-71 非課税売上げがある場合の仕入税額控除

■簡易課税によらず、本則計算により仕入税額控除をすることとなりました。病院は非課税売上げが多いため、消費税の計算が煩雑とのことですが、どのようにすればよいでしょうか。

A

1 仕入税額控除の基本的な考え方

本則計算を行う場合、当期に支出した消費税であれば、必ず全額が仕入税額控除できるものとは限りません。

仕入税額控除は、課税売上げをするために支出した消費税に限って認めるという考え方に基づいています。例えば社会保険診療（非課税売上げ）用に仕入れた医薬品に係る消費税は、原則として控除が認められないこととなります。

2 計算方法

(1) 課税売上割合の算出

本則計算で仕入税額控除を行うには、まず課税売上割合を計算します。課税売上割合とは、当期どれだけ仕入税額控除できるのかを算定する割合です。

計算方法は以下のとおりです。

$$\frac{当期中の課税売上高の合計額}{当期中の課税売上高と非課税売上高との合計額}＝課税売上割合$$

(注) 課税売上高は、税抜きによる金額です。

この割合が高いほど、より多く仕入税額控除ができることとなります。

(2) 仕入税額控除の計算

① 課税期間の課税売上高が5億円以下かつ課税売上割合が95％以上である場合

当期中の仕入税額全額が控除されます。

② 課税期間の課税売上高が5億円超又は課税売上割合が95％未満である場合

課税売上げをするために支出した消費税のみが控除されることとなります。その計算方法は次の2通りです。

(イ) 個別対応方式

当期中に支出した消費税（に係る課税仕入れ）について、次のように区分します。

① 課税売上げをするために行ったもの
② 非課税売上げをするために行ったもの
③ 両方の売上げをするために行ったもの、又は①及び②のどちらに該当するかわからないもの

①の税額＋③の税額×課税売上割合＝控除対象仕入税額

(ロ) 一括比例配分方式

当期支出した消費税の合計額×課税売上割合＝控除対象仕入税額

この方法で計算する場合、上記(イ)のような区分は不要です。なお一括比例配分方式により計算した場合には、最低2年間は同じ方法により計算することとされています。

Q3-72　簡易課税適用上の留意事項

■簡易課税の適用を受けるにあたっての留意事項を教えてください。

A　1　適用上の留意点

簡易課税制度の適用を受けるにあたっては、以下の要件をすべて満たすことが必要です。いったん簡易課税を適用した場合、最低2年間は簡易課税により消費税を計算する必要があります。

① 適用を受けようとする課税期間が始まるまでに、所轄税務署長に対して「簡易課税制度選択届出書」を提出すること

提出期限当日が休日であっても、その翌日に提出することは認められません。

設立（開業）第1期目等については、その期中に提出すればよいこととされています。

簡易課税の適用を取りやめたいときは「簡易課税制度不適用届出書」を、適用をやめる期間が始まるまでに、所轄税務署長に提出することとなります。

② 基準期間（個人の場合は前々年、法人の場合は前々事業年度）における課税売上高が5,000万円以下であること

2　計算上の留意点

簡易課税による仕入税額の計算方法は、次の算式によります。

課税標準額に対する消費税額×みなし仕入率＝控除対象仕入税額

(注)　みなし仕入率は、事業の区分に応じ以下のようになります。
　　第1種事業（卸売業）……………90％
　　第2種事業（小売業）……………80％
　　第3種事業（製造業等）…………70％
　　第4種事業（その他の事業）……60％
　　第5種事業（サービス業等）……50％
　　これらの事業区分は、原則として「売上ごと」に判定することとされています。例えば医療サービス業は第5種ですが、医業者が売店で雑貨を売った場合、その売上げは第2種として扱います。
　　なお、平成26年度税制改正により、金融業及び保険業は第4事業から第5種事業（みなし仕入率60％→50％）とされ、不動産業は第5種事業から新設された第6種事業（みなし仕入率50％→40％）とされました。この改正は、平成27年4月1日以後に開始する課税期間から適用されます。

しかし実際の計算では、事務処理負担を軽減する観点から、複数の事業がある場合でも、次のような簡便法が認められています。

① 1種類の事業の売上高が全体の75％以上となるとき

その事業の仕入率のみを用いてもよいこととされています。

② 3種類以上の事業を営む者で、2種類の売上高合計が全体の75％以上となるとき

　(イ)　2種類の事業のうち仕入率が高い方は、その仕入率で計算します。

　(ロ)　2種類の事業のうち低いほうの仕入率を残りの部分に適用します。

　(イ)＋(ロ)＝控除対象仕入税額

医業の場合で想定できる事業は次のようになります。

(イ)　課税売上げとなる診療報酬…………第5種事業

(ロ)　売店における雑貨品等の売上げ……第2種事業

㈧　不要となった備品等の売上げ………第4種事業

　税額の面からは、原則どおりに区分して計算する方が有利となります。ただし、事務処理負担を考慮した場合、診療報酬以外の売上げが少額であれば、上記①の方法で計算するとよいのではないでしょうか。

Q3-73　建物を購入した場合の消費税の還付

■医療法人の開業1年目に6億円で建物を購入しました。こうした場合、消費税の還付を受けられると聞きましたが、どのような点に注意すべきでしょうか。

A

1　消費税の還付を受ける場合の留意点

　医療法人が建物を購入した場合、その建物は自由診療（課税売上げ）と社会保険診療（非課税売上げ）の両方に使用されるでしょうから、控除される金額は次のとおりです。

　6億円×8％（注）×課税売上割合＝控除税額

（注）　平成26年3月以前は5％です。

　つまり、支出した消費税の全額が控除されるわけではないため、いくら還付されるかを把握することが大切です。また、どの程度税額が有利になるかは、最低2年単位で考える必要があります。さらに、控除対象外消費税がある場合、法人税への影響も考慮しなければなりません。

2　消費税の還付に係る改正

　従来は、建物を取得したときに消費税の還付を受け、翌年度以降は消費税を支払わない、という方法をとることが可能でしたが、平成22年度の改正により、この方法に対して一定の制限が設けられました。

　すなわち、開業初年度（固定資産取得年度）はあえて課税事業者を選択して建物取得に係る消費税の還付を受け、2年目以降は簡易課税事業者や免税事業者を選択することで消費税の支払いを抑える、という方法が可能

でしたが、平成22年度の改正により、2年目以降に簡易課税事業者や免税事業者を選択することが制限されるとともに（[Q3-70] 消費税の納税義務の判定〕参照）、1年目に還付を受けた消費税額の見直し計算（＝再度納付）が必要になる可能性がでてきました。

3　消費税額の見直し計算

課税事業者が調整対象固定資産の課税仕入れ等に係る消費税額について一括比例配分法式により計算した場合で、その計算に用いた課税売上割合が、その取得した日の属する課税期間（以下「仕入課税期間」）以後3年間の通算課税売上割合と比較して著しく増加したとき又は著しく減少したときに、3年目の課税期間において行われる仕入控除税額の調整をいいます。

課税売上高が著しく減少したときに行われる調整計算は、以下のとおりであり、減算金額をその年度の控除対象消費税の額から減算します。

$$\left(\text{調整対象基準金額} \times \text{その仕入課税期間の課税売上割合}\right) - \left(\text{調整対象基準金額} \times \text{通算課税売上割合}\right) = \text{減算金額}$$

調整対象基準金額とは、3年目の課税期間末日に有する調整対象固定資産の課税仕入れに係る消費税額をいいます。

(注)　著しく減少した場合とは、以下のいずれにも該当する場合をいいます。

(イ)　$\dfrac{\text{仕入課税期間の課税売上割合} - \text{通算課税売上割合}}{\text{仕入課税期間の課税売上割合}} \geq \dfrac{50}{100}$

(ロ)　仕入課税期間の課税売上割合 － 通算課税売上割合 $\geq \dfrac{5}{100}$

（具体例）

		第1期	第2期	第3期
1	課税売上げ	200万円	500万円	1,000万円
2	非課税売上げ	200万円	9,500万円	19,000万円
3	課税売上割合	50%	5%	5%
4	建物の購入	60,000万円	－	－
5	建物以外の課税仕入れ	－	5,000万円	8,000万円
6	納税義務	課税事業者を選択	課税事業者	課税事業者
7	経理方式	税抜き		

(1) 第1期の消費税計算
　　課税売上げに対する消費税額　200万円×8％＝16万円
　　建物購入に係る消費税額　6億円×8％＝4,800万円
　　　うち控除対象　　4,800万円×50％（課税売上割合）＝2,400万円
　　　うち控除対象外　4,800万円－2,400万円（控除対象）＝2,400万円
　　第1期の消費税額　16万円－2,400万円＝△2,384万円（還付）

(2) 第2期の消費税計算
　　課税売上げに対する消費税額　500万円×8％＝40万円
　　控除対象消費税額　5,000万円×8％×5％（課税売上割合）＝20万円
　　第2期の消費税額　40万円－20万円＝20万円（納付）

(3) 第3期の消費税計算
　① 課税売上高が著しく下落しているか否かの判定
　　　通算課税売上割合
　　　＝3年間の平均課税売上割合＝（50％＋5％＋5％）÷3＝20％

$$= \frac{\text{仕入課税期間の課税売上割合} - \text{通算課税売上割合}}{\text{仕入課税期間の課税売上割合}}$$

$$= \frac{50\% - 20\%}{50\%} = 60\% \geq \frac{50}{100}$$

　　　仕入課税期間の課税売上割合－通算課税売上割合

$$= 50\% - 20\% = 30\% \geq \frac{5}{100}$$

　　以上により、課税売上高が著しく下落していると認められます。

　② 調整対象固定資産に係る調整額

$$\left(\begin{array}{c}\text{調整対象}\\\text{基準金額}\end{array} \times \begin{array}{c}\text{その仕入課税期間}\\\text{の課税売上割合}\end{array} \right) - \left(\begin{array}{c}\text{調整対象}\\\text{基準金額}\end{array} \times \begin{array}{c}\text{通算課税}\\\text{売上割合}\end{array} \right)$$

　　　＝（6億円×8％×50％）－（6億円×8％×20％）＝1,440万円

　③ 控除対象消費税額
　　　8,000万円×8％×5％（課税売上割合）－1,440万円
　　　＝△1,408万円
　　　→1,408万円を課税売上げに対する消費税に加算し、控除対象消費税額は0とします。

④ 課税売上げに対する消費税額
   1,000万円×8％＋1,408万円＝1,488万円
⑤ 第3期の消費税額　1,488万円－0万円＝1,488万円（納付）
(4) 第1期～第3期の消費税額
   △2,384万円（還付）＋20万円（納付）＋1,488万円（納付）
   ＝△876万円（還付）
(5) 第1期に生じた控除対象外消費税額2,400万円は、その後5年間にわたり、課税所得の計算において損金の金額に算入されます。（初年度はさらにその$\frac{1}{2}$）

なお、控除対象外消費税については〔 Q3-74 控除対象外消費税〕を参照してください。

平成22年の改正前は、上記のケースであれば第3期において免税事業者となることが可能であり、上記計算(3)①～③の調整計算が不要でした。そのため、従来に比べて建物の取得に係る消費税の還付割合が低くなっています。

Q3-74　控除対象外消費税

■控除対象外消費税の取扱いについて教えてください。

A

1　控除対象外消費税の概要

本則計算をした場合、非課税売上げをするために支出した消費税は、原則として控除が認められないこととなります。この場合、税抜経理方式では、仮受消費税と仮払消費税の差額が、納付税額と一致しません。（次ページの図参照）

そこで、控除できなかった消費税（控除対象外消費税）について、必要経費又は損金に算入できるかどうかといった問題が生じます。

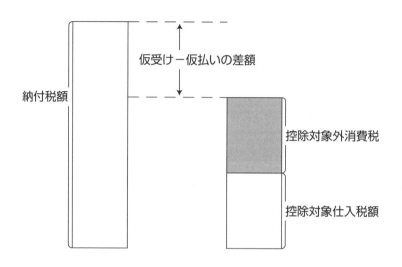

2 控除対象外消費税の取扱い

(1) 税抜経理方式を採用している事業者で、課税売上割合が80％以上である場合、控除対象外消費税は、全額必要経費又は損金とすることができます。

なお法人にあっては、資産に係る部分については損金経理が要件とされています。損金経理をしなかった場合は、繰延消費税として処理します。

(2) 課税売上割合が80％未満である場合、控除対象外消費税の取扱いは次によります。

　(イ) 経費に係るもの
　　　全額必要経費又は損金となります。
　(ロ) 棚卸資産に係るもの
　　　全額必要経費又は損金とすることができます。なお法人にあっては損金経理が要件とされます。損金経理をしなかった場合は、繰延消費税として処理します。
　(ハ) 棚卸資産以外の資産に係るもの

㋑　一の資産に係る部分の金額が20万円未満であるもの
　　全額必要経費又は損金とすることができます。なお法人にあっては損金経理が要件とされます。損金経理をしなかった場合は、繰延消費税として処理します。
　㊁　㋑以外の部分
　　繰延消費税として処理します。
(3) 繰延消費税の償却方法
　次の金額が、個人にあっては償却額、法人にあっては償却限度額となります。
　①　支出した事業年度
$$繰延消費税 \times \frac{その事業年度等の月数}{60} \times \frac{1}{2}$$
　②　その後の事業年度等
$$繰延消費税 \times \frac{その事業年度等の月数}{60}$$

Q3-75　消費税率改正の影響

■消費税率の引上げが行われましたが、医療機関へはどのような影響がありますか。

A

1　消費税率の引上げ

　平成26年4月より、消費税率が5％から8％へと引き上げられ、今後も更なる引上げが検討されています。
　社会保険料など、現役世代の負担が既に年々高まりつつある中で、社会保障財源のために所得税や法人税の引上げを行えば、一層現役世代に負担が集中することとなります。高齢者を含めて国民全体で広く負担する消費税が、高齢化社会における社会保障の財源として位置付けられたため、消費税率の引上げが行われることになりました。

2　消費税引上げによる医療機関への影響

　医療機関においては、社会保険診療報酬等について消費税が非課税であるため、支払う側の消費税のみが増加し、医療機関の利益を圧迫する懸念があります。

　すなわち、〔 Q3-74 控除対象外消費税〕に記載のとおり、仕入税額控除の対象は、支払った消費税のうち、課税売上げに対応する部分のみとなり、非課税売上げに対応する部分は差引くことができません。すなわち、

　「社会保険診療が公定価格であるために、医療機関は価格を自由に設定して消費税負担分を患者に「転嫁」するという手段はとることができないのです。」(日本医師会「医療における控除対象外消費税問題の実態と日本医師会の考え方」)

　医療機関の主な収入である社会保険診療報酬等は消費税が非課税とされているため、支払った消費税の大部分は控除できず、控除対象外消費税(支払損)が生じることになります。

　厚生労働省が公表している「第18回医療経済実態調査報告」(平成23年6月)によれば、医療法人(一般病院)の全国平均利益率は3.0％となっており、消費税率が引き上げられた場合、医療機関の利益率はさらに圧迫される可能性があります。

　「日医の実態調査では、社会保険診療報酬の2.2％に相当する控除対象外消費税が発生しており、病院、有床診療所、無床診療所で、パーセンテージに有意な差は認められていません。」(同上)

　さらに、高額医療機器等を購入する場合は、控除対象外消費税がさらに増大することになります。

第5節　MS法人をめぐる税務

Q3-76　MS法人の種類と設立手続き

■MS（メディカル・サービス）法人の設立を検討していますが、どのようなものがありますか。また、設立手続きを教えてください。

1　MS法人が行う業務の種類

MS法人が行う業務の種類としては、例えば以下のものがあります。

①	病医院の建物、土地の賃貸及び管理（不動産管理会社）
②	医療機器の販売及び賃貸
③	医療用消耗品の販売
④	給食業務の受託
⑤	寝具等の貸付け
⑥	病医院のレセプト業務、経理業務及び給与計算業務の受託
⑦	病医院に対する経営指導
⑧	薬品卸薬局（薬事法による規制があります。）

2　MS法人の設立手続き

(1) 法人の形態

株式会社、合同会社、合名会社、合資会社の諸会社がありますが、一般的には株式会社で設立されています。

MS法人を設立するにあたっては、経営面での効率的な運営はもちろんのこと、所得を分散することにより所得税超過累進税の緩和を考えることも、経営維持のため必要です。

(2) 資本金の決定

　資本金は、事業が軌道に乗るまでの運転資金、棚卸資産の購入資金及び設備資金等の必要資金量によって決定されます。しかし現実的には支払いの手段としては、一定期間据置又は割賦購入などがあり、資金の調達方法としても個人借入れの利用などが考えられますので、これらの手段も考慮して決定します。

(3) 出資者・役員の決定

　設立の趣旨を踏まえて考慮すべきです。従業員の動機づけ、相続税対策、資金調達などに応じて、適切な出資者・役員を決定すべきです。

(4) 出資の証拠性

　同族関係者が出資者を構成する場合は、特にその資金出所について明確にしておくべきです。配偶者などは、専従者給与等の預金口座から出資し、また資金力のない子供については、贈与証書、金銭消費貸借契約書などを作成しておくことが大切です。

(5) 業務目的の決定

　「MS法人」の業務範囲については、「1　MS法人が行う業務の種類」に記載していますので、それを網羅するよう具体的に決定します。当面実施する業務のみでなく「診療以外の業務」のすべてを網羅するように決定します。

(6) 法人所在地（納税地）の決定

　どこに法人所在地を置くかは任意ですから、「MS法人」の営業活動の拠点を法人所在地とするのがよいでしょう。

Q3-77　MS法人設立によるメリット

■MS法人を作るとどのようなメリットがありますか。

1　税率を下げる

　MS法人設立によるメリットには、主に所得税の累進税率を

法人税の比例税率に移し替えることで税率を下げ、節税になることが挙げられます。

例えば、現在個人病院において課税所得が1億円あるとします。そこに追加所得1,000万円が加わった場合、所得税40.84％、住民税10％の合計50.84％となり、税金合計は508.4万円、可処分所得（手元に残る所得）は491.6万円となります。（所得はすべて社会保険診療収入に対するものとしますので、事業税は0です。）

ところが、この1,000万円の追加所得を、例えば資本金が1億円以下かつ所得が800万円超のMS法人に移管した場合、法人税25.5％、地方法人税4.4％、住民税12.9％、事業税6.7％、これに地方法人特別税を加味した実効税率は36.0％となります。その結果、税金の合計は360万円、可処分所得640万円となり、差引148.4万円の節税となります。

MS法人に課せられる税金と税率は以下のとおりとなっており、MS法人に適切に所得を移転することで、より効果的な節税を行うことができます。

これらの税金を減らす方法は、上記の計算例等のように机上の試算は容易にできますが、実際は複雑な税制等を検討する必要があるほか、MS法人の事務コスト（給与計算や経理業務等）負担も発生するため、十分に注意してください。場合によっては、MS法人を設立することで税負担や事務コストを含めた総コストが増える可能性もあります。

2　所得の分散

家族でも専従者給与を支給することができますが、専従者給与の届出の規定があり、制限されてしまいます。しかし、株式会社の役員には誰でもなれますし、役員報酬の設定も比較的無理なくできます。

また、医療法の規制に抵触しないようにする必要はありますが、利益の配当を行うこともできます。

3　持分の贈与・譲渡

MS法人の持分を細かく分けて生前に贈与又は譲渡することが容易になるため、相続税対策がたてやすくなると考えられます。

その際、贈与契約書、譲渡契約書を作成しておくのがよいと思います。

Q3-78 MS法人（医療設備法人）採用の場合の計算例

■病院の医療設備を別会社が所有し、病院がそれを借りてリース料を支払うところがあると聞きましたが、実際にできるのですか。また、それによる具体的な課税関係を教えてください。

A ご質問のような医療設備法人の設立は、卸薬局の場合と異なり法的な規制も少なく（扱う医療設備によっては賃貸業許可が必要な場合があります。）、医療機関のほか、一般企業でも、設備法人を設立して業務効率の向上や節税を図っている場合があります。

【具体例】（1,000円未満の端数は四捨五入）

現在 （医療設備を病院で所有している場合）

病院

総経費　6億円	総収入　7億円
内　医療設備減価償却　1億円 　　薬品仕入れ　　　　2億円 　　その他経費　　　　3億円	（すべて保険診療収入とします）

利益　1億円

病院　所得金額　　7億円（収入） － 6億円（経費） ＝ 1億円

　　　所得税　　　1億円×40.84％ － 285.5万円 ＝ 3,798.5万円

　　　住民税　　　1億円×10％ ＝ 1,000万円

　　　合計　　　　3,798.5万円 ＋ 1,000万円 ＝ 4,798.5万円

第3章 第5節 ●MS法人をめぐる税務

MS法人採用 （医療設備をMS法人が所有し、病院に対してリースしている場合）

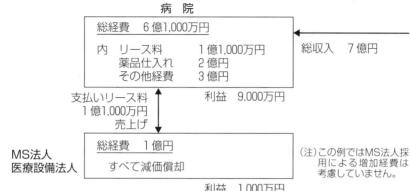

病院	所得金額	収入　　　　経費 7億円 − 6億1,000万円 = 9,000万円
	所得税	9,000万円 × 40.84% − 285.5万円 = 3,390.1万円
	住民税	9,000万円 × 10% = 900万円
	合計	3,390.1万円 + 900万円 = 4,290.1万円
MS法人	所得金額	収入　　　　経費 1億1,000万円 − 1億円 = 1,000万円
	法人税	1,000万円のうち、 800万円 × 15% = 120万円 200万円 × 25.5% = 51万円　　計171万円
	地方法人税	171万円 × 4.4% = 7.5万円
	住民税	171万円 × 12.9% = 22.1万円
	事業税	1,000万円のうち、 400万円 × 3.4% = 13.6万円 400万円 × 5.1% = 20.4万円 200万円 × 6.7% = 13.4万円　　計47.4万円
	合計	171万円 + 7.5万円 + 22.1万円 + 47.4万円 = 248万円
総計		4,290.1万円 + 248万円 = 4,538.1万円

（注1）MS法人の資本金は3,000万円で、東京都23区内に事業所を1か所もつとします。
（注2）所得税、住民税の各所得控除は考慮していません。
（注3）留保金課税や住民税の均等割、復興特別法人税は考慮していません。

以上のように、260.4万円（＝4,798.5万円－4,538.1万円）の税金が減少することになります。

このように、医療設備法人を設立し、個人所得を圧縮することによって節税効果が得られますが、病院とMS法人の間の取引は、税務上の「同族間の取引」に該当する場合が多く、その取引価格はあくまで「第三者間取引」で設定される水準（建物のリース料であれば近隣相場など）と乖離してはなりません。また、取引そのものの必要性についても合理的理由が存在する必要があります。

病院からMS法人に支払うリース料を不当に高額に設定した場合、税務当局から、個人から法人に不当に所得を移転していると認定され、リース料の一部が必要経費として認められなくなる可能性があります。

病院が医療設備法人に支払う賃貸料の金額の設定には注意が必要です。

Q3-79 MS法人からの配当

■MS法人では、医療法人では禁止されている利益配当が可能であると聞きました。MS法人を設立して利益配当を実施しようと考えていますが、問題ありませんか。

A

1 医療法人の利益配当規制

医療法第54条で「医療法人は、剰余金の配当をしてはならない。」とされており、剰余金の配当が禁止されています。

これは、医療法人が利益を計上した場合、施設の拡充と維持管理、法人職員の待遇改善等に充てるほかは、医療の充実のための積立金として医療法人内に資産を留保しなければならない、というものです。

この利益配当規制は、直接の利益配当だけでなく、例えば以下のような事実上の利益配当と認められる行為にも及びますので、注意が必要です。
(1) 役職員に対し、過大な給与、役員報酬、退職金の支払いをすること。

(2) 正当な理由なく、役職員又はこれらの親族関係にある者に対して資金等の資産を貸し付け、利息や賃借料等を支払うこと。

2　MS法人による利益配当

一方、MS法人は株式会社等であるため、会社法の規定に従い、原則として利益配当を行うことは可能です。ただし、MS法人からの配当を無制限に認めてしまうと、上記医療法による配当制限を実質的に無効化してしまうおそれがあるため、形式上はMS法人からの配当でも、実質的には医療法人の利益を配当していると認められる場合は、上記医療法による配当制限を受ける可能性があります。

このような実質的な医療法人の配当とみられる行為には、例えば以下のようなものがあります。これらの行為に対しては、所轄当局による厳しい取り締まりが行われていますので、注意が必要です。

(1) 医療法人が、MS法人が所有している資産（土地建物、医療機器など）を賃借し、過大な賃借料を支払うこと。
(2) 医療法人が、MS法人から医療機器や医療消耗品の販売、もしくは給与計算代行等のサービス提供を受け、過大な対価を支払うこと。

この他、医療法人の代表者がMS法人の代表を兼ねている場合などは、所轄当局から指導が入る場合があります。（ Q3-80 MS法人設立の際の留意点）参照）

3　MS法人との取引の妥当性

ただし、医療法人とMS法人との取引が全面的に好ましくないわけではありません。あくまでMS法人との取引の内容や価格水準が、社会一般的に行われている取引と比較して妥当であれば、問題ないものとして扱われます。

医療法人と取引を行う場合には、取引の客観性を確保するため、社内の承認書類や価格の妥当性検討書類（近隣価格や他社価格等の調査）、医療法人との賃貸契約書や取引契約書を整備しておく必要があります。

その結果として生じた利益を配当するのであれば、医療法の趣旨を逸脱しないものとして認められると考えられます。

Q3-80 MS法人設立の際の留意点

■MS法人を設立しようと考えていますが、設立に際して留意すべき事項はありますか。

A

1 MS法人は一般の事業会社

MS法人は、営利活動を目的としていない医療法人とは異なり、あくまで営利を目的とした一般の事業会社となります。そのため、設立に際しては、会社法で求められる手順に従って会社設立をすることが必要です。株式会社の主な設立手順は以下のとおりです。

① 定款の作成・認証
② 出資金の払込
③ 創立総会、取締役会の開催
④ 設立登記
⑤ 諸官庁（税務署や社会保険事務所等）への届出

2 会社としての実態

MS法人は一般の事業会社であり、会社としての実態をもつ必要がありますので、医療法人と同様、例えば法人事務所の設置、株主総会・取締役会の開催と議事録の作成、従業員の社会保険加入などを行う必要があります。

3 医療法人との役員の兼務、及び株主

医療法人の代表者がMS法人の代表を兼ねている場合などは、所轄当局から指導が入る場合があります。詳細は、〔Q3-81 MS法人と医療法人の役員の兼務〕を参照してください。

4 MS法人との取引

〔Q3-79 MS法人からの配当〕に記載のとおり、医療法人と取引を行う場合には、医療法の趣旨から逸脱した取引でないことを立証するため、社内の承認書類や価格の妥当性検討書類（近隣価格や他社価格等の調査）、

医療法人との賃貸契約書や取引契約書を整備し、取引の客観性を担保しておく必要があります。

5　MS法人に係る事務コスト及び税負担

一般的には、MS法人を設立すると節税にも役立つといわれていますが、人件費や事務コストがかかる他、MS法人の設立により税負担が大きくなる可能性もありますので、事前に税額を含めたコスト試算を行う必要があります。

また、多くの場合、MS法人は法人税法上の同族会社（〔Q3-82〕同族会社の行為計算の否認〕参照）に該当するため、留保金課税や行為計算の否認といった特別の規制が課せられ、思わぬ税負担を招く可能性もありますので、注意が必要です。

Q3-81 MS法人と医療法人の役員の兼務

■私は現在、医療法人の理事長を務めています。MS法人を設立しようと考えていますが、その代表取締役を兼務することは可能ですか。

A 医療法人の代表者がMS法人の代表を兼ねている場合などは、所轄当局から指導が入る場合があります。この点、従来は医療法人の役員がMS法人の役員を兼務する場合でも、医療法人の経営に影響がない場合は認められる場合もあり、兼務禁止の範囲が曖昧となっていました。

しかし、平成24年3月30日に厚生労働省により「医療機関の開設者の確認及び非営利性の確認について」（以下「非営利性の確認」）が改正されるとともに、「医療法人の役員と営利法人の役職員の兼務について」及び「医療法人の役員と営利法人の役職員の兼務に関するQ＆A」が公表され、医療法人の役員がMS法人の役職員を兼務することは原則として禁止されました。(「非営利性の確認」第1．1(2)④)

ただし、例えば以下の(1)(2)のいずれかに該当する場合は、例外として兼務が認められるものとされています。(同上)

(1) MS法人との取引が少額である場合
(2) 兼務役員が医療法人の役員（監事を除く。）の半数以下であり、医療機関の非営利性に影響を与えることがない場合で、以下の①②のいずれかを満たす場合
　① MS法人等から物品の購入若しくは賃貸又は役務の提供の商取引がある場合であって、以下のいずれも満たす場合
　　(イ) 医療法人の代表者でないこと
　　(ロ) MS法人等の規模が小さいことにより役職員を第三者に変更することが直ちには困難であること
　　(ハ) 契約の内容が妥当であると認められること

② MS法人から医療法人が必要とする土地又は建物を賃借する商取引がある場合であって、以下のいずれも満たす場合
　(イ)　営利法人等の規模が小さいことにより役職員を第三者に変更することが直ちには困難であること
　(ロ)　契約の内容が妥当であると認められること

(1)の取引が少額である場合とは、具体的な金額基準等は明文化されておらず、「都道府県において、今までの指導や個別のケースに応じて判断いただきたいと考えている」(「医療法人の役員と営利法人の役職員の兼務に関するQ&A」Q5)とされるにとどまっています。

なお、MS法人の株主については特段の規制はないため、医療法人の理事長や病医院の院長が株主となることもできます。

Q3-82　同族会社の行為計算の否認

■医療法人やMS法人が行う取引について、「行為計算の否認」により多額の税金が課せられる場合があるという話を聞きましたが、「行為計算の否認」とは何ですか。

A

1　同族会社

医療法人やMS法人には法人税が課せられますが、法人税においては同族会社に対する規制が存在します。

この同族会社とは、簡単にいえば3人以下の株主により、その会社の株式の50％超を所有されている会社をいいます。このような同族会社の場合には、特定の株主の意向により、税額を不当に減らすための取引が恣意的に行われる可能性が高いため、租税回避防止の観点から、同族会社に対して特別な規制がかけられています。

2　同族会社の行為計算の否認

同族会社に対する特別な規制の一つに、ご質問の行為計算の否認があり

ます。

　これは、会社の税金計算が明らかに法人税の負担を不当に減少させるものと認められる場合に、税務署長の権限により、会社が行った税金計算によらず、税務署長自らが法人税を計算できるとした規定です。(法法132)

　すなわち、会社が不当に多額の経費を計上して法人税額を圧縮するなどをしていた場合に、税務署長の権限でこの経費等を否認し、しかるべき法人税額を独自で計算できるものとした規定です。この行為計算の否認が適用された場合は、相当程度多額の追加税額が発生する可能性がある他、罰則として重加算税の支払が生じる可能性もあります。

　なお、同様の規定は所得税法にもありますので、医師個人の所得税においても不当な計算がなされていると認められた場合は、同様の追加税額が発生する可能性があります。

3　行為計算の否認が適用されるケース

　ただし、行為計算の否認が適用されるケースは、会社や個人が恣意的にかなり悪質な税金圧縮をしていると認められた場合に限られます。そのため、社会通念上、妥当と認められる範囲内で取引を行う限りは、行為計算の否認が適用される可能性はまずないと考えて問題ないでしょう。

Q3-83 グループ法人税制

■グループ法人税制により、グループ内取引に税金がかからないと聞きましたが、このグループ法人税制について教えてください。

A

1 グループ法人税制とは

近年、事業の分社化やM&A（企業買収等）などにより、企業単独ではなく企業グループ一体として事業活動を行う傾向が強まってきたことから、企業グループ全体を対象とした法制度や会計制度が整備されてきました。

その一環として、平成22年度税制改正においてグループ法人税制が導入されています。これは、我が国の企業が企業グループの一体的な経営を展開している実態に着目し、100％支配関係にある法人グループ内の取引について様々な課税上の特例措置を設けたものです。

2 グループ法人税制の適用範囲

グループ法人税制は、100％支配関係にある法人グループについて適用されます。詳しくは、〔 Q3-84 グループ法人税制が適用される範囲〕を参照してください。

3 グループ法人税制による特例措置

グループ法人税制においては、以下のような特例措置が適用されます。

(1) グループ法人間の譲渡取引の損益の繰延べ

グループ法人間の資産の売買において生ずる売却益について課税を繰り延べる特例が設けられています。

この特例の対象となる資産は土地建物、機械装置等の固定資産や有価証券などであり、商品等の棚卸資産や簿価が1,000万円未満の資産等は除かれます。

(2) グループ法人間の寄附金

グループ法人間の寄附については、原則として損金や益金に算入しない

という特例が設けられています。

　ただし、この特例は法人によって支配されているグループ法人間にのみ適用され、個人によって支配されているグループ法人間の寄附金については、これまでどおり寄附した法人側は寄附金課税、寄附を受けた法人側では受贈益課税が行われますので、ご注意ください。

(3)　グループ法人間の現物分配

　現物分配とは、剰余金の配当等により株主に金銭以外の資産（土地等の固定資産や有価証券等）を交付することをいいます。

　グループ法人間の現物分配の場合、分配法人においては譲渡した資産の譲渡損益を計上せず、配当に係る源泉徴収も行いません。また、受取法人側では、資産を簿価で取得したものとされ、受贈益も益金に算入しないこととされています。

(4)　その他

　これらのほか、グループ内子会社を清算した場合の繰越欠損金の引継ぎや、資本金が5億円以上の親会社の子会社は法人税法における中小企業特例が使えないなどの規定が設けられています。

4　グループ法人税制のMS法人への適用

　上記のとおり、グループ法人税制により、100％支配関係があるMS法人については、グループ内法人間の資産の売買や寄附については税金が繰延べ又はかからないこととなります（100％支配関係は Q3-84 グループ法人税制が適用される範囲）を参照）。これにより、グループ間における現金や土地建物等の資産移転が従来よりも容易になっています。

　ただし、3(1)はあくまで損益の繰延べであって税金が免除されるわけではないこと、3(2)の特例は個人・法人間では適用されないことなど、グループ法人税制の適用にあたっては留意すべき点がありますので、ご注意ください。

Q3-84 グループ法人税制が適用される範囲

■グループ法人税制が適用される範囲について教えてください。

A　1　完全支配関係

　グループ法人税制は、個人や法人の間に完全支配関係がある場合に適用されます。この完全支配関係とは、発行済株式の全部を直接又は間接に保有する関係をいいます。

　例えば、以下の個人や法人の間には、完全支配関係があるとみなされます。

(1)　発行済株式の全部を直接保有する場合

　法人には、医療法人及びMS法人を含みます。

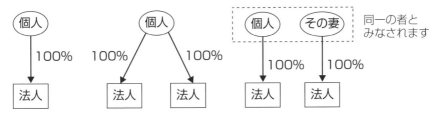

(2)　発行済株式の全部を間接的に保有する場合

　法人には、医療法人及びMS法人を含みます。なお、医療法人が営利法人である株式会社の株式を保有することには規制がありますので、注意が必要です。

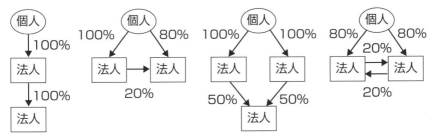

　また、グループ法人税制の対象となる場合、これらの関係を示したグル

ープ系統図を確定申告書に添付することが必要です。

なお、持分の定めのない医療法人については、支配関係の考え方がないため、グループ法人税制の適用はありません。

2 個人の範囲について

上記における個人には、例えば理事長本人だけでなく、理事長の親族（6親等内の血族、配偶者および3親等内の姻族）や事実婚の関係にある者などが含まれます。そのため、1(1)にあるように、理事長とその妻がそれぞれ法人株式を所有している場合、理事長とその妻はあわせて同一の個人とみなされるため、それぞれが保有する法人には完全支配関係があるとみなされます。

第6節 源泉所得税に関する税務

Q3-85 非常勤医師の給料を手取支給する場合の源泉徴収

■非常勤医師の給料を、契約により手取金額いくらという形で支払っています。この場合の源泉所得税の計算方法を教えてください。

A 非常勤の医師の給与を手取支給額で決定する場合には、源泉所得税の計算が問題になります。また、非常勤医師へ支払う場合、毎月1回支給日にまとめて支払う方法と、労働した日ごとに支払う方法があり、それぞれ違った方法で計算する必要があります。

1 支給日が決まっており1か月分をまとめて支払う場合

給与所得の源泉徴収税額表（月額表）の乙欄により計算することになります。ただし、この源泉徴収税額表は給与総額に対して算出するものですから、手取計算の場合は、税金を加算した金額をこの表の金額としてみます。

給与所得の源泉徴収税額表（平成26年分）

月額表

(一)　　　　　　　　　　　　　　　　　　　　　　　　　　　　　　　（〜166,999円）

その月の社会保険料等控除後の給与等の金額		甲 扶養親族等の数								乙
以上	未満	0人	1人	2人	3人	4人	5人	6人	7人	税額
円	円	税額								円
88,000 円未満		0	0	0	0	0	0	0	0	その月の社会保険料等控除後の給与等の金額の3.063%に相当する金額
88,000	89,000	130	0	0	0	0	0	0	0	3,200
89,000	90,000	180	0	0	0	0	0	0	0	3,200
90,000	91,000	230	0	0	0	0	0	0	0	3,200
91,000	92,000	290	0	0	0	0	0	0	0	3,200
92,000	93,000	340	0	0	0	0	0	0	0	3,300
93,000	94,000	390	0	0	0	0	0	0	0	3,300
94,000	95,000	440	0	0	0	0	0	0	0	3,300
95,000	96,000	490	0	0	0	0	0	0	0	3,400
96,000	97,000	540	0	0	0	0	0	0	0	3,400
97,000	98,000	590	0	0	0	0	0	0	0	3,500
98,000	99,000	640	0	0	0	0	0	0	0	3,500
99,000	101,000	720	0	0	0	0	0	0	0	3,600
101,000	103,000	830	0	0	0	0	0	0	0	3,600
103,000	105,000	930	0	0	0	0	0	0	0	3,700
105,000	107,000	1,030	0	0	0	0	0	0	0	3,800
107,000	109,000	1,130	0	0	0	0	0	0	0	3,800
109,000	111,000	1,240	0	0	0	0	0	0	0	3,900
111,000	113,000	1,340	0	0	0	0	0	0	0	4,000
113,000	115,000	1,440	0	0	0	0	0	0	0	4,100
115,000	117,000	1,540	0	0	0	0	0	0	0	4,100
117,000	119,000	1,640	0	0	0	0	0	0	0	4,200
119,000	121,000	1,750	120	0	0	0	0	0	0	4,300
121,000	123,000	1,850	220	0	0	0	0	0	0	4,500
123,000	125,000	1,950	330	0	0	0	0	0	0	4,800
125,000	127,000	2,050	430	0	0	0	0	0	0	5,100
127,000	129,000	2,150	530	0	0	0	0	0	0	5,400
129,000	131,000	2,260	630	0	0	0	0	0	0	5,700
131,000	133,000	2,360	740	0	0	0	0	0	0	6,000
133,000	135,000	2,460	840	0	0	0	0	0	0	6,300
135,000	137,000	2,550	930	0	0	0	0	0	0	6,600
137,000	139,000	2,610	990	0	0	0	0	0	0	6,800
139,000	141,000	2,680	1,050	0	0	0	0	0	0	7,100
141,000	143,000	2,740	1,110	0	0	0	0	0	0	7,500
143,000	145,000	2,800	1,170	0	0	0	0	0	0	7,800
145,000	147,000	2,860	1,240	0	0	0	0	0	0	8,100
147,000	149,000	2,920	1,300	0	0	0	0	0	0	8,400
149,000	151,000	2,980	1,360	0	0	0	0	0	0	8,700
151,000	153,000	3,050	1,430	0	0	0	0	0	0	9,000
153,000	155,000	3,120	1,500	0	0	0	0	0	0	9,300
155,000	157,000	3,200	1,570	0	0	0	0	0	0	9,600
157,000	159,000	3,270	1,640	0	0	0	0	0	0	9,900
159,000	161,000	3,340	1,720	100	0	0	0	0	0	10,200
161,000	163,000	3,410	1,790	170	0	0	0	0	0	10,500
163,000	165,000	3,480	1,860	250	0	0	0	0	0	10,800
165,000	167,000	3,550	1,930	320	0	0	0	0	0	11,100

（平成26年分　源泉徴収税額表）

2 支給日が決まっておらずその都度支払う場合

　給与所得の源泉徴収税額表（日額表）の乙欄により計算することになります。具体的な方法は、上記の1の方法と同様です。

〈月額表乙欄の見方〉

　手取り100,000円の場合

① 総額100,000円の場合、99,000円以上101,000円未満にあてはまりますので税額3,600円になります。
② この場合はこの3,600円が100,000円にプラスされて、総額103,600円になります。
③ 次に103,000円以上105,000円未満のところを見ますと、税額が3,700円となりますので、不十分です。
④ ①の税額3,600円と③の税額3,700円の差100円を103,600円にプラスしますと103,700円になります。
⑤ 103,700円の税額が3,700円となり、これが求める税額です。支給額は103,700円になります。ただし、1ランクずれる可能性もありますので、次の簡便法を使った方が早く求められます。

〈簡便法〉

① 手取り100,000円に乙欄の税額をプラスした金額がランクにあてはまるところを順番に見ていきます。あてはまるところが求める税額となります。税額3,600円では、支払額は103,600円となりますが、その欄のランクは103,000円未満となり、一致しません。
② 次に、税額3,700円では、支払額は103,700円、その欄のランクは103,000円以上105,000円未満となり、一致しています。したがって、支払額は103,700円、税額は3,700円となります。

　なお、参考までに主な手取額別の源泉徴収額の一覧表を掲げておきます。

手取額別源泉徴収税額

(単位：円)

手取額	源泉徴収額
50,000	1,579
100,000	3,700
150,000	10,200
200,000	29,300
250,000	53,500
300,000	73,100
500,000	273,000

Q3-86 開業医に支払う報酬の源泉徴収

■この度、私どもの病院で脳外科の手術を行いましたが、脳外科担当医が出張しており、近隣で開業している脳外科専門医に応援に来てもらいました。この場合に支払う報酬も、他の非常勤医師と同じように源泉徴収しなければならないのですか。

A

1 原則的には源泉徴収が必要

給与所得とは、雇用契約に基づき支払われる対価に限られるものではなく、「非独立的、従属的役務提供の対価」あるいは、「一定の勤務関係に基づき、その勤務に足して受ける報酬」といわれています。ですから通常の場合、派遣医が受ける報酬は、派遣先の医療機関の指揮監督の下に診療行為を行い、その役務の対価として支払を受けるわけですから、一般に給与所得に該当し、源泉徴収しなければなりません。この開業医が他から受ける給与がなく、扶養控除等申告書を提出している場合は甲欄で、それ以外は乙欄で源泉徴収します。

2　事業所得又は雑所得の場合は源泉徴収不要

　例えばご質問のような場合でも、手術あるいは麻酔などについてこの脳外科医が全て管理し、責任がある場合には、必ずしも給与所得となるものではなく、事業所得あるいは雑所得になりますので源泉徴収は不要です。
　なお、事業所得とは、反復継続的に自己の計算と危険において独立して営まれる事業に係る所得をいいます。

Q3-87　非常勤医師に支払うタクシー代

■非常勤医師に対し、1回5,000円の交通費を支給していますが、これは通勤手当として非課税扱いにできますか。

A　週に1～2回出勤するような非常勤医師に対して、通常の給料とは別に、通勤にかかる費用に相当する金額を支給する場合、これは通勤手当ではなく、旅費に準じたものとされます。しかし、旅費に準じて非課税とされる金額は、「その出勤のために直接必要である部分に限る」とされており、これは通常の交通機関を利用した場合に必要な交通費とされています。したがって、非常勤医師に支払う旅費（通勤手当）を非課税扱いとするには、常勤の職員・医師等に対して支給する交通費、例えば旅費規程に定められている交通費の範囲内で支給すべきです。（所基通9-5）

　また、タクシー代相当額を交通費として支給することがありますが、深夜等で代替交通機関がない場合を除き非課税となりません。やむを得ずタクシーを利用する場合は、タクシーチケットを渡すなど病院の方で支払うようにすべきだと思われます。

　したがって、タクシーを利用するやむを得ない場合かつタクシーの領収書等支払が確認できるものがない場合には、非課税にあたりませんので源泉所得税の徴収の対象となります。

Q3-88 医師や従業員の研修会・学会への出席費用

■当医療法人では、医療の質の向上のために、常に医師・従業員に対し、種々の研修会や学会への参加・研究を奨励し、その費用を負担していますが、これらの費用は必要経費となるでしょうか。

A

1 学会・研修費用・図書購入費

病院にとって、学会や研修への参加費用や研究のための図書の購入費用などは、業務上必要な支出として必要経費となります。ただし、学会出席後の観光費用や個人的な交際費を含めることが多いので、明確に個人の費用と区別しておくことが必要です。

また、研修助成金のような形で支給する場合は、その使途明細の提出や、それによる購入物品の帰属があれば必要経費になりますが、渡切りであったり、購入物品が個人の帰属となる場合は、その人に対する給与となります。

2 看護師に対する学費の援助

職務の業務上必要な技術・知識の習得や免許・資格の取得のために、従業員の学資を病院で負担する場合も多いと思われます。その取扱いについては、その費用が適正なものである限り給与としては課税されません。したがって、看護学校等の授業料を負担しても、現物給与にはなりません。

また、使用者が使用人に対しその者の学校教育法第1条〈学校の範囲〉に規定する学校（大学及び高等専門学校を除きます。）における修学のための費用に充てるものとして支給する金品で、その修学のための費用として適正なものについては、役員又は使用者である個人の親族のみをその対象とする場合を除き、現物給与にはなりません。（所基通9－16）

なお、上記のように病院が負担するものは、できるだけ病院が直接相手方に支払い、領収書を残しておくように注意しましょう。学会への交通費など領収書のないものも、支払証明書等に明細を書いておくことが必要です。

Q3-89 海外旅行費

■下記の理由で海外旅行する場合の取扱いを教えてください。
① 海外の医療の実情を視察するため、開業医数人で旅行会社でツアーを組んでいく場合
② 海外の医療の実情を視察するため、個人研修に行く場合
③ 従業員の慰安旅行

A　1　原則的な考え方

　海外旅行でも、医業の遂行上直接必要なものがあれば、経費になります。しかし税務当局の取扱いでは、その医療の遂行上直接必要かどうかの判断が厳しく、次のものは原則として該当しないことになっています。(所基通37-19)

(1)　観光渡航の許可を得て行う旅行
(2)　旅行あっせんを行う者等が行う団体旅行に応募してする旅行
(3)　同業者団体等が主催して行う団体旅行で主として観光目的と認められるもの

　そのため、目的・スケジュールを明確にし、現地での研修内容や視察先の写真等を残し、旅行の成果をレポートするなど、その理由を説明できるようにしなければならいでしょう。

　したがって、①及び②については上記の要件を考慮して研修費用等として経費処理するか、個人の報酬・給与とするかを判定する必要があります。

2　従業員の慰安旅行

　③の慰安旅行の負担について、その負担額を現物給与にしないためには、その旅行が「社会通念上一般的に行われると認められるもの」であることが必要です。ですから、海外への慰安旅行が、社会通念上一般的に行われると認められるものかどうかの判断が必要となっていますが、現在の税務当局の見解は、次のいずれの要件も満たしている場合には、原則として課

311

税しなくてもよいこととされています。
(1) 旅行の期間が4泊5日以内であること
海外旅行の場合には、外国での滞在日数が4泊5日以内であること
(2) 旅行に参加した人数が全体の人数の50％以上であること
工場や支店ごとに行う旅行は、それぞれの職場ごとの人数の50％以上が参加することが必要です。
上記の③の質問はこれらの要件を確認して、現物給与か福利厚生費の判断を行うことになります。

Q3-90 渡切交際費

■理事長など理事に対して、毎月定額を交際費として支給しています。これについては、精算を行っていないため報酬となるとのことですが、源泉所得税も徴収する必要があるでしょうか。

A 渡切交際費について、役員等に対して機密費、接待費、交際費、旅費等の名義で支給したもののうち、その法人の業務のために使用したことが明らかでないものは、報酬となります。(法基通9－2－9(9))

したがって、渡切交際費についても源泉所得税を徴収する必要があります。

なお、消費税については、給与等を対価とする役務の提供は課税仕入れに該当しないこととされていますから、渡切交際費についても課税仕入れには該当しないこととなります。

Q3-91 従業員に対する無償診療

■従業員に対する診療については、支払基金などへの請求はしますが、窓口での本人負担分の徴収はしていません。このような場合、税務上の取扱いはどうなりますか。

医師本人や家族及び従業員に無償で診療を行った場合、これを自家診療といい、次のような取扱いになっています。

1　自家診療

自家診療については、社会保険に加入している場合には、保険請求が可能となっています。会計処理としては、保険請求した金額と本人負担分の合計を売上げに計上します。本人負担分は、徴収しないため福利厚生費として費用計上します。ただし、役員若しくは従業員の全員につき一律に福利厚生活動の一環として対応することが必要です。なお、自家診療については、使用した薬品材料などを消費した部分についてだけ、通常の対価で「収入金額」に算入します。しかし、薬品材料などについて、取得価額以上の金額をもって収入金額として帳簿に記載している場合で、その金額が時価の70％以上であればその処理は認められます。(所基通39-2)

2　医師国保

医師国民健康保険（医師国保）の場合、本人や家族については原則的に保険請求できませんので、自家診療の収入金額は「自由診療・その他収入」となります。

3　現物給与

また、従業員に対する医療行為については、本人からも負担金をもらわず、保険請求もしないというのであれば、その医療行為の原価相当分が現物給与として給与の源泉徴収対象となり、その原価相当分については収入金額に計上するという、経費と収入の両建ての処理をします。ただし、薬剤などの支給については、取得価額以上であり、かつ、通常他に販売する

価額に比し著しく低い価額（通常他に販売する価額のおおむね70％未満）でなく、値引率が、役員若しくは使用人の全部につき一律に、又はこれらの者の地位、勤続年数等に応じて全体として合理的なバランスが保たれる範囲内の格差を設けて定められており、値引販売をする商品等の数量は、一般の消費者が自己の家事のために通常消費すると認められる程度のものであれば、課税する必要はありません。したがって、治療行為については著しく多額である場合又は役員だけを対象として供与される場合のみ課税されます。(所基通36－23、36－29) 現実的には、従業員については本人負担分のみを免除し、保険請求はするという処理が多いかと思われます。この場合、本人が負担すべき金額は、年間を通じて著しく多額になるとは考えられません。したがって、特に現物給与として課税しなくても差し支えないと思われます。

Q3-92　永年勤続者の記念品と創業記念品

■今年、創立10周年にあたり、従業員全体にかばん（4,000円）を記念品として贈りましたが、課税されるでしょうか。また、永年勤続者に対して次のように記念品を贈呈しましたが、この場合の取扱いはどうなるのでしょうか。

① 勤続10年　　30万円
② 勤続5年　　10万円

A　使用者が、役員又は使用人に対し、創業記念、周年記念、工事完成記念あるいは合併記念などに際し、その記念として支給する記念品（現物に代えて支給する金銭は含みません。）で、次に掲げる要件のいずれにも該当するものついては、課税されないこととなっています。(所基通36－22)

(1) その支給する記念品が社会通念上記念品としてふさわしいものであり、

かつ、そのものの価額（処分見込価額により評価した価額）が1万円以下のものであること。
(2) 創業記念のように一定期間ごとに到来する記念に際し支給する記念品については、創業後相当な期間（おおむね5年以上の期間）ごとに支給するものであること。

したがって、ご質問の創立10周年にあたってのかばんの贈与は、上記の要件を満たしていますので、課税されません。

また、永年勤続した役員又は使用人の表彰にあたり、その記念として旅行、観劇等に招待し、又は記念品（現物に代えて支給する金銭は含みません。）を支給することにより当該役員又は使用人が受ける利益で、次に掲げる要件のいずれにも該当するものについては、課税されないことになっています。(所基通36-21)
(1) 利益の額が、当該役員又は使用人の勤続期間等に照らし、社会通念上相当と認められること。
(2) 表彰が、おおむね10年以上の勤続年数の者を対象とし、かつ、2回以上表彰を受ける者については、おおむね5年以上の間隔をおいて行われるものであること。

したがって、ご質問の場合の、勤続10年30万円、勤続5年10万円の記念品は、社会通念上相当であるかで判断することになります。国税庁より「永年勤続記念旅行券の支給に伴う課税上の取扱いについて」という回答があり、形式基準が示されています。その中で勤続25年で10万円相当、勤続35年で20万円相当の旅行券が示されており、この形式基準に照らすと、高額のため給与等として課税する必要があると思われます。

Q3-93 従業員に支給する昼食・夜食

■当医療法人では、従業員に昼食や残業時・宿直時の夜食を支給しています。一定額以上になると現物給与となるそうですが、その取扱いについて教えてください。

A

1 食費及び手当の取扱い

役員、従業員に対して支給する食事は、残業・宿直の人に対するものを除き、次のように取り扱われます。

使用者が役員又は使用人に対し支給した食事につき当該役員又は使用人から実際に徴収している対価の額が、その食事の価額の50％相当額以上である場合には、当該役員又は使用人に対する食事の支給は現物給与にはなりません。ただし、当該食事の価額からその実際に徴収している対価の額を控除した残額が月額3,500円を超えるときには、その負担額全額が現物給与となります。(所基通36-38の2) ただし、食事手当てとして金銭で支給する場合には、給与となります。

2 食事の価額の評価

これらの場合の食事の価額の評価は、以下のとおりです。(所基通36-38)

(1) 医療法人が調理して支給する食事

その食事の材料等に要する直接費の額に相当する金額

(2) 医療法人が購入して支給する食事

その食事の購入価額に相当する金額

ここで、医療法人が調理する場合の調理器具・施設の減価償却費や人件費の取扱いですが、これらの費用は直接費にはあたらず、食事に価額に算入する必要はありません。

また、自社の施設を給食業者に貸与し、材料も供給する場合は、自社調理として扱われます。このような場合のほか、給食業者が材料などを仕入れてくる場合で、その材料などに要する直接費が明確に区分されていると

きは医療法人が調理する場合にあたりますが、そうでない場合は購入した食事として評価しなければなりません。

3 残業者・宿直者に対する給食

医療法人が、残業又は宿直若しくは日直をした従業員（その者の通常の勤務時間外における勤務としてこれらの勤務を行った者に限ります。）に対し、これらの勤務をすることにより支給する食事については、現物給与にはなりません。(所基通36－24) ただし、食事手当てとして金銭で支給する場合には、給与となります。

その他、看護師のように、正規の勤務時間の一部又は全部が深夜になるというような深夜勤務者に対する夜食については、現物による支給のほか、次の条件を満たせば、現物に代えて現金で支給してもよいことになっています。(昭59直所3－8「深夜勤務に伴う夜食の現物支給に代えて支給する金銭に対する所得税の取扱いについて」)

① 夜食を現物で支給することが著しく困難であること
② 通常の給与に加算して支給すること
③ 勤務1回ごとに定額で支給すること
④ 1回の支給額が300円以下であること

Q3-94 宿直料及び日直料

■宿直料1回2,500円、日直料1回3,000円を支給していますが、税務上どのように取り扱われるのでしょうか。

A 宿直料及び日直料は給与等に該当します。ただし、次のいずれかに該当する宿直料又は日直料を除き、その支給の基因となった勤務1回につき支給される金額のうち4,000円までの部分については、課税されません。(所基通28－1)

(1) 休日又は夜間の留守番だけを行うために雇用された者及びその場所に

居住し、休日又は夜間の留守番をも含めた勤務を行うものとして雇用された者に当該留守番に相当する勤務について支給される宿直料又は日直料

(2) 宿直又は日直の勤務をその者の通常の勤務時間内の勤務として行った者及びこれらの勤務をしたことにより代日休暇が与えられる者に支給される宿直料又は日直料

(3) 宿直又は日直の勤務をする者の通常の給与等の額に比例した金額又は当該給与等の額に比例した金額に近似するように当該給与等の額の階級区分等に応じて定められた金額（以下、これらの金額を「給与比例額」といいます。）により支給される宿直料又は日直料（当該宿直料又は日直料が給与比例額とそれ以外の金額との合計額により支給されるものである場合には、給与比例額の部分に限ります。）

なお、宿直又は日直の勤務をすることにより支給される食事の価額は除きます。宿直又は日直の勤務をすることにより支給される食事がある場合には、4,000円からその食事の価額を控除した残額までの部分については、課税されません。

Q3-95 社宅・寮の適正賃貸料

■当医療法人では、社宅と寮があり、入居している役員と従業員から家賃を受けとっています。家賃が適正賃貸料以下の場合は現物給与とされるようですが、適正賃貸料の計算はどのようにしたらいいのですか。

役員社宅、使用人社宅等の家賃の評価方法は次のとおりです。

1 役員社宅の家賃（月額）の計算方法

床面積が、木造家屋132㎡超、あるいは木造以外家屋99㎡超の社宅の場合（所基通36-40、36-41）

① 家屋部分

その年度の家屋の固定資産税の課税標準額×（木造家屋12%、木造家屋以外10%）×$\frac{1}{12}$

② 敷地部分

その年度の敷地の固定資産税の課税標準額×6%×$\frac{1}{12}$

上記①②の合計額が役員負担額となります。ただし、使用者が他から借り受けて貸与した住宅等で当該使用者の支払う賃借料の額の50%に相当する金額が当該算式により計算した金額を超えるものについては、その50%に相当する金額が役員負担額となります。

(注1) 家屋だけ又は敷地だけを貸与した場合には、その家屋だけ又は敷地だけについて上記の計算をします。
(注2) 木造家屋以外の家屋とは、耐用年数省令別表第一に規定する耐用年数が30年を超える住宅用の建物をいいます。
(注3) その住宅等の固定資産税の課税標準額が改訂された場合は、その改訂後の課税標準額に係る固定資産税の第1期の納期限の属する月の翌月分から、その改訂後の課税標準額を基として計算します。(所基通36-42(2))

2　役員社宅の家賃（月額）の計算方法（1以外の場合）

床面積が木造家屋132㎡以下、あるいは木造以外家屋99㎡以下の社宅の場合 (所基通36-41)

その年度の家屋の固定資産税の課税標準額×0.2%

＋12円×（当該家屋の総床面積（㎡）÷3.3（㎡））

＋その年度の敷地の固定資産税の課税標準額×0.22%

上記が役員負担額となります。

(注1) 敷地だけを貸与した場合には、この取扱いは適用しないことにご留意ください。
(注2) 木造家屋以外の家屋とは、耐用年数省令別表第一に規定する耐用年数が30年を超える住宅用の建物をいいます。
(注3) その住宅等の固定資産税の課税標準額が改訂された場合は、その改訂後の課税標準額に係る固定資産税の第1期の納期限の属する月の翌月分から、その改訂後の課税標準額を基として計算します。(所基通36-42(2))

3　特殊な状況の社宅

① 公的使用に充てられる部分がある住宅等 (所基通36-43(1))

上記1、2により計算した通常の賃貸料の額の70%以上に相当する金額

②　単身赴任者のような者が一部を使用しているにすぎない住宅等（所基通36-43(2)）

次の算式により計算した金額以上の金額

当該住宅等につきに上記1、2より計算した通常の賃貸料の額×50（㎡）÷当該家屋の総床面積（㎡）

4　使用人社宅等の家賃（月額）の評価方法（所基通36-45、36-47）

その年度の家屋の固定資産税の課税標準額×0.2％
＋12円×（当該家屋の総床面積（㎡）÷3.3（㎡））
＋その年度の敷地の固定資産税の課税標準額×0.22％

上記の50％以上を徴収すれば、使用人への経済的利益はないものとされます。

(注1)　床面積の制限はありません。
(注2)　自社所有又は借上社宅のどちらにも適用されます。
(注3)　固定資産税の課税標準額が改定された場合でも、改訂前に比して20％以内の増減にとどまる時は賃借料の改訂は必要ありません。
(注4)　使用人兼務役員は、この計算方法は適用できません。

Q3-96　役員社宅の適正賃貸料

■医療法人ですが、役員に対して社宅を貸与したいと考えています。従業員の社宅と比較してかなり豪華なものとなってしまいましたが、家賃は税法上の適正賃貸料として問題ないでしょうか。

A

1　豪華な役員社宅の賃貸料の時価評価

所得税基本通達36-40、36-41（Q3-95 社宅・寮の適正賃貸料〕参照）で算定される社宅の賃借料は、通常の家賃に比べてかなり低い傾向にあるようです。しかし、この通達は、通常の住宅とは認められないような豪華なものまでを想定しているわけではありません。

いわゆる豪華な役員社宅の賃貸料については、時価によって判定することとされています。つまり通達で算出した適正賃貸料を収受していたとし

ても、時価の方が大きければ、その差額については役員の給与として取り扱われ、源泉徴収が必要となります。

2 豪華であるかどうかの判定

役員に対して社宅を貸与する場合は、役員から1か月当たり一定額の家賃（以下「賃貸料相当額」といいます。）を受け取っていれば、給与として課税されません。

ただし、この社宅が、社会通念上一般に貸与されている社宅と認められないいわゆる豪華社宅である場合は、 Q3-95 1、2の適用はなく、時価（実勢価額）が賃貸料相当額になります。

いわゆる豪華社宅であるかどうかは、床面積が240㎡を超えるもののうち、取得価額、支払賃貸料の額、内外装の状況等各種の要素を総合勘案して判定します。すなわち、家屋の床面積が240㎡を超えていることのみをもって、豪華社宅とされるわけではありません。

なお、床面積が240㎡以下のものについては、原則として、プール等や役員個人のし好を著しく反映した設備等を有するものを除き、豪華な社宅にはあたりません。（平7課法8－1、課所4－4「使用者が役員に貸与した住宅等に係る通常の賃貸料の額の計算に当たっての取扱いについて」）

Q3-97 社内貸付制度について

■当病院では、福利厚生に資するため従業員に住宅取得資金等の貸付けを行うつもりですが、その場合の利息はどのように決めればよいのでしょうか。

1 役員又は使用人に貸し付けた金銭の利息相当額の評価 （所基通36－49）

① 当該金銭が使用者において他から借り入れて貸し付けたものであることが明らかな場合……その借入金の利率

② その他の場合……貸付けを行った日の属する年の租税特別措置法第93条第2項（利子税の割合の特例）に規定する特例基準割合による利率により評価します。平成26年は、1.9％となっています。平成22年から平成25年は、4.3％となります。

2 　特例 (所基通36-28)

役員又は使用人に対し金銭を無利息又は上記により評価した利息相当額に満たない利息で貸し付けたことにより、その貸付けを受けた役員又は使用人が受ける経済的利益で、次に掲げるものについては、課税しなくて差し支えありません。

① 災害、疾病等により臨時的に多額な生活資金を要することとなった役員又は使用人に対し、その資金に充てるために貸し付けた金額につき、その返済に要する期間として合理的と認められる期間内に受ける経済的利益

② 役員又は使用人に貸し付けた金額につき、使用者における借入金の平均調達金利（例えば、当該使用者が貸付けを行った日の前年中又は前事業年度中における借入金の平均残高に占める当該前年中又は前事業年度中に支払うべき利息の額の割合など合理的に計算された利率をいいます。）など合理的と認められる貸付利率を定め、これにより利息を徴している場合に生じる経済的利益

③ ①及び②の貸付金以外の貸付金につき受ける経済的利益で、その事業年度における利益の合計額が5,000円（使用者が事業年度を有する法人である場合において、その事業年度が1年に満たないときは、5,000円にその事業年度の月数（1月未満の端数は1月に切り上げた月数）を乗じて12で除して計算した金額）以下の経済的利益

なお、現在のような金利が低い場合には、平均調達金利に基づいて決定するのが、一番利率が低くなると考えられます。

Q3-98　出向者の給与の源泉徴収

■当病院は銀行から出向している事務長がいますが、その給与の半額は銀行に支払っています。「派遣費負担金」としていますが、給与として源泉徴収はしなくてよいのでしょうか。

A

1　給与負担金

まず、出向先が負担する給与負担金については、その支払名称が派遣費負担金等、どのようなものであれ給与とされます。ただし、源泉徴収については、出向元法人が自己の給与規程に基づき支給する給与については、その支給時に行うこととされています。したがって、出向先では給与として源泉徴収を行う必要がありません。(所基通183～193共-3)

出向先法人が自社の負担すべき給与を直接支給し、出向元法人は格差補填額を直接支給する場合には、双方で源泉徴収を必要とします。

2　別枠支給の処理

出向元法人に支払う給与相当額負担金の他に、出向元法人とは別枠で、本人に直接支給することも考えられます。このような場合、本人は出向元法人には内密にするよう希望することと思いますが、いわゆる使途不明金とするのはできるだけ避け、給与として処理し源泉徴収については月額表の乙欄を適用して源泉徴収すればよいでしょう。

Q3-99　パートやアルバイトの源泉徴収

■事務をしてもらうためパートやアルバイトを採用することにしました。この方達も源泉所得税を徴収する必要がありますか。

A　パートやアルバイトに、給与を支払う際に源泉徴収する税額は、一般の社員と同様に「給与所得の源泉徴収税額表」の「月額表」又は「日額表」の「甲欄」又は「乙欄」を使って求めます。

　ただし、給与を勤務した日又は時間によって計算していることのほか、次のいずれかの要件にあてはまる場合には、「日額表」の「丙欄」を使って源泉徴収する税額を求める必要があります。

(1)　雇用契約の期間があらかじめ定められている場合には、2か月以内であること。
(2)　日々雇い入れている場合には、継続して2か月を超えて支払いをしないこと。

　したがって、パートやアルバイトに対して日給や時間給で支払う給与は、あらかじめ雇用契約の期間が2か月以内と決められていれば、「日額表」の「丙欄」を使うことになります。

　なお、最初の契約期間が2か月以内の場合でも、雇用契約の期間の延長や、再雇用のため2か月を超えることがあります。

　この場合には、契約期間が2か月を超えた日から、「日額表」の「丙欄」を使うことができません。

　したがって、給与を支払う期間に応じ定められている税額表（「月額表」又は「日額表」）の「甲欄」又は「乙欄」を使って源泉徴収する税額を求めることになります。（所法185、所令309、所基通185-8）

Q3-100 従業員の忘年会費用

■親睦を兼ねて役員と従業員全員を対象として、忘年会を開きました。参加者が思いのほか少なかったのですが、福利厚生費として計上してもかまいませんか。現物給与に当たらないでしょうか。

A 使用者が役員又は使用人のレクリエーションのために社会通念上一般的に行われていると認められる会食、旅行、演芸会、運動会等の行事の費用を負担することにより、これらの行事に参加した役員又は使用人が受ける経済的利益については、使用者が、当該行事に参加しなかった役員又は従業員(使用者の業務の必要に基づき参加できなかった者を除きます。)に対しその参加に代えて金銭を支給する場合又は役員だけを対象として当該行事の費用を負担する場合を除き、課税する必要はありません。(所基通36-30)

(注) 上記の行事に参加しなかった者(使用者の業務の必要に基づき参加できなかった者を含みます。)に支給する金銭については、給与等として課税することに留意してください。

Q3-101 支払給料等に係る源泉所得税等の納期の特例

■源泉徴収の納付は翌月10日までに行うこととされていますが、半年に1回とする特例があるとききました。この特例について教えてください。

A

1 源泉徴収の納付

従業員給与や税理士報酬等から源泉徴収した所得税及び復興特別所得税（以下、所得税等）は、原則として、給与等を実際に支払った月の翌月10日までに納付しなければなりません。

2 源泉徴収の納期の特例

しかし、源泉徴収の対象となる給与の支給人員が常時9人以下の病医院は、源泉徴収した所得税等を、半年分まとめて納めることができる特例があります。これがご質問の納期の特例です。

この特例によれば、その年の1月から6月までに源泉徴収した所得税等は7月10日、7月から12月までに源泉徴収した所得税等は翌年1月20日が、それぞれ納付期限になります。

この特例を受けるためには、「源泉所得税の納期の特例の承認に関する申請書」を、給与等の支払を行う事務所などの所在地を所轄する税務署に提出することが必要です。承認後、承認を受けた月に源泉徴収する所得税等から、納期の特例の対象になります。

3 特例の対象となる源泉徴収

すべての源泉徴収がこの特例の対象となるのではなく、以下に係る源泉所得税等に限定されています。

① 給与、賞与、退職金
② 税理士、弁護士、司法書士などの一定の報酬

第4章

相続対策と事業承継

Q4-1 相続対策

■がむしゃらにやってきたおかげで病院の経営も順調です。子供は2人いまして、長男は医師として病院を手伝ってくれています。長女は銀行員に嫁いでいます。相続対策で注意することがあれば教えてください。

A

1　相続対策

相続に際して一番大切なことは、相続人が被相続人の残した財産を有効に活用して有意義な生活を送ることができるよう、すべての相続人にとって公平かつ納得のいく相続となるよう、事前の準備を十分に行っておくことです。

しかし現実には、財産の相続を巡って子供同士で争いが生じたり、ひどい場合には親族間で決定的な対立が生じる可能性もあります。

相続対策に際しては、相続税の税金対策も大切ですが、その前に「誰がどの財産を相続するか」という遺産分割の問題があることに注意しなくてはなりません。

2　遺産分割の留意点

(1)　事業用資産は、事業を継ぐ人にまとめて相続させること

医師であるご長男が病院を継がれる場合、病院の運営に必要な土地・建物、医療用設備などは、ご長男がまとめて相続されるべきと考えられます。

(2)　分割しにくい資産は共有にしないこと

現在住んでおられる土地・建物は、できる限り相続人同士の共有とせず、相続人のどなたか1人がまとめて相続されるのが望ましいと考えられます。別荘地などは相続人の考え方も考慮しつつ、共有とするか単独相続とするかを考えればよいでしょう。

仮に土地・建物を相続人同士の共有としても、そのうちの1人だけが居住している場合、不平がでてくることがあります。

相続後、相続人が自分の意思だけで財産を使用したり、処分したりできるよう分割されることが重要です。

(3) 遺言書を作成しておくこと

遺言書の作成はおすすめです。毎年の元旦や誕生日に見直して作り直されても、作成日付が最新の遺言書が有効となります。

作成保管を弁護士に依頼することも可能ですし、信託銀行でも比較的安い費用で遺言書の作成から執行までを支援してくれますので、これらのサービスを活用されることもご検討されるとよいでしょう。

なお、遺言書の作成には細かな要件等がありますので、ご注意ください。

（〔Q4-12 遺言書を作成した方が望ましいケース〕1 遺言書の作成を参照）

3 相続税の納税猶予

(1) 非上場株式等に係る相続税の納税猶予

後継者である相続人が、相続等により、一定の要件を満たして経済産業大臣の認定を受けた非上場株式を先代経営者から取得して会社経営を承継する場合には、その後継者が納付すべき相続税のうち、株式に係る相続税の80％相当の納税が猶予されます（免税ではありません。）。

しかし、この相続税の納税猶予制度については、医療法人は適用することができません。

(2) 医業継続に係る相続税・贈与税の納税猶予

平成26年度税制改正により新たに設けられた納税猶予制度で、持分あり医療法人が厚生労働大臣の認可を受けて認定医療法人となった場合、相続税や贈与税の納税が一定期間猶予されるという優遇措置が与えられます。

詳しくは〔Q4-16 認定医療法人制度の概要〕を参照してください。

Q4-2 事業の承継における税金

■Aは、医療法人甲（持分の定めのある社団法人）の持分のすべてを持っています。息子Bに事業の承継を行う方法としてどのような方法がありますか。またどのような税金を支払いますか。

事業を承継する方法としては、一般的に以下の3通りが考えられます。

(1) Aが死亡したときの相続

死亡したAの財産を、相続や遺贈（死因贈与を含みます。）によってBがもらった場合には、Bに相続税が課せられます。

相続税率は贈与税率に比して低くなっていますが、相続税は一度に税金を支払わなければならないため、相続側（ご質問のケースではB）で多額の納税資金が必要となります。

(2) AからBへの生前贈与

Aが持分を無償でBに与えた場合は、贈与税がかかります。

贈与は対価の支払いなしに承継が可能ですが、相続税に比して税率が高くなります。

(3) AからBへ対価を得て譲渡

持分の譲渡で所得が生じた場合は、原則として譲渡所得税が課税されます。譲渡では対価の支払いが必要となるため、譲受人に多額の資金が必要です。

事業の承継は、多額の税金を支払わねばならないのが通常ですが、必ずしも相続税が有利であるとは限りません。

各々の方法における特徴を理解し、有利な選択を行うことが必要です。

Q4-3 相続税と贈与税の比較

■医療法人甲の持分について、その60％をAが、40％をAの友人が保有しています。医療法人甲の出資持分の相続税評価額は5億円であり、出資額は1口1万円で、合計1,000口です。

Aの相続人はBのみであり、相続財産はこの出資持分のみとします。

①Aの持分を、Aの死後、Bがすべて相続した場合の相続税額はいくらですか。

②Aの持分を30年間にわたってBに贈与した場合の贈与税総額はいくらですか。

1　相続税額の計算

ご質問の場合、相続税額は次のように計算されます。

基礎控除	5,000万円＋1,000万円＝6,000万円
課税される財産の価額	5億円×60％＝3億円
	3億円－6,000万円＝2億4,000万円
相続税の総額	2億4,000万円×40％－1,700万円＝7,900万円

相続税額は一括で支払うのが原則ですので、この場合であれば相続時に7,900万円を一括して納付する必要があります。

このように、相続税支払いのための資金調達は容易ではありません。

2　贈与税額の計算

また、贈与税額の計算は次のようにします。

1年間当たり贈与額	5億円×60％÷30年＝1,000万円
1年間当たり基礎控除	110万円
1年目の課税価格	1,000万円－110万円＝890万円
1年目の贈与税	890万円×40％－125万円＝231万円
30年間の贈与税総額	231万円×30年＝6,930万円

30年間の貨幣価値変動、及び出資持分の相続税評価額の変動は無視して

います。実際はこれらが変動しますので（特に出資持分の評価額）、注意が必要です。

　贈与税率が相続税率より高くとも、このように分けて贈与すれば、贈与税総額は相続税総額よりも低くなることがあります。このケースでは、贈与の方が970万円、税金が安くなっています。（なお、平成27年1月1日に適用される改正後の税率等によれば、贈与の方が3,870万円、税金が安くなります。次ページ【参考】を参照）

　贈与の際は贈与契約を締結する必要がありますが、「持分額のすべてを贈与する。ただし30年に分割して贈与する。」とする契約は、3億円が一括贈与されるとみなされるため、毎年、贈与の都度、贈与契約を締結する必要があります。

【参考】

平成25年度税制改正により、平成27年1月1日以後に発生する相続又は贈与から税率等が変更されます。

■相続税

	平成26年12月31日以前	平成27年1月1日以後
定額控除	5,000万円	3,000万円
法定相続人比例控除	1,000万円×法定相続人数	600万円×法定相続人数

相続した財産の金額	平成26年12月31日以前 税率	平成26年12月31日以前 控除額	平成27年1月1日以後 税率	平成27年1月1日以後 控除額
1,000万円以下	10%	—	10%	—
1,000万円超 3,000万円以下	15%	50万円	15%	50万円
3,000万円超 5,000万円以下	20%	200万円	20%	200万円
5,000万円超 1億円以下	30%	700万円	30%	700万円
1億円超 2億円以下	40%	1,700万円	40%	1,700万円
2億円超 3億円以下	40%	1,700万円	45%	2,700万円
3億円超 6億円以下	50%	4,700万円	50%	4,200万円
6億円超	50%	4,700万円	55%	7,200万円

改正後の相続税額は、以下のとおりです。

基礎控除	3,000万円+600万円=3,600万円
課税される財産の価額	5億円×60%=3億円
	3億円−3,600万円=2億6,400万円
相続税の総額	2億6,400万円×45%−2,700万円=9,180万円
	(改正前に比べ1,280万円の増税)

■贈与税

	平成26年12月31日以前	平成27年1月1日以後
基礎控除(変更なし)	110万円	110万円

基礎控除後の課税価格	平成26年12月31日以前		平成27年1月1日以後			
			20歳以上の者が直系尊属から贈与を受けた場合		左記以外の場合	
	税率	控除額	税率	控除額	税率	控除額
200万円以下	10%	−	10%	−	10%	−
300万円以下	15%	10万円	15%	10万円	15%	10万円
400万円以下	20%	25万円			20%	25万円
600万円以下	30%	65万円	20%	30万円	30%	65万円
1,000万円以下	40%	125万円	30%	90万円	40%	125万円
1,500万円以下	50%	225万円	40%	190万円	45%	175万円
3,000万円以下			45%	265万円	50%	250万円
4,500万円以下			50%	415万円	55%	400万円
4,500万円超			55%	640万円		

　改正後の贈与税額は、以下のとおりです。(Bは20歳以上で、Aの長男とします。)

　　1年間当たり贈与額　　　5億円×60%÷30年＝1,000万円
　　1年間当たり基礎控除　　110万円
　　1年目の課税価格　　　　1,000万円−110万円＝890万円
　　1年目の贈与税　　　　　890万円×30%−90万円＝177万円
　　30年間の贈与税総額　　　177万円×30年＝5,310万円
　　　　　　　　　　　　　(改正前に比べ1,620万円の減税)

Q4-4 持分の定めのない医療法人への移行によるメリット

■現在、持分の定めのある医療法人の理事長を務めていますが、持分の相続税評価額がかなり大きくなるため、相続対策も兼ねて持分の定めのない医療法人への移行を考えています。持分の定めのない医療法人への移行に係るメリット・デメリットは何でしょうか。

A

1 持分の定めのない医療法人への移行に係るメリット

(1) 相続時の相続税負担がない

持分の定めのない医療法人への移行に際しては、定款変更により、持分の定めのある医療法人の持分(財産権)が放棄されますので、社員の医療法人に対する持分はなくなります。

そのため、相続が発生しても相続の対象となる持分が存在しないことから、医療法人の持分に対する相続税の心配はなくなります。

(2) 社員退社時の持分払戻しが不要

(1)と同様、社員の医療法人に対する持分はなくなりますので、社員が退社時に持分の払戻しを請求することもなくなり、多額の払戻金を負担し、医療法人の経営に影響がでるという心配もなくなります。

2 持分の定めのない医療法人への移行に係るデメリット

(1) 持分の払戻しを受けることができない

上記1(2)の対照となるものですが、移行に際して持分を放棄している以上、医療法人を退社する際に持分の払戻しを請求することができません。これまで設立当初から理事長として医療法人を経営し、経営努力の結果として内部留保が厚くなっていたとしても、これらの払戻しを受けることはできなくなります。

ただし、退職金を受け取ることは可能なため、出資の払戻しができなくともある程度の老後資金を受け取ることは可能ですが、医療法における配当禁止規制に抵触する可能性もありますので、慎重に検討する必要があり

ます。

　また、後継者不在等で医療法人の継続を断念し、医療法人を解散する場合は、持分を放棄していることから、解散手続後の残余財産は理事等に払い戻されるのではなく、国等に帰属することになります。

(2)　移行時にみなし贈与税の負担リスクがある

　持分のない医療法人へ移行する際、一定の要件を満たしていなければ、医療法人を個人とみなして贈与税が課されます。これを「みなし贈与課税」といい、持分のない医療法人へ移行することで、出資者（持分は放棄しますが）の親族等の相続税が不当に減少すると認められる場合は、その出資者から医療法人に対して出資持分の「贈与」があったとみなされ、贈与税が課されるものです。

　詳しくは、〔 Q4-5 　持分の定めのない医療法人への移行に係る贈与税〕を参照してください。

Q4-5 持分の定めのない医療法人への移行に係る贈与税

■持分の定めのある医療法人から持分の定めのない医療法人へ移行する際、医療法人において贈与税が課されると聞きましたが、本当でしょうか。

A

1　持分なし医療法人への移行に係る課税

持分の定めのある医療法人から持分の定めのない医療法人へ移行する場合、定款から持分に関する定めが削除されるため、医療法人の社員全員の持分は権利放棄されることとなります（持分放棄）。この持分放棄した社員は、あくまで財産権を放棄するだけであり、株式会社における株式の消却と同様、譲渡性が認められないため、所得税は課税されません。（平成17年4月27日国税庁回答「出資持分の定めのある社団医療法人が特別医療法人に移行する場合の課税関係について」）

しかし、医療法人の出資者が、その出資持分を放棄したことにより、出資者の親族等の相続税又は贈与税の負担が不当に減少したと認められる場合には、その医療法人を個人とみなし、医療法人に対して贈与税が課税される場合があります。（相法66④）これを「みなし贈与税」といい、ご質問のケースはこれにあたります。

2　みなし贈与税が課される場合

みなし贈与税は、あくまで「出資者の親族等の相続税又は贈与税の負担が不当に減少したと認められる場合」にのみ課されますので、持分のない医療法人への移行により「相続税又は贈与税の負担が不当に減少」しないと認められるための体制を整備しておく必要があります。

具体的には、現在の持分あり医療法人が一定の要件を満たしていれば、不当に減少するとは認められないこととされています。（相令33③）詳しくは、〔Q4-6　みなし贈与税への対策〕を参照してください。

Q4-6 みなし贈与税への対策

■持分あり医療法人から持分なし医療法人への移行を検討していますが、みなし贈与税に対する対策を行いたいと思います。どのような対策を行えばよいのでしょうか。

A

1 みなし贈与税に対する対策

みなし贈与税に対する対策は、相続税法施行令第33条第3項に基づいて行うこととなります。具体的には、以下の要件を満たすように医療法人の組織等を改革していくことになります。

(1) その運営組織が適正であるとともに、その寄附行為、定款又は規則において、その役員等のうち親族関係を有する者及びこれらと一定の関係がある者の数がそれぞれの役員等の数のうちに占める割合は、いずれも$\frac{1}{3}$以下とする旨の定めがあること

(2) 当該法人に財産の贈与若しくは遺贈をした者、当該法人の設立者、社員若しくは役員等又はこれらの者の親族等に対し、施設の利用、余裕金の運用、解散した場合における財産の帰属、金銭の貸付け、資産の譲渡、給与の支給、役員等の選任その他財産の運用及び事業の運営に関して特別の利益を与えないこと

(3) その寄附行為、定款又は規則において、当該法人が解散した場合にその残余財産が国若しくは地方公共団体又は公益社団法人若しくは公益財団法人その他の公益を目的とする事業を行う法人（持分の定めのないものに限ります。）に帰属する旨の定めがあること

(4) 当該法人につき法令に違反する事実、その帳簿書類に取引の全部又は一部を隠ぺいし、又は仮装して記録又は記載をしている事実その他公益に反する事実がないこと

2 運営組織が適正であることの要件

1(1)において「その組織運営が適正である」ことが要件とされていま

すが、具体的には、以下の３つを満たした場合に、その組織運営が適正であると認められることとなります。(平成20年7月25日国税庁 資産課税課情報第14号)
(1) 定款、寄附行為又は規則において、一定の事項が定められていること
(2) 法人の事業の運営及び役員等の選任等が、法令及び定款、寄附行為又は規則に基づき適正に行われていること
(3) 法人が行う事業が、その事業を行う地域又は分野において社会的存在として認識される程度の規模を有していること

3　役員等のうち親族関係を有する者及びこれらと一定の関係がある者

1(1)において「役員等のうち親族関係を有する者及びこれらと一定の関係がある者」とありますが、この「これらと一定の関係がある者」とは、具体的には以下の者をいいます。
(1) 当該親族関係を有する役員等と婚姻の届出をしていないが事実上婚姻関係と同様の事情にある者
(2) 当該親族関係を有する役員等の使用人及び使用人以外の者で当該役員等から受ける金銭その他の財産によって生計を維持しているもの
(3) (1)又は(2)に掲げる者の親族でこれらの者と生計を一にしているもの
(4) 当該親族関係を有する役員等及び(1)から(3)までに掲げる者のほか、次に掲げる法人の法人税法第２条第15号（定義）に規定する役員（「会社役員」）又は使用人である者
　① 当該親族関係を有する役員等が会社役員となっている他の法人
　② 当該親族関係を有する役員等及び(1)から(3)までに掲げる者並びにこれらの者と法人税法第２条第10号に規定する政令で定める特殊の関係のある法人を判定の基礎にした場合に同号に規定する同族会社に該当する他の法人

4　定款等で定められているべき事項

2(1)において定款等で定められているべき事項とは、以下のとおりです。項目が多いですが、これらがすべて定款や理事会規則等の規則で定められている必要があります。
(1) 理事の定数は６人以上、監事の定数は２人以上であること

(2) 理事及び監事の選任は、例えば、社員総会における社員の選挙により選出されるなどその地位にあることが適当と認められる者が公正に選任されること
(3) 理事会の議事の決定は、次の(5)に該当する場合を除き、原則として、理事会において理事総数（理事現在数）の過半数の議決を必要とすること
(4) 社員総会の議事の決定は、法令に別段の定めがある場合を除き、社員総数の過半数が出席し、その出席社員の過半数の議決を必要とすること
(5) 次に掲げる事項（次の(6)により評議員会などに委任されている事項を除く。）の決定は、社員総会の議決を必要とすること
　この場合において、次の⑤及び⑥以外の事項については、あらかじめ理事会における理事総数（理事現在数）の$\frac{2}{3}$以上の議決を必要とすること
① 収支予算（事業計画を含む。）
② 収支決算（事業報告を含む。）
③ 基本財産の処分
④ 借入金（その会計年度内の収入をもって償還する短期借入金を除く。）その他新たな義務の負担及び権利の放棄
⑤ 定款の変更
⑥ 解散及び合併
⑦ 当該法人の主たる目的とする事業以外の事業に関する重要な事項
(6) 社員総会のほかに事業の管理運営に関する事項を審議するため評議員会などの制度が設けられ、上記⑤及び⑥以外の事項の決定がこれらの機関に委任されている場合におけるこれらの機関の構成員の定数及び選任並びに議事の決定については次によること
① 構成員の定数は、理事の定数の２倍を超えていること
② 構成員の選任については、上記(2)に準じて定められていること
③ 議事の決定については、原則として、構成員総数の過半数の議決を必要とすること

(7) 上記(3)から(6)までの議事の表決を行う場合には、あらかじめ通知された事項について書面をもって意思を表示した者は、出席者とみなすことができるが、他の者を代理人として表決を委任することはできないこと
(8) 役員等には、その地位にあることのみに基づき給与等を支給しないこと
(9) 監事には、理事（その親族その他特殊の関係がある者を含む。）及び評議員（その親族その他特殊の関係がある者を含む。）並びにその法人の職員が含まれてはならないこと。また、監事は、相互に親族その他特殊の関係を有しないこと

特に、理事・監事の定足数をそれぞれ6名以上・2名以上とすること、理事に対してその地位のみをもって給与を支払わないこと、監事には親族等は認められないことなど、医療法人の公共性を高めるための定めがありますので、慎重に検討が必要です。

5 事業運営や役員選任等が、法令及び定款等に基づき適正に行われていること

2(2)において、法人の事業運営や役員選任等が、法令及び定款等に基づき適正に行われていることとされていますが、特に具体的な要件は例示されていません。

ただし、他の一の法人又は団体の役員及び職員の数が、当該法人のそれぞれの役員等のうちに占める割合が$\frac{1}{3}$を超えている場合には、当該法人の役員等の選任は、適正に行われていないものとして取り扱うものとされています。

具体的には、医療法人の役員等について、理事長の親族等の数が全体の$\frac{1}{3}$以下であっても、他の法人や団体の役職員（理事長の親族が代表を務める同一株式会社の従業員等）の数が全体の$\frac{1}{3}$を超えている場合は、その役員等の選任は適正ではないとみなされますので、注意が必要です。

6 社会的存在として認識される程度の規模

2(3)において、法人の行う事業が、社会的存在として認識される程度の規模であることとされています。

具体的には、以下の(1)又は(2)の要件を満たす場合には、社会的存在として認識される規模であると認められるとされています。これらの要件は、社会医療法人又は特定医療法人を想定した要件であり、これらの認可に係る要件と同様です。
(1) 社会医療法人を想定した基準
　① 社会保険診療等（介護保険、助産に係る収入金額を含む。）に係る収入金額が、全収入金額の80％超
　② 自費患者に対する請求方法が社会保険診療と同一
　③ 医業収入が医業費用の150％以内
　④ 役員及び評議員に対する報酬等の支給基準を明示
　⑤ 病院又は診療所の名称が４疾病５事業に係る医療連携体制を担うものとして医療計画に記載
(2) 特定医療法人を想定した基準
　① 社会保険診療等に係る収入金額が、全収入金額の80％超
　② 自費患者に対する請求方法が、社会保険診療と同一
　③ 医業収入が医業費用の150％以内
　④ 役職員に対する報酬等が3,600万円以下
　⑤ 病院の場合は40床以上又は救急告示病院であること、診療所の場合は15床以上及び救急告示診療所であること
　⑥ 差額ベッドが全病床数の30％以下

7　特別の利益を与えること

　1(2)において、法人に財産の贈与等をした者に対し特別の利益を与えないこととされていますが、具体的には、以下のいずれかに該当する場合には、特別の利益を与えているとみなされます。
(1) 贈与等を受けた法人の定款、寄附行為若しくは規則又は贈与契約書等において、次に掲げる者に対して、当該法人の財産を無償で利用させ、又は与えるなどの特別の利益を与える旨の記載がある場合
　① 贈与等をした者
　② 当該法人の設立者、社員若しくは役員等

③ 贈与等をした者、当該法人の設立者、社員若しくは役員等（以下「贈与等をした者等」）の親族
④ 贈与等をした者等と次に掲げる特殊の関係がある者（次の(2)において「特殊の関係がある者」という。）
　(イ) 贈与等をした者等とまだ婚姻の届出をしていないが事実上婚姻関係と同様の事情にある者
　(ロ) 贈与等をした者等の使用人及び使用人以外の者で贈与等をした者等から受ける金銭その他の財産によって生計を維持しているもの
　(ハ) 上記(イ)又は(ロ)に掲げる者の親族でこれらの者と生計を一にしているもの
　(ニ) 贈与等をした者等が会社役員となっている他の会社
　(ホ) 贈与等をした者等、その親族、上記(イ)から(ハ)までに掲げる者並びにこれらの者と法人税法第2条第10号に規定する政令で定める特殊の関係のある法人を判定の基礎とした場合に同号に規定する同族会社に該当する他の法人
　(ヘ) 上記(ニ)又は(ホ)に掲げる法人の会社役員又は使用人

(2) 贈与等を受けた法人が、贈与等をした者等又はその親族その他特殊の関係がある者に対して、次に掲げるいずれかの行為をし、又は行為をすると認められる場合
① 当該法人の所有する財産をこれらの者に居住、担保その他の私事に利用させること
② 当該法人の余裕金をこれらの者の行う事業に運用していること
③ 当該法人の他の従業員に比し有利な条件で、これらの者に金銭の貸付けをすること
④ 当該法人の所有する財産をこれらの者に無償又は著しく低い価額の対価で譲渡すること
⑤ これらの者から金銭その他の財産を過大な利息又は賃貸料で借り受けること
⑥ これらの者からその所有する財産を過大な対価で譲り受けること、

又はこれらの者から当該法人の事業目的の用に供するとは認められない財産を取得すること
⑦　これらの者に対して、当該法人の役員等の地位にあることのみに基づき給与等を支払い、又は当該法人の他の従業員に比し過大な給与等を支払うこと
⑧　これらの者の債務に関して、保証、弁済、免除又は引受け（当該法人の設立のための財産の提供に伴う債務の引受けを除く。）をすること
⑨　契約金額が少額なものを除き、入札等公正な方法によらないで、これらの者が行う物品の販売、工事請負、役務提供、物品の賃貸その他の事業に係る契約の相手方となること
⑩　事業の遂行により供与する利益を主として、又は不公正な方法で、これらの者に与えること

Q4-7　医療法人の出資の評価

■医療法人の出資持分を受贈や相続する場合、その評価額はどのようになるのでしょうか。

A　医療法人には、財団法人である医療法人、出資持分の定めのある社団医療法人、出資持分の定めのない社団医療法人の3種類があり、相続や贈与において出資を評価しなければならないのは、出資持分のある社団医療法人の場合です。

1　出資持分のある社団医療法人の出資の評価方法

出資持分のある社団医療法人の出資は、財産評価基本通達に定められている「医療法人の出資の評価」(財産評価基本通達194-2) により評価します。

評価方法は、医療法人の規模により異なります。医療法人の規模は、以下の判定表のように年間取引金額、総資産価額（帳簿価額）、従業員数で判定します。

■評価会社の規模の判定表

		取引金額				
		6,000万円未満	6,000万円以上6億円未満	6億以上12億円未満	12億以上20億円未満	20億円以上
総資産価額及び従業員数	4,000万円未満又は従業員5人以下	小会社併用方式採用時 L=0.5				
	4,000万円以上かつ従業員5人超100人未満		中会社の小 L=0.60			
	4億円以上かつ従業員30人超100人未満		中会社の中 L=0.75			
	7億円以上かつ従業員50人超100人未満		中会社の大 L=0.90			
	10億円以上かつ従業員50人超100人未満		大会社			
	従業員100人以上					

医療法人の規模により、評価方法は下記のようになります。

規模	出資持分の評価方法
大会社	類似会社比準方式により評価しますが、純資産価額方式（相続税評価額による）により評価することもできます。
中会社	類似業種比準方式と純資産価額方式の併用方式により評価します。純資産価額方式のみにより評価することもできます。 （併用方式の算式） 類似業種比準価額×L＋純資産価額×（1－L）
小会社	純資産価額方式により評価しますが、併用方式として中会社の算式のLを0.50として計算した金額によって評価することができます。

ただし、評価対象の医療法人が、次のいずれかに該当する場合は特定の評価会社に区分され、医療法人の規模によらず、純資産価額方式により評価します。(財産評価基本通達189－2から189－6)

(1) 清算中である場合
(2) 開業前又は休業中である場合

(3) 開業後3年未満である場合
(4) 比準要素数1である場合
　　具体的には欠損が続いている場合であり、直前期及び直前々期の1株当たり年利益金額、1株当たり純資産価額がともに0である場合をいいます。
(5) 土地保有特定会社に該当する場合
(6) 株式保有特定会社に該当する場合

2　評価方法について

純資産価額方式及び類似業種比準価額方式の評価方法は次のとおりです。

(1) 純資産価額方式

相続税評価額での総資産価額から、同じく相続税評価額での負債を差し引き、さらに評価差額（相続税評価額での純資産価額方式価額－簿価純資産価額）に法人税等相当額として一定率（現在は40％）を乗じた金額を控除した金額を、総出資口数で除して得られた金額が1口当たりの評価額となります。（財産評価基本通達186-2）

$$1口当たりの評価額 = \frac{総資産価額（相続税評価額） - 負債の合計（相続税評価額） - 清算所得（評価差額）に対応する法人税等相当額}{課税時期における出資口数}$$

$$= \frac{純資産価額（相続税評価額） - 清算所得（評価差額）に対応する法人税等相当額}{課税時期における出資口数}$$

なお、一般の株式会社であれば、株式取得者及びその同族関係者の有する議決権合計が議決権総数の50％以下である場合、純資産価額方式の評価額を20％評価減できる（純資産価額方式の80％を評価額とする）定めがあります（財産評価基本通達185）が、医療法人にはこの評価減の定めはありません（同194-2）。

(2) 類似業種比準価額方式

同業種の上場会社の平均株価に、1株当たりの年配当金額、1株当たりの年利益金額、1株当たりの純資産価額という3つの要素を、評価対象会

社と同業種の上場会社で比準して得られた価額を評価額とする方法です。

医療法人の場合は、医療法により配当が禁止されていますので、1株当たりの配当金額を除く2つの要素で計算します。

$$1口当たりの評価額 = A \times \frac{\frac{b}{B} \times 3 + \frac{c}{C}}{4} \times 斟酌率 \times \frac{M}{50}$$

A……類似業種の平均株価（類似する業種目が見当たらないため、業種目を「その他の産業」として評価します（国税庁 質疑応答事例「医療法人の出資を類似業種比準方式により評価する場合の業種目の判定等」））

B……類似業種の1口当たりの年利益金額
C……類似業種の1口当たりの純資産価額
b……評価する医療法人の1口当たりの年利益金額
c……評価する医療法人の1口当たりの純資産価額
M……1口当たり出資金額

斟酌率は、医療法人の規模に応じ、大会社は0.7、中会社は0.6、小会社は0.5を使用します。

(3) 類似業種比準価額方式と純資産価額方式の併用方式

$$1口当たりの評価額 = 類似業種比準価額方式 \times L + 課税時期における1口当たりの純資産価額 \times (1-L)$$

（注）Lとは会社規模の判定表に示す割合です。

3 計算例

計算基準日：平成26年3月31日（課税月は平成26年3月）

氏名	役職	続柄	出資口数
甲	理事長	本人	800,000口
乙	理事	妻	100,000口
丙	理事	長男	100,000口
計			1,000,000口

出資金　㋑	5,000万円	
利益積立金額　㋺	15,000万円	
税務上純資産　㋑＋㋺	20,000万円	1口当たり純資産価額200円
純資産価額（帳簿価額）	30,000万円	純資産＝総資産－負債
純資産価額（相続税評価）	40,000万円	
年間取引額	35,000万円	
年間利益	3,000万円	1口あたり年利益金額30円
総資産価額（帳簿価額）	50,000万円	
従業員数	25人	

① 医療法人の規模の判定

　1の「評価会社の規模の判定表」によれば、「中会社の小（L＝0.60）」に該当します。

② 出資持分の評価方法

　中会社のため、以下のいずれかとなります。

　・併用方式…類似業種比準価額×L＋純資産価額×（1－L）

　・純資産価額方式

③ 純資産価額方式による計算

$$\frac{\underset{40,000万円}{純資産価額(相続税評価)} - \underset{4,000万円}{評価差額に対応する法人税等相当額}}{1,000,000口} = 360円$$

（注）評価差額に対応する法人税等相当額

$$(\underset{40,000万円}{純資産価額(相続税評価)} - \underset{30,000万円}{純資産価額(帳簿価額)}) \times 40\% = 4,000万円$$

④ 類似業種比準価額方式による計算

■類似業種比準価額計算上の業種目及び業種目別株価等（平成26年分）（国税庁）

業種目	番号	年利益金額	純資産価額	株価			
				平成25年平均	平成26年1月	平成26年2月	平成26年3月
その他の産業	121	24	250	446	530	496	500

株価は、以下のうちもっとも低い価額を使用できるため、平成25年平均の446円を使用します。

・課税月　　　　　の平均株価＝平成26年3月の平均株価＝500円
・課税月の前月　　の平均株価＝平成26年2月の平均株価＝496円
・課税月の前々月の平均株価＝平成26年1月の平均株価＝530円
・前年1年間　　　の平均株価＝446円

$$446円 \times \frac{\frac{30円}{24円} \times 3 + \frac{200円}{250円}}{4} \times 0.60 \times \frac{50}{50} = 304円 \quad (1円未満切捨て)$$

⑤ 併用方式による計算

$$\underset{類似業種比準価額}{304円} \times 0.60 + \underset{純資産価額}{360円} \times (1 - 0.60) = 326円 \quad (1円未満切捨て)$$

⑥ 出資持分の評価額

併用方式による評価額は326円、純資産価額方式による評価額は360円ですから、これらの低い方の価額である326円が評価額となります。

氏名	役職	続柄	出資口数	出資持分の評価額
甲	理事長	本人	800,000口	26,080万円
乙	理事	妻	100,000口	3,260万円
丙	理事	長男	100,000口	3,260万円
計			1,000,000口	32,600万円

Q4-8 医療法人の定款の変更と出資の評価

■私が理事長を務める医療法人の出資の相続税評価額を試算したところ、かなりの金額になることがわかりました。

私どもの医療法人の定款では、社員が退社するときは、出資払込額に応じて払戻しをする旨の定めがあり、例えば出資の大半を所有する私が死亡した場合、払戻しは相当な金額になることが予想され、医療法人の存続にも影響することが考えられます。

先日、ある会合で相続のことが話題となり、定款を変更して、出資の払戻しを払込額に限定する旨を定め、

(1) 医療法人の経営に不可欠な土地・建物などを基本財産とし、その処分には監督官庁の許可を必要とすること
(2) 医療法人が解散する場合、基本財産は国又は地方公共団体に帰属すること
(3) 社員が退社したとき、退社時普通財産についてのみ出資払込額に応じて払い戻すこと
(4) これらの旨の定款の定めは変更することができないこと

などを定めると、払戻額が低く抑えられ、医療法人の経営に支障がないようにできると聞きました。これについて教えてください。

A
1 定款変更による払戻額の制限

ご質問にあるように定款を変更した場合、確かに退社時の払戻額を普通財産に限定することができるため、出資払戻時の資金負担は小さくなり、医療法人の経営に支障が出る可能性は低くなると考えられます。

このように定款変更によって払戻額を抑えることはできますが、出資持分の評価額は従前のとおり（普通財産に限定せず、基本財産も含んだ総額での評価）となりますので、注意が必要です。

2　定款変更による出資持分の評価と税務上の留意点

　出資の払戻額が基本財産に限られるため、出資の相続税評価額もこれに応じて低く抑えられるとの考え方もあるようですが、最高裁により、このような場合でも、出資の相続税評価額は基本財産と普通財産をあわせた総額による原則的評価を行うべきであるとの判決がでています。(最高裁判所第二小法廷平成20年（行ヒ）第241号)

　最高裁によれば、確かに定款上これらの定めの変更を禁止する旨の条項があるものの、法令において定款の再度変更（払戻しを普通財産に限定しない旨への変更）を禁止する定めがないこと等から、出資持分の相続税評価額においては、原則的方法により、基本財産と普通財産の両方を含めて評価すべきであるとの判断が示されました。

　このように、払戻額が普通財産に限定されても、出資持分の評価にはそれが反映されませんので、贈与・相続の際には定款変更前と同様に評価額が大きくなることが予想され、また実際の社員の退社時にはみなし贈与課税の可能性もありますのでご注意ください。（〔 Q5- 2 〕出資額限度法人への移行〕3参照）

Q4- 9　小規模宅地等の特例

■最近の税制改正で、小規模宅地に係る相続税が軽減されたという話を聞きましたが、これについて詳しく教えてください。

A

1　小規模宅地等の特例

　小規模宅地等の特例とは、居住の用や事業の用に供している宅地が相続財産となった場合、当該宅地は相続人等の生活基盤となるものであることからその処分にも相当程度の制約があることを踏まえ、一定の割合まで相続税評価額を減額する制度です。

　亡くなった方が保有していた宅地について、相続税の計算に算入される

価額が以下の表のとおり減額されます。

相続開始直前の利用区分			要件	限度面積	減額割合	No
事業用宅地	貸付事業用	法人に貸付け（その法人は貸付事業以外の事業に使用）	特定同族会社事業用宅地等（注1）	400㎡	80%	①
			貸付事業用宅地等（注2）	200㎡	50%	②
		法人に貸付け（その法人は貸付事業に使用）	貸付事業用宅地等（注2）	200㎡	50%	③
		個人で貸付け	貸付事業用宅地等（注2）	200㎡	50%	④
	貸付事業以外の事業用（個人病院など）		特定事業用宅地等（注3）	400㎡	80%	⑤
居住用宅地			特定居住用宅地等（注4）	240㎡	80%	⑥

（注1）　貸付先の法人が、その土地を不動産貸付業等以外の事業に使用しており、かつ、その法人の発行済株式又は出資のうち、被相続人及びその親族等が50％超を保有しており、相続開始から申告期限までその事業のために使用している等の要件を満たす場合
（注2）　貸付事業に供されていた宅地で、被相続人本人の貸付事業に供された宅地でその親族が宅地を相続して事業を承継し、又は生計を一にしていた親族が行う貸付事業に供されておりその親族が宅地を相続する等の要件を満たす場合
（注3）　貸付事業以外の事業に供されていた宅地で、被相続人本人の事業に供された宅地でその親族が宅地を相続して事業を承継する、又は生計を一にしていた親族が行う事業に供されておりその親族が宅地を相続する等の要件を満たす場合
（注4）　被相続人が居住の用に供していた宅地で、その配偶者や同居親族等がその宅地を相続する等の要件を満たす場合

【計算例1】

亡くなった院長先生が個人で保有する土地（面積500㎡、小規模宅地等の特例適用前の相続税評価額12,000万円）について、医療法人（院長先生が持分の80％を保有）と賃貸借契約を締結して貸し付けていた場合、この土地は上記表の①に該当しますので、院長先生が保有されていた土地のうち400㎡に相当する部分までは、その80％が相続税の計算に算入されません。

この場合、この土地の相続税評価額は以下のとおりとなります。

(イ)　減額される価額　　$12,000万円 \times \frac{400㎡}{500㎡} \times 80\% = 7,680万円$

(ロ)　相続税評価額　　　12,000万円 − 7,680万円 = 4,320万円

【計算例2】

　亡くなった院長先生が個人で保有する土地（面積500㎡、小規模宅地等の特例適用前の相続税評価額12,000万円）について、その息子が院長を務める個人医院の敷地として息子と賃貸借契約を締結して貸し付けていた場合

　相続開始の直前から相続税の申告期限まで当該土地の上で事業を営んでおり、かつ、当該土地を相続税の申告期限まで有している場合、上記表の⑤に該当しますので、院長先生が保有されていた土地のうち400㎡に相当する部分までは、その80％が相続税の計算に算入されません。

　この場合、この土地の相続税評価額は以下のとおりとなります。

(イ)　減額される価額　　$12{,}000万円 \times \frac{400㎡}{500㎡} \times 80\% = 7{,}680万円$

(ロ)　相続税評価額　　　$12{,}000万円 - 7{,}680万円 = 4{,}320万円$

2　小規模宅地等の特例の改正

　平成25年度税制改正において、相続税の最高税率の引上げ、基礎控除の減額など課税ベースの拡大を図っていますが、一方で個人の土地所有者について居住や事業に大きな影響がでないよう、小規模宅地等の特例が以下のように拡充されることになりました。

(1)　適用面積の拡充

　特定居住用宅地等（上記1表の⑥）に係る特例の適用対象面積は、これまで240㎡が上限とされていましたが、平成27年1月1日以後の相続又は遺贈より、330㎡を上限とすることになりました。

(2)　特定事業用宅地等と特定居住用宅地等の完全併用

　特定事業用宅地（同⑤）と特定居住用宅地（同⑥）の両方を保有する場合、両者の併用は限定的で、あわせて最大でも400㎡までしか評価減の対象にできませんでした。

　しかし、今回の改正により、平成27年1月1日以後の相続又は遺贈より、それぞれの適用対象面積まで適用できることとなり、最大730㎡（＝330㎡＋400㎡）まで評価減の対象とすることが可能となりました。これにより、例えば被相続人から自宅用土地と個人病院用土地の両方を相続するといったケースでは、この特例による恩恵が大きくなります。

(3) その他

いわゆる二世帯住宅に係る敷地については、小規模宅地等の特例を適用するにあたり一定の要件を満たす必要がありましたが、この要件が緩和されています。

また、被相続人が老人ホームに入所したことにより居住の用に供されなくなった家屋の敷地についても、特例の適用にあたって一定の要件を満たす必要がありましたが、この要件も緩和されました。

Q4-10 相続税における家族名義の財産

■院長であった父が亡くなり、相続税の申告の準備をしています。父は生前から相続対策ということで、預貯金を母や私たちの名義にしていたようです。これらの預貯金は、相続税の申告においてどのように取り扱えばいいのでしょうか。

家族名義の財産が形成されてきた経緯を調査し、場合によっては亡くなられた院長個人の財産として申告する必要があります。

相続税の申告にあたって必ず問題になるのが、家族名義の預貯金、有価証券などです。

現在では利用できる方は制限されていますが、以前はいわゆる「マル優」制度（銀行預金や郵便貯金の利息非課税制度）がすべての個人を対象としていたため、親の預金など限度額を超える部分について未成年の子名義で預貯金をすることなどが行われていました。

その後、今日まで名義が子のままとなっている例もよく見受けられます。

これらの財産は、相続税の申告に際し、名義が被相続人ではないことのみをもって相続財産から除外するのではなく、実質的に名義人のものか、被相続人のものかを判断しなければなりません。

その判断は一般的には次の図のように行います。

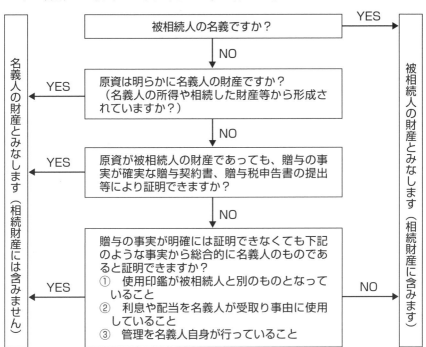

Q4-11 低額譲渡と損益通算

■現在私の所有する土地を、息子に安く譲渡したいと思います。土地の時価等は以下のとおりであり、現在のところ、相続税評価額である3,000万円での譲渡を考えていますが、税務上の留意点があれば教えてください。

　　時価（近隣取引事例より）　　4,000万円
　　相続税評価額　　　　　　　　3,000万円
　　取得価額　　　　　　　　　　5,000万円

1 親子間の土地売買に係る課税関係

A 個人間の土地・建物の売買は、たとえ親子間であっても、時価によって行うとされており、ここでいう時価とは、税法上には明確な定義はないものの、近隣の取引事例などから算出した価格とされています。

この時価より「著しく低い価額」で譲渡が行われた場合は、その譲渡価額と時価の差額について贈与があったものとみなされ、譲受人側で贈与税が課されます。（相法7）

時価より「著しく低い価額」の定義（時価の何％以下である等）についても条文上明記されていませんが、過去の判例においては、相続税評価額かそれ以上の価額で財産の譲渡を受けた場合には、通常の取引価額（時価）と相続税評価額との開差の多寡にかかわらず、原則として「著しく低い価額」に当たらないと解されています。（東京地裁平成19年8月23日判決（判タ1264号184頁）確定）

なお、同判例においては、土地の相続税評価額が時価（近隣取引事例等）の80％を下回って下落していることが明らかである場合は、たとえ相続税評価額による譲渡であっても「著しく低い価額」での譲渡になり得る、との判断も示されていますので、単純に相続税評価額を用いるのではなく、これに近隣取引事例を勘案した上で譲渡価額を決定することが望まれます。

2 譲渡人への課税

ご質問のケースで、相続税評価額である3,000万円を売却価格として土地を売却した場合、譲渡者側では2,000万円の譲渡損失（売却価格3,000万円－取得価額5,000万円）が生じます。ただし、このように土地や建物等の譲渡から発生した譲渡損失は、原則として給与所得や事業所得等の他の所得と相殺（損益通算）することはできません。

また、特定の居住用財産の買換え等の場合や特定の居住用財産の譲渡損失の場合などで、一定の要件を満たす場合は譲渡損失の相殺が可能となっていますが、いずれの制度も、売手と買手の関係が親族等である場合は認められていません。

ご質問のケースでは、土地の売却から譲渡損失は生じますが、特に課税

関係に影響はないと考えられます。

3　譲受人への課税

1に記載したとおり、その土地の譲渡価格が相続税評価額より低い場合、相続税評価額と土地の譲渡価格の差額が贈与されたとみなされ、譲受人に対して贈与税が課せられます。

ご質問の場合は、相続税評価額である3,000万円での譲渡となり、また譲渡価額は時価4,000万円の80％（3,200万円）を下回っているわけではありませんので、原則として贈与税の問題は発生しないと考えられます。

Q4-12　遺言書を作成した方が望ましいケース

■相続時の親族間の争いを防ぐためには遺言書を作成しておいた方がよいと聞きますが、どのような場合に遺言書を作成しておいた方が望ましいのでしょうか。

A

1　遺言書の作成

遺言書は、遺言者の最終的な意思表示として法的効果もあるため、相続に際しては法定相続に優先し、遺言書どおりの効力が発生します。在命中であれば、基本的に何度でも内容を変更することが可能です。

ただし、遺言書は遺言者の思うまま作成しても効力は生じません。必ず民法の規定に従って作成しなければならず、自分で作成する「自筆証書遺言」であれば、例えば以下のような要件を満たしていなければ遺言書は無効となり、法的な効力が生じなくなるため、注意が必要です。

(1)　遺言の本文全文が本人による手書きであり、ワープロ等を使用していないこと
(2)　遺言の開封に際し、家庭裁判所の検認手続を受けること
(3)　遺言者本人の署名・押印がなされていること
(4)　遺言の作成年月日が記載されていること（吉日等は無効）

(5) 訂正箇所は訂正印を捺していること（塗りつぶしや修正液による訂正は無効）

確実に遺言のとおり相続させるには、公正証書遺言（公証役場で証人2人以上の立会のもと作成される遺言書。公証役場にも1通保管）によることが望ましいとされていますが、遺言内容を証人が知ることとなりますので、遺言内容の秘密を保ちにくいというデメリットもあります。

遺言書を作成される際は、弁護士や行政書士等の専門家にご相談されることをお勧めします。

2　遺留分

遺言によれば遺言者の思うように財産を配分することができますが、一方で、相続人によっては最低限相続できる財産が民法により保障されている場合があります。これを相続における遺留分といいます。

例えば、相続人が配偶者のみであれば相続財産の$\frac{1}{2}$が遺留分とされているため、仮に遺言により病院承継のため財産の大半を他の医師に相続させる、とした場合であっても、配偶者から遺留分を相続できるよう請求があった場合は、病院資産の一部を配偶者が相続することになります。

遺留分は、以下のとおり民法で定められています。

(1) 遺留分の対象者

亡くなった方の配偶者、子、父母、祖父母などです。兄弟姉妹には遺留分はありません。

(2) 主な遺留分の割合

相続人	相続財産のうち遺留分
配偶者のみ	$\frac{1}{2}$
子のみ	子あわせて$\frac{1}{2}$
配偶者と子	配偶者$\frac{1}{4}$、子あわせて$\frac{1}{4}$
配偶者と父母	配偶者$\frac{2}{6}$、親あわせて$\frac{1}{6}$
配偶者と兄弟姉妹	配偶者$\frac{1}{2}$、兄弟姉妹には遺留分なし

なお、遺留分と法定相続割合は別の概念ですので、ご注意ください。

> **【参考】法定相続割合**
>
> 　法定相続割合とは、民法で「このように財産を配分するのがよい」と決めている配分割合をいいます。
>
> 　必ずしも法定相続割合で遺産を配分する必要はありませんが、相続税額の計算や、相続人同士の話合いで折り合いがつかない場合等の法律上の目安となります。
>
> | 相続人 | 法定相続割合 |
> |---|---|
> | 配偶者のみ | すべて配偶者 |
> | 子のみ | すべて子 |
> | 配偶者と子 | 配偶者$\frac{1}{2}$、子あわせて$\frac{1}{2}$ |
> | 配偶者と父母 | 配偶者$\frac{2}{3}$、親あわせて$\frac{1}{3}$ |
> | 配偶者と兄弟姉妹 | 配偶者$\frac{3}{4}$、兄弟姉妹あわせて$\frac{1}{4}$ |

3　遺言書を作成した方が望ましい場合

　相続における遺産の配分については、相続人間の協議（遺産分割協議）で決定するのが原則ですが、この遺産分割協議がうまく合意できない場合もあります。

　このような場合には遺言書を書いておいた方が望ましいと考えられますが、以下のように個人の事業を特定の方に譲られる場合、子がいない場合、相続人の仲がよくない場合などがあります。

(1)　個人事業であり病院を承継したい場合

　法人によっておらず、個人事業で開業している場合で、他の医師（子である場合を含みます。）に病院を承継したい場合です。

　相続財産が主として病院の事業用資産（土地、建物、医療設備など）である場合、これらの財産が相続人の間で分割されると、病院の存続が不可能となる可能性があります。

　病院の事業用資産以外の財産（個人の現預金等）がどれだけあるかにより異なりますが、病院の事業用資産は、売却でもしない限り分割すること

は困難です。

そこで、事前に遺言書によって承継者を定め、承継者が病院経営を続けていけるような財産配分を指示しておけば、遺留分の請求（前記「2 遺留分」を参照）が起きない限り、事業の継続は可能となります。

(2) 子がいない場合

子のいない夫婦で院長先生が死亡した場合は、残った配偶者が全財産を相続できると思われがちですが、民法では残った配偶者と院長先生の直系尊属（亡くなった院長先生の父母、祖父母）が、また、直系尊属がすでに死亡している場合は、残った配偶者と院長先生の兄弟姉妹（兄弟姉妹も死亡しているときはその子）が相続人となります。

例えば、夫である院長先生が死亡した場合の法定相続割合は、次のようになります。

①院長先生の両親が在命のとき……妻 $\frac{2}{3}$、院長先生の両親あわせて $\frac{1}{3}$
②院長先生の両親が死亡のとき……妻 $\frac{3}{4}$、院長先生の兄弟等あわせて $\frac{1}{4}$

必ずしもこの法定相続割合で相続する必要はありませんが、この割合を主張することで相続人間の協議がうまくまとまらない場合もあります。

夫婦として永年にわたり協力しながら財産を築いたわけですから、妻に全財産を相続させたいと考えることは自然なことですし、妻の老後の生活の安定化を図ることは夫の義務だと考えられます。

特に夫の両親がすでに他界している場合、兄弟姉妹には遺留分の適用がありませんので（前記「2 遺留分」参照）、遺言書で「全財産を妻に相続させる」としておけばその相続は絶対的なものとなり、夫の兄弟姉妹とのトラブルを避けることができます。

(3) 子である兄弟の仲がよくない場合

亡くなった院長先生の子である兄弟姉妹の仲が悪い場合は、両親の死後に遺産をめぐって争いがよく発生します。また、普段は仲がよくても、遺産分割の際には利害が対立するため、子をとりまく親族（子の配偶者等）が口出しをすることで、不要な争いが発生することもあります。

核家族化が進行していく中で、従来の「家」中心の考え方が「個人」中

心と変遷し、かつて長男を中心に結束していた兄弟関係が大きく変化しつつあります。

　また、現行民法では、子は年齢・性別に関係なく平等に権利を持っているため、これが争いの源になっている可能性も否定できません。特に、「誰が何を相続するか」で争いが発生するケースが目立つようです。

　親としては、それぞれの子の事情をよく考慮し、遺言で財産配分を指定しておくことにより、子の間で争いが起こらないよう配慮しておくことは大切なことです。

(4)　再婚で夫に先妻の子がいる場合

　先妻の子がいる場合、夫が健在であれば、後妻と先妻の子は比較的うまくいっているようですが、夫の死によって感情的対立が表面化することがよく見受けられます。

　現行の民法では、婚姻期間の長短に関わらず、配偶者の法定相続割合が定められていますので、後妻との婚姻期間が短い場合は感情的な対立が生じやすいようです。

　先妻の子にしてみれば、父親が再婚したために自分たちの相続分が減ってしまったこと、遺産は父親と自分たちの母が築いたのに後妻に相続された分は自分たちには戻らないことなど、さまざまな感情があるようです。

　夫にとっては、後妻も自分の妻ですから、その老後の生活の安定を図る義務があります。このような事情をよく配慮して、遺言書で遺産分割の方法を具体的に指示しておくことが必要です。

(5)　内縁の妻の場合

　法律でいう「内縁の妻」とは、必ずしもいわゆるお妾さんや単なる同棲者をいうのではなく、社会的には妻として認められていながら、戸籍のうえで婚姻届が出されていないだけの事実上の妻のことをいいます。

　内縁の妻の場合、どれだけ長く苦楽を共にしてきても、戸籍のうえで婚姻届が出されていない以上、内縁の夫の遺産の相続権は全くありません。したがって、内縁の夫は、事実上の妻の将来の生活を保障するために、遺言書によって遺産の配分を決めておく必要があります。

(6) 息子の嫁に世話になっている場合

　長男夫婦に世話になっていたところ、長男が死亡したため、その後も引き続き亡き長男の嫁の世話になっている老夫婦は多いものです。このような場合、自分の死後、世話になった嫁にも財産を相続させたいと思っても、息子の嫁は民法上相続人に該当しないため、遺言書でその意思を表わさない限り、財産を与えることはできません。

　亡き息子の兄弟は、たとえ遠くにいて日頃両親の面倒を全くみていなくても相続権があるのですから、もし、長男の嫁に感謝して将来の生活安定を図ってやりたいと考えるならば、遺言書によって遺贈の意思表示をしておくようにしましょう。

(7) 相続人がいない場合

　相続人がいない場合は、特別な事情がない限り遺産は国庫に帰属します。

　そこで、遺産をお世話になった人などに遺贈したい、又はお寺、教会、社会福祉関係の団体などに寄附したいという場合には、遺言書を残すことでその意思が活かせることになります。

Q4-13　遺産分割時の財産間のバランス

■医療法人の理事長である父が死亡し、3人の兄弟で父の財産を相続することになりました。3人とも仲のよい兄弟ですので、後々遺産分割で問題を起こしたくありません。

話合いにより3人平等に相続しようと決まったのですが、どのような点に注意すればよいでしょうか。なお、財産は次のとおりです。

	時価	相続税評価額
医療法人の出資	？	1億円
自宅土地	1億3,000万円	1億円
銀行預金	1億円	1億円

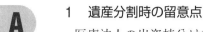

1 遺産分割時の留意点

医療法人の出資持分は後継者にとって不可欠ですが、換金性の点で大きく劣ります。

このように、相続税評価額が同じでも時価が異なる場合や、換金性の点で大きく異なることがありますので、それらの点を考慮し、実質的に平等な遺産分割をする必要があります。

2 実質的に平等な遺産分割

財産の価値観は人それぞれによって違います。ご質問の場合で、財産のうち医療法人の出資を長男の甲さん、自宅土地を次男の乙さん、銀行預金を三男の丙さんが、それぞれ相続したとします。相続税評価額は3人とも1億円であり、相続税も3人とも同額になるため、平等な遺産分割であると考えることもできます。

しかし、兄弟3人のそれぞれの環境、地位、仕事などにより、相続税の上では平等であっても、実質的には平等にならない配分があることも事実です。相続財産は、相続税上の評価額でなく、その財産の利用状況や換金性等も考慮して検討する必要があります。

例えば、長男の甲さんと次男の乙さんが共に医師である場合、医療法人の持分を引き継いで医療法人の経営者となれば、将来にわたって理事長報酬という形で所得を生ずるもととなります。そうであれば、自宅土地を相続した次男の乙さんに不満が生じる可能性は否めません。逆に兄弟3人とも医師でなくサラリーマンである場合は、特定の売却先が見つかっている場合等を除き、医療法人の出資には価値を見出しにくいと考えられます。

あくまで遺産分割は相続人の間で協議して決定すべきですが、その協議が円滑に進むよう、各財産の実質的な評価を行い、各相続人が納得するように分割することが大切です。

Q4-14　認定医療法人の創設の経緯

■平成26年度税制改正において「医療法人の持分にかかる相続税及び贈与税の納税猶予等」が創設されました。認定医療法人という制度ということですが、唐突に制度化されたように思います。どのような経緯で制度化されたのでしょうか。

A

1　第5次医療法改正（平成19年施行）以前

　第5次医療法改正前、医療法人は持分のある医療法人が一般的でした。これを、持分の定めのある医療法人といいます。医療法人は、医療法により剰余金の配当が禁止されていますので、利益が留保され持分の価値が高まる傾向にありました。一方、解散時の残余財産を出資者に対して分配すること、また退社時に持分を払い戻すことは禁止されていませんでした。したがって、退社による持分の払戻請求があった場合には払戻額が高額になり、また相続が発生した場合にも納税資金が確保できず、医療法人が存続できないこともありました。

2　第5次医療法改正

　医療法人の非営利性の徹底を図るとともに地域医療の安定性を確保するため、持分の定めのある医療法人の設立ができないこととされました。これを、持分の定めのない医療法人といいます。持分の定めのない医療法人であれば、（基金部分を除き）退社による持分の払戻請求や相続税の負担は発生せず、医療法人の経営も継続的に可能となり安定すると考えられました。なお、持分の定めのない医療法人の残余財産の帰属先は国又は地方公共団体等に限定されています。

　これにより医療法改正後は、持分の定めのある医療法人は設立できなくなりましたが、この改正は既存の医療法人には適用されず、持分の定めのない医療法人への移行は自主的な取組みと位置づけられました。このため持分の定めのある医療法人は、経過措置型医療法人と呼ばれます。

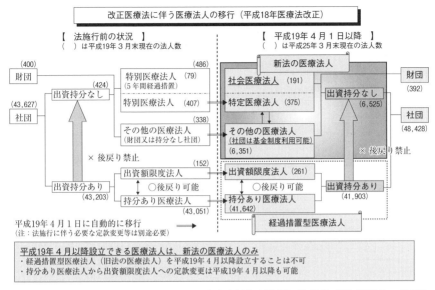

(出典:財務省「平成26年度 租税特別措置法(相続税・贈与税関係)の改正」)

3 持分の定めのない医療法人への移行状況

　第5次医療法改正(平成18年医療法改正)により医療法人の経営の安定化を目指しましたが、結果としては進んでいません。平成23年3月に厚生労働省医政局から「出資持分のない医療法人への円滑な移行マニュアル」(移行マニュアル)が発行され、持分の定めのない医療法人へ移行を促進するような対応がなされています。しかし、移行状況は芳しくなく、平成26年には経過措置型医療法人41,476に対して持分の定めのない医療法人は8,022となっています。

種類別医療法人数の年次推移

年別	医療法人 総数	財団	社団 総数	社団 持分有	社団 持分無	一人医師医療法人（再掲）	特定医療法人（再掲）総数	財団	社団	特別医療法人（再掲）総数	財団	社団	社会医療法人（再掲）総数	財団	社団
昭和45年	2,423	336	2,087	2,007	80		89	36	53						
50年	2,729	332	2,397	2,303	94		116	41	75						
55年	3,296	335	2,961	2,875	86		127	47	80						
60年	3,926	349	3,577	3,456	121		159	57	102						
61年	4,168	342	3,826	3,697	129	179	163	57	106						
62年	4,823	356	4,467	4,335	132	723	174	58	116						
63年	5,915	355	5,560	5,421	139	1,557	179	58	121						
平成元年	11,244	364	10,880	10,736	144	6,620	183	60	123						
2年	14,312	366	13,946	13,796	150	9,451	187	60	127						
3年	16,324	366	15,958	15,800	158	11,296	189	60	129						
4年	18,414	371	18,043	17,877	166	13,205	199	60	139						
5年	21,078	381	20,697	20,530	167	15,665	206	60	146						
6年	22,851	381	22,470	22,294	176	17,322	210	60	150						
7年	24,725	386	24,339	24,170	169	19,008	213	60	153						
8年	26,726	392	26,334	26,146	188	20,812	223	63	160						
9年	27,302	391	26,911	26,716	195	21,324	230	64	166						
10年	29,192	391	28,801	28,595	206	23,112	238	64	174						
11年	30,956	398	30,558	30,334	224	24,770	248	64	184						
12年	32,708	399	32,309	32,067	242	26,045	267	65	202	8	2	6			
13年	34,272	401	33,871	33,593	278	27,504	299	65	234	18	3	15			
14年	35,795	399	35,396	35,088	308	28,967	325	67	258	24	5	19			
15年	37,306	403	36,903	36,581	322	30,331	356	71	285	29	7	22			
16年	38,754	403	38,351	37,977	374	31,664	362	67	295	35	7	28			
17年	40,030	392	39,638	39,257	381	33,057	374	63	311	47	8	39			
18年	41,720	396	41,324	40,914	410	34,602	395	63	332	61	10	51			
19年	44,027	400	43,627	43,203	424	36,973	407	64	343	79	10	69			
20年	45,078	406	44,672	43,638	1,034	37,533	412	64	348	80	10	70			
21年	45,396	396	45,000	43,234	1,766	37,878	402	58	344	67	6	61	36	7	29
22年	45,989	393	45,596	42,902	2,694	38,231	382	51	331	54	3	51	85	13	72
23年	46,946	390	46,556	42,586	3,970	39,102	383	52	331	45	2	43	120	19	101
24年	47,825	391	47,434	42,245	5,189	39,947	375	49	326	9	1	8	162	28	134
25年	48,820	392	48,428	41,903	6,525	40,787	375	50	325	0	0	0	191	29	162
26年	49,889	391	49,498	41,476	8,022	41,659	375	46	329	0	0	0	215	34	181

注1：平成8年までは年末現在数、9年以降は3月31日現在数である。
注2：特別医療法人は、平成24年3月31日をもって経過措置期間が終了したため、平成24年4月1日以降の法人数は0となる。
資料：厚生労働省調べ

（出典：厚生労働省ホームページ）

4 認定医療法人への移行促進

　平成26年の医療法改正（第6次医療法改正）においては、第5次医療法改正後も持分の定めのない医療法人への移行が進んでないことを踏まえて、持分の定めのない医療法人への移行を促進することとし「政府は、地域において必要とされる医療を確保するため、経過措置医療法人（＝持分あり医療法人）の新医療法人（＝持分なし医療法人）への移行が促進されるよう必要な施策の推進に努めるものとする」旨を法定するとともに、厚生労働大臣による移行計画の認定制度を創設し、一定期間内（平成26年10月1日から3年間）に認定を受けた医療法人に対して各種の支援を行うこととしています。

　以上の移行の促進を図るため税制面においても平成26年度税制改正にお

いて相続税・贈与税関係の租税特別措置法の改正が行われています。この改正によって、認定医療法人の持分を有する個人に対して相続税・贈与税の納税猶予及び免除あるいは税額控除が認められることになりました。

認定医療法人は、良質な医療を提供する体制の確立を図るための医療法等の一部を改正する法律（平成18年法律第84号）附則第10条の4第1項に規定する認定医療法人をいい、経過措置型医療法人が厚生労働大臣に移行計画を提出し、移行計画が適当である旨の認定を受けた場合に認定医療法人になることができます。

認定医療法人は、移行マニュアルによる移行を促進するため、実務的に障害があった税金の問題をクリアし、さらに各種の支援をすることで移行を促すために作られた制度といえます。

移行のための道筋のイメージ図

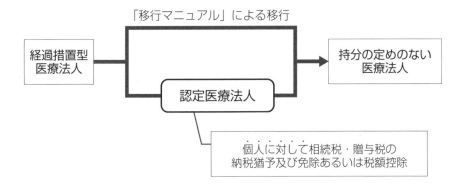

Q4-15 持分の定めのない医療法人への移行マニュアル

■持分の定めのない医療法人への移行については、従来から厚生労働省が発行した「出資持分のない医療法人への円滑な移行マニュアル」（移行マニュアル）がありましたが、これについて詳しく教えてください。

A

1 持分の定めのない医療法人への移行マニュアル

　　第5次医療法改正により、新たな持分の定めのある医療法人は設立できなくなり、既存の持分の定めのある医療法人は経過措置型医療法人とされ、自主的な取組みによって持分の定めのない医療法人への移行を行うこととされました。この持分の定めのない医療法人への移行はあくまで"自主的な"取組みによって行うこととされ、具体的な移行期限などは設けられませんでした。

　しかし、持分の定めのある医療法人のままでは、剰余金の配当ができないことで剰余金が多額となり、医療法人の持分の相続に係る相続税や、出資持分の払戻請求があった場合の払戻額が高額となり、医療法人の存続が脅かされる可能性がありました。

　このような問題を解決し、医療法人における非営利性の徹底、及び医業の安定的な継続を両立させるための手段のひとつとして、持分の定めのない医療法人への移行を検討することは有効であると考えられていました。そのため厚生労働省は、持分の定めのない医療法人への移行の検討に役立てるため、移行に際してのプロセスや障害要因を把握し、それを乗り越える方法を紹介することを目的とした詳細な移行マニュアルを、平成23年3月に作成・公表しました。

2 持分の定めのない医療法人への移行形態

　持分の定めのない医療法人への移行マニュアルにおいては、持分の定めのない医療法人へ移行する方法として、以下が示されています。

(1) 特定医療法人への移行

　特定医療法人とは、租税特別措置法第67条の２にもとづき、財団医療法人又は社団医療法人で持分の定めがないもののうち、その事業が医療の普及及び向上、社会福祉への貢献その他公益の増進に著しく寄与し、かつ、公的に運営されていることにつき、国税庁長官の承認を受けた法人をいいます。

　具体的な要件や移行手続きは、〔Q5-6　特定医療法人への移行〕を参照してください。

(2) 社会医療法人への移行

　社会医療法人とは、救急医療やへき地医療、周産期医療など特に地域で必要な医療の提供を担う医療法人を、社会医療法人として認定し、継続して良質かつ適切な医療を効率的に提供する体制の確保を図るために創設されました。(医療法42の２)社会医療法人は、一定の収益事業を行うことも可能とされ、病院、診療所及び介護老人保健施設から生じる非収益事業及び本来業務の医療保健業については法人税を非課税とし、直接救急医療等確保事業等の業務の用に供する固定資産の不動産取得税、固定資産税及び都市計画税についても非課税とされます。したがって、社会医療法人では、その公益性が強くもとめられます。

　具体的な要件や移行手続きは、〔Q5-5　社会医療法人への移行〕を参照してください。

(3) 一般の出資持分の定めのない医療法人への移行

　一般の持分の定めのない医療法人へ移行するには、単に定款変更を行い贈与税を支払って移行する方法と、一定の要件を満たすことで贈与税の課税なく移行できる方法があります。どちらも特定医療法人や社会医療法人のように行政庁の「承認」や「認定」は必要ありません。

　具体的な要件や移行手続きは、〔Q5-3　持分の定めのない社団医療法人への移行〕を参照してください。

　なお、贈与税の課税なく移行するために必要な要件を満たす準備をしていても結果として要件を満たせない場合には、その医療法人に対して贈与

税の課税が起きる場合があります。これを「みなし贈与税」といいます。
(〔**Q4-5**〕持分の定めのない医療法人への移行に係る贈与税〕及び〔**Q4-6**〕みなし贈与税への対策〕参照)

(4) 基金制度を採用した医療法人への移行

　基金制度を採用した医療法人とは、出資持分のない医療法人で、基金の拠出を受けて運営される医療法人のことをいいます。基金制度を採用する場合には、基金制度について新たに定款に定める必要があります。

　出資持分のある医療法人が、基金制度を採用した医療法人へ移行する場合、出資持分のない医療法人への移行が前提となるため、上記(3)の出資持分のない医療法人への移行と同様の贈与税の課税問題が生じます。

　具体的な要件や移行手続きは、〔**Q5-4**〕基金拠出型医療法人への移行〕を参照してください。

Q4-16 認定医療法人制度の概要

■平成26年度税制改正において新たに創設された「医療法人の持分に係る相続税及び贈与税の納税猶予等」において、認定医療法人とはどのような医療法人をいうのでしょうか。

A

1　認定医療法人

　認定医療法人とは、持分の定めのある医療法人で、持分の定めのない医療法人への移行に関する計画（移行計画）を作成し、移行計画が適当であることについて厚生労働大臣の認定を受けたものをいいます。
（良質な医療を提供する体制の確立を図るための医療法等の一部を改正する法律附則10の3①）すなわち、持分の定めのある医療法人のうち、特に厚生労働大臣の認定を受けた法人を認定医療法人といいます。

2　認定医療法人に対する相続税・贈与税の優遇措置

　認定医療法人は、認定を受けていない持分の定めのある医療法人に比べ、

相続税や贈与税について優遇されています。持分の定めのある医療法人について持分の相続対策がなされないまま相続や贈与が発生すると、多額の相続税又は贈与税の負担が発生し医療法人の事業承継に支障をきたす可能性がありますが、相続や贈与の発生時に認定医療法人となっていれば、以下の優遇措置を受けることができます。

・相続人が持分の定めのある医療法人の持分を相続又は遺贈により取得した場合、その法人が移行計画の認定を受けた医療法人であるときは、移行計画の期間満了まで相続税の納税が猶予され、持分を放棄した場合は、猶予税額が免除されます。
・出資者が持分を放棄したことにより、他の出資者の持分が増加することで、贈与を受けたものとみなされ他の出資者に贈与税（いわゆる「みなし贈与税」）が課される場合も同様です。

認定医療法人となることで、このような相続税又は贈与税の税制措置が適用されるため、事業承継問題を解消するための準備期間が与えられることとなります。

この認定制度は、平成26年10月1日から平成29年9月30日の3年間に限り設けられた制度ですので、同制度を活用したい場合は同期間中に移行計画の認定を受ける必要があります。(同法附則10の3⑤)

なお、移行計画の認定前に相続が発生した場合でも、認定制度の期間中であれば、相続税の申告期限（相続発生後10か月）までに移行計画の認定を受け、納税猶予の手続きを行えば、上記の優遇税制の対象となることができます。

認定制度の流れ

認定制度の開始 ─ 移行計画の認定 → 相続・贈与の発生 → 3年以内 → 納税猶予 → 認定制度の終了

相続の発生 → 移行計画の認定（10カ月以内）→ 納税猶予 → 3年以内 →

移行計画の認定の日から3年以内に出資持分を放棄すれば、猶予税額は免除されます。

相続に関しては、認定制度の期間内であれば、相続後、相続税の申告期限（10カ月）までに移行計画の認定を受け、納税猶予の手続きを行えば、税制措置の対象となります。

平成26年10月1日 ←──3年間──→ 平成29年9月30日

（出典：厚生労働省「持分なし医療法人への移行を検討しませんか？」）

3　移行計画

　認定医療法人となるためには、持分の定めのない医療法人への移行に関する計画を作成し、移行計画が適当であることについて厚生労働大臣の認定を受ける必要があります。

　この移行計画には、以下の事項を記載する必要があります。（同条②）

　　イ　社会医療法人、特定医療法人、基金拠出型医療法人又はそれ以外の持分の定めのない医療法人のうち、移行しようとする新医療法人
　　ロ　移行に向けた取組の内容
　　ハ　移行に向けた検討の体制
　　ニ　移行の期限
　　ホ　その他厚生労働省令で定める事項

　また、移行計画には、以下の書類を添付する必要があります。（同条③）

　　イ　定款
　　ロ　出資者名簿
　　ハ　その他厚生労働省令で定める書類

移行計画が厚生労働大臣の認定を受けるためには、移行計画が以下のいずれにも適合している必要があります。(同条④)
　イ　移行計画が当該申請に係る持分の定めのある医療法人の社員総会において議決されたものであること
　ロ　移行計画が新医療法人への移行をするために有効かつ適切なものであること
　ハ　移行計画に記載された移行期限が、同計画の認定の日から起算して3年を超えない範囲内のものであること

■移行計画の認定から持分なし医療法人への移行までの流れ

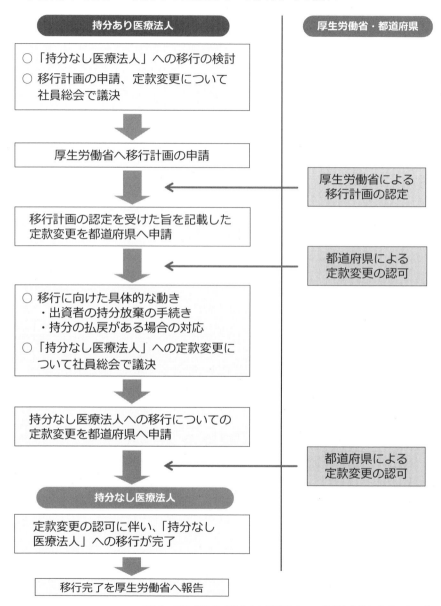

（出典：厚生労働省「持分なし医療法人への移行を検討しませんか？」）

第5章

組織形態の移行

Q5-1 組織形態の移行パターン

■現在、持分の定めのある社団医療法人を経営していますが、将来の相続などに備えるため、持分の定めのない社団医療法人などへの移行を検討しています。移行のパターンにはどのようなものがありますか。

A

1 持分の定めのある社団医療法人からの移行

平成19年4月1日に施行された改正医療法人制度において、新たに設立される医療法人は財団医療法人又は持分なし社団医療法人に限定されることとなり、持分の定めのある社団医療法人を新たに設立することが認められなくなりました。

既存の持分あり社団医療法人は「経過措置型医療法人」として存続が認められており、持分なし社団医療法人へ自主的に移行することとされています。ただし、将来の払戻請求権の行使や相続を考慮すると、持分なし社団医療法人へ移行する方が望ましいと認められるケースは多いと考えられます。

なお、平成26年3月31日における医療法人(社団及び財団)の数は49,889であり、うち持分あり社団医療法人の数は41,476とその大半を占めています。(厚生労働省「種類別医療法人数の年次推移」)

2 移行パターン

厚生労働省の「出資持分のない医療法人への円滑な移行マニュアル」には、以下の移行パターンが示されています。

(1) 持分なし医療法人への移行

一般的な持分なし医療法人への移行のほか、特定医療法人、社会医療法人、基金制度を採用した医療法人への移行があります。(〔Q5-3 持分の定めのない社団医療法人への移行〕参照)

(2) 持分なし医療法人との合併

既に設立されている持分なし医療法人と合併する方法です。

第5章 組織形態の移行

(3) 持分あり医療法人のまま現状維持

単純に現状維持とするほか、払戻額の限度を出資額とする出資額限度法人となるパターンがあります。（〔 Q5- 2 出資額限度法人への移行〕参照）

Q5- 2　出資額限度法人への移行

■出資額限度法人への移行方法、及び税務上の留意点について教えてください。

A

1　出資額限度法人

出資額限度法人とは、持分あり医療法人のうち、社員の退社に伴う出資持分の払戻しや医療法人の解散に伴う残余財産分配の範囲につき、払込出資額を限度とする旨を定款で定めているものをいいます。

払込出資額を限度とする旨が定款で定められていないと、医療法人の社員が退社時に出資持分の払戻しを請求した場合、その払戻額が多額となり、医療法人の運営に影響を与える可能性があります。

2　出資額限度法人への移行方法

出資額限度法人への移行は、定款変更により行うことができます。

定款に、社員の退社に伴う出資持分の払戻しや医療法人の解散に伴う残余財産分配の範囲につき払込出資額を限度とする旨を記載し、当該変更について都道府県知事の認可を受けることとなります。

社団医療法人の定款変更の手続きについては、医療法で特段の規定はありませんが、医療法人の定款そのものに定款変更手続き（社員総会の決議が必要など）が定められている場合がありますので、ご注意ください。

なお、定款変更により出資額限度法人へ移行する際は、出資者個人及び医療法人ともに課税関係は生じません。（平成16年6月16日国税庁回答「持分の定めのある医療法人が出資額限度法人に移行した場合等の課税関係について」）

3　税務上の留意点

　出資額限度法人は、持分の払戻額を出資額に限定できるという点では優れた制度ですが、以下のとおり課税上の留意点がありますので、十分に注意してください。

(1)　出資額限度法人の持分の相続

　医療法人の出資持分を相続・贈与する場合、その持分は、財産評価基本通達194－2に従い「取引相場のない株式」の原則的評価方法に準じて評価することとされているため、出資持分の評価額が大きくなり、多額の相続税・贈与税の支払いが必要となる場合があります。

　これに対し、出資額限度法人は、社員に対する出資払戻しをその社員の出資額を上限としているため、その出資持分の相続税評価額もその出資額が上限となり、多額の相続税を負担することはない、と考える方もおられるようです。しかし、相続した出資持分は、払戻額たる出資額ではなく、財産評価基本通達194－2に従い原則的評価方法で評価されるため、出資払戻しを制限していない医療法人と同様の評価額になります。(同上国税庁回答)

　社員の死亡により持分を相続し、相続人が出資者としての地位を承継せず、持分払戻権を行使した場合は、相続した持分は出資払込額で評価されます。

(2)　退社時の払戻しに伴うみなし贈与課税

　社員が退社に際して払戻請求権を行使した場合、その社員の出資額を限度として持分の払戻しが行われますが、その際、残存する他の社員に対して「みなし贈与課税」が行われる可能性があります。

　「みなし贈与課税」とは、退社した社員等から残存する社員に対し、持分の贈与があったものとみなして、贈与税を課するものです。例えば、退社した社員の持分の原則的な評価額が5,000万円、出資額が1,000万円であった場合、出資額が1,000万円であるため持分の払戻額は1,000万円となりますが、原則的な評価額が5,000万円であるため、差額の4,000万円はこの退社した社員から残存する社員に対して贈与があったとみなされ、贈与税が課されることになります。

ただし、以下の①②のいずれにも該当しない場合は、原則としてこの「みなし贈与課税」は生じないこととされています。(同上国税庁回答)
① 以下の(イ)～(ハ)のように、出資額限度法人に係る出資、社員及び役員が、その親族、使用人など相互に特殊な関係をもつ特定の同族グループによって占められていること
  (イ) 出資者の３人及びその者の親族やその者が所有する会社等の出資金額の合計額が、出資総額の50％を超えている
  (ロ) 社員の３人及びその者の親族等である社員の数が、総社員数の50％を超えている
  (ハ) 役員（理事・監事等）のそれぞれに占める親族等の割合が３分の１以下であることが定款で定められていない
② 以下の(イ)(ロ)のように、出資額限度法人において社員（退社社員を含む）、役員（理事・監事）又はこれらの親族等に対し特別な利益を与えると認められるものであること
  (イ) 出資額限度法人の定款等において、その社員又は役員、並びにそれらの親族等に対して、当該法人の財産を無償で利用させ、又は与えるなど特別の利益を与える旨の定めがある場合
  (ロ) 出資額限度法人が社員、役員又はその親族その他特殊の関係がある者に対して、例えば以下の行為をし、又は行為をすると認められる場合
    ㋑ 法人の所有する財産をこれらの者に居住、担保その他の私事に利用させること
    ㋺ 法人の他の従業員に比し有利な条件で、これらの者に金銭の貸付けをすること
    ㋩ これらの者から金銭その他の財産を過大な利息又は賃借料で借り受けること
    ㋥ これらの者からその所有する財産を過大な対価で譲り受けること、又はこれらの者から公益を目的とする事業の用に供するとは認められない財産を取得すること
    ㋭ これらの者に対して、当該法人の理事、監事、評議員その他これ

らの者に準ずるものの地位にあることのみに基づき給与等を支払い、又は当該法人の他の従業員に比し過大な給与等を支払うこと

Q5-3 持分の定めのない社団医療法人への移行

■現在、持分の定めのある社団医療法人を経営していますが、持分の定めのない社団医療法人へ移行するときの留意点を教えてください。

A

1　持分なし社団医療法人への移行

既存の持分あり社団医療法人については当分の間、存続が認められることとなり、持分なし社団医療法人への移行は、定款変更により持分（財産権）に関する規定を削除し、法人解散時の残余財産が国等に帰属するようにすることで行うことができます。

2　持分なし社団医療法人への移行に係る課税

(1)　持分放棄した社員個人に対する課税

持分あり社団医療法人から持分なし社団医療法人へ移行した場合、定款から持分に関する定めが削除されるため、医療法人の社員全員の持分は権利放棄されることとなります（持分放棄）。この持分放棄した社員は、あくまで財産権を放棄するだけであり、株式会社における株式の消却と同様、譲渡性が認められないため、所得税は課税されません。（平成17年４月27日国税庁回答「出資持分の定めのある社団医療法人が特別医療法人に移行する場合の課税関係について」）

(2)　持分放棄を受けた医療法人に対する課税

①　法人税

持分の払戻しを要しなくなったことにより生ずる利益に対しては、法人税は課税されません。（法令136の３②）

②　贈与税

医療法人の出資者が、その出資持分を放棄したことにより、出資者の親族等の相続税又は贈与税の負担が不当に減少したと認められる場合に

は、その医療法人を個人とみなし、医療法人に対して贈与税が課される場合があります。(相法66④)

　例えば以下のような要件を満たす場合には、この相続税等の「負担が不当に減少」するとは認められないとされていますので(相令33③)、以下の要件を満たしていることを確認しておく必要があります。(以下は主な要件のみ抜粋)

　(イ)　医療法人の組織運営が適正であること
　(ロ)　医療法人の定款等で、役員等の親族やこれらの使用人等の数が、役員等の総数の$\frac{1}{3}$以下であること
　(ハ)　医療法人の設立者や出資者、それらの親族等に対し、施設の利用、金銭の貸付け、給与の支給等で特別の利益を与えないこと
　(ニ)　医療法人の定款等に、その法人が解散した場合の残余財産が、国や地方公共団体等に帰属する旨の定めがあること

　詳しくは、〔Q4-4　持分の定めのない医療法人への移行によるメリット〕を参照してください。

Q5-4　基金拠出型医療法人への移行

■基金拠出型医療法人の制度があると聞きましたが、基金拠出型医療法人とはどのような法人ですか。

A

1　基金拠出型医療法人

　平成19年4月1日以降、従来の主流であった持分のある医療法人は新たに設立が認められず、持分の定めのない医療法人のみが設立可能となりました。また、既存の持分の定めのある医療法人も、各法人の判断により、自主的に持分のない医療法人へ移行することが期待されています。

　この持分のない医療法人のうち、基金制度を採用したものを基金拠出型医療法人といいます。なお、持分のない医療法人であっても、社会医療法

人、特定医療法人はこの基金制度を採用することはできません。

2　基金拠出型医療法人の特徴

(1)　基金

　基金とは、社団医療法人で持分の定めのないものに拠出された金銭その他の財産であって、医療法人が拠出者に対して、定款で定めるところに従い返還義務を負うものをいいます。

　基金は誰でも拠出可能ですが、持分の定めのある医療法人の出資と異なり、基金を拠出しても、医療法人の運営や経営に関し、一切の発言権や議決権はありません。

(2)　基金の返還

　通常、持分の定めのない医療法人では出資持分の返還という概念はありませんが（そもそも出資持分が存在しないため。）、この基金拠出型医療法人では、基金の拠出者に請求に応じて基金が返還されます。

(3)　基金の税務上の評価

　基金は誰でも拠出することができ、基金を拠出した者は、その見返りに基金の返還を受ける権利（債権）を取得することになります。この債権は、社員が退社する際などに同額が金銭で返還されるため、拠出額でそのまま評価されることとなります。たとえ将来、医療法人に多額の内部留保が生じたとしても、この内部留保はこの債権の評価額には反映されません。

　出資額限度法人では、出資持分の返還額は出資払込額に限定されるものの、医療法人に生じた内部留保がその持分の評価額にそのまま反映されるため、持分の相続税評価額が大きなものとなり、相続や贈与の際に多額の納税負担があるとの問題点が指摘されていました。

　一方、一般の持分の定めのない医療法人では、出資持分は完全に放棄されているため、持分の評価がありません。

3　持分の定めのある医療法人から基金拠出型医療法人への移行

　持分の定めのある医療法人から基金拠出型医療法人への移行は、主に定款変更手続きにより行うことができます。なお、基金拠出型医療法人へ移行した後に、持分の定めのある医療法人へ後戻りすることはできません。

移行の際、持分の定めのある医療法人の出資持分をそのまま基金として拠出（振替）することはできません。一度退社手続き等を行って出資持分の払戻しを受け、それを原資として基金の拠出を行う必要があります。

4　基金拠出型医療法人に係る税務上の留意点

(1)　基金の評価

　2(3)に記述しているとおり、基金はその拠出額をもって評価されるため、持分の定めのある医療法人（出資額限度法人を含みます。）で発生するような出資の相続税評価額に関する問題は解消されます。

(2)　持分の定めのある医療法人からの移行時の課税関係

　①　持分の定めのある医療法人からの出資持分の払戻しに係る課税関係

　　当初の出資額を上回る金額で払戻しを受けた場合、その上回る部分は配当所得として所得税が課されます。

　　また、その払戻額について、払戻しを受けた個人の親族等について相続税等の負担が不当に減少すると認められた場合は、医療法人を個人とみなして、医療法人に対して贈与税が課される可能性があります。（みなし贈与課税。詳しくは〔 Q4-4 　持分の定めのない医療法人への移行によるメリット〕を参照）

　②　基金の拠出に係る課税関係

　　基金の拠出により、拠出者は債権を取得し、医療法人は債務を負うのみですので、拠出者側及び医療法人側のいずれにも課税関係は発生しません。

Q5-5　社会医療法人への移行

■社会医療法人について教えてください。

1　社会医療法人とは

　　医療法人のうち、一定の要件を満たすものとして都道府県知

事の認定を受けたものをいいます。

　平成19年施行の第5次医療法改正において新設された類型で、社団医療法人でも財団医療法人でも認定対象となり得ますが、社団医療法人については、出資持分のない医療法人であることが必要です。

　社会医療法人の認定要件は厳格ですが、その認定を受けると、本来業務である病院、診療所及び介護老人保健施設から生じる所得について法人税が非課税になるとともに、直接救急医療等確保事業（下記2(2)参照）に供する資産について固定資産税及び都市計画税が非課税になるなど、税制上の優遇措置を受けることができます。

　また、その収益を社会医療法人が開設する病院、診療所又は介護老人保健施設の経営に充てることを目的として、収益業務を行うことも認められます。

2　社会医療法人の認定要件

　社会医療法人は、救急医療やへき地医療、周産期医療など特に地域で必要な医療の提供を担う医療法人を、社会医療法人として認定し、継続して良質かつ適切な医療を効率的に提供する体制の確保を図るために創設されました。そのため、社会医療法人には公益性が強く求められており、その認定要件も下記(1)～(5)のとおり、厳しいものとなっています。

(1)　役員の親族等に関する基準
　① 　各役員及びその親族等の数が、役員の総数の$\frac{1}{3}$を超えていないこと
　② 　各社員及びその親族等の数が、社員の総数の$\frac{1}{3}$を超えていないこと
　③ 　各評議員及びその親族等の数が、評議員の総数の$\frac{1}{3}$を超えていないこと

(2)　救急医療等確保事業に係る業務の実施と基準
　① 　病院又は診療所のうち1以上のものが、救急医療等確保事業（救急医療、災害医療、へき地医療、周産期医療、小児医療）に係る業務を、当該病院又は診療所の所在地の都道府県で行っていること
　② 　上記救急医療等確保事業に係る業務について、業務に係る設備や体制、実績が一定の基準に適合していること

(3) 公的な運営に関する要件
① 理事6名以上、監事2名以上で、それぞれの理事及び監事は、社員総会もしくは評議員会の議決にて選任されること
② 理事及び監事は、他の同一の団体（ただし、医師会等を除く。）の理事、使用人、理事以外の役員又は業務執行社員が$\frac{1}{3}$以下であること
③ 理事、監事あるいは評議員に対する報酬等が、民間事業者の役員の報酬等や従業員の給与あるいは当該医療法人の経理状況等を考慮して、不当に高額にならないような支給の基準を定め、法人内に備置き、必要に応じて閲覧等措置が講じられていること
④ 社員、評議員、理事、監事、使用人その他の当該医療法人の関係者に対し、特別の利益を与えないこと
⑤ 毎会計年度末日における遊休財産額が、本来業務事業損益に係る事業費用を超えないこと
⑥ 社会保険診療報酬の額及び社会保険診療報酬と同一の基準により計算される労災保険診療報酬あるいは健康増進事業の収入及び助産に関わる収入（1回につき50万円を超える場合には50万円まで）の合計額が、医療法人の本来業務事業収益、附帯業務収益及び収益業務収益の合計額の80％を超えること
⑦ 自費患者に対し請求する金額が、社会保険診療報酬と同一の基準により計算されること
⑧ 医療診療により収入する金額が、医師・看護師等の給与、医療の提供に要する費用等患者のために直接必要な経費の$\frac{150}{100}$以内の額であること

(4) 解散時の残余財産の帰属先の制限
定款又は寄附行為において、解散時の残余財産を国、地方公共団体又は他の社会医療法人に帰属させる旨を定めていること

(5) その他
すべての理事をもって構成される理事会を置き、その運営については一定の事項が定款又は寄附行為において定められ、適正に行われていること

3 社会医療法人への移行手続き

(1) 社員総会決議

以下の事項について、社員総会の決議が必要です。

① 出資持分の放棄又は払戻しに関する事項

② 定款変更に関する事項（退社時の払戻しなし、解散時の残余財産は国等に帰属など）

③ 社員の親族等の割合

④ 役員の親族等の割合

(2) 診療報酬規程、役員報酬規程、役員退職金規程等の整備

(3) 社会医療法人認定申請書、定款変更申請書、その添付書類及び証拠書類の準備

(4) 認定後の手続き

① 認定日前日までの期間を事業年度として決算申告を行う

② 認定日より2週間以内に名称変更を登記

③ 登記事項及び登記年月日を遅滞なく都道府県知事に届出

④ 認定書の写し及び新定款を添付して「社会医療法人の認定に関する届出書」を所轄税務署長に提出

4 社会医療法人に対する税制優遇措置

(1) 法人税

本来業務として行う医療保険業については、法人税は課されません。（法令5①XXIXチ）

なお、本来業務の附帯業務（病院内売店や病院駐車場など）や収益業務から生じる所得については法人税が課されますが、社会医療法人には公益法人税等に対する優遇税率として19％（800万円以下の所得は15％）の税率が適用されます。

この法人税が課される業務については、法人税が課されない本来業務とは区分して、収益・費用及び資産・負債に関する経理を行わなければなりません。

(2) 固定資産税、都市計画税、不動産取得税

　直接救急医療等確保事業（上記2(2)参照）に供する資産については、固定資産税、都市計画税及び不動産取得税が非課税とされます。

　ただし、これらの固定資産であっても、売店や駐車場等の用に供される部分は非課税となりませんので、注意が必要です。

(3) 贈与税、相続税

　持分あり医療法人から持分なし医療法人へ移行する場合、みなし贈与税のリスクがありますが、持分なし医療法人でも社会医療法人へ移行する場合は、このみなし贈与税が課されないための要件を満たしやすくなります。詳しくは、〔Q4-5　持分の定めのない医療法人への移行に係る贈与税〕、及び〔Q4-6　みなし贈与税への対策〕を参照してください。

Q5-6　特定医療法人への移行

■特定医療法人とは何ですか。また、特定医療法人へ移行するための手続き等について教えてください。

A

1　特定医療法人とは

　財団医療法人又は社団医療法人で持分の定めがないもののうち、その事業が医療の普及及び向上、社会福祉への貢献その他公益の増進に著しく寄与し、かつ、公的に運営されていることにつき、国税庁長官の承認を受けた法人をいいます。特定医療法人として承認された場合には、法人税の軽減税率が適用されるなどのメリットがあります。

2　特定医療法人の要件

　特定医療法人の認定を受けるために満たすべき要件には、例えば以下のものがあります。

(1) 施設要件

① その医療施設のうち一以上のものが、病院を開設する場合は病床数

40以上又は救急病院であること、診療所のみを開設する場合は病床数15以上かつ救急診療所であること
　② 医療施設ごとに、特別の療養環境に係る病床数が当該医療施設の有する病床数の$\frac{30}{100}$以下であること
(2) 収入基準
　① 社会保険診療等に係る収入金額の合計額が全収入金額の$\frac{80}{100}$を超えること
　② 自費患者に対する請求金額が、社会保険診療報酬と同一基準により計算されること
　③ 医療診療収入が、医師、看護師等の給与、医療の提供に要する費用等患者のために直接必要な経費の額に$\frac{150}{100}$を乗じて得た額の範囲内であること
　④ 役職員一人につき年間の給与総額が3,600万円を超えないこと
(3) 運営基準
　① その運営組織が適正であること
　② 役員等（理事、監事、評議員等）のそれぞれに占める親族等の数の割合がいずれも$\frac{1}{3}$以下であること
　③ その設立者、役員等、社員及びこれらの親族等に対し、施設の利用、金銭の貸付け、給与の支給、役員等の選任等に関して特別の利益を与えないこと
　④ その寄附行為又は定款において、法人が解散した場合にその残余財産が国等に帰属する旨の定めがあること

3　特定医療法人への移行手続き

(1) 社員総会決議

　以下の事項について、社員総会の決議が必要です。
　① 出資持分に関する事項
　② 役員の親族等の割合
　③ 評議員会の設置
(2) 自費診療報酬規程、役職員報酬規程、差額ベッド料金規程等の整備

(3) 事前審査時提出書類の準備
(4) 国税局担当者による実地調査
(5) 国税庁からの内示と定款変更
(6) 都道府県等への届出

4　特定医療法人に対する税制優遇措置

(1) 法人税

承認後に終了する各事業年度の所得については、法人税率が19％（800万円以下の所得は15％）に軽減されます。

(2) 固定資産税、都市計画税、不動産取得税

看護師、准看護師、歯科衛生士等の養成施設に係る不動産取得税、都市計画税及び固定資産税は、非課税とされます。

(3) 贈与税、相続税

持分あり医療法人から持分なし医療法人へ移行する場合、みなし贈与税のリスクがありますが、持分なし医療法人でも特定医療法人へ移行する場合は、このみなし贈与税が課されないための要件を満たしやすくなります。詳しくは、〔 Q4- 5 　持分の定めのない医療法人への移行に係る贈与税〕、及び〔 Q4- 6 　みなし贈与税への対策〕を参照してください。

Q5- 7　法人化のメリット・デメリット

■医療法人を設立することで、どのようなメリットがありますか。また、デメリットもあるのでしょうか。

1　メリット

医療法人を設立することで、以下のようなメリットがあります。

① 税負担の軽減が図れる
② 個人と法人の分離により経営の合理化が図れる

③　保険診療収入に源泉徴収がされず、資金繰りが良化する
④　訪問看護ステーションや有料老人ホームなど附帯業務を行うことができる
⑤　事業承継対策を行うことができる
⑥　役員退職金の活用ができる

　特に①の税負担の軽減は、法人化による大きなメリットであるといえます。

　個人経営における医業の所得に対しては所得税がかかり、税金は累進税率を基に計算されます。したがって所得が多くなるほど多額の税金がかかることになります。一方、医療法人にかかる法人税は定率であることから所得が比較的高い個人病医院の場合は、医療法人を設立することで節税を図ることができます。ただし、これまで個人の財産として使用することができた可処分所得が減少することなども踏まえ、法人化を行う場合には綿密なシミュレーションを行うことが肝要です。

　また、平成19年の医療法改正により、現在設立ができるのは出資持分のない社団法人、あるいは財団法人の形態だけとなっており、相続税が発生しないことも大きな節税効果といえるでしょう。

2　デメリット

　デメリットとしては以下のようなものがあります。
①　個人の可処分所得が減少することが多い
②　定期的な決算報告や社員総会の開催など事務的な手続きが増加する
③　従業員等の社会保険料の負担が増加する
④　交際費の損金に算入される額に制限がある
⑤　法人に蓄積された剰余金の配当が禁止される

Q5-8 持分の定めのある医療法人の持分

■持分の定めのある医療法人について、持分を分散させることを検討するにあたり、留意すべき点があれば教えてください。

A

1　社団法人とは

　社団法人というのは、人（社員）が集まり、特定の事業を行う団体で、社員は、その事業に必要な資金や労力を提供することになります。法人の運営は、社員が選任した理事が行いますが、社員が法人の中心ですから、社員総会が最高議決機関になります。

2　持分の定め

　持分というのは、法人の財産のうちで自分の拠出した部分や労力を提供した部分について定款の定めによって、払戻しを請求できるものをいいます。つまり、社員が退社したときや法人が解散したときに、法人の財産（純資産）のうち定款で定めてある部分が返還されることとなります。

3　持分の定めのない場合

　定款で持分が定められていなければ、退社した社員は、自分の拠出した出資金であっても、返還を求めることはできませんし、社団法人が解散しても、財産のうち自分の拠出した部分を返してもらえません。結局、解散した場合は、財団法人と同じで、定款の定めに従い、財産は同種の法人や国等に帰属することとなります。

4　持分の分散

　社団法人の持分を相続して事業を承継する場合は、相続税・所得税が生じます。病院のように広い敷地を有する場合、巨額の相続税が一時に課せられることになり、相続人が支払えずに苦慮しているのが現状です。

　ただし、相続税負担の多寡に関わらず、医療法人の運営の安定性という観点からは、医療法人の持分は、分散させずに院長等に集約することが望ましいとされていますので、ご留意ください。

Q5-9 持分の定めのある社団医療法人の増資

■持分の定めのある社団医療法人を運営していますが、社員全員から追加出資を受けることとなりました。追加出資を受ける際の留意点があれば教えてください。

A

1 出資の割合

ご質問のように、社員全員から追加出資を受ける場合は、各社員の出資割合に応じて追加出資額を決定する必要があります。

例えば、出資者が3人で、出資割合が50％、30％、20％である場合、追加出資額も5：3：2となるようにしなければ、出資者間で贈与等があったものとみなされ、思わぬ課税関係が発生する可能性がありますので、注意が必要です。

2 金銭による出資

出資を金銭により行う場合は、出資者はこれと同額の持分を取得するだけであり、課税関係は発生しません。また、医療法人側でも、出資の受入れは資本等取引に該当するため、課税関係は発生しません。

3 土地・建物等による出資

出資を土地・建物等の現物により行う場合は、税務上、以下のように考えます。

(1) 出資者が、土地・建物等を医療法人に対して時価で売却し、医療法人から対価を現金で受領する。（時価とは一般取引価額のことであり、例えば土地であれば近隣の取引実例を基礎とした実勢価格をいいます。）
(2) その受領した現金を、医療法人に全額出資する。

このため、出資する土地・建物等に含み益がある場合は、(1)においてその含み益だけ売却益（譲渡所得）が計上されるため、この売却益（譲渡所得）に対して所得税が課せられることになります。

医療法人側では、2と同様に課税関係は発生しません。

Q5-10 みなし譲渡所得課税

■医療法人に対して土地等を寄附した場合、みなし譲渡所得として所得税が課されるという話を聞きました。寄附であるのに所得や課税が発生するのでしょうか。

A

1 みなし譲渡所得課税

個人が、土地、建物などの資産を法人に寄附した場合には、これらの資産は寄附時の時価で譲渡があったものとみなされ、これらの資産の取得時から寄附時までの値上がり益に対して所得税が課税されます。（所法59①Ⅰ）

違和感を覚えられる方もいらっしゃるかも知れませんが、寄附であっても、寄附時の時価で譲渡があったものとみなし、取得価額と寄附時の時価の差額（譲渡所得）に対して所得税が課税されるのです。

2 みなし譲渡所得の非課税

ただし、これらの資産を公益法人等に寄附した場合において、その寄附が教育又は科学の振興、文化の向上、社会福祉への貢献その他公益の増進に著しく寄与することなど一定の要件を満たすものとして国税庁長官の承認を受けたときは、この所得税について非課税とする制度が設けられています。（措法40）

すなわち、公共性の高い法人に対する寄附については、国税庁長官の承認を得れば、上記1のみなし譲渡所得課税が非課税になるということです。

この方法については、〔Q5-11 医療法人に対する寄附の非課税〕を参照してください。

Q5-11 医療法人に対する寄附の非課税

■財団医療法人及び持分の定めのない社団医療法人に対する財産の寄附はみなし譲渡課税が行われるそうですが、これが非課税になる場合があると聞きました。これについて詳しく説明してください。

A

1　譲渡所得等の非課税

　法人その他公益を目的とする事業を営む法人に対する財産の贈与又は遺贈で、国税庁長官の承認を受けたものについては、譲渡所得等の計算上、その財産の贈与又は遺贈がなかったものとみなされます。この制度は、その法人を設立するためにする財産の提供も同様に取り扱うこととされています。(措法40①後段)

　財団医療法人及び持分の定めのない社団医療法人は公益を目的とする事業を営む法人となるため、これらの法人に対して寄附を行った場合、国税庁長官の承認があれば、贈与又は遺贈はなかったものとみなされます。

2　承認基準

　公益法人等に対して贈与又は遺贈した財産につき、譲渡所得等の非課税規定の適用を受けるためには、次の要件を具備することが必要とされています。

(1) 寄附が教育又は科学の振興、文化の向上、社会福祉への貢献その他公益の増進に著しく寄与すること
(2) 寄附財産が、その寄附日から2年以内に寄附を受けた法人の公益を目的とする事業の用に直接供されること
(3) 寄附により、寄附した人の所得税の負担を不当に減少させ、又は寄附した人の親族その他これらの人と特別の関係がある人の相続税や贈与税の負担を不当に減少させる結果とならないこと

　なお、以下の①から④を満たす場合には、上記(3)にある贈与税等の負担を不当に減少させる結果にはならないとされています。(相続税個別通達：昭和

39年6月9日直審（資）24［最終改正］平成20年7月8日課資2－8）

① 公益法人等の運営組織が適正であるとともに、その寄附行為、定款又は規則において、理事、監事及び評議員のいずれにおいても、そのうちに親族関係がある人及びこれらの人と特殊の関係がある人の数の占める割合が、$\frac{1}{3}$以下とする旨の定めがあること

　なお、「特殊の関係がある人」とは、親族関係がある人と次の(イ)から(ハ)までに掲げる関係がある人をいいます。

(イ) まだ婚姻の届出をしていないが事実上婚姻関係と同様の事情にある人（この人の親族で、生計を一にしている人を含みます。）

(ロ) 使用人及び使用人以外の人でその人から受ける金銭その他の財産によって生計を維持している人（この人の親族で、生計を一にしている人を含みます。）

(ハ) 次の法人の役員又は使用人

　　④ 親族関係がある人が会社役員となっている他の法人

　　⑩ 親族関係がある人及び(イ)、(ロ)に掲げる人並びにこれらの人と一定の関係がある法人を判定の基礎にした場合に法人税法上の同族会社に該当する他の法人

② 寄附した人、寄附を受けた法人の理事、監事及び評議員若しくは社員又はこれらの人と特殊の関係がある人に対し、施設の利用、金銭の貸付け、資産の譲渡、給与の支給、役員等の選任その他財産の運用及び事業の運営に関して特別の利益を与えないこと

③ 法人の寄附行為、定款又は規則において、その法人が解散した場合の残余財産が国若しくは地方公共団体又は他の公益法人等に帰属する旨の定めがあること

④ 寄附を受けた法人につき公益に反する事実がないこと

3　承認を受けるための手続き

　公益法人等に対する寄附財産の譲渡所得等の非課税の規定の適用を受ける者は、「租税特別措置法第40条の規定による承認申請書」に必要事項を記入し、必要資料を添付して、寄附日から4か月以内（ただし寄附が11月

16日から12月31日までの間に行われた場合は、寄附した年分の所得税の確定申告書の提出期限まで）に、納税地の所轄税務署長に提出する必要があります。（措令25の17①）

Q5-12 持分の払戻し価額

■当法人の社員が一身上の都合で退社することになりました。持分を払い戻さなければならないのですが、いくら払い戻せばいいでしょうか。また、当人は自分の出資した土地の返還を希望していますが、希望どおりにしなければならないのですか。

A

1 払戻しの価額

定款に、例えば払戻し価額は出資額を限度とするとか、貸借対照表の純財産額を基に算出するというような規定があればそれに従いますが、そのような規定のある法人はほとんどありません。時価で評価した純財産の価額に基づいて、持分に相当する払戻し金額を算定すべきでしょう。もちろん、定款に出資額を払い戻すという規定があっても、時価で評価した純財産価額が出資額より低い場合は、その持分に相当する部分しか払い戻せません。

貸借対照表の純財産の価額は、取得した時の価額（減価償却資産については減価償却を実施後）に基づいていますので、時価とは差がある場合が多いといえます。

2 払い戻す資産

一度法人に出資された資産は、法人の所有財産です。払戻しに際して、特定の資産の返還を請求することはできませんので、土地を返還する必要はありません。現金での払戻しが原則となります。

また、社員の同意を得て土地を払い戻すこともできますが、この場合、退社する社員に土地を譲渡しその対価として出資持分を時価相当で取得す

ることとなり、時価が簿価を上回っている場合は法人に譲渡益（取得した出資持分の時価と、払い戻した土地の簿価の差額）が出てきますので、この譲渡益に法人税が課税され、税金負担の問題が生じます。

Q5-13 医療法人を退社したときの出資払戻金の所得の種類

■持分の定めのある社団医療法人を退社することになり、当初の払込額100万円に対して現金で150万円の払戻しを受けました。この場合、出資額を上回る50万円に所得税が課税されますか。

A 定款に、社員の資格を失う理由として退社が掲げられている場合、社員の退社に際しては通常、理事長に届け出て社員総会の承認を得ることになります。また退社した社員は、その払込済出資額に応じて払戻しを請求することができますが、出資額を上回って受領した50万円は、配当所得として所得税が課されます。

社員が、その法人から退社又は脱退により持分の払戻しとして交付される金銭その他の資産の交付を受けた場合において、その金銭及び金銭以外の資産の価額の合計額が、その法人の資本等の金額のうち、その交付の基因となった出資にかかる部分の金額を超えるときは、その超える部分の金額は、所得税の計算において利益の配当又は剰余金の分配の額とみなすことになっています。（所法25①）

なお、この配当所得については、所得税及び復興特別所得税の合計20.42％が源泉徴収され、確定申告時に総合課税を行うこととなります。また、所得税及び住民税の計算において配当控除を行うことができます。
（〔Q3-58〕個人の場合の税金計算、損益通算〕参照）

Q5-14 持分の定めのある社団医療法人に係る持分の放棄

■持分の定めのある社団医療法人について、持分の放棄に係る課税関係について教えてください。

A

1 社団医療法人の持分

持分とは、社団医療法人に出資した者が、当該医療法人の資産に対し、出資額に応じて有する財産権をいいます。これは経済的価値を有する財産権であり、定款に反するなどの事情がない限り譲渡性が認められ、贈与税や相続税の課税対象ともなり得ます。

この財産権は主に、社員の退社時や法人の解散時などに際し、定款の規定に基づく払戻請求権や残余財産分配請求権として行使されます。

2 持分の放棄

出資持分の放棄とは、上記のような財産権を放棄することを意味します。

持分の放棄は、主に持分あり社団医療法人から持分なし社団医療法人への移行時などに発生します。

3 持分の放棄に係る課税関係

持分放棄が発生すると、医療法人の他の出資者の持分が増加することとなるため、医療法人においてみなし贈与課税という複雑な課税関係が発生する可能性があります。詳細は、〔Q5-3 持分の定めのない社団医療法人への移行〕を参照してください。

Q5-15 合併の税務

■合併を行った際の税務上の取扱いを教えてください。

A 　医療法人が合併する場合、被合併法人（合併により消滅する側）が合併法人（合併後も存続する側）にその有する資産及び負債の移転をしたときは、合併のときの価額による譲渡をしたものとして、所得の金額を計算するとされています。(法法62①) すなわち、合併時の時価で被合併法人が資産及び負債を譲渡したものとして、帳簿価格との差額を被合併法人の譲渡損益として計算する必要があります。したがって、被合併法人の保有していた資産に大きな含み益がある場合には、多額の法人税が発生する可能性があります。

　また、被合併法人の出資者については、合併によって出資持分の払戻しを受けたとして、みなし配当課税が行われる可能性もあります。

　ただし、税務上の「適格合併」の要件を満たす場合には、譲渡損益を認識せずに資産及び負債を引継ぐことができ、みなし配当課税の問題も発生しません。

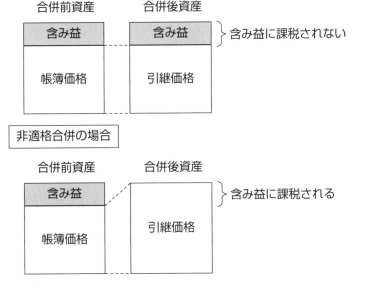

ここで税務上の「適格合併」の要件の種類としては「グループ内の合併であること」と「共同事業要件」の2種類があります。

1　グループ内の合併であること

グループ内の合併であることとは、持分の保有が100％のグループ内において行われる合併、あるいは持分の保有が50％から100％未満のグループ内において行われる合併です。ここで持分の保有が50％から100％未満のグループ内における合併の場合は、合併後における従業員の引継ぎ要件（おおむね80％以上）と、事業継続の要件が加えられます。

持分の保有が前提ですので、持分の定めのない社団医療法人、財団医療法人においては適用がなく、下記の共同事業要件のみを考慮することになります。

2　共同事業要件

共同事業要件とは、以下のような要件です。

① 主要な事業に相互の関連性があること
② 合併法人と被合併法人で事業規模等が5倍を超えないこと
③ 合併前の理事等が合併後も理事等となることが見込まれていること
④ 従業員のおおむね80％以上が引き継がれること
⑤ 合併前の事業が合併後も引き続き営まれること
⑥ 合併前の出資者が、合併後も80％以上の出資を保有すること

Q5-16　事業譲渡

■医療法人のM&Aの手法として事業譲渡があると聞きました。事業譲渡とはどのような手続きなのでしょうか。

A 事業譲渡とは、一体となって機能する事業財産を分離して譲渡する手法をいいます。資産と負債だけでなく、その事業に従事する従業員や、その運営ノウハウも含みます。

しかし、合併のように契約によって包括的に承継することはできず、個別の財産ごとの移転手続きが必要になります。すなわち、事業譲渡する資産・負債を個別に識別して契約に織り込む必要があり、従業員についても各人に個別に同意を得ておく必要があります。

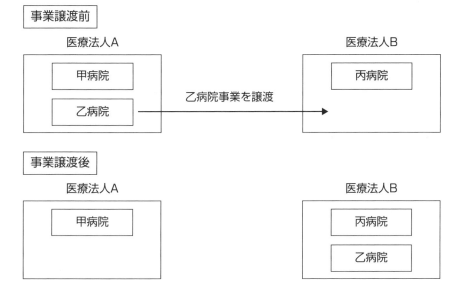

1 事業譲渡の手続き

事業譲渡には、事業の売り手と買い手が存在するため、各々で手続きが必要となります。

(1) 売り手側の手続き

事業譲渡は医療法人の経営に重要な影響を与える取引であることから、社員総会等において機関決定をする必要があります。また、譲渡対象となる事業に係る従業員、患者等の関係者にも同意を得ておく必要があります。

さらに、運営施設等の変更を伴うため、定款又は寄附行為の変更手続きと、保健所への施設廃止の届出が必要となります。

(2) 買い手側の手続き

売り手側同様、事業の譲受けは医療法人の経営に重要な影響を与える取引であることから、社員総会等において機関決定をする必要があります。

また、事業を引き継ぐにあたり、運営施設の変更を伴うため、定款又は寄附行為の変更手続きと、保健所への施設開設の届出が必要になります。

さらに、事業を譲り受けるにあたり、各種契約関係（不動産賃貸契約、リース契約など）の契約変更手続きを行う必要があります。

2 課税関係

(1) 売り手の課税関係

譲渡の対象となった資産の帳簿価格と譲渡対価の差額を譲渡損益として、医療法人の決算に反映されます。

(2) 買い手の課税関係

譲り受けた資産負債の受入価格は、通常支払対価に譲り受けるために直接要した費用を加えた額となりますが、支払対価が譲受資産負債の時価と異なる場合には、その差額を資産調整勘定又は負債調整勘定として、その後60か月かけて損金又は益金として取り崩すことになります。（法法62の8④⑦）

Q5-17 持分の譲渡

■医療法人のM&Aの手法として持分の譲渡があると聞きました。持分の譲渡とはどのような手続きなのでしょうか。

A 持分の譲渡は、持分について経済的な価値がある場合に行われることから、持分の定めのある社団医療法人においてのみ行われる手続きです。

出資持分を譲渡するには、譲渡契約書を結ぶことで行うことができますが、社員となるには、別途社員総会の承認が必要となります。

1 持分の譲渡の手続き

持分の譲渡自体は通常の経済取引であるので、売り手と買い手との契約により有効に成立します。しかし、出資持分の譲渡によって医療法人の社

員資格が自動的に異動するわけではなく、社員の退社・入社の手続きが別途必要になります。

具体的には、まず買い手側が社員に就任するための社員総会が必要になります。また、それに伴い役員の変更がある場合には都道府県知事への届出を行います。その後、出資持分の買い手への譲渡が完了したら、売り手側社員の退社手続きを実施します。

2　課税関係

医療法人の出資持分は、有価証券として、売り手側に譲渡所得税がかかります。

譲渡所得の金額は、

譲渡所得金額＝譲渡価格－（取得費＋譲渡費用）

として計算され、譲渡益の場合は、所得税15％、住民税5％の合計20％（ただし現在は復興特別所得税の0.315％がさらに加算されます。）の税金がかかり、譲渡損の場合は、他に株式等の譲渡益がある場合には、その譲渡益と損益相殺ができます。

第6章

開業準備と手続き

Q6-1 「病院・診療所」とは

■近く、開業したいと考えているのですが、「病院」と「診療所」の区分はどのようになっているのでしょうか。

「病院」と「診療所」の区分については、医療法第1条の5において定義されています。

〈「病院」とは〉
① 医師又は歯科医師が
② 公衆又は特定多数人のため
③ 医業又は歯科医業を行う場所であって
④ 20人以上の患者を入院させるための施設を有するもの
をいいます。

〈「診療所」とは〉
① 医師又は歯科医師が
② 公衆又は特定多数人のため
③ 医業又は歯科医業を行う場所であって
④ 患者を入院させるための施設を有しないもの又は19人以下の患者を入院させるための施設を有するもの
をいいます。

以上のように、病院と診療所では患者収容施設の状況が異なっています。

病院は、傷病者が科学的でかつ適正な診療を受けることができる便宜を与えることを主たる目的として組織され、かつ運営されるものでなければなりません。

病院や診療所でないものが、病院、病院分院、産院、療養所、診療所、医院その他病院又は診療所と紛らわしい名称をつけてはならないことは当然ですし、また、診療所も、病院、病院分院、産院その他病院と紛らわしい名称をつけることはできません。（医療法3）

Q6-2 病院の開設許可要件

■病院の開設に当たっては、都道府県知事の許可を受けることが必要と聞いていますが、許可要件はどのようになっていますか。また、病院には医師、看護師が一定員数以上必要ということですが、何人必要なのでしょうか。

病院を開設しようとするときは、開設地の都道府県知事の許可を受けなければなりません。(医療法7①)

都道府県知事は、許可申請があった場合には、その申請に係る施設の構造設備及びその有する人員が一定の要件に適合するときは、許可を与えなければならないこととなっています。(医療法7④)

したがって、許可を受けるには、次の要件を満たすことが必要となります。

1 人員

医療法施行規則第19条に定める員数の医師、歯科医師、看護師、その他の従業者が必要です。

① 医師

$$\frac{\text{精神病床及び療養病床の入院患者数}}{3} + \frac{\text{精神病床及び療養病床以外の入院患者数}}{} + \frac{\text{外来患者数}}{2.5} = A$$

Aが52人まで…………医師数は3名
Aが52人を超える……医師数は $3名 + \frac{A-52}{16名}$

(Aが16人増えるごとに医師1名が増える計算です。)

(注) 入院患者及び外来患者の数は前年度の1日平均患者数としますが、新規開業の場合は推定数によります(以下の計算でも同様)。

407

② 歯科医師
㈦ 歯科のみを診療科名とする病院

入院患者の数が52人までは3名、それ以上は16人（又は端数）増すごとに1名を加え、さらに外来患者についての病院の実情に応じて必要と認められる数を加えた人数となります。

㈣ ㈦以外の病院

歯科、矯正歯科、小児歯科及び歯科口腔外科の入院患者の数が16人までは1名、それ以上は16人（又は端数）増すごとに1名を加え、さらに歯科、矯正歯科、小児歯科及び歯科口腔外科の外来患者についての病院の実情に応じて必要と認められる数を加えた人数となります。

③ 薬剤師

以下の計算式によります。

$$薬剤師数 = \frac{精神病床及び療養病床に係る病室の入院患者数}{150} + \frac{左記以外の病室の入院患者数}{70} + \frac{外来患者に係る取扱い処方箋の数}{75}$$

（注）端数は繰り上げて計算します。

④ 看護師及び准看護師

以下の計算式によります。

$$看護師及び准看護師数 = \frac{療養病床、精神病床及び結核病床に係る病室の入院患者数}{4} + \frac{感染症病床及び一般病床に係る病室の入院患者数}{3}$$
$$+ 外来患者の数が30人（又は端数）増すごとに1名$$

（注）端数は繰り上げて計算します。

ただし、産婦人科又は産科においてはそのうちの適当数を助産師とし、また、歯科、矯正歯科、小児歯科又は歯科口腔外科においてはそのうちの適当数を歯科衛生士とすることができます。

⑤ 看護補助者

療養病床に係る病室の入院患者の数が4人（又は端数）増すごとに1名となっています。

⑥　栄養士

病床数100以上の病院にあっては1名必要です。

⑦　診療放射線技師、事務員、その他の従業者

病院の実情に応じた適当数となっています。

⑧　理学療法士及び作業療法士

療養病床を有する病院にあっては、病院の実情に応じた適当数となっています。

2　施設

病院にはおおむね次の諸施設を設置することが必要です。

①　各科専門の診察室

②　手術室

③　処置室

④　臨床検査施設

⑤　エックス線装置

⑥　調剤所

⑦　給食施設

⑧　分べん室（産婦人科又は産科を有する病院）

⑨　新生児の入浴施設（産婦人科又は産科を有する病院）

⑩　機能訓練室（療養病床を有する病院）

3　構造

病院の構造については、換気・採光・照明・防湿・保安・避難など、衛生上・防火上及び保安上、安全と認められるものでなければなりません。このため、その構造の基準が細かく規定されており、実地検査を受けることが必要です。

Q6-3 開業場所の選定

■病院を開業するに際し、開業地をどこにすべきかいろいろと考え、迷っております。開業場所の選定をする場合のアドバイスをお願いします。

A いよいよ開業の意志が固まれば、開業場所を選定しなければなりません。都心か郊外か、繁華街か住宅地かなど、どの地で開業するかによって、その後の経営状況等に影響を及ぼすことになります。

開業後、適正な運営を図り、健全に発展していけるかどうか、開業に先立つこの開業地の選定が最も重要です。

ここでは、特に重要と思われる項目をとりあげてみます。

1　医療事業圏内の人口

患者が病院を選択するのには様々な理由がありますが、自宅あるいは職場に近いという事はやはり選択の大きな理由の一つにあげられます。このことからも、開業地の人口、世帯数、年齢構成の調査の重要性が理解できると思います。

また、その人口に対する必要ベッド数、ベッドの既存数、ベッドの不足数、さらには救急車による急病救急患者の搬送件数などによる医療不足状況の調査も十分実施したいものです。

2　競合医療機関の数

開設予定地の競合医療機関について、あらかじめその所在地、診療科目、数、規模（ベッド数）などを調査し、総合的に評価判定することが必要です。

3　患者の通院の便宜性

交通の便が悪く、患者の足が遠のいては、せっかくの医療技術も生かせないこととなりますので、患者の通院の便を配慮しなければなりません。このためには、人の流れを研究し、交通至便な地を選定したいものです。

また、優秀な医師や看護師、その他の職員の募集のためにも交通の利便

性は重要です。

Q6-4　開業に必要な資金

■この度新しく病院を開設したいと考えています。所要資金はどの程度必要なのでしょうか、お教えください。

　開業に必要な資金は、開設地の地価、病院の規模によって大きく変わります。

　近年は、医療機器の高額化、建築費の高騰などにより、必要資金は高額化の傾向にあります。

　必要資金の算定に当たり、どのような資金が必要となるか使途別に考えてみますと、おおむね次の項目に大別できます。

1　用地取得資金

　①土地取得費（土地測量費、土地購入費、整地費）、②取得に係わる付随費用（不動産仲介料、登録免許税、不動産取得税など）

　開設地によって地価が大幅に異なり、また、購入によるか賃借によるかによって、資金計画は大きく異なってきます。

2　建物建築資金

　①建物工事費、②附帯設備費、③設計管理費、④建築付随費用（各種申請手続料など）

3　医療機器購入資金

　診療科目、規模によって医療機器の種類も多様であり、格差があります。高額化の傾向、技術革新の進歩等も考慮した上で、適切な選択が肝要です。

　資金的余裕度を考慮し、リースにするか買取りにするかの検討も必要でしょう。

4　開業準備資金

　開業までに、①医師・看護師・職員の募集費及び給料、②看板等の広告

411

費、③医師会入会金、④開業挨拶状の作成費、⑤開業催事費その他など、開業準備のための資金が必要です。

5 運転資金

開業後、病院を維持・運営していくために必要な準備資金です。

保険診療収入は診療後2か月してからの入金となるため、開業時には最低2〜3か月間の運転資金が必要となりますので、十分に留意しましょう。

以上の必要資金の算出にあたっては、開業後の病院の収支計画を十分に練って、検討していくことが必要です。

Q6-5 開業資金の調達方法

■病院開設に当たって、必要な資金を借入れたいと思いますが、どのような借入れ方法があるのか教えてください。

　　　　　　資金の借入先には、おおむね次のようなものがあります。

① 独立行政法人福祉医療機構（以下「福祉医療機構」）
② 地方自治体の制度融資
③ 公的金融機関（日本政策金融公庫など）
④ 民間金融機関
　　イ　医師会との提携ローン
　　ロ　その他一般融資
⑤ 各種公共事業団
⑥ 親族・友人

上記の中で、比較的低金利で融資枠も大きい福祉医療機構を利用する医療機関も多いですが、貸付限度額があり（例えば、建築資金の80％まで）、限度額を超過する残りの部分を民間等の金融機関から借り入れることになります。

金融機関の選定にあたっては、利便性、金利、返済条件などももちろん

第6章 開業準備と手続き

重要ですが、その後の増改築資金・運転資金などが必要になった場合にも迅速に対応してもらえるか、経営上の相談事項にものってもらえるかなど、先を見据えた付き合いができるかどうかも重要な選定条件といえます。

いずれの金融機関などから借りるにせよ、借入れにあたっては、開業後の事業計画の実現可能性について説得力をもって説明できなければ、借入れのための審査が通りません。したがって、借入れの返済スケジュールも含めた、綿密で無理のない事業計画を立てておく必要があります。

Q6-6　金融機関からの借入れ

■金融機関からの借入れにはどのようなものがあるのでしょうか。

公的金融機関としては、日本政策金融公庫の開業・創業の融資制度の利用が考えられます。

制度内容は概ね以下のようになっています。

制度	融資限度額	返済期間	備考
新規開業資金	7,200万円（うち運転資金4,800万円）	運転資金は5年以内 設備資金は15年以内	下記いずれかの要件に該当する必要がある。 (1) 現在の勤務企業と同じ業種の事業を始める人で、6年以上の当業種での勤務経験がある。 (2) 大学等で修得した技能等と密接に関連した職種に継続して2年以上勤務しており、その職種と密接に関連した業種の事業を始める。 (3) 技術やサービス等に工夫を加え多様なニーズに対応する事業を始める。 (4) 雇用の創出を伴う事業を始める。
新創業融資制度	3,000万円（うち運転資金1,500万円）	運転資金は5年以内 設備資金は15年以内	無担保・無保証人 創業資金の10分の1以上の自己資金が必要

413

また、一般の金融機関においても、医業向け融資制度を行っているところがあります。

ご利用いただける方	当行と取引可能な地域で、開業中（開業予定を含む）の医師の方。 社会保険・国民健康保険の診療報酬振込を当行に指定される方。
お使いみち	開業資金及び設備資金、運転資金 ※現在ご利用中のローンの借換えもできます。
ご融資金額	最高8,000万円まで
ご返済期間	1～20年
ご返済方法	分割返済（元利均等あるいは元金均等をご選択ください） 据置期間　1年以内
保証人	必要に応じて受入
担保	原則必要
ご用意いただくもの	1．ご本人・保証人の印鑑証明 2．不動産担保の場合は、不動産担保登記簿謄本の写し 3．収入が証明できる書類、その他
その他	お医者さまのご都合にあわせてご説明・ご相談にお伺いいたします。

（大正銀行「大正お医者さま応援ローン」商品概要より）

Q6-7 福祉医療機構よりの借入れ

■必要資金の借入れを福祉医療機構へ申し込みたいと考えています。一般の銀行借り入れと比較してどのような点が異なっているのでしょうか。

資金調達においてよく利用されるのが、福祉医療機構の医療貸付資金の活用です。一般に資金調達手段の中心と考えられています。

この融資のメリットとして、次の点があげられます。

① 借入金利が市中金融機関より低利であること
② 償還期間が長期（新築の耐火建築で20〜30年）でかつ、据置期間（3年以内）があること
③ 固定金利であるため、長期計画の金利の影響を予測しやすいこと

一方、デメリットとしては、金利低下段階では金利の低下のメリットが受けられないということがあげられますが、現下の低金利の状況での新規借入れではその懸念は少ないといえましょう。

この融資は、病床数が不足している地域に開業する場合に限られていますので、あらかじめ開業予定地の都道府県医務主管課に問い合わせて、融資対象の有無を調べておくことが必要です。

また融資条件は、病院、介護老人保健施設、診療所、医療従事者養成施設などその対象別に定められています。

ここでは①病院、②介護老人保健施設、③診療所（一般診療所・歯科診療所・共同利用施設）の資金の場合の3つのケースの融資条件を、福祉医療機構の「融資のごあんない」（平成26年度）より転載しますと次のとおりです。

病　院

資金種類		融資を受けられる場合		償還期間（うち据置期間）	融資額（次の１、２のいずれか低い額となります。）
新築資金		病床不足地域における新設の場合　特殊診療機能病院等地域の実情により特に必要と認められる新設の場合	建築または購入	耐火　20年超30年以内（３年以内）　耐火・その他　20年以内（２年以内）	１．限度額　建築資金　　　　　７億２千万円　看護師宿舎　　6,000万円加算　保育施設　　　1,500万円加算　在宅介護支援センター　　　　　　　　2,000万円加算　医療施設近代化施設整備事業のうち電子カルテ等医療情報支援システムを整備する病院　　　　　　　　8,000万円加算
			賃借　敷金・保証金等	15年以内（１年以内）	
			賃借　権利金	５年以内（６か月以内）	
増改築資金	甲種	病床不足地域における増改築の場合　増床を伴う特殊診療機能病院等の増改築の場合	建築または購入	耐火　20年超30年以内（３年以内）　耐火　20年以内（２年以内）　その他15年以内（２年以内）	２．標準建設費の80％以内　①一般病床のみを有する病院のうち病床数200床未満の病院に対する建築資金については融資率を90％以内とします。　②臨床研修指定病院の建築資金については融資率を90％以内とします。　③社会医療法人の建築資金については融資率を90％以内とします。
			賃借　敷金・保証金等	15年以内（１年以内）	
			賃借　権利金	５年以内（６か月以内）	
	乙種	病床充足地域における増改築の場合	建築または購入	耐火　20年超30年以内（３年以内）　耐火　20年以内（２年以内）　その他15年以内（２年以内）	３．土地取得資金　３億円　次の①～③については、土地取得資金も融資の対象となります。　①新築資金　②甲種増改築資金（増床又は移転事業の場合）　③社会医療法人の乙種増改築資金（移転事業の場合）
			賃借　敷金・保証金等	15年以内（１年以内）	
			賃借　権利金	５年以内（６か月以内）	
機械資金購入		先進医療等に使用する高額な医療機器		５年以内、先進医療の場合は10年以内（６か月以内）	１．限度額　　７億２千万円　２．購入価格の80％以内　（１品の価格が5,000万円以上）
長期運転資金		新型インフルエンザなどの発生による施設機能のマヒに対する運転資金		５年以内、特に必要と認められる場合は７年以内（１年以内）	限度額　　　　１億円
		経営安定化資金		８年以内	限度額　　　3.6億円

（出典：独立行政法人福祉医療機構「医療貸付事業融資のごあんない」（一部加工））

介護老人保健施設

資金種類	融資を受けられる場合		償還期間（うち据置期間）	融資額（次の1、2のいずれか低い額となります。）
新築資金	新設の場合	建築または購入	耐火 20年超30年以内（3年以内）耐火・その他 20年以内（2年以内）	1．限度額　建築資金　　7億2千万円　　都市型　　　　　　1億円加算　　認知症専門棟　　8,000万円加算　　看護師宿舎　　　6,000万円加算　　保育施設　　　　1,500万円加算　　在宅介護支援センター　　　　　　　　2,000万円加算 2．標準建設費の75％以内 ①療養病床の介護老人保健施設への転換にかかる資金については、融資率を90％以内とします。 ②介護基盤の緊急整備にかかる補助事業の対象となった資金については、融資率を90％以内とします。 ③在宅復帰・在宅療養強化型介護老人保健施設の基本施設サービス費を取得する施設または在宅復帰・在宅療養支援機能加算を取得する施設の建築資金については融資率を85％以内とします。 3．土地取得資金　3億円 新築資金及び増改築資金（定員の増員又は移転事業の場合）については、土地取得資金も融資の対象となります。
		賃借　敷金・保証金等	15年以内（1年以内）	
		賃借　権利金	5年以内（6か月以内）	
増改築資金	増改築の場合	建築または購入	耐火 20年超30年以内（3年以内）耐火　20年以内（2年以内）その他15年以内（2年以内）	
		賃借　敷金・保証金等	15年以内（1年以内）	
		賃借　権利金	5年以内（6か月以内）	
機械購入資金	新設（新築資金）に伴い必要な場合		5年以内（6か月以内）	1．限度額　5,000万円 2．購入価格の75％以内 （1品の価格が20万円以上）
長期運転資金	新設（新築資金）に伴い必要な場合		3年以内（6か月以内）	1．限度額　1,000万円 2．所要資金の75％以内
	新型インフルエンザなどの発生による施設機能のマヒに対する運転資金		5年以内、特に必要と認められる場合は7年以内（1年以内）	限度額　1億円
	経営安定化資金			

（出典：独立行政法人福祉医療機構「医療貸付事業融資のごあんない」（一部加工））

診療所（一般診療所・歯科診療所・共同利用施設）

資金種類		融資を受けられる場合		償還期間（うち据置期間）	融資額（次の1、2のいずれか低い額となります。）
新築資金		〈有床診療所〉病床不足地域における新設の場合	建築または購入	耐火20年以内（2年以内）その他15年以内（2年以内）	1．限度額　建築資金　5億円 2．標準建設費の80％以内 3．土地取得資金　3億円 新築資金及び甲種増改築資金（増床又は移転事業の場合）については、土地取得資金も融資の対象となります。
		〈無床・歯科診療所〉診療所不足地域における新設の場合	賃借　敷金・保証金等	15年以内（1年以内）	
			賃借　権利金	5年以内（6か月以内）	
		地域の実情により特に必要と認められる新設の場合	権利金	5年以内（6か月以内）	
増改築資金	甲種	〈有床診療所〉病床不足地域における増改築の場合	建築または購入	耐火20年以内（1年以内）その他15年以内（1年以内）	
		〈無床・歯科診療所〉診療所不足地域における増改築の場合	賃借　敷金・保証金等	15年以内（1年以内）	
			賃借　権利金	5年以内（6か月以内）	
	乙種	〈有床診療所〉病床充足地域における増改築の場合	建築または購入	耐火20年以内（1年以内）その他15年以内（1年以内）	
		〈無床・歯科診療所〉診療所充足地域における増改築の場合	賃借　敷金・保証金等	15年以内（1年以内）	
			賃借　権利金	5年以内（6か月以内）	
機械購入資金		新設（新築資金）に伴い必要な場合		5年以内（6か月以内）	1．限度額　2,500万円 ただし、 　救急診療所　3,000万円 　健診センター　4,500万円 　共同利用施設　6,000万円（※） 2．購入価格の80％以内 （1品の価格が10万円以上）
長期運転資金		新設（新築資金）に伴い必要な場合		3年以内（6か月以内）	1．限度額　300万円 2．所要資金の80％以内
		新型インフルエンザなどの発生による施設機能のマヒに対する運転資金		5年以内、特に必要と認められる場合は7年以内（1年以内）	限度額　4,000万円
		経営安定化資金			

（※）医師会の開設する共同利用施設が下記特定機械を購入する場合は限度額を7,500万円、償還期間を8年以内とします。
・核磁気共鳴断層撮影装置　・電子カルテ等診療情報提供システム

（出典：独立行政法人福祉医療機構「医療貸付事業融資のごあんない」（一部加工））

Q6- 8　人材の確保と報酬

■開業に当たって、医師、看護師、職員の人材をどのように確保するか、また、標準的な報酬はどの程度か、アドバイスをお願いします。

　病院運営にとって、優秀な医師、看護師、事務職員の確保は非常に重要な問題です。

　優秀な医師とは、自らの職業に真摯で、義務感と使命感を持ち、医療従事者としての誇りを持っている人でしょう。また、優れた看護師や運営にたけた事務長の確保は、病院発展の欠かせぬ要因です。

　各人の資質もあるものの、やはり医師として、経営者としての院長の人格と情熱、そして適切な指導が人材を集め、育てる基本になってまいりましょう。

　人材募集は、個人的人脈、知人の紹介、人材紹介会社の仲介、新聞・広告募集などが考えられますが、やはり良い人材を集めるためには、勤務医時代からの幅広い人脈を活かして紹介を受けるのが適切な方法でしょう。

　次にどの程度の報酬を支払うべきかというところですが、参考までに人事院の「給与実態調査」から、職種別の報酬一覧表を掲げます。

■職種別、年齢階層別平均給与額

企業規模	計

職種	年齢階層	平成26年4月分平均支給額			
		きまって支給する給与(A)	うち時間外手当(B)	(A-B)	うち通勤手当
		歳以上 歳未満	円	円	円	円
病院長	~20		—	—	—	—
	20~24		—	—	—	—
	24~28		—	—	—	—
	28~32		—	—	—	—
	32~36		—	—	—	—
	36~40		—	—	—	—
	40~44		x	x	x	x
	44~48		x	x	x	x
	48~52	*	2,177,765	91,633	2,086,132	2,329
	52~56		2,430,423	52,176	2,378,247	3,009
	56~	※	1,648,476	67,218	1,581,258	14,698
	計 (62.0歳)		1,709,205	66,551	1,642,654	13,406
副院長	~20		—	—	—	—
	20~24		—	—	—	—
	24~28		—	—	—	—
	28~32		—	—	—	—
	32~36		—	—	—	—
	36~40		x	x	x	x
	40~44	*	1,559,870	171,245	1,388,625	4,313
	44~48	*	1,621,921	248,412	1,373,509	25,573
	48~52	*	1,414,224	96,705	1,317,519	11,800
	52~56	△	1,481,669	112,458	1,369,211	9,207
	56~	※	1,525,925	104,836	1,421,089	13,261
	計 (57.2歳)		1,510,777	114,184	1,396,593	12,820
医科長	~20		—	—	—	—
	20~24		—	—	—	—
	24~28		—	—	—	—
	28~32		x	x	x	x
	32~36	*	1,155,209	7,128	1,148,081	9,570
	36~40		1,269,973	185,116	1,084,857	11,801
	40~44		1,330,698	185,799	1,144,899	9,722
	44~48	△	1,370,223	202,602	1,167,621	11,996
	48~52	◎	1,329,301	167,077	1,162,224	11,160
	52~56		1,306,664	129,606	1,177,058	26,948
	56~	▽	1,223,921	110,192	1,113,729	19,774
	計 (51.4歳)		1,298,957	151,771	1,147,186	16,670
医師	~20		—	—	—	—
	20~24		—	—	—	—
	24~28	*	803,278	143,146	660,132	3,982
	28~32		828,681	148,009	680,672	8,185
	32~36	△	911,016	183,955	727,061	15,749
	36~40	◎	856,584	134,420	722,164	30,780
	40~44		1,046,586	139,779	906,807	24,772
	44~48		1,146,500	124,555	1,021,945	18,403
	48~52	▽	1,137,991	85,453	1,052,538	22,463
	52~56		1,249,521	127,695	1,121,826	14,573
	56~		1,216,411	45,429	1,170,982	17,279
	計 (42.3歳)		1,005,053	129,026	876,027	19,802

職種	年齢階層	平成26年4月分平均支給額			
		きまって支給する給与(A)	うち時間外手当(B)	(A-B)	うち通勤手当
		歳以上 歳未満	円	円	円	円
歯科医師	~20		—	—	—	—
	20~24		—	—	—	—
	24~28		—	—	—	—
	28~32	*	547,180	14,261	532,919	14,140
	32~36	△ *	723,538	36,696	686,842	21,655
	36~40	◎ *	797,048	15,444	781,604	6,364
	40~44	▽ *	696,401	23,155	673,246	28,029
	44~48		x	x	x	x
	48~52	*	1,043,989	26,572	1,017,417	6,629
	52~56	*	401,256	0	401,256	11,273
	56~	*	805,375	1,211	804,164	12,205
	計 (39.3歳)		752,943	24,469	728,474	15,158
薬局長	~20		—	—	—	—
	20~24		—	—	—	—
	24~28		—	—	—	—
	28~32	*	510,139	105,889	404,250	11,835
	32~36	*	424,078	32,106	391,972	7,683
	36~40	*	419,699	37,066	382,633	8,172
	40~44	△	460,164	47,833	412,331	11,779
	44~48		478,930	29,407	449,523	17,115
	48~52	◎	478,996	36,583	442,413	11,626
	52~56		485,936	10,868	475,068	12,385
	56~		557,706	16,822	540,884	14,423
	計 (49.9歳)		493,790	26,873	466,917	12,820
薬剤師	~20		—	—	—	—
	20~24		—	—	—	—
	24~28		310,252	32,298	277,954	23,444
	28~32		330,930	41,555	289,375	15,477
	32~36	◎	361,564	45,499	316,065	10,593
	36~40		409,303	48,749	360,554	18,988
	40~44		410,902	37,137	373,765	17,758
	44~48		415,267	34,501	380,726	12,997
	48~52		438,759	35,628	403,131	15,782
	52~56		432,286	28,429	403,857	6,679
	56~		439,713	20,757	418,956	20,260
	計 (36.1歳)		366,414	38,177	328,237	16,897
診療放射線技師	~20		—	—	—	—
	20~24		276,629	24,053	252,576	20,871
	24~28		302,004	41,486	260,518	12,690
	28~32	△	319,461	39,461	280,000	13,552
	32~36		339,914	38,288	301,626	10,239
	36~40	◎	362,071	39,945	322,126	9,384
	40~44		420,803	54,180	366,623	17,621
	44~48		460,061	57,079	402,982	16,352
	48~52		474,853	44,434	430,419	12,962
	52~56		524,976	65,006	459,970	23,399
	56~		506,203	40,691	465,512	13,511
	計 (39.3歳)		391,174	45,108	346,066	14,035

(出典:人事院「職種別民間給与実態調査」)

第6章 開業準備と手続き

■職種別、年齢階層別平均給与額

企業規模		計			

職種	年齢階層		平成26年4月分平均支給額			
			きまって支給する給与（A）	うち時間外手当（B）	（A－B）	うち通勤手当
臨床検査技師	歳以上 歳未満		円	円	円	円
	～20		―	―	―	―
	20～24		238,015	20,297	217,718	9,420
	24～28		265,201	28,306	236,895	10,272
	28～32		286,611	27,275	259,336	12,441
	32～36		301,036	24,458	276,578	11,038
	36～40	◎	321,790	26,788	295,002	9,622
	40～44		365,158	34,972	330,186	12,667
	44～48		386,702	35,106	351,596	13,602
	48～52	▽	431,690	44,180	387,510	18,620
	52～56		441,641	46,742	394,899	13,143
	56～		458,212	43,002	415,210	9,713
	計 (40.4歳)		351,663	33,454	318,209	12,187
栄養士	歳以上 歳未満		円	円	円	円
	～20		―	―	―	―
	20～24		205,427	10,707	194,720	9,064
	24～28		228,949	16,155	212,794	11,377
	28～32	△	242,568	13,851	228,717	9,725
	32～36	◎	248,729	11,940	236,789	10,826
	36～40		280,464	14,054	266,422	11,867
	40～44		284,915	14,976	269,939	10,203
	44～48		327,794	15,180	312,614	11,059
	48～52		356,050	19,936	336,114	12,631
	52～56		365,180	18,393	346,787	15,771
	56～		388,877	25,570	363,307	12,571
	計 (36.4歳)		272,913	15,313	257,600	11,142
理学療法士	歳以上 歳未満		円	円	円	円
	～20		―	―	―	―
	20～24		251,813	10,092	241,721	14,704
	24～28	△	262,845	13,803	249,042	10,228
	28～32		288,900	14,890	274,010	10,987
	32～36	▽	308,683	14,923	293,760	13,664
	36～40		331,135	13,583	317,552	12,061
	40～44		342,353	13,712	328,641	12,261
	44～48		399,640	16,813	382,827	12,931
	48～52		461,062	11,513	449,549	9,115
	52～56		426,466	10,975	415,491	15,415
	56～		481,747	13,412	468,335	13,366
	計 (31.7歳)		298,389	13,980	284,409	11,644
作業療法士	歳以上 歳未満		円	円	円	円
	～20		―	―	―	―
	20～24		249,752	8,767	240,985	10,314
	24～28	△	257,902	10,098	247,804	7,628
	28～32	◎	275,727	9,509	266,218	10,474
	32～36	▽	301,729	10,032	291,697	10,195
	36～40		315,966	8,358	307,608	10,767
	40～44		316,904	9,386	307,518	9,380
	44～48		365,231	10,636	354,595	9,074
	48～52		382,371	8,442	373,929	19,946
	52～56	＊	388,011	2,547	385,464	12,411
	56～	＊	411,621	0	411,621	7,500
	計 (31.4歳)		284,895	9,530	275,365	9,673

職種	年齢階層		平成26年4月分平均支給額			
			きまって支給する給与（A）	うち時間外手当（B）	（A－B）	うち通勤手当
総看護師長	歳以上 歳未満		円	円	円	円
	～20		―	―	―	―
	20～24		―	―	―	―
	24～28		―	―	―	―
	28～32		―	―	―	―
	32～36		―	―	―	―
	36～40		―	―	―	―
	40～44	＊	467,566	39,515	428,051	15,297
	44～48		505,865	4,461	501,404	12,941
	48～52		482,419	14,238	468,181	7,854
	52～56	◎	528,809	5,767	523,042	10,156
	56～	▽	528,723	5,670	523,053	10,352
	計 (54.9歳)		517,250	8,168	509,082	10,315
看護師長	歳以上 歳未満		円	円	円	円
	～20		―	―	―	―
	20～24		―	―	―	―
	24～28	＊	312,101	46,532	265,569	9,461
	28～32		370,018	68,378	301,640	16,699
	32～36		384,638	48,446	336,192	14,111
	36～40		389,432	37,865	351,567	12,362
	40～44	△	406,556	31,295	375,261	10,729
	44～48	◎	431,743	30,280	401,463	9,157
	48～52		437,432	28,311	409,121	11,591
	52～56		444,772	28,118	416,654	9,938
	56～		446,205	27,279	418,926	11,341
	計 (47.5歳)		425,038	31,496	393,542	10,969
看護師	歳以上 歳未満		円	円	円	円
	～20		―	―	―	―
	20～24		294,586	40,352	254,234	13,010
	24～28		323,643	49,316	274,327	13,477
	28～32		336,302	45,617	289,785	14,041
	32～36	◎	347,427	43,633	303,794	10,273
	36～40		359,221	41,864	317,357	9,760
	40～44	▽	360,577	40,234	320,343	8,728
	44～48		379,915	43,522	336,393	11,541
	48～52		380,699	40,813	339,886	9,592
	52～56		383,896	36,327	347,569	8,216
	56～		381,135	34,721	346,414	8,269
	計 (36.9歳)		350,084	43,272	306,812	11,158
准看護師	歳以上 歳未満		円	円	円	円
	～20		x	x	x	x
	20～24		235,974	29,532	206,442	5,831
	24～28		251,809	37,934	213,875	6,922
	28～32		267,011	37,071	229,940	8,083
	32～36		274,996	32,429	242,567	8,919
	36～40		283,342	38,023	245,319	8,233
	40～44		292,667	37,542	255,125	7,661
	44～48	◎	301,656	37,239	264,417	7,718
	48～52		317,045	38,156	278,889	7,281
	52～56		324,814	36,902	287,912	7,839
	56～		324,962	32,980	291,982	7,541
	計 (45.4歳)		300,489	36,176	264,313	7,739

（出典：人事院「職種別民間給与実態調査」）

Q6-9　病医院開業時の届出

■この度病院を開業することとなったのですが、関係機関への届出手続きがいろいろ必要と聞いています。どのような手続きがあるのでしょうか。

　　　病医院を開設した場合には、①医療法、②労働基準法、③所得税法などに定められた各種の届出書類の提出が必要となります。

届出の必要な関係先はおおむね次のとおりです。
① 　都道府県知事（保健所への提出を含みます）
② 　労働基準監督署・社会保険事務所
③ 　税務署・都道府県税事務所・市役所
④ 　医師会

開業当初は何かと気ぜわしく、届出の事務処理が遅れたり、漏れたりしやすいものです。

開業時の届出書類は数も多く、期日が決まっているものもありますので、あらかじめ届出先ごとに提出資料の一覧表を用意しておき、提出管理をしていくと便利でしょう。

Q6-10　都道府県知事への届出

■病医院開業に伴い都道府県知事へいろいろな届出が必要と聞いていますが、どのような手続きをとればよいのでしょうか。

　　　病医院を開設した場合には、都道府県知事へ各種の届出手続きが必要となります。主要な許可・届出項目は以下のとおりで

す。

項目	対象	申請者	許可・届出	根拠条文
開設	病院	開設者	許可	法7① 規1の14①
	非医師の開設する診療所	〃	〃	〃
	医師の開設する診療所	〃	届出	法8 規4
構造設備の使用	病院、有床診療所	〃	許可	法27
開設者自身の管理免除	医師の開設する病院、診療所	〃	〃	法12①ただし書 規8
管理者兼任	2か所以上の診療所を管理するとき	〃	〃	法12② 規9
開設の許可を受けたものの開設届	病院、診療所	〃	届出	令4の2① 規3
専属薬剤師設置免除	病院、診療所	〃	許可	法18ただし書 規7
療養型病床群の開設	診療所	〃	〃	法7③
病院における医師の宿直免除	病院	管理者	〃	法16ただし書

（注）根拠条文の「法」は医療法、「令」は同施行令、「規」は同施行規則の略です。

Q6-11　病院開設の許可手続き

■病院を開設するための許可を受けるには、どのような手続きをすればよいのでしょうか。

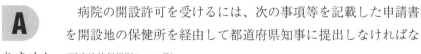
病院の開設許可を受けるには、次の事項等を記載した申請書を開設地の保健所を経由して都道府県知事に提出しなければなりません。（医療法施行規則1の14①）

① 開設者の住所及び氏名

② 名称
③ 開設の場所
④ 診療を行おうとする科目
⑤ 開設者が臨床研修等修了医師又は臨床研修等修了歯科医師以外の者であるときは開設の目的及び維持の方法
⑥ 開設者が臨床研修等修了医師又は臨床研修等修了歯科医師であって現に病院若しくは診療所を開設若しくは管理し、又は病院若しくは診療所に勤務するものであるときはその旨
⑦ 開設者が臨床研修等修了医師又は臨床研修等修了歯科医師であって、同時に2以上の病院又は診療所を開設しようとするものであるときはその旨
⑧ 医師、歯科医師、薬剤師、看護師その他の従業者の定員
⑨ 敷地の面積及び平面図
⑩ 敷地周囲の見取図
⑪ 建物の構造概要及び平面図
⑫ 施設の構造設備の概要
⑬ 病院又は病室のある診療所については、病床数及び病床の種別ごとの病床数並びに各病室の病床数
⑭ 開設者が法人であるときは、定款、寄附行為又は条例
⑮ 開設の予定年月

　開設許可を受けた後は、病院開設後10日以内に開設年月日、管理者の住所及び氏名、診療に従事する医師若しくは歯科医師の氏名、担当診療科名、診療日及び診療時間など所要の事項を記載した開設届を提出することになります。(医療法施行令4の2①、医療法施行規則3)

　参考として、大阪府の場合の「病院開設許可申請書」は次ページのようになっています。

(様式1)

病院開設許可申請書

平成　年　月　日

大 阪 府 知 事　　　　　　様

　　　　　　　　　　所 在 地　（〒　　－　　　）

　　　　　　　　　　法 人 名
　　　　　　　　　　代 表 者　　　　　　　　　　　　　㊞
　　　　　　　　　　電　話　　　　（　　）
　　　　　　　　　　F A X　　　　（　　）
　　　　　　　　　　E-mail

> 法人代表者は、職・氏名を記入の上、押印のこと。
> 個人の場合は、開設者の住所、氏名を記載の上、実印を押印のこと

　下記のとおり、病院を開設したいので、医療法第7条第1項及び同法施行規則第1条の14第1項の規定により申請します。

保 健 所 受 付 印	府保健所手数料収納済印	医事看護課受付印

※入力済

提出部数：3部

（様式１）

1	開設者の住所　氏　　名	（法人の場合は、主たる事務所の所在地及びその名称を記入すること。また、開設者が医師又は歯科医師である場合はその旨を記入し、免許証の写及び履歴書を添付 すること。）		
2	ふりがな			
	病　院　名			
3	開設の場所	郵便番号	〒　　　－	
		所　在　地		
		電　　　話	（　　　）	
		Ｆ　Ａ　Ｘ	（　　　）	
		e-mail	@	
4	診療を行おうとする科目　（※欄外「注１～４」参照）			
5	開設者が医師又は歯科医師以外の者であるときは開設の目的及び維持の方法	開設の目的		
		維持の方法		
6	開設者が医師又は歯科医師であって現に病院若しくは診療所を開設若しくは管理し又は病院若しくは診療所に勤務するものであるときはその旨　（該当するものの□を☑にすること）	(1)　（□病院・□診療所）を（□開設・□管理）している。		
		(2)　（□病院・□診療所）に勤務している。		
		(3)　上記（□病院・□診療所）の名称・所在地		
		ふりがな		
		名　　称		
		所在地	電話　（　　　）	
		(4)　本申請にかかる病院開設時にも上記の状況を継続するのか。		
		継続する	その理由：	
		継続しない	その方法：	

注１　医療法施行令第３条の２に規定されている診療科名であること。
　２　医療法第６条の６第１項による厚生労働大臣の許可を受けた診療科名とは、「麻酔科」である。
　３　麻酔科を標榜する場合は、「麻酔科標榜許可書」の写し（保健所で原本照合済みのもの）を添付すること。
　４　診療科名に「・」を使用している場合は、診療科名を区切る際は「，」を使用し、「・」は使用しないこと。

提出部数：３部

（様式１）

7	開設者が医師又は歯科医師であって、同時に２以上の病院又は診療所を開設しようとするものであるときはその旨	ふりがな						
		名　　称						
		所 在 地	電　話　　　（　　　）					
		理　　由						
8	医師・歯科医師・薬剤師・看護師・その他の従業者の定員等 （※標準数の定めのないものについては定員のみ）			定員	標準数		定員	標準数
		医　　　師				衛生検査技師		―
		歯 科 医 師				歯科衛生士		―
		薬　剤　師				歯科技工士		―
		栄　養　士				理学療法士		―
		看　護　師				作業療法士		―
		准 看 護 師				視能訓練士		―
		助　産　師				義肢装具士		―
		看 護 補 助 者				言語聴覚士		―
		保　健　師		―		精神保健福祉士		―
		臨床工学技士		―		柔道整復師		―
		診療放射線技師		―		あん摩ﾏｯｻｰｼﾞ指圧師		―
		診療ｴｯｸｽ線技師		―		そ　の　他		
		臨床検査技師		―		計		
		標準員数算定表	別紙１のとおり					
9	敷地の面積及び平面図	面　　積	㎡					
		平　面　図	別添第１図のとおり					
10	敷地周囲の見取図	交通機関	線　　　　駅下車　　　分					
		敷地条件	用途地域の種類					
			防火地域の種類					
		見取図	別添第２図のとおり					
11	建物の構造概要及び平面図	面　　積	建築面積	㎡	建物延床面積	㎡		
		建物の構造概要	別紙２のとおり （※建物配置図が添付されていること。）					
		平面図	別添第３図のとおり（各室の用途を明示すること。なお、療養病床に係る病室、精神病室、感染症病室、結核病室がある場合はこれを明示すること。） エックス線装置に係る申請の場合は、上記図面に加えて管理区域を明示した隣接部の平面図（上下階含む）、使用室の詳細図（平面図、断面図）を添付すること。					

提出部数：３部

(様式1)

12 法定施設等の構造設備の概要	診察室	□有・□無	臨床検査施設	□有・□無 (外部委託 □有 □無)
	処置室	□有・□無	給食施設	□有・□無 (外部委託 □有 □無)
	手術室	□有・□無	消毒施設	□有・□無 (外部委託 □有 □無)
(該当するものの□を☑にすること)	エックス線装置	□有・□無	洗濯施設	□有・□無 (外部委託 □有 □無)
	調剤所	□有・□無	高エネルギー放射線発生装置	□有・□無
	分娩室	□有・□無	放射線照射装置	□有・□無
	新生児入浴施設	□有・□無	放射線照射器具	□有・□無
	機能訓練室	□有・□無	放射性同位元素装備診療機器	□有・□無
	食堂	□有・□無	放射性同位元素	□有・□無
	浴室	□有・□無	別紙3のとおり	
	談話室	□有・□無		

13 歯科医業を行う病院であって歯科技工室を設けようとするときは、その構造概要	□有 □無 (該当するものの□を☑にすること)	別紙3のとおり				
14 病床数及び病床種別ごとの病床数	病床種別ごとの病床数	一般	療養	精神	結核	感染症	計
		床	床	床	床	床	床
	各病室の病床数	別紙4のとおり					
15 開設者が法人であるとき	定款、寄附行為又は条例を添付すること。(開設者において原本照合済みのもの)						
16 開設予定年月日	平成　年　月　日						
17 規則第1条の14 第2項の規定に該当する病院にあっては汚水排水に関する事項	別紙5のとおり						
18 予定する管理者 (臨床研修修了登録証の写し、免許証の写し及び履歴書を添付)	住所						
	氏名						

提出部数：3部

Q6-12 診療所開設の届出

■私は近々診療所を開設したいのですが、病院の場合と同じように都道府県知事の許可が必要なのでしょうか。

A 医師又は歯科医師が診療所を開設する場合は、都道府県知事への許可申請は必要ありません。この場合は、「診療所開設届出書」を提出するだけです。その記載事項や添付書類は病院の開設許可申請とほとんど同じです。

なお、診療所に病床を設ける場合は、診療所の所在地の都道府県知事の許可が必要となります。(医療法7③)

大阪府の場合の「診療所開設届出書(医師開設)」は次ページのようになっています。

様式1

診療所開設届出書（医師開設）

平成　年　月　日

保健所長　様

開設者住所 ....
氏名 ....
....㊞

下記のとおり、診療所を開設しましたので、医療法第8条及び同法施行規則第4条の規定により届出します。

1. 開設者の住所・氏名 （臨床研修修了登録証の写、又は臨床研修修了登録証の写及び再教育研修修了登録証の写の添付）	住　所	
	氏　名	
	電　話	（　　）
2. 診療所の名称	(フリガナ)	
3. 開設の場所	開設場所	〒
	電　話	（　）　　FAX　（　）
4. 開設年月日	平成　年　月　日	
5. 診療科目		
6. 開設者が他に開設、管理又は勤務する病院、診療所	他に開設している病院、診療所の開設場所、名称	開設場所
		名　称
	他に管理している病院、診療所の開設場所、名称	開設場所
		名　称
	他に勤務している病院、診療所の開設場所、名称（同意書）	開設場所
		名　称

※保健所受付印

提出部数　1部

様式1

7. 同時に2以上の病院又は診療所を開設する場合その旨	開設場所	
	名　称	

8. 管　理　者 （免許証の写・臨床研修了登録証の写、又は臨床研修了登録証の写及び再教育研修了登録証の写・履歴書を添付）	自宅住所	電話：　　　（　　　）
	氏　名	

9. 外来診療日・診療時間	外来診療日 月 火 水 木 金 土 日	外来診療時間 ：　〜　： ：　〜　： ：　〜　：	休　診　日

10. 従業員の定員	医　師 名	歯科医師 名	薬剤師 名	看護師 名	看護補助 名	その他 名	計 名

11. 診療に従事する医師・歯科医師 （免許証の写・履歴書添付）	従事医師名	診療科目	診療日 月 火 水 木 金 土 日	診療時間 〜 〜 〜 〜 〜 〜 〜 〜 〜

12. 敷地面積	㎡
	別添敷地平面図1のとおり
13. 周囲の見取図	別添見取図2のとおり
14. 建物の構造概要及び平面図	建物延床面積　　　　　　　　　　㎡
	うち診療所面積　　　　　　　　　㎡
	構　造　種　別　　　　　　　　　造（　　階建）
	平　面　図　　別添平面図3のとおり
15. 病室数及び病床数	病室数　　　　　　　　　　　　　室
	病床数　　　　　　　　　　床　療養病床　　　　床

提出部数　1部

様式1

16. 歯科技工室の概要	施設の有無	有 ・ 無	技　工　台	有・無
	構造種別	造	モデルトリマー	有・無
	床 面 積	㎡	レジン重合器	有・無
			鋳　造　器	有・無
	床　　張	張	技工用エンジン	有・無
17. 薬剤師の氏名				

【添付書類】
1　開設者の医師免許証の写（原本持参）
2　開設者の臨床研修修了登録証の写、又は
　　臨床研修修了登録証の写及び再教育研修修了登録証の写（原本持参）
3　開設者の履歴書
4　管理者の医師免許証の写（原本持参）
5　管理者の臨床研修修了登録証の写、又は
　　臨床研修修了登録証の写及び再教育研修修了登録証の写（原本持参）
6　管理者の履歴書
7　従事医師の医師免許証の写（原本持参）
8　従事医師の履歴書
9　敷地平面図
１０　周囲の見取図
１１　建物平面図

※臨床研修修了登録証の写は、平成16年4月1日以後に医師免許を受けた者又は平成18年4月
　1日以後に歯科医師免許を受けた者について添付が必要

提出部数　1部

Q6-13 労働基準監督署等への届出

■病医院を開設した場合に、労働基準監督署や公共職業安定所への届出手続きが必要と聞きましたが、どのような届出書類が必要なのでしょうか。

A 病医院を開設し、従業員を採用した場合には、労働基準監督署・公共職業安定所及び社会保険事務所へ、次の届出手続きをしなければなりません。

1　適用事業報告書

　従業員を雇用した場合は、労働基準法の適用を受けることとなります。したがって従業員雇用後遅滞なくこの届出をしなければなりません。

2　就業規則届

　常時10人以上の労働者を使用する場合は、就業規則を作成し、届け出ることになっています。

　なお、届出には従業員代表の意見書の添付が必要です。

3　保険関係成立届

　労働保険とは、労災保険と雇用保険のことです。労働保険は強制加入となっており、この届出書は保険関係成立後10日以内に労働基準監督署又は公共職業安定所へ提出しなければなりません。

　また、保険関係が成立した日から50日以内に「労働保険概算保険料申告書」を提出して、保険料を納めることとなります。

4　その他

　病医院開設時等に必要な手続きの一覧表を次に掲げておきます。提出期限には十分留意してください。

なにを	いつ	どこへ	いつまでに
適用事業報告	従業員を使用するとき	労働基準監督署	遅滞なく
就業規則届	常時10人以上の従業員を使用するとき	労働基準監督署	遅滞なく
労働保険の保険関係成立届	保険関係の成立したとき	労働基準監督署又は公共職業安定所	保険関係が成立した日の翌日から10日以内
雇用保険適用事業所設置届	従業員を雇用したとき	公共職業安定所	設置の日の翌日から10日以内
健康保険・厚生年金保険新規適用届	常時5人以上の従業員を使用するとき	年金事務所	事実発生から5日以内
健康保険・厚生年金保険被保険者資格取得届	従業員を採用したとき	年金事務所	従業員を採用してから5日以内
雇用保険被保険者資格取得届	従業員を採用したとき	公共職業安定所	採用した日の翌月の10日まで

　また、近年においては各種申請手続きをインターネットを通じて行うことも可能となっています。参考までにそのURLも掲げておきます。

　電子政府の総合窓口（e-Gov）：http://www.e-gov.go.jp/

Q6-14　税務署への届出

■開業した場合は、税務署に開業届などを提出しなければならないそうですが、どのような手続きが必要なのでしょうか。

　　　　　病医院を開業した場合には、次の書類を税務署に提出しなければなりません。

1　個人事業の開廃業等の届出書

開業の日から1か月以内に所轄税務署に提出します。

2　給与支払事務所等の開設届出書

給与の支払いを開始した日から1か月以内に提出します。

3　所得税の棚卸資産の評価方法、減価償却資産の償却方法の届出書

棚卸資産の評価方法について最終仕入原価法以外の方法を選択する場合、又は減価償却資産の償却方法について法定償却方法以外を選択する場合には、この書類を開業した年の翌年の3月15日（申告期日）までに提出しなければなりません（ただし平成10年4月1日以後に取得した建物については定額法しか選択できません）。

4　源泉所得税の納期の特例の承認に関する申請書

給与などから源泉徴収した所得税等は、原則として給与などを実際に支払った月の翌月10日までに納付しなければなりませんが、従業員が常時9人以下の場合は、その源泉所得税を半年分とりまとめて、7月と翌年1月の年2回にまとめて納付することができます。この書類は、この特例を採用する場合に提出します。

5　所得税の青色申告承認申請書

税法上、恩恵のある青色申告を選択する場合、開業後2か月以内に提出します。

6　青色専従者給与に関する届出書

青色申告で、かつ家族専従者に給与を支給する場合に提出します。この届出書を提出することによって、その専従者に支給した給与が適正な金額である限り全額必要経費と認められます。

それぞれについて参考までに届出様式を掲げておきます。

		1 0 4 0

個人事業の開業・廃業等届出書

_____税務署長

_____年_____月_____日提出

納 税 地	住所地・居所地・事業所等（該当するものを○で囲んでください。） （TEL　－　－　）
上記以外の 住 所 地・ 事業所等	納税地以外に住所地・事業所等がある場合は書いてください。 （TEL　－　－　）

フリガナ 氏　　　名	㊞	男・女	生年月日	大正 昭和 平成	年　月　日生
職　　　業		フリガナ 屋　号			

個人事業の開業・廃業等について次のとおり届けます。

届 出 の 区 分 (該当する文字を ○で囲んでくだ さい。)	開業（事業の引継ぎを受けた場合は、受けた先の住所・氏名を書いてください。） 　住所_____　氏名_____ 事務所・事業所の（新設・増設・移転・廃止） 廃業（事由　　　　　　　　　　　　　　　　　　　　　　　　　　） （事業の引継ぎ（譲渡）による場合は、引き継いだ（譲渡した）先の住所・氏名を書いてください。） 　住所_____　氏名_____
開業・廃業等日	開業や廃業、事務所・事業所の新増設等のあった日　平成　　年　　月　　日
事業所等を 新増設、移転、 廃止した場合	新増設、移転後の所在地　　　　　　　　　　　（電話） 移転・廃止前の所在地
廃業の事由が法 人の設立に伴う ものである場合	設立法人名　　　　　　　　　　　　代表者名 法人納税地　　　　　　　　　　　　設立登記　平成　　年　　月　　日
開業・廃業に伴 う届出書の提 出の有無	「青色申告承認申請書」又は「青色申告の取りやめ届出書」　　　有・無 消費税に関する「課税事業者選択届出書」又は「事業廃止届出書」　有・無
事 業 の 概 要 (できるだけ具体 的に書いてくだ さい。)	

給与等 の支払 の状況	区　分	従事員数	給与の定め方	税額の有無	その他参考事項
	専従者	人		有・無	
	使用人			有・無	
	計			有・無	

源泉所得税の納期の特例の承認に関する申請書の 提出の有無	有・無	給与支払を開始する年月日　平成　　年　　月　　日

関与税理士 （TEL　－　－　）	税務署整理欄	整理番号		関係部門 連絡	A	B	C	D	E
				源泉 用紙交付	通信日付印の年月日 　　年　　月　　日			確認印	

第6章 開業準備と手続き

給与支払事務所等の開設・移転・廃止届出書

※整理番号

税務署受付印

平成　年　月　日

　　税務署長殿

所得税法第230条の規定により次のとおり届け出ます。

事務所開設者	(フリガナ)	
	氏名又は名称	
	住所又は本店所在地	〒 電話（　　）　－
	(フリガナ)	
	代表者氏名	㊞

(注)　「住所又は本店所在地」欄については、個人の方については申告所得税の納税地、法人については本店所在地を記載してください。

開設・移転・廃止年月日	平成　年　月　日	給与支払を開始する年月日	平成　年　月　日

○届出の内容及び理由
（該当する事項のチェック欄□に✓印を付してください。）

「給与支払事務所等について」欄の記載事項

		開設・異動前	異動後
開設	□ 開業又は法人の設立 □ 上記以外 ※本店所在地等とは別の所在地に支店等を開設した場合	開設した支店等の所在地	
移転	□ 所在地の移転	移転前の所在地	移転後の所在地
	□ 既存の給与支払事務所等への引継ぎ (理由) □ 法人の合併　□ 法人の分割　□ 支店等の閉鎖 　　　　□ その他	引継ぎをする前の給与支払事務所等	引継先の給与支払事務所等
廃止	□ 廃業又は清算結了　□ 休業		
その他（　　　　　　　　　　　　　）		異動前の事項	異動後の事項

○給与支払事務所等について

	開設・異動前	異動後
(フリガナ) 氏名又は名称		
住所又は所在地	〒 電話（　　）　－	〒 電話（　　）　－
(フリガナ) 責任者氏名		

従事員数	役員　　人	従業員　　人	（　　）　人	（　　）　人	（　　）　人	計　　人

（その他参考事項）

税理士署名押印　　　　　　　　　　　　　　　　　　　　　　　　　　㊞

※税務署処理欄	部門	決算期	業種番号	入力	名簿等	用紙交付	通信日付印	年月日	確認印

（規格A4）

23.12改正

（源0301）

| | | | | | | | | 1 | 1 | 6 | 0 |

所得税の 棚卸資産の評価方法 / 減価償却資産の償却方法 の届出書

_____ 税務署長

____年____月____日提出

納 税 地	住所地・居所地・事業所等（該当するものを○で囲んでください。）
	(TEL － －)
上記以外の住所地・事業所等	納税地以外に住所地・事業所等がある場合は記載します。
	(TEL － －)

フリガナ 氏　名		㊞	生年月日	大正 昭和 平成　年　月　日生
職　業		屋号 フリガナ		

棚卸資産の評価方法 / 減価償却資産の償却方法 については、次によることとしたので届けます。

1　棚卸資産の評価方法

事業の種類	棚卸資産の区分	評価方法

2　減価償却資産の償却方法

	減価償却資産の種類 設備の種類	構造又は用途、細目	償却方法
(1) 平成19年3月31日以前に取得した減価償却資産			
(2) 平成19年4月1日以後に取得した減価償却資産			

3　その他参考事項

(1) 上記2で「減価償却資産の種類・設備の種類」欄が「建物」の場合

　　建物の取得年月日　昭和／平成____年____月____日

(2) その他

関与税理士	税務署整理欄	整理番号	関係部門連絡	A	B	C	D	E
(TEL － －)								
				通信日付印の年月日			確認印	
				年　月　日				

源泉所得税の納期の特例の承認に関する申請書

※整理番号	

税務署受付印

平成　　年　　月　　日

　　　　　税務署長殿

（フリガナ）	
氏名又は名称	
住所又は本店の所在地	〒　　　　　電話　　－　　－
（フリガナ)	
代表者氏名	㊞

次の給与支払事務所等につき、所得税法第216条の規定による源泉所得税の納期の特例についての承認を申請します。

給与支払事務所等に関する事項	給与支払事務所等の所在地 ※　申請者の住所(居所)又は本店(主たる事務所)の所在地と給与支払事務所等の所在地とが異なる場合に記載してください。	〒　　　　　　電話　　－　　－		
	申請の日前6か月間の各月末の給与の支払を受ける者の人員及び各月の支給金額 〔外書は、臨時雇用者に係るもの〕	月区分	支給人員	支給額
		年　月	外　　　　人	外　　　　円
		年　月	外　　　　人	外　　　　円
		年　月	外　　　　人	外　　　　円
		年　月	外　　　　人	外　　　　円
		年　月	外　　　　人	外　　　　円
	1　現に国税の滞納があり又は最近において著しい納付遅延の事実がある場合で、それがやむを得ない理由によるものであるときは、その理由の詳細 2　申請の日前1年以内に納期の特例の承認を取り消されたことがある場合には、その年月日			

税理士署名押印	㊞

※税務署処理欄	部門	決算期	業種番号	入力	名簿	通信日付印	年月日	確認印

24.12 改正

（源1401－1）

		1 0 9 0

税務署受付印

所得税の青色申告承認申請書

_____ 税務署長

____年____月____日提出

納 税 地	住所地・居所地・事業所等（該当するものを○で囲んでください。）
	（TEL － － ）
上記以外の住所地・事業所等	納税地以外に住所地・事業所等がある場合は書いてください。
	（TEL － － ）
フリガナ 氏 名	㊞	生年月日	大正・昭和・平成 ___年___月___日生
職 業		フリガナ 屋 号	

平成____年分以後の所得税の申告は、青色申告書によりたいので申請します。

1　事業所又は所得の基因となる資産の名称及びその所在地（事業所又は資産の異なるごとに書いてください。）

　　名称_____　　　　所在地_____
　　名称_____　　　　所在地_____

2　所得の種類（該当する事項を○で囲んでください。）

　　事業所得　・　不動産所得　・　山林所得

3　いままでに青色申告承認の取消しを受けたこと又は取りやめをしたことの有無

　(1)　有（取消し・取りやめ）　____年____月____日　　(2)　無

4　本年1月16日以後新たに業務を開始した場合、その開始した年月日　　____年____月____日

5　相続による事業承継の有無

　(1)　有　相続開始年月日　____年____月____日　　被相続人の氏名_____　　(2)　無

6　その他参考事項

　(1)　簿記方式（青色申告のための簿記の方法のうち、該当するものを○で囲んでください。）

　　　複式簿記・簡易簿記・その他（　　　　　　　　）

　(2)　備付帳簿名（青色申告のため備付ける帳簿名を○で囲んでください。）

　　　現金出納帳・売掛帳・買掛帳・経費帳・固定資産台帳・預金出納帳・手形記入帳
　　　債権債務記入帳・総勘定元帳・仕訳帳・入金伝票・出金伝票・振替伝票・現金式簡易帳簿・その他

　(3)　その他

関与税理士	税務署整理欄	整理番号	関係部門連絡	A	B	C	D	E
（TEL － － ）								
				通信日付印の年月日			確認印	
				年　月　日				

第6章 開業準備と手続き

青色事業専従者給与に関する届出書／変更届出書

| | | | 1 | 1 | 2 | 0 |

税務署受付印

＿＿＿＿＿＿＿＿税務署長

＿＿＿年＿＿月＿＿日提出

納税地	住所地・居所地・事業所等（該当するものを○で囲んでください。） （TEL － － ）
上記以外の住所地・事業所等	納税地以外に住所地・事業所等がある場合は書いてください。 （TEL － － ）
フリガナ 氏　名	㊞	生年月日	大正 昭和 平成　　年　月　日生
職　業		フリガナ 屋　号	

平成＿＿年＿＿月以後の青色事業専従者給与の支給に関しては次のとおり　定めた／変更することとした　ので届けます。

1 青色事業専従者給与（裏面の書きかたをお読みください。）

専従者の氏名	続柄	年齢 経験 年数	仕事の内容・従事の程度	資格等	給料		賞与		昇給の基準
					支給期	金額（月額）	支給期	支給の基準（金額）	
		歳 年				円			

2 その他参考事項（他の職業の併有等）

3 変更理由（変更届出書を提出する場合、その理由を具体的に書いてください。）

4 使用人の給与（この欄は、この届出（変更）書の提出日の現況で書いてください。）

使用人の氏名	性別	年齢 経験 年数	仕事の内容・従事の程度	資格等	給料		賞与		昇給の基準
					支給期	金額（月額）	支給期	支給の基準（金額）	
		歳 年				円			

※ 別に給与規程を定めているときは、その写しを添付してください。

関与税理士 （TEL － － ）	税務署整理欄	整理番号	関係部門連絡	A	B	C	D	E
							通信日付印の年月日 　　年　月　日	確認印

Q6-15 医師会への入会手続き

■医師会への入会手続きについて、説明してください。

A 医師会の組織は、地区単位、都道府県単位、日本医師会のそれぞれが独立した団体となって構成されています。ただし、日本医師会員は都道府県医師会員であり、かつ地区医師会員でなければなりません。まず、地区医師会への入会手続きを行い、順次都道府県医師会、日本医師会への入会手続きが進められます。

入会金、会費は地区により異なりますので、入会しようとする地区医師会に問い合わせるのがよいでしょう。

Q6-16 保険医療機関の指定

■保険医療機関の指定を受けるには、どのような手続きが必要でしょうか。

A 医業における収入は、保険診療収入と自由診療収入に区分されますが、大半は保険診療収入でしょう。この保険診療を行うためには、健康保険法に基づき、保険医療機関の指定を受けなければなりません。

申請手続きは「保険医療機関指定申請書」に必要事項を記入し、各種添付書類とともに厚生局事務所等に提出します。

提出後、申請内容確認の後、指定通知を受けることになります。

都道府県によっては、指定手続きの日程が定められていることがありますから、各都道府県の手続要領を把握して、適時に申請手続きを行うようにしてください。指定の申請手続きが遅れますと、その間保険診療ができないこととなりますから十分注意しましょう。

なお、参考までに保険医療機関指定申請書を掲げておきます。

保険医療機関 指定申請書
保険薬局

番号		
医療機関(薬局)コード		

		名称	
①	病院・診療所・薬局	所在地	
②	管理者・管理薬剤師	氏名	
③	診療科名		
④	開設者(法人の場合は、代表者)	保険医・保険薬剤師・その他	保険医又は保険薬剤師の登録の記号及び番号
		医師・歯科医師・薬剤師	保険医・歯科医師・保険薬剤師・その他
			保険医又は保険薬剤師の登録の記号及び番号
⑤	健康保険法第65条第3項第1号、第3号から第5号までのいずれか(指定欠格事由)に該当	有・無	該当する法律名
			内容
			該当年月日
			処分権者等
⑥	医療法第30条の11の規定による勧告	有・無	勧告年月日
⑦	指定に係る病床種別ごとの病床数等	床(うち、一般病床 床、療養病床 床、精神病床 床、結核病床 床、感染症病床 床)(特別の療養環境に係る病床 床(個室 床、2人室 床、3人室 床、4人室 床)	

上記のとおり申請します。
平成　年　月　日

開設者の氏名及び住所
(法人の場合は、名称、代表者の職・氏名及び主たる事務所の所在地)
　　　　　　　　　　　　　　　　　　　印

厚生局長　殿

Q6-17 広告の規制

■私は、この度郊外に病院を開設したのですが、看板の設置や開設案内書の送付などを考えています。病医院には広告の規制があると聞いていますが、どのようになっているのでしょうか。

病院は営利事業と異なり公益性が高いだけに、広告についても厳しい規制が設けられています。

医療法では、文章その他いかなる方法を問わず、広告できる事項とできない事項が次のとおり定められていますので、十分注意してください。(医療法6の5①、医療法施行規則1の9)

〈広告できる主な事項〉
① 医師又は歯科医師である旨
② 診療科名
③ 病院又は診療所の名称、電話番号及び所在の場所を表示する事項並びに病院又は診療所の管理者の氏名
④ 診療日若しくは診療時間又は予約による診療の実施の有無
⑤ 保険医療機関等の指定を受けた病医院である旨
⑥ 入院設備の有無、病床の種別ごとの数、医師、歯科医師、薬剤師、看護師その他の従業者の員数など
⑦ 当該病院又は診療所において診療に従事する医師、歯科医師、薬剤師、看護師その他の医療従事者の氏名、年齢、性別、役職、略歴など
⑧ 患者又はその家族からの医療に関する相談に応ずるための措置、医療の安全を確保するための措置、個人情報の適正な取扱いを確保するための措置その他の当該病院又は診療所の管理又は運営に関する事項
⑨ 紹介をすることができる他の病院若しくは診療所又はその他の保健医療サービス若しくは福祉サービスを提供する者の名称など

〈広告できない主な事項〉
① 他の病院、診療所又は助産所と比較して優良である旨
② 誇大な広告
③ 客観的事実であることを証明することができない内容
④ 公の秩序又は善良の風俗に反する内容

第7章 医療法人の設立・運営

Q7-1 「医療法人」とは

■診療所や病院・老人保健施設の運営主体が医療法人であるところがありますが、医療法人とはいったいどのようなものなのでしょうか。

A

1 法人の意味

法人というのは、人が集まり（社団法人）又は財産を基に（財団法人）成立したもので、個人と同じように土地を登記したり、預金をしたりすることができますし、税金を支払う義務も持っています。この法人というのは、法律の定めがないと設立できません。

医療法人というのは、医療法で定められた法人です。

2 法人の財産

法人は、個人とは別の人格を持っていますから、財産を拠出した理事長であっても法人の財産を自分の財産と同じように勝手に処分することはできません。

3 医療法人

医療事業は公益性の高い事業ですので、営利を目的とした病院等の開設はできないことになっています。（医療法7⑤）しかし、医療事業は収益性の高い事業でもあるので、慈善的な一部の医療機関以外は公益法人になることができません。このため、医療法において、医療法人という医療事業を目的とする特別な法人が設けられたのです。

4 医療法人の性格

医療法人は、準公益法人ともいわれています。利益を配当することが禁じられ（医療法54）、医療事業とその付随事業以外の事業が禁止されていますので、営利企業ではありません。

しかし、公益法人のように積極的な公益性は要求されていません。また、平成18年以前に設立された医療法人のなかには出資持分を有することができるものもあります。

Q7-2 医療法人制度の目的

■どのような目的で医療法人の制度ができたのですか。

A 昭和23年に医療法が制定されましたが、医療法人制度は昭和25年の医療法改正時に創設されました。

医療法人制度の創設の趣旨は、「私人による病院経営の経済的困難を、医療事業の経営主体に対し、法人格取得の途を拓き、資金集積の方途を容易に講ぜしめること等により、緩和せんとするもの」（昭和25年8月2日厚生省発医第98号厚生事務次官通達第一の1参照）とされています。すなわち、医療機関の経営主体に法人格取得を認めることで資金の調達を容易にし、設備投資などをスムーズに行うことができ、経営の永続性を付与することで地域の医療供給の安定が図れることなどを目的に創設されました。

Q7-3 医療法人設立認可の条件

■現在、個人で診療所を開設していますが、医療法人を設立したいと考えています。医療法人とするにはどのような条件がありますか。

A 医療法人は都道府県知事の認可により設立が認められます。（医療法44①）また、医療法人を設立するにあたっては、定款又は寄附行為によって、少なくとも以下の事項を定めなければなりません。（医療法44②）

① 目的
② 名称
③ その開設しようとする病院、診療所又は介護老人保健施設の名称及び開設場所

④　事務所の所在地
⑤　資産及び会計に関する規定
⑥　役員に関する規定
⑦　社団たる医療法人にあっては、社員総会及び社員たる資格の得喪に関する規定
⑧　財団たる医療法人にあっては、評議員会及び評議員に関する規定
⑨　解散に関する規定
⑩　定款又は寄附行為の変更に関する規定
⑪　公告の方法

　設立認可の審査においては、上記の定款又は寄附行為の内容の適法性が検討されます。

　また、医療法人設立に当たっての資産要件として、医療法第41条第1項に「医療法人は、その業務を行うに必要な資産を有しなければならない」とされ、具体的には医療法施行規則第30条の34において、「医療法人は、その開設する病院、診療所又は介護老人保健施設の業務を行うために必要な施設、設備又は資金を有しなければならない」とされています。すなわち、開設しようとする医療法人の運営が安定的に行える程度の資産を保有しておく必要があるということです。

Q7-4　医療法人の業務の制限

■医療法人には業務の制限があると聞きましたが、どのような制限ですか。また、当医療法人では余剰資金でアパート経営を行いたいと考えていますがどうでしょうか。

A　医療法人は病院、診療所又は介護老人施設の運営が主たる業務になります。ただし、これらの業務に支障がない限り、定款又は寄附行為の定めをおくことによって、次の業務を行うことができます。

（医療法42）
① 医療関係者の養成又は再教育
② 医学又は歯学に関する研究所の設置
③ 巡回診療所、医師若しくは歯科医師が常時勤務しない診療所などの開設
④ 疾病予防のために有酸素運動を行わせる施設であって、診療所が附置され、かつ、その職員、設備及び運営方法が厚生労働大臣の定める基準に適合するものの設置
⑤ 疾病予防のために温泉を利用させる施設であって、有酸素運動を行う場所を有し、かつ、その職員、設備及び運営方法が厚生労働大臣の定める基準に適合するものの設置
⑥ 薬局、サービス付き高齢者向け住宅の設置など保健衛生の向上を主たる目的として行われる業務
⑦ 社会福祉法に定められた事業のうち、ケアハウス、保育所など厚生労働大臣が定めるもの
⑧ 有料老人ホームの設置

また、開設する病院等の業務の一部、あるいは業務に付随して行われる以下のような事業については特段の定款又は寄附行為の定めがなくとも営むことができます。
① 病院等の建物内で行われる売店の運営
② 敷地内で行われる駐車場運営

ご質問の余剰資金を基にアパート経営を行うことは、上記のような病院などの運営に直接のかかわりがないため、できないことになります。

ただし、後述する社会医療法人においては、一定の範囲で収益事業を行うことができるため、本来の業務に支障がなく、その収益を本来業務の経営に充てることを目的として行うのであれば、アパート経営ができる可能性があります。

Q7-5 医療法人の種類

■現在、当医院は個人経営ですが、医療法人にしたいと考えています。医療法人には様々な種類があると聞いていますが、どのような種類がありますか。

A 医療法人の種類には設立形態の違いにより社団医療法人と財団医療法人の区分があり、医療法上の区分として持分の定めのある社団医療法人、持分の定めのない社団医療法人、一定の要件を満たした場合に認可される社会医療法人、租税特別措置法上の承認を受けた特定医療法人と様々な形態があります。

これらをまとめると以下の様になります。

設立形態	持分の有無	類型
社団医療法人	持分の定めあり	一般の持分の定めのある医療法人（注１）
社団医療法人	持分の定めなし	一般の持分の定めのない医療法人（注２）
社団医療法人	持分の定めなし	社会医療法人
社団医療法人	持分の定めなし	特定医療法人
財団医療法人	持分なし	一般の財団医療法人
財団医療法人	持分なし	社会医療法人
財団医療法人	持分なし	特定医療法人

（注１）持分の定めのある社団医療法人には、持分の払戻しについて出資額を限度とする法人とそれ以外の法人の分類があります。
（注２）持分の定めのない社団医療法人は、基金制度を採用しているものと基金制度を採用していないものの分類があります。

ただし、上記の持分の定めのある社団医療法人は、医療法改正により、平成19年４月１日以降は設立できなくなっていますので、医療法人設立に当たっては、社団法人にするか財団法人にするか、また、設立後においては、様々な税制上の特典等を受けられる社会医療法人や特定医療法人に移

Q7-6　医療法人の運営機関

■医療法人は、理事会や社員総会で運営されていると聞きましたが、どのような仕組みになっていますか。

A　医療法人には、原則として理事3人以上及び監事1人以上の役員を置かなければなりません。(医療法46の2①)　さらに、理事の中から理事長を選出します。理事長は原則として医師又は歯科医師でなければなりませんが、都道府県知事の認可を受けた場合は医師又は歯科医師以外の理事から選出することができます。(医療法46の3①)

理事以外の組織については、社団法人と財団法人で形態が異なります。

1　社団医療法人

医療法人の最高意思決定機関として社員総会を置く必要があります。社員総会は医療法人の運営上の重要な事項、例えば理事、監事の選任、定款変更などを決議する権限をもっています。

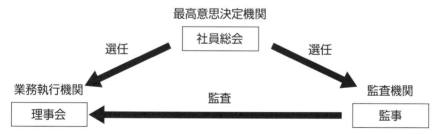

2　財団医療法人

理事の業務執行に関する諮問機関として評議員会を置く必要があります。評議員会は理事、監事の選任権限をもっていますが、医療法人の運営上の重要な事項について、あらかじめ評議員会の意見を聴く必要があるとされているところが、社員総会と異なります。

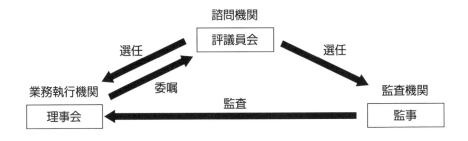

Q7-7 社団医療法人と持分の概念

■社団医療法人というのはどのような法人ですか。また、社団医療法人には持分の定めのあるものと、持分の定めのないものがあるそうですが、どのようなものですか。

A

1　社団医療法人とは

社団医療法人というのは、人が集まり、特定の事業を行う団体で、社員はその事業に必要な資金や労力を提供することになります。

2　社団医療法人の機関

理事会が業務執行機関となりますが、最高意思決定機関として社員総会が存在します。社団医療法人の運営上重要な事項については社員総会の決議を得る必要があります。

3　社員総会

理事長は社員総会の招集をすることができますが、少なくとも毎年1回定時社員総会を開催する必要があります。

社員総会は社員の過半数の出席が必要です。

4　持分の定め

持分というのは、社員が社団医療法人に拠出した財産のうち、定款の定めによって払い戻しを請求できるものをいいます。平成19年4月1日以降

設立する社団医療法人は、持分の定めを置くことができませんので、現在存在する持分の定めのある社団医療法人は、平成19年3月31日以前に設立されたもののみとなっています。

Q7-8 財団医療法人と評議員会の役割

■財団医療法人というのはどのような法人ですか。また、評議員会の性格についても教えてください。

A

1　財団医療法人とは

　財団医療法人というのは、寄附された財産が中心となって成立している法人です。寄附された財産ですから、寄附した方が財産の返還を求めることはできません。解散時には寄附行為の定めとおり、国、地方公共団体、他の医療機関などに財産を提供することになります。

　財団医療法人は、財産が中心となっていますので、社員はいません。

2　財団医療法人の機関

　財団医療法人は社員はおらず理事だけです。このため、理事会が業務執行機関であると同時に最高議決機関となります。このような理事の業務執行をけん制するための機関として評議員の制度が設けられています。

3　評議員会

　評議員会は、原則として理事の定数を超える数の評議員をもって組織しなければなりません。(医療法49②)

　評議員会は理事長が招集し、評議員の過半数の出席が必要です。

　評議員会は意思決定機関ではありませんが、財団医療法人の運営上重要な事項について、理事長はあらかじめ評議員会の意見を聴かなければなりません。

Q7-9 医療法人の理事の役割

■医師でなくても理事になれるのですか。また、理事の役割について教えてください。

A

1 理事の定数と要件

理事は、医師又は歯科医師でなくともよく、3人以上いればよいのですが、その開設するすべての病院、診療所又は介護老人保健施設の管理者を理事に加えなければなりません。(医療法47①) 管理者は医師又は歯科医師であることから(医療法10①)、理事に医師又は歯科医師が必ずいることになります。

ただし、2以上の施設を開設する場合に、都道府県知事の許可を受ければ、管理者の一部を理事に加えないことができます。

理事の定数については、定款又は寄附行為により定めていますが、辞任などで欠員が出た場合、その欠員が定数の5分の1を超える場合には、1か月以内に補充しなければなりません。(医療法48の2)

また、任期は2年を超えることができません。(医療法46の2③)

2 理事の役割と理事会

理事というのは、法人の運営を行う中心的な存在です。理事は、本来各人が各々法人を代表して運営を行うのですが、数人以上の理事がいる場合、各人が各々の判断で業務を行うと混乱しますので、理事会を組織の上、会議制により法人を運営し、その理事会で選任した理事長が組織を代表することにしています。

3 理事の資格

理事は医師又は歯科医師でなくともなれますが、次の人は理事になれません。(医療法46の2②)

① 成年被後見人又は被保佐人
② 医療法、医師法、歯科医師法その他医事に関する法令の規定により罰

金以上の刑に処せられ、その執行を終わり、又は執行を受けることがなくなった日から起算して2年を経過しない者
③ 禁錮以上の刑に処せられ、その執行を終わり、又は執行を受けることがなくなるまでの者

4 設立当初の理事

設立当初の理事は、定款又は寄附行為で定めておかなければなりません。
(医療法44④)

Q7-10 理事長の資格と職務

■理事長は医師でなくともよいのですか。また、理事長と医療法人との利益相反取引とはどのようなものなのでしょうか。

A

1 理事長の性格

医療法人の理事のうち1人は、理事長として医療法人を代表し、業務を統括しなければなりません。

理事長は原則として、医師又は歯科医師である理事の中から選出しなければなりませんが、都道府県知事の認可を得て、医師又は歯科医師でない者を理事長に選出することができます。(医療法46の3①)

理事が1人である特例を受けた医療法人では、当該理事を理事長とみなします。(医療法46の3②)

2 理事長の職務

理事長は、対外的にも対内的には法人を代表し、その業務を総理する立場にあります。したがって、医療の知識だけではなく、経営者としてのリーダーシップが求められます。

3 登記

理事長の氏名、住所は登記しなければなりません。

4　理事長と医療法人との利益相反取引

　法人と、その法人を代表する理事長との取引ということになりますので、通常の取引とは異なる扱いが必要です。すなわち、理事長が個人的な利益を得るために、法人に損失を与えることも可能だからです。

　このような取引を利益相反取引といいます。

　利益相反取引を行う場合、その取引を行う理事は、法人の代理権を有せず、都道府県知事が特別代理人を選任しなければならないとされています。(医療法46の4⑥) 例えば、理事長と医療法人が土地の売買契約書を結ぶ場合、理事長が法人を代表して契約はできず、選任された特別代理人が法人を代表して契約を行うことになります。

　この特別代理人には、医療法人の役員及びその親族、社員、従業員、顧問会計士・税理士などはなれないとされています。

Q7-11　理事会の位置づけと役割

■法人の運営は理事会が行うということですが、理事の仕事は理事会に出席することですか。また、理事会の開催手続きはどうするのですか。

A

1　理事の仕事

　理事の仕事は、ある意味で理事会に出席することだといえます。つまり法人の運営には理事会が責任を持っているのですから、理事は、理事会という場を通じて法人の運営に責任を持つということです。

2　理事の責任

　理事は、法人の運営について連帯して責任をとらなければなりませんので、単に理事会の議案とならなかったからというだけで、重大な違法行為を見逃すことは許されません。理事は、法人の運営の状況を監視しなければならないのです。

3　理事会開催の請求

理事会は理事長が招集することになっていますが、理事長が定款又は寄附行為どおりに招集をしなかったり、重大な違法行為や法人の運営に重大な影響を与えることが行われようとしているときは、招集を要求しなければなりません。

4　理事会の開催

理事会は、定款又は寄附行為に、招集や開催について規定があればそれに則って開催しなければなりません。規定がなくても、招集は理事全員に対して適切に行わなければなりません。一部の理事に案内を出さないとか、一部の理事が出席できないような形で開催することも問題となります。

理事会の開催は、年1～2回程度では、医療法人の運営が円滑にいくとは言い難いでしょう。少なくとも年数回、できれば月1回程度の開催が望まれます。

理事会が開催されれば、議事録を作成し、理事長や出席理事の署名のうえ、保管する必要があります。

Q7-12　監事の資格と職務

■医療法人では、監事の定数は何名ですか。また、監事の仕事にはどのようなものがありますか。

1　監事の定数

医療法人では監事を1名以上置かなければなりません。(医療法46の2①)

2　監事の職務

監事の職務は以下のものです。(医療法46の4⑦)
① 医療法人の業務を監査すること
② 医療法人の財産の状況を監査すること

③ 医療法人の業務又は財産の状況について、毎会計年度、監査報告書を作成し、当該会計年度終了後3か月以内に社員総会又は理事に提出すること
④ 監査の結果、医療法人の業務又は財産に関し不正の行為又は法令若しくは定款若しくは寄附行為に違反する重大な事実があることを発見したときは、都道府県知事又は社員総会若しくは評議員会に報告すること
⑤ 社団医療法人の監事にあっては、④の報告をするために必要があるときは、社員総会を招集すること
⑥ 財団医療法人の監事にあっては、④の報告をするために必要があるときは、評議員会の招集を請求すること
⑦ 医療法人の業務又は財産の状況について、理事に対して意見を述べること

3 監事の資格

監事の職務は、上記のように医療法人の監査を行うことですので、監査の実効性を担保するため、医療法人の理事や職員が、監事を兼務することはできませんし(医療法48)、各自治体の運営の要領などで、医療法人と取引関係・顧問関係のあるもの(例えば顧問会計士・税理士など)も監事になれないとされています。

また、監事の法的な欠格要件は理事と同様です。(医療法46の2②)

Q7-13 社員の資格と職務

■社団医療法人の社員は、どのようなものでしょうか。株式会社の株主とは異なるのでしょうか。

A

1 社団医療法人の社員

社団医療法人の社員は、最高意思決定機関である社員総会の構成員となることから、株式会社の株主に似ています。しかし、営利法人

たる株式会社と、営利を目的としない医療法人ではその性格が異なります。

また、医療法人には出資持分のある法人とない法人があります。平成19年4月1日以降に設立する医療法人には出資持分がありません。

2　持分と出資

株式会社の株主は、その出資額に応じて株主総会での議決権が与えられますが、社団医療法人の社員総会での社員の議決権は1人につき1つです。(医療法48の4①)

したがって、出資持分の多寡、有無は社員総会の議決権とは関係ありません。

3　社員になるには

株式会社の株主には株式を取得することでなれますが、社団医療法人の社員になるには社員総会の承認が必要になりますので、持分のある医療法人の出資持分を相続しただけで自動的に社員になることはできません。

4　社員名簿

株式会社における株主名簿と同様に、社団医療法人は社員名簿を備え置き、社員の変更があるごとに必要な変更を加えなければなりません。(医療法48の3①)

5　社員の資格

一般的な社団を考えますと、法人が社員となることもできますが、医療法の趣旨から考えれば、営利法人が医療法人の社員になることはできないと解釈すべきでしょう。

Q7-14 社員総会の位置づけと役割

■当医療法人は社団法人です。社員総会で承認しなければならないのはどのような事項ですか。

A

1　社員総会と定款

　　社員総会で承認又は決定を要する事項は、法令で定めてある事項以外に定款で定めることも可能です。さらに、社員総会は社団医療法人の最高意思決定機関ですので、定款に規定のないことでも決定することができると考えられます。

　社員総会の開催・運営についても、法令・定款の定めに従って行うことになります。

2　社員総会の決議を必要とするもの

　定款で理事その他の役員に委任したものを除き、社団医療法人の業務はすべて社員総会の決議によって行う必要があります。(医療法48の3⑦)

　厚生労働省の「制度改正後新たに設立する社団医療法人定款例」(以下「モデル定款」といいます。)によると、通常社員総会の議決を経るべき事項は以下のものです。

① 定款の変更
② 基本財産の設定及び処分（担保提供を含む。）
③ 毎事業年度の事業計画の決定及び変更
④ 収支予算及び決算の決定
⑤ 剰余金又は損失金の処理
⑥ 借入金額の最高限度の決定
⑦ 社員の入社及び除名
⑧ 本社団の解散
⑨ 他の医療法人との合併契約の締結
⑩ その他重要な事項

3　決議方法

社員1人につき1つの議決権で、有効な社員総会とするには、総社員の過半数の出席が必要で、出席者の過半数で決します。ただし、出席者数も決議要件も定款に別段の定めを置くことで変更することが可能です。(医療法48の3⑨⑩)

4　特別利害関係者

社員総会での決議事項について、特別な利害関係がある社員は、当決議事項について議決権がありません。(医療法48の4③)

Q7-15　社員総会開催の要領

■社員総会はどのような要領で開催すればよいのですか。

A

1　定時総会と臨時総会

医療法人は、毎年1回以上社員総会を開催しなければなりません。(医療法48の3②) モデル定款では、収支予算の決定と決算の決定のため、年2回開催することが望ましいとされています。したがって、通常予算決定の3月と決算承認の5月に開催することが多いです。

2　総会の招集者

理事長は、必要があると認めるときは、いつでも臨時社員総会を招集することができます。(医療法48の3③) また、総社員の5分の1以上の社員から、会議に付議すべき事項を示して臨時社員総会の招集を請求された場合には、その請求のあった日から20日以内に、理事長は社員総会を招集しなければなりません。(医療法48の3⑤)

3　総会招集の要領

社員総会招集の通知は、その社員総会の日より少なくとも5日前に、その会議の目的である事項を示し、定款で定めた方法に従ってしなければならないとされています。(医療法48の3⑥)

定款で定めた方法とは、会議の目的である事項の他に、日時及び場所を記載し、理事長が記名した書面で社員に通知することが一般的です。

4　定足数と議決要件

定足数は、通常総社員の過半数の出席が必要であり、出席社員の過半数で決議されます。ただし、これらは定款の定めで変更することができます。通常、定款の変更など重要な事項について、要件を荷重することが多いです。

5　総会の議事録

社員総会を開催した時は、その総会の議事録を作成し、出席理事と社員の代表が署名捺印して保管する必要があります。

Q7-16　定款と寄附行為とは

■医療法人の設立準備をしていますが、定款と寄附行為について教えてください。

A

1　定款と寄附行為

社団医療法人における定款、財団医療法人における寄附行為とは、法人の機関や運営の方法、その他必要な事項を記載した法人運営の基礎となる規則です。定款又は寄附行為は法令や社会秩序に反しない限り自由に定めることができます。

通常、厚生労働省や各都道府県が公表するモデル定款を参考にして、各法人の個別の事情に応じた形で定款又は寄附行為を作成することになります。

2　定款又は寄附行為の必要記載事項

定款又は寄附行為には少なくとも次に掲げる事項を定めなければなりません。（医療法44②）

①　目的

② 名称
③ その開設しようとする病院、診療所又は介護老人保健施設の名称及び開設場所
④ 事務所の所在地
⑤ 資産及び会計に関する規定
⑥ 役員に関する規定
⑦ 社団医療法人にあっては、社員総会及び社員たる資格の得喪に関する規定
⑧ 財団医療法人にあっては、評議員会及び評議員に関する規定
⑨ 解散に関する規定
⑩ 定款又は寄附行為の変更に関する規定
⑪ 公告の方法

3　都道府県の認可

　定款又は寄附行為は、作成後都道府県に提出して認可を受けなければなりません。都道府県においては、認可に当たり、提出された定款又は寄附行為が法令に違反していないかを審査します。(医療法45①)

　また、設立後、定款又は寄附行為を変更したときは、都道府県知事の認可を受けなければその効力は生じません。(医療法50①) 変更の認可を受けようとするときは、以下の書類を都道府県知事に提出しなければなりません。(医療法施行規則32)

① 定款又は寄附行為変更の内容(新旧対照表を添付すること。)及びその事由を記載した書類
② 定款又は寄附行為に定められた変更に関する手続を経たことを証する書類

4　登記

　定款又は寄附行為の変更内容が、登記事項である場合は、変更の登記が必要です。

Q7-17 剰余金の配当禁止と役員賞与の関係

■医療法人では、配当をしてはいけないということですが、役員賞与等の利益処分もできないのでしょうか。

A 医療法人では、剰余金の配当は禁止されています。(医療法54)
この規定に反して剰余金の配当をした場合には、理事又は監事は20万円以下の過料に処されます。(医療法76Ⅴ)

したがって、利益処分として役員賞与の支給を行うことはできませんが、経費として、役員に対し賞与を支給するのは構いません。この場合、税務上の事前確定届出給与に基づく支給であれば、損金にすることもできます。

Q7-18 基本財産とは

■当医療法人の病院を建て替える予定ですが、建物が基本財産になっています。どのような手続きが必要ですか。

A 基本財産とは、法令で規定されたものではなく、定款又は寄附行為で、処分をしたり担保に供することを制限した財産をいいます。

モデル定款では、以下のように規定しています。

「基本財産は処分し、又は担保に供してはならない。ただし、特別の理由のある場合には、理事会及び社員総会の議決を経て、処分し、又は担保に供することができる。」

したがって、このような定款又は寄附行為の定めの場合であれば、理事会、社団医療法人の場合はさらに社員総会の議決を経ることで処分することができます。

今回のご質問の場合は建替えということで、既存建物の処分に該当しますが、建替えの理由が合理的なものであれば、上記の手続きにより実施が可能です。

Q7-19 医療法人の予算とは

■当法人では、当期は患者数が増加し、収入も増えましたが、経費も増加し予算を超えてしまいました。こんな時は補正予算の手続きが必要なのでしょうか。

A

1 収支会計と収益会計

収益性のある事業を行わない非営利法人などでは、予算の中心は支出で、比較的正確な予算を作成しやすく、予算内に支出を収めることもできます。しかし、医療法人のように収益性のある事業が中心となってくると、入院患者や外来患者の変動がありますので、予算どおりの運営というのは困難ですし、業績が好調に推移し収益が増加すれば、それに伴い支出も増加します。

2 予算の考え方

予算は、法人運営の委任を受けた理事が社員に、運営の方針を示したものです。しかし、収益性のある事業中心の医療法人においては、予算を常に正確に策定するのは容易ではありません。

したがって、予算を超えたとしても委任された範囲内のものであれば、補正予算を新たに組み、その補正予算のために臨時総会等を招集することは実際的ではなく、決算承認の総会等において追認を受ければいいのではないかと考えます。

ただし、収入と支出の見込みが違いすぎ、法人の財産に重要な影響を与えるおそれがある場合や、運営方法の大幅な変更、当初計画にない大幅な設備投資などの場合は、補正予算を作成し、適切に承認を受けるべきでしょう。

Q7-20 社団医療法人の出資の種類

■社団医療法人を設立するのですが、設立において財産を拠出する方法を教えてください。

A 平成19年4月1日以降設立する社団医療法人については、持分の定めのある法人の設立ができません。しかし、医療法人の設立に当たっては、医療法施行規則第30条の34において、「医療法人は、その開設する病院、診療所又は介護老人保健施設の業務を行うために必要な施設、設備又は資金を有しなければならない」とされており、また、資金については少なくとも2か月分の運転資金が必要となります。

これらの財産について、設立時において寄附（贈与）により拠出しておく必要があります。

この場合留意しておく必要があるのは、拠出側及び財産受入側である医療法人の課税関係です。

1 財産の拠出側

① 金銭の拠出の場合

何ら課税は生じません。

② 金銭以外の財産の拠出の場合

みなし譲渡所得税が課され、拠出時の時価と取得費との差額について課税がなされます。ただし、国税庁長官の承認を受け、租税特別措置法第40条の適用を受ける場合には譲渡所得税は非課税となりますが、非常にハードルが高いことから、通常は譲渡所得税が課されるものと考えられます。

2 医療法人側

① 法人税

設立時においては、法人税の課税はありません。(法令136の3)

② 贈与税

設立される医療法人が、社会医療法人・特定医療法人並みの要件を満た

していない場合には、医療法人を個人とみなして贈与税が課税されます。
(相法66④)

　上述の寄附（贈与）による財産の拠出以外に、定款により「基金」制度を採用することができます。

　この制度を採用することで、基金拠出を受けた財産は返還義務を負うことになります。このため、基金拠出によって発生する課税関係は、金銭以外の財産を拠出したときの譲渡所得課税のみになります。

Q7-21 医療法人の設立手続き

■医療法人を設立したいと思いますが、どのような手続きが必要でしょうか。また、どんな点に注意する必要がありますか。

医療法人の設立手続きの概略は以下のようになっています。

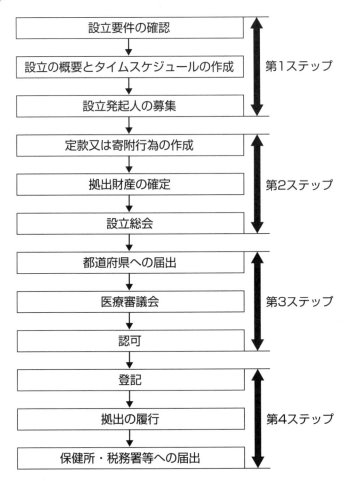

1　第1ステップ

最初に、医療法人として設立認可の条件を満たしているか、ということを調べなければなりません。

都道府県では、各種の行政指導を行っていますので、この段階から都道府県の窓口（医療部等）の担当者と十分に相談しておくことが望まれます。ここで、設立のタイムスケジュールや設立法人の内容の枠組みを作ってしまうことが必要でしょう。医療審議会は年数回しか開催されませんので、スケジュールを合わせておかないと設立が大幅に遅れてしまうことになります。

こうして、枠組みができれば、医療法人に参加していただく人たちを募ります。

2　第2ステップ

定款又は寄附行為を作成します。厚生労働省のモデルや各都道府県のモデルを参考にします。

設立時の財産を確定し、契約をします。また、不動産の拠出について負債も引き継ぐときは、債権者の承認も取っておかなければなりません。

設立総会では、定款・寄附行為の承認と、拠出の承認、設立事務を行う設立代表者の選任を行います。また、設立当初の役員（理事・監事）を選任します。理事のうちから、法人の運営する病院や診療所、介護老人保健施設の管理者を選任します。

また、選任された理事で理事会を開催し、理事長を選任します。

3　第3ステップ

設立総会が済めば、届出の書類を整えなければなりません。各都道府県において届出書類の書式を用意していますので、それに則って作成することになります。

法人のスムーズな設立にはタイミングの考慮も必要です。医療審議会の開催予定に合わせる必要があります。

4　第4ステップ

医療法人になれるのは、設立が認可されたときではなく、登記がされた

ときです。

登記により法人が成立してから拠出を履行して法人の財産とします。

また、設立登記後、医療法人としての保健所への届出、税務署等への届出、社会保険関係の届出が必要となります。

Q7-22 設立認可の届出書類

■医療法人の設立の届出にはどのような書類が必要ですか。また、書式はどうすればよろしいですか。

 設立認可の届出書類は以下のとおりです。その書式は各都道府県の窓口で準備しています。

申請に当たって提出する書類は医療法施行規則第31条より、以下のものが必要です。

① 設立認可申請書
② 定款又は寄附行為
③ 設立当初において当該医療法人に所属すべき財産の財産目録
④ 設立決議録
⑤ 不動産その他の重要な財産の権利の所属についての登記所、銀行等の証明書類
⑥ 当該医療法人の開設しようとする病院、診療所又は介護老人保健施設の診療科目、従業員の定員並びに敷地及び建物の構造設備の概要を記載した書類
⑦ 疾病予防のための有酸素運動施設、温泉施設の業務を行う医療法人は、当該業務に掛かる施設の職員、敷地及び建物の構造設備の概要並びに運営方法を記載した書類
⑧ 設立後2年間の事業計画及びこれに伴う予算書
⑨ 設立者の履歴書

⑩ 設立代表者を定めたときは、適法に選任されたこと並びにその権限を証する書類
⑪ 役員の就任承諾書及び履歴書
⑫ 開設しようとする病院、診療所又は介護老人保健施設の管理者となるべき者の氏名を記載した書面

Q7-23 医療法人設立時における資産・負債の引継ぎ

■現在個人診療所を開設していますが、法人成りにより医療法人の設立を計画しています。医療法人の設立にあたって、資産と負債の引継ぎはどのようにしたらいいのでしょうか。

A

1　引継ぎの形態

　法人成りによる医療法人の設立に際しては、これまで使用してきた診療所施設、医療機器や備品・医薬品等に加え、借入金や買掛金などをそのまま医療法人に引き継ぐことで、個人診療所の時からの経営の継続性を図ることができます。

　この個人診療所の時の資産・負債の引継ぎの方法には、基金拠出、贈与、譲渡、賃貸が考えられます。

2　基金拠出による引継ぎ

　「基金」とは医療法人に拠出された金銭、その他の財産であって、医療法人がその拠出者に対して返還義務を負うものをいいます。

　すなわち、基金の拠出は金銭だけでなく金銭以外の財産で拠出することができます。ただし、この場合、拠出される財産の総額が500万円以下である場合など一定の場合を除き、その財産の価格が相当であることについて、弁護士、弁護士法人、公認会計士、監査法人、税理士又は税理士法人の証明が必要となります。また、拠出される財産が不動産である場合には、さらに不動産鑑定士の鑑定評価が必要となります。

3 贈与による引継ぎ

贈与により医療法人に資産・負債を引き継ぐ場合には、税務上の取扱いに留意する必要があります。

(1) みなし譲渡所得課税

設立に際して贈与した場合、これらの資産は贈与時の時価で譲渡があったものとみなされ、資産の含み益に対して贈与した個人に所得税が課税されます。このみなし譲渡所得税は、国税庁長官の承認を得ることで非課税となる場合もありますが、承認を得るための要件は実務的には非常に厳しいものとなっています。(詳しくは Q5-11 参照)

(2) 贈与税課税

贈与を受ける医療法人が、社会医療法人や特定医療法人並みの運営要件を満たさない限り、医療法人を個人とみなして贈与税が課税されます。

4 譲渡による引継ぎ

譲渡の場合、一定の購入資金が医療法人に必要となりますので、金銭の拠出時において財産の購入資金も考慮に入れておく必要があります。

また、譲渡する価格についても留意が必要です。

時価の $\frac{1}{2}$ 未満で譲渡した場合には、所得税法上、時価で譲渡したものとして譲渡所得の計算を行います。また逆に時価よりも高額で譲渡した場合には、譲渡は時価で行われたものとし、譲渡価格と時価の差額は医療法人からの給与(譲渡側の個人が設立医療法人の役員の場合)として課税対象となります。

5 賃貸による引継ぎ

法人成り後も、不動産については個人の所有とし、医療法人に貸し付ける形で医療法人に引き継ぐことも可能です。ただし、医療法人は長期にわたり安定的な運営が要求されますので、賃貸借期間は長期である必要があります。

また、賃貸料についても近隣相場と比較して著しく高額とならないよう留意する必要があります。

Q7-24　医療法人の毎期の手続き

■私はこの度社団医療法人の事務長に就任しました。理事会・社員総会の開催、都道府県への届出が必要とのことですが、どのようなものがありますか。

1　社団医療法人のスケジュール

社団医療法人の運営は、定款と法令に則って行わなければなりません。

年間のスケジュール表の一例（3月決算）を示します。

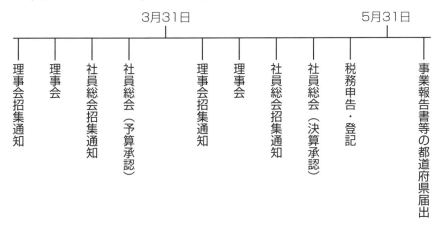

2　定時社員総会と理事会

定時社員総会は、決算日までの適当な日と、決算日後2か月以内に開催しなければなりません。社員総会は、通知を出してから定款で定める一定の日数を経過しなければ開催できませんし、その前に、予算案・決算案・総会の議事を決めるための理事会を開催しなければなりません。その上、理事会についても開催の招集手続きが必要です。

3　事業報告書等の都道府県への届出と登記等

毎会計年度終了後3か月以内に、事業報告書等を都道府県知事に届け出

なければなりません（医療法52①）し、資産の総額の登記が必要です。さらに社員総会で都道府県知事への届出が必要な事項や登記事項が決議されたときには注意が必要です。

また、事業報告書等は事務所に据え置き、債権者の閲覧に供することになっています。

4　財団法人のスケジュール

社員総会を評議員会と考えれば、基本的に同じです。

5　税務申告

法人税・住民税・事業税の申告は、決算日後2か月以内に行わなければなりません。

Q7-25　都道府県への届出

■私は医療法人の事務長をしていますが、毎期事業報告書等を届け出る以外に、どんなときに都道府県に届出または承認を受ける必要がありますか。

届出又は承認を要するものには、法令で決められているものと、定款又は寄附行為で各法人が定めているものがあります。

1　法令で決められているもの

届出又は承認を要すると法令で決められているものには、次のようなものがあります。

① 　事業報告書等の届出（医療法52①）

② 　定款又は寄附行為のうち、事務所の所在地又は公告の方法以外の変更の認可（医療法50①）（事務所の所在地又は公告の方法の変更は都道府県知事への届出になります。）

③ 　解散と合併の認可（医療法55⑥、57⑤）

④ 　登記事項の変更の届出（医療法施行令5の12）

⑤　役員の変更の届出（医療法施行令5の13）
2　定款又は寄附行為で定められているもの
　定款又は寄附行為は各法人で異なっていますので、それぞれの定款又は寄附行為に従って、届出あるいは承認を得る必要があります。

Q7-26　医療法人の登記内容

■医療法人は登記をしなければならないということですが、どのような場合に登記が必要ですか。

　医療法人でしなければならない登記は、一般の不動産の登記と医療法人としての登記があります。ここでは医療法人としての登記について説明します。

1　登記事項
　医療法人の登記に関する事項は、組合等登記令により規定されており、登記事項は以下となります。（組合等登記令2②）
①　目的及び業務
②　名称
③　事務所の所在地
④　代表権を有する者の氏名、住所及び資格
⑤　存続期間又は解散の事由を定めたときは、その期間又は事由
⑥　資産の総額

2　設立の登記
　医療法人の設立手続きが終わり、都道府県の認可があれば、設立の登記を行います。医療法人は、認可を受けただけでは成立せず、設立の登記によってはじめて法人として成立します。設立の登記は、その主たる事務所の所在地において、設立の手続きが終了した日から2週間以内にしなければなりません。（組合等登記令2①）

3　変更の登記

登記事項に変更が生じた場合は、変更の登記をしなければなりません。資産の総額は毎決算期に増減しますので、変更の登記が必要です。

変更の登記は、主たる事務所の所在地において、変更が生じた日から2週間以内にしなければなりません。(組合等登記令3①)

4　登記の必要書類

登記を申請する場合には、その事実を証明する書類が必要です。

設立登記では、定款、創立総会の議事録、都道府県知事の許可書などが必要ですし、変更登記では、資産の総額については決算書類、理事長の変更登記では社員総会の議事録、就任承諾書、住民票などの書類が必要となります。

5　都道府県知事への届出

変更の登記を行った場合には、遅滞なく都道府県知事に届け出なければなりません。(医療法施行令5の12)

Q7-27　医療法人の会計報告

■医療法人は私的な法人なのに、どうして会計報告が必要なのですか。

A

1　経済活動の社会性

自由経済というのは、さまざまな法人や個人が相互の信頼関係の上にたった、いわば信用の相互提供によって運営されているといえます。こうした信用関係を守るためにも、会計報告は重要な役割を果たしています。

2　医療法人の社会性

医療法人では、こうした経済的な要請以外にも、大切な社会性を持っています。医療法人は、医療機関を運営し、地域住民の生命と健康を預るという使命を持っているからです。

医療法人の経営が破たんすることは、単に経営的な損失だけでなく、入院患者をはじめとする地域住民の生命と健康に大きな影響を与えることになります。

3　医療法人の経営

医療法人を経営するには、資金だけでなく、病院や診療所、介護老人保健施設の建物や医療機器等の設備が必要ですし、薬等の消耗品や看護師などの人的資源が必要です。ある意味では、医療法人はそうした貴重な資源を社会から預かって医療サービスを提供しているのです。

4　医療経営の効率化

医療法人は、社会から預かった貴重な資源を効率的に使用しなければなりませんし、そのためには、それらの資源がどのように使用されたかを把握できるよう会計報告が必要となるのです。

その他にも、経済社会での信用を高め、取引を円滑に行うため、安定した経営を行うためにも適切な会計報告が必要とされます。

Q7-28　医療法人の決算書類の種類

■医療法人の決算書類にはどのようなものがありますか。

A　医療法人では、毎会計年度終了後2か月以内に、事業報告書、財産目録、貸借対照表、損益計算書（事業報告書等といいます。）を作成しなければなりません。(医療法51①) また、これらの事業報告書等は各事務所に備え置き、その社員若しくは評議員又は債権者から請求があった場合には閲覧に供しなければなりません。(医療法51の2①)

また、これらの事業報告書等は会計年度終了後3か月以内に都道府県知事に届け出る必要があり、都道府県知事は、請求があった場合にはこれらを閲覧に供しなければならないとされています。(医療法52)

1　財産目録と貸借対照表

　財産目録は、資産・負債についての明細を記載した書類です。価格は帳簿価格を使用します。勘定科目別に作成すれば、貸借対照表とほぼ同様となります。

　貸借対照表は、医療法人の決算日における財政状態を示した書類です。

2　損益計算書

　損益計算書は事業年度を通じた経営成績を示した書類です。

　以前は収支計算書となっていましたが、発生主義を採用したことにより、損益計算書となりました。

3　事業報告書等の様式

　医療法人が作成する事業報告書等の様式については、厚生労働省の通知により公表されています。

　以下に様式を掲げておきます。

〔別　紙〕
様式1

事　業　報　告　書
（自　平成○○年○○月○○日　至　平成○○年○○月○○日）

1　医療法人の概要
　(1) 名　　　　称　　医療法人○○会
　　　　　　　　　　　①　□ 財団　　□ 社団（□ 出資持分なし　□ 出資持分あり）
　　　　　　　　　　　②　□ 社会医療法人　　□ 特定医療法人　　□ 出資額限度法人
　　　　　　　　　　　　　□ その他
　　　　　　　　　　　③　□ 基金制度採用　　□ 基金制度不採用
　　　　　　　　　　　注）①から③のそれぞれの項目（③は社団のみ。）について、該当する欄
　　　　　　　　　　　　の□を塗りつぶすこと。（会計年度内に変更があった場合は変更後。）
　(2) 事務所の所在地　○○県○○郡（市）○○町（村）○○番地
　　　　　　　　　　　注）複数の事務所を有する場合は、主たる事務所と従たる事務所を記載
　　　　　　　　　　　　すること。
　(3) 設立認可年月日　平成○○年○○月○○日
　(4) 設立登記年月日　平成○○年○○月○○日
　(5) 役員及び評議員

	氏　　名	備　　　　　考
理事長	○○　○○	
理　事	○○　○○	
同	○○　○○	
同	○○　○○	○○病院管理者
同	○○　○○	○○病院管理者
同	○○　○○	○○診療所管理者
同	○○　○○	介護老人保健施設○○園管理者
監　事	○○　○○	
同	○○　○○	
評議員	○○　○○	医師（○○医師会会長）
同	○○　○○	経営有識者（○○経営コンサルタント代表）
同	○○　○○	医療を受ける者（○○自治会長）

　　注）1．社会医療法人及び特定医療法人以外の医療法人は、記載しなくても差し支えないこと。
　　　　2．理事の備考欄に、当該医療法人の開設する病院、診療所又は介護老人保健施設（医療
　　　　　法第42条の指定管理者として管理する病院等を含む。）の管理者であることを記載する
　　　　　こと。（医療法第47条第1項参照）
　　　　3．評議員の備考欄に、評議員の選任理由を記載すること。（医療法第49条の4参照）

2 事業の概要
(1) 本来業務（開設する病院、診療所又は介護老人保健施設（医療法第４２条の指定管理者として管理する病院等を含む。）の業務）

種　類	施設の名称	開　設　場　所	許可病床数
病院	○○病院	○○県○○郡（市）○○町（村）○○番地	一般病床　○○○床 療養病床　○○○床 [医療保険　○○床] [介護保険　○○床] 精神病床　　○○床 感染症病床　○○床 結核病床　　○○床
診療所	○○診療所 【○○市（町、村）から指定管理者として指定を受けて管理】	○○県○○郡（市）○○町（村）○○番地	一般病床　　○○床 療養病床　　○○床 [医療保険　○○床] [介護保険　○○床]
介護老人保健施設	○○園	○○県○○郡（市）○○町（村）○○番地	入所定員　○○○名 通所定員　　○○名

注）１．地方自治法第２４４条の２第３項に規定する指定管理者として管理する施設については、その旨を施設の名称の下に【　　】書で記載すること。
　　２．療養病床に介護保険適用病床がある場合は、医療保険適用病床と介護保険適用病床のそれぞれについて内訳を[　　]書で記載すること。
　　３．介護老人保健施設の許可病床数の欄は、入所定員及び通所定員を記載すること。

(2) 附帯業務（医療法人が行う医療法第４２条各号に掲げる業務）

種類又は事業名	実　施　場　所	備　　考
訪問看護ステーション○○	○○県○○郡（市）○○町（村）○○番地	
○○在宅介護支援センター 【○○市（町、村）から委託を受けて管理】	○○県○○郡（市）○○町（村）○○番地	

注）地方公共団体から委託を受けて管理する施設については、その旨を施設の名称の下に【　　】書で記載すること。

(3) 収益業務（社会医療法人が行うことができる業務）

種　　　類	実　施　場　所	備　　考
駐車場業	○○県○○郡（市）○○町（村）○○番地	
料理品小売業	○○県○○郡（市）○○町（村）○○番地	

(4) 当該会計年度内に社員総会又は評議員会で議決又は同意した事項
　　　　平成○○年○○月○○日　　平成○○年度決算の決定
　　　　平成○○年○○月○○日　　定款の変更
　　　　平成○○年○○月○○日　　社員の入社及び除名
　　　　平成○○年○○月○○日　　理事、監事の選任、辞任の承認
　　　　平成○○年○○月○○日　　平成○○年度の事業計画及び収支予算の決定
　　　　　　　〃　　　　　　　　平成○○年度の借入金額の最高限度額の決定
　　　　　　　〃　　　　　　　　医療機関債の発行（購入）の決定

注）(5)、(6)については、医療機関債を発行又は購入する医療法人が記載し、(7)以下については、病院又は介護老人保健施設を開設する医療法人が記載し、診療所のみを開設する医療法人は記載しなくても差し支えないこと。

(5) 当該会計年度内に発行した医療機関債
　　注）医療機関債の発行総額、申込単位、申込期間、利率、払込期日、資金使途、償還の方法及び期限を記載すること。なお、発行要項の写しの添付に代えても差し支えない。
　　　　医療機関債を医療法人が引き受けた場合には、当該医療法人名を全て明記すること。

(6) 当該会計年度内に購入した医療機関債
　　注）1．医療機関債を発行する医療法人は、医療機関債の発行により資産の取得が行われる医療機関と同一の二次医療圏内に自らの医療機関を有しており、これらの医療機関が地域における医療機能の分化・連携に資する医療連携を行っており、かつ、当該医療連携を継続することが自らの医療機関の機能を維持・向上するために必要である理由を記載すること。
　　　　2．購入した医療機関債名、発行元医療法人名、購入総額及び償還期間を記載すること。なお、契約書又は債権証書の写しの添付に代えても差し支えない。

(7) 当該会計年度内に開設（許可を含む）した主要な施設
　　　　平成○○年○○月○○日　　○○病院開設許可（平成○○年開院予定）
　　　　平成○○年○○月○○日　　○○診療所開設
　　　　平成○○年○○月○○日　　訪問看護ステーション○○開設

(8) 当該会計年度内に他の法律、通知等において指定された内容
　　　平成〇〇年〇〇月〇〇日　　公害健康被害の補償等に関する法律の公害医療機関
　　　平成〇〇年〇〇月〇〇日　　小児救急医療拠点病院
　　　平成〇〇年〇〇月〇〇日　　エイズ治療拠点病院
　　注）全ての指定内容について記載しても差し支えない。

(9) その他
　　　注）当該会計年度内に行われた工事、医療機器の購入又はリース契約、診療科の新設又は廃止等を記載する。（任意）

様式2

法人名 _____　　※医療法人整理番号 ☐☐☐☐
所在地 _____

財　産　目　録
（平成　年　月　日現在）

1. 資　産　額　　　　　×××　千円
2. 負　債　額　　　　　×××　千円
3. 純　資　産　額　　　×××　千円

（内　訳）　　　　　　　　　　　　　　　　　　　　　　（単位：千円）

区　分	金　額
A　流　動　資　産	×××
B　固　定　資　産	×××
C　資　産　合　計　　　　（A＋B）	×××
D　負　債　合　計	×××
E　純　資　産　　　　　　（C−D）	×××

（注）財産目録の価額は、貸借対照表の価額と一致すること。

土地及び建物について、該当する欄の☐を塗りつぶすこと。
　　土　　地　（☐ 法人所有　☐ 賃借　☐ 部分的に法人所有（部分的に賃借））
　　建　　物　（☐ 法人所有　☐ 賃借　☐ 部分的に法人所有（部分的に賃借））

様式3-1

法人名　　　　　　　　　　　　　　　　　　　※医療法人整理番号 ☐☐☐☐
所在地

貸　借　対　照　表
（平成　　年　　月　　日現在）

（単位：千円）

資　産　の　部		負　債　の　部	
科　　　目	金　　額	科　　　目	金　　額
Ⅰ　流　動　資　産	×××	Ⅰ　流　動　負　債	×××
現 金 及 び 預 金	×××	支　払　手　形	×××
事　業　未　収　金	×××	買　　掛　　金	×××
有　価　証　券	×××	短　期　借　入　金	×××
た　な　卸　資　産	×××	未　　払　　金	×××
前　　渡　　金	×××	未　払　費　用	×××
前　払　費　用	×××	未　払　法　人　税　等	×××
繰　延　税　金　資　産	×××	未　払　消　費　税　等	×××
その他の流動資産	×××	繰　延　税　金　負　債	×××
Ⅱ　固　定　資　産	×××	前　　受　　金	×××
1　有 形 固 定 資 産	×××	預　　り　　金	×××
建　　　　　　物	×××	前　受　収　益	×××
構　　築　　物	×××	〇　〇　引　当　金	×××
医 療 用 器 械 備 品	×××	その他の流動負債	×××
その他の器械備品	×××	Ⅱ　固　定　負　債	×××
車　両　及　び　船　舶	×××	医　療　機　関　債	×××
土　　　　　　地	×××	長　期　借　入　金	×××
建　設　仮　勘　定	×××	繰　延　税　金　負　債	×××
その他の有形固定資産	×××	〇　〇　引　当　金	×××
2　無 形 固 定 資 産	×××	その他の固定負債	×××
借　　地　　権	×××	負　債　合　計	×××
ソ フ ト ウ ェ ア	×××	純　資　産　の　部	
その他の無形固定資産	×××	科　　　目	金　　額
3　そ の 他 の 資 産	×××	Ⅰ　資　本　剰　余　金	×××
有　価　証　券	×××	Ⅱ　利　益　剰　余　金	×××
長　期　貸　付　金	×××	1　代　替　基　金	×××
保有医療機関債	×××	2　その他利益剰余金	
その他長期貸付金	×××	〇　〇　積　立　金	×××
役職員等長期貸付金	×××	繰越利益剰余金	×××
長　期　前　払　費　用	×××	Ⅲ　評価・換算差額等	×××
繰　延　税　金　資　産	×××	その他有価証券評価差額金	×××
その他の固定資産	×××	繰延ヘッジ損益	×××
		Ⅳ　基　　　　　　金	×××
		純　資　産　合　計	×××
資　産　合　計	×××	負債・純資産合計	×××

（注）1．表中の科目について、不要な科目は削除しても差し支えないこと。また、別に表示することが適当であると認められるものについては、当該資産、負債及び純資産を示す名称を付した科目をもって、別に掲記することを妨げないこと。
　　　2．社会医療法人及び特定医療法人については、純資産の部の基金の科目を削除すること。

様式4－1

法人名 _____　　※医療法人整理番号 □□□□
所在地 _____

損 益 計 算 書
（自 平成　年　月　日　至 平成　年　月　日）

（単位：千円）

科　　　　目	金	額
Ⅰ　事　業　損　益		
A　本来業務事業損益		
1　事　業　収　益		×××
2　事　業　費　用		
(1)事　　業　　費	×××	
(2)本　　部　　費	×××	×××
本来業務事業利益		×××
B　附帯業務事業損益		
1　事　業　収　益		×××
2　事　業　費　用		×××
附帯業務事業利益		×××
C　収益業務事業損益		
1　事　業　収　益		×××
2　事　業　費　用		×××
収益業務事業利益		×××
事　業　利　益		×××
Ⅱ　事業外収益		
受　取　利　息	×××	
その他の事業外収益	×××	×××
Ⅲ　事業外費用		
支　払　利　息	×××	
その他の事業外費用	×××	×××
経　常　利　益		×××
Ⅳ　特　別　利　益		
固定資産売却益	×××	
その他の特別利益	×××	×××
Ⅴ　特　別　損　失		
固定資産売却損	×××	
その他の特別損失	×××	×××
税引前当期純利益		×××
法人税・住民税及び事業税	×××	
法　人　税　等　調　整　額	×××	×××
当　　期　　純　　利　　益		×××

（注）1．利益がマイナスとなる場合には、「利益」を「損失」と表示すること。
　　　2．表中の科目について、不要な科目は削除しても差し支えないこと。また、別に表示することが適当で
　　　　あると認められるものについては、当該事業損益、事業外収益、事業外費用、特別利益及び特別損失を
　　　　を示す名称を付した科目をもって、別に掲記することを妨げないこと。

Q7-29 医療法人の予算書の内容

■医療法人は予算を作成しなければならないとのことですが、どのような様式で作成すればよいのですか。

予算は法令で決められいるものではありませんが、通常、定款又は寄附行為においてその作成を規定しますので、作成を要します。

1 予算書の形式

医療法施行規則では、設立時の提出書類として予算書と記載しているだけで、損益予算書なのか収支予算書なのかはっきりしません。

しかし、モデル定款においては収支予算書と示されていることから、通常は収支予算書を作成するものと考えられます。

2 予算書の様式

様式として決まったものはありませんが、設立時に都道府県に提出する予算書の様式が参考になると思います。

3 収支予算書のメリット

損益予算書では損益がはっきりしますが、法人運営の上で重要な資金の動き（借入れやその返済、土地・設備の購入など）がわかりません。しかし、収支予算書であれば、これらの資金の動きも考慮に入れることになりますので、より明瞭な予算となります。

Q7-30　医療法人の従うべき会計基準

■医療法人の決算書類は、どのような会計基準に基づいて作成するのでしょうか。

「医療法人の会計は、一般に公正妥当と認められる会計の慣行に従うものとする。」(医療法50の2)とされています。

しかし、医療法人会計基準というものは存在せず、病院については「病院会計準則」、介護老人保健施設については「介護老人保健施設会計・経理準則」、訪問看護ステーションは「指定老人訪問看護の事業及び指定訪問看護の事業の会計・経理準則」が制定されており、各事業・施設に応じた準則を採用し、決算書類を作成することとなっていましたが、平成26年3月19日厚生労働省医政局通知「医療法人会計基準について」が公表されました。

その中で四病院団体協議会が取りまとめた「医療法人会計基準に関する検討報告書」が「一般に公正妥当と認められる会計の慣行」の一つに認められるとしています。

この「検討報告書」は、
① 決算書に関する表示基準はあるが具体的な処理基準がないという問題の解決を図ることを意図している
② 現行の様式を定めた省令・通知は今後も実質的に同じ内容で存続することを前提として整理したもの
③ 一人医師医療法人についてまで適用することを前提としたものではない

との位置づけで策定されており、今後積極的な活用が期待されています。
それでは、各準則について説明します。

1　病院会計準則

病院に特有の勘定科目を用い、病院ごとの財政状態と経営状況に着目し

た会計で、医療法人が病院のみを運営しているのであれば、医療法人全体の運営状況を把握することもできます。

2　介護老人保健施設会計・経理準則

　介護老人保健施設を運営している場合に、当該施設の会計について従うべき準則です。

3　指定老人訪問看護の事業及び指定訪問看護の事業の会計・経理準則

　指定老人訪問看護又は指定訪問看護の事業を行っている場合に、当該事業について従うべき準則です。

Q7-31　医療法人の解散とは

■医療法人はどのような場合に解散し、解散の場合はどのような手続きが必要なのでしょうか。

　医療法人の解散事由は医療法第55条の第1項（社団医療法人）と第3項（財団医療法人）に規定されています。

1　社団医療法人

① 定款をもって定めた解散事由の発生
② 目的たる業務の成功の不能
③ 社員総会の決議
④ 他の医療法人との合併
⑤ 社員の欠乏
⑥ 破産手続開始の決定
⑦ 設立認可の取消し

2　財団医療法人

① 寄附行為をもって定めた解散事由の発生
② 目的たる業務の成功の不能
③ 他の医療法人との合併

④ 破産手続開始の決定
⑤ 設立認可の取消し

解散により必要となる手続きは、解散の事由により異なります。

「目的たる業務の成功の不能」又は「社員総会の決議」による解散の場合には、都道府県知事の認可が必要です。

「定款又は寄附行為をもって定めた解散事由の発生」又は「社員の欠乏」による解散の場合には、都道府県知事への届出が必要です。

「他の医療法人との合併」又は「設立認可の取消し」による解散の場合には、特に手続きを経ず解散となります。

「破産手続開始の決定」の場合は、医療法とは別に破産の手続きを経る必要があります。

Q7-32 医療法人の合併

■医療法人は合併をすることができると聞きました。どのような場合に合併をすることができるのですか。

A 合併とは、複数の事業体が契約によって1つの事業体になることをいい、1つの事業体が存続し、他の事業体が吸収される「吸収合併」と、複数の事業体が一体となって新しい事業体を創設する「新設合併」があります。

1 合併の類型

社団医療法人同士、財団医療法人同士、社団医療法人と財団医療法人のいずれの場合も合併は可能です。(医療法57①②) しかし合併後に存続、又は新設する医療法人は、社団医療法人同士の合併では社団医療法人、財団医療法人同士の合併では財団医療法人である必要があります。(医療法57④) また、どちらか一方でも持分の定めのない社団医療法人が合併の当事者となる場合は、合併後の医療法人は持分の定めのない社団医療法人となります。

持分の定めのある社団医療法人同士の合併においては、吸収合併の場合は持分の定めのある社団医療法人、新設合併の場合は持分の定めのない社団医療法人が合併後の法人となります。

2　合併の要件

社団医療法人においては、総社員の同意が必要です。（医療法57①）

財団医療法人においては、寄附行為に合併することができる旨の定めがある場合にしか合併をできず、また、合併をするには理事の$\frac{2}{3}$以上の同意が必要です。（医療法57②③）

合併は、都道府県知事の認可を受ける必要があります。（医療法57⑤）

Q7-33　医療法人の合併の手続き

■合併の手続きはどのようなものがありますか。

A　まず合併の内容を決定する理事会・社員総会等での決議を経て、合併契約書の作成を行うことになります。その後、合併についての承認を得るため、さらに法に定められた一定の手続きとして以下のような手続きが求められます。

1　都道府県知事への書類の提出

医療法人が合併をする場合には、都道府県知事に対し、以下の書類を提出する必要があります。（医療法施行規則35①）

① 理由書
② 総社員の同意（社団医療法人）又は理事の$\frac{2}{3}$以上の同意（財団医療法人）を得た手続きを経たことを証する書類
③ 合併契約書の写し
④ 新設合併の場合においては、申請者が、定款の作成又は寄附行為その他医療法人の設立に関する事務を行うために各医療法人において選任された者であることを証する書類

⑤　合併後存続する医療法人又は合併によって設立する医療法人の定款又は寄附行為
⑥　合併前の各医療法人の定款又は寄附行為
⑦　合併前の各医療法人の財産目録及び貸借対照表
⑧　合併後存続する医療法人又は合併によって設立する医療法人について、設立後2年間の事業計画及びこれに伴う予算書、役員の就任承諾書及び履歴書、開設しようとする病院、診療所又は介護老人保健施設の管理者となるべき者の氏名を記載した書面

2　財産目録と貸借対照表等の作成

合併に関する都道府県知事の認可があったときは、その認可の通知のあった日から2週間以内に、財産目録及び貸借対照表を作らなければなりません。(医療法58)

3　債権者保護手続き

合併に関する都道府県知事の認可の通知があった日から2週間以内に、医療法人の債権者に対し、異議があれば一定の期間内に述べるべき旨を公告し、かつ、判明している債権者に対しては、各別にこれを催告しなければならないとされています。ただし、その一定の期間は2か月以上が必要です。(医療法59①)

4　登記

登記をすることによって、合併の効力は生じます。(医療法62)

Q7-34 利益相反取引（理事長と法人の土地取引）

■この度、理事長所有の土地を、当法人が購入することになりました。何か問題はありませんか。

A

1　理事長と法人の取引

法人と、その法人を代表する理事長との取引ということになりますので、通常の取引とは異なる扱いが必要です。すなわち、理事長が個人的な利益を得るために、法人に損失を与えることも可能だからです。

このような取引を利益相反取引といいます。

利益相反取引を行う場合、その取引を行う理事は、法人の代理権を有せず、都道府県知事が特別代理人を選任しなければならないとされています。（医療法46の4⑥）すなわち、今回のように、理事長と医療法人が土地の売買契約書を結ぶ場合、理事長が法人を代表して契約はできず、選任された特別代理人が法人を代表して契約を行うことになります。この特別代理人には、医療法人の役員及びその親族、社員、従業員、顧問会計士・税理士などはなれないとされています。

2　具体例

例えば、理事長が個人的に所有する土地（取得価額1,000万円、時価1,500万円）を医療法人に売却する場合を考えます。

(1) 土地を時価で譲渡する場合

土地の譲渡は時価で行うことが原則ですから、この土地を時価で譲渡した場合、理事長個人の所得として500万円（譲渡価額1,500万円－取得価額1,000万円）が計上されます。

(2) 土地を時価より高い価額で譲渡する場合

理事長が個人的な所得を計上することを目的として、時価より高い3,000万円で土地を譲渡した場合は、理事長個人の所得として2,000万円（譲渡価額3,000万円－取得価額1,000万円）が計上されます。その結果、医療

法人の支出が1,500万円増加すると同時に、理事長の所得が同額だけ増加しています。

　このように、理事長個人の所得を目的として時価から乖離する金額で取引が行われ、法人の利益を損ねる可能性のある取引を利益相反取引といいます。

　なお、上記(2)の場合には、時価で譲渡した場合の所得を超える1,500万円（2,000万円－500万円）については、役員賞与として医療法人側で法人税・源泉所得税が課される可能性がありますので、注意が必要です。

[著者紹介]

中津　幸信（なかつ　ゆきのぶ）
公認会計士・税理士
早稲田大学第一政治経済学部経済学科卒業後、監査法人朝日会計社（現：有限責任あずさ監査法人）を経て、現在、「相続・事業承継、相談プラザ」所長、中津公認会計士・税理士事務所所長、監査法人アイ・ピー・オー代表社員
『新会社法下における　企業再編の実務』（清文社）、『事業譲渡・会社分割・株式譲渡・合併・更正再生清算』（第一法規）、『新訂版　Q＆A圧縮記帳の税務と会計』（清文社）、『実務解説「グループ法人税制」のすべて』（清文社）、『〈財産別〉相続税の節税対策』（清文社・共著）その他
［事務所］
　中津公認会計士・税理士事務所
　兵庫県神戸市中央区江戸町95　井門神戸ビル７F
　http://www.nakatsu-kaikei.com/

田中　伸治（たなか　のぶはる）
公認会計士・税理士
関西学院大学商学部卒業後、朝日監査法人（現：有限責任あずさ監査法人）を経て、現在、田中会計事務所所長、「相続・事業承継、相談プラザ」にも参画
『〈財産別〉相続税の節税対策』（清文社・共著）、『非常勤社外監査役の理論と実務』（商事法務・共著）、『ベンチャー企業の成長戦略と株式公開』（清文社・共著）その他
［事務所］
　田中会計事務所
　大阪府大阪市西区阿波座１丁目５番２号　第四富士ビル９階
　http://tanaka-cpa.jp/

伊藤　明裕（いとう　あきひろ）
公認会計士・税理士
同志社大学工学部電子工学科卒業後、センチュリー監査法人（現：新日本有限責任監査法人）に入所。その後大手、中堅の監査法人を経て、現在、伊藤明裕公認会計士事務所所長、「相続・事業承継、相談プラザ」にも参画
『SPVの会計・税務・監査』（中央経済社・共著）、『〈財産別〉相続税の節税対策』（清文社・共著）
［事務所］
　伊藤明裕公認会計士事務所
　大阪府大阪市中央区南船場１丁目３番14号　ストークビル南船場８階

松下　洋之（まつした　ひろゆき）
公認会計士・税理士
京都大学経済学部卒業後、朝日監査法人（現：有限責任あずさ監査法人）を経て、現在、松下洋之公認会計士事務所所長、阪神中央M&Aセンター代表
『〈財産別〉相続税の節税対策』（清文社・共著）
［事務所］
　松下洋之公認会計士事務所、阪神中央M&Aセンター
　大阪府大阪市北区芝田2丁目4番1号　東洋ビルディング新館2階
　http://www.hanshin-tax.com/

新版 病医院経営の実務Q&A

2015年1月30日　発行

著　者	中津　幸信／田中　伸治／伊藤　明裕／松下　洋之　Ⓒ
発行者	小泉　定裕
発行所	株式会社 清文社　東京都千代田区内神田1－6－6（MIFビル）〒101-0047　電話03(6273)7946　FAX 03(3518)0299　大阪市北区天神橋2丁目北2－6（大和南森町ビル）〒530-0041　電話06(6135)4050　FAX 06(6135)4059　URL http://www.skattsei.co.jp/

印刷：大村印刷㈱

■著作権法により無断複写複製は禁止されています。落丁本・乱丁本はお取り替えします。
■本書の内容に関するお問い合わせは編集部までFAX（06-6135-4056）でお願いします。
＊本書の追録情報等は、当社ホームページ（http://www.skattsei.co.jp/）をご覧ください。

ISBN978-4-433-53214-7